勅使河原彰——著

縄文時代を知るための110問題

新泉社

特別史跡

特別史跡とは、歴史上、学術上、とくに価値が高いとして指定された史跡。
縄文時代では、この四遺跡が特別史跡に指定されている。

尖石石器時代遺跡

長野県茅野市、84,280㎡

「集落研究の原点」となった縄文時代中期を代表する遺跡

尖石地区から出土した蛇体把手付深鉢形土器

与助尾根地区に復元された縄文集落

大湯環状列石

秋田県鹿角市、249,833㎡

縄文時代後期の万座と野中堂の二つの環状列石からなる大規模祭祀遺跡

野中堂環状列石の日時計状石組

整備された万座環状列石

三内丸山遺跡

青森市、251,794㎡

縄文時代前期から中期の東北地方を代表する大規模集落遺跡

南盛土遺構の断面

復元された遺跡の全景

加曽利貝塚

千葉市、151,104㎡

縄文時代中期から晩期の二つの環状貝塚からなる列島で最大規模の貝塚遺跡

北貝塚の貝層断面

遺跡の全景（上方の鉄塔のまわりの樹林が北貝塚、中央左の白線が南貝塚の貝層範囲）

縄文土器

形の主体は深鉢で、基本的な用途は食料の煮炊きだが、時代、地域によってさまざまな文様が施される。

中期　前期　早期

早期

❶ 貝殻文系土器

❷ 押型文系土器

❸ 撚糸文系土器

前期

❹ 関山式土器

❺ 北白川下層式土器

中期

❻ 大木9式土器

❼ 馬高式（火焔）土器

❽ 曽利Ⅰ式（水煙）土器

（⑧ 撮影：田枝幹宏）

晩期　　　　後期

⑪ 大石式（黒色磨研）土器

⑨ 称名寺式土器

⑫ 亀ヶ岡式土器

⑩ 加曽利B式土器

縄文時代

早期	❶鹿児島県前原遺跡	角筒深鉢形	高さ38cm
	❷奈良県大川遺跡	尖底深鉢形	高さ31.5cm
	❸神奈川県夏島貝塚	尖底深鉢形	高さ26cm
前期	❹栃木県篠山（藤岡）貝塚	深鉢形	高さ20.4cm
	❺福井県鳥浜貝塚	丹彩鉢形	高さ10cm
中期	❻山形県湯坂山Ｂ遺跡	深鉢形	高さ18.5cm
	❼新潟県笹山遺跡	深鉢形	高さ46.5cm
	❽長野県曽利遺跡	深鉢形	高さ43cm
後期	❾千葉県西広貝塚	深鉢形	高さ31.4cm
	❿千葉県西広貝塚	深鉢形	高さ20cm
晩期	⓫大分県大石遺跡	浅鉢形	高さ11.2cm
	⓬青森県是川遺跡	壺形	高さ31.3cm

土偶

何のために作られたのか、考古学界でいまだに大きな謎。
呪術や信仰、祭祀などにかかわる道具であったことは間違いない。

5 合掌土偶　後期

青森県風張1遺跡
高さ19.8cm

3 中空大土偶　後期

北海道著保内野遺跡
高さ41.5cm

1 縄文のビーナス　中期

長野県棚畑遺跡
高さ27cm

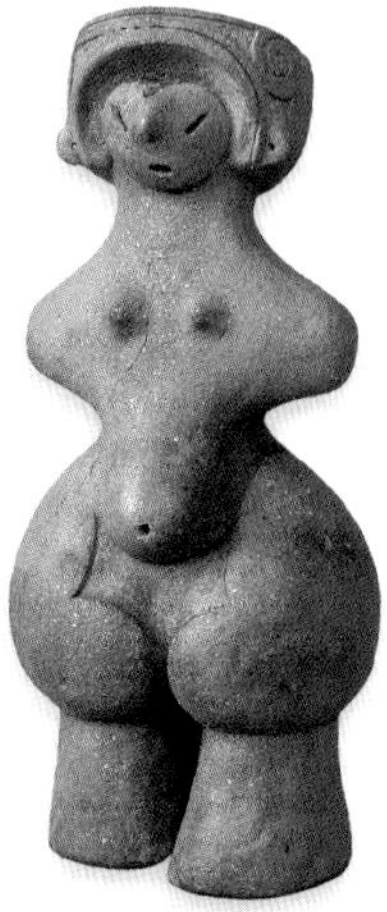

2 縄文の女神　中期

山形県西ノ前遺跡
高さ45cm

6 遮光器土偶　晩期

青森県亀ヶ岡遺跡
高さ34.2cm

4 仮面の女神　後期

長野県中ッ原遺跡
高さ34cm

1～5は国宝、6は重要文化財

縄文時代になると装身具の種類と量がいっきに増える。
そのデザインと工芸技術は今日からみてもすばらしい。

5 硬玉製胸飾り（大珠） 中期

富山県朝日貝塚
長さ15.9cm

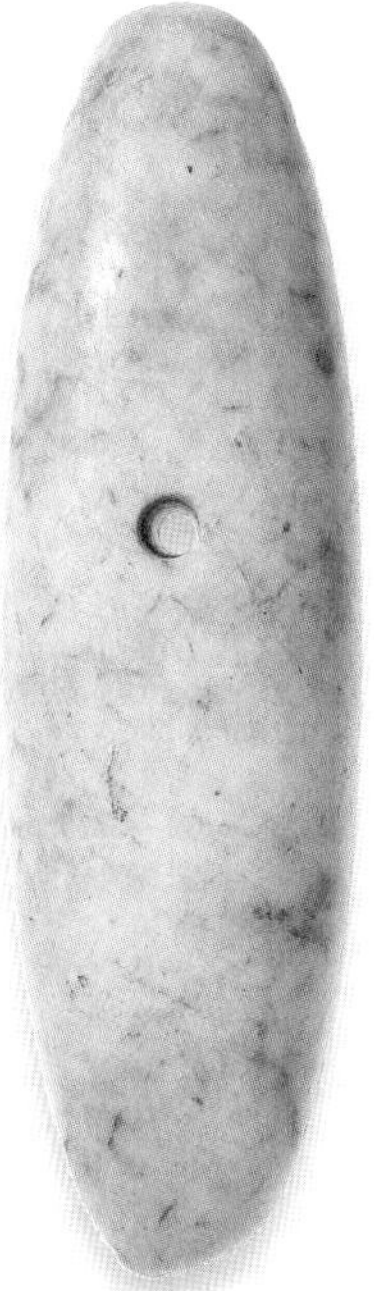

3 鹿角製櫛 中期

青森県二ツ森貝塚
幅（残存部）4cm

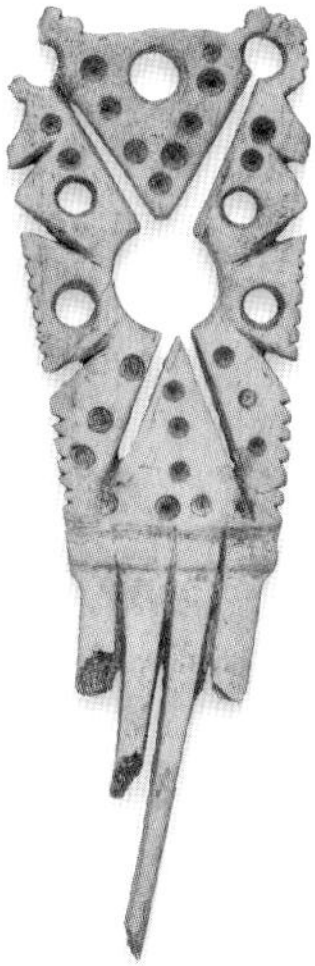

1 玦状耳飾り 前期

大阪府国府遺跡
径4.6cm（写真左）

2 滑車形耳飾り 晩期

群馬県千網谷戸遺跡
径9.2cm

6 鹿角製腰飾り 晩期

宮城県里浜貝塚
幅14.9cm

4 木製櫛 晩期

埼玉県後谷遺跡
幅（残存部）9.5cm

現代の伝統漆工技術と遜色のない漆製品が縄文遺跡から出土する。
しかし、専業集団は介在せず、どこの集落でも漆が利用されていた。

3 螺鈿状木胎漆器 前期

青森県向田（18）遺跡
鉢形、長径46cm

① ②

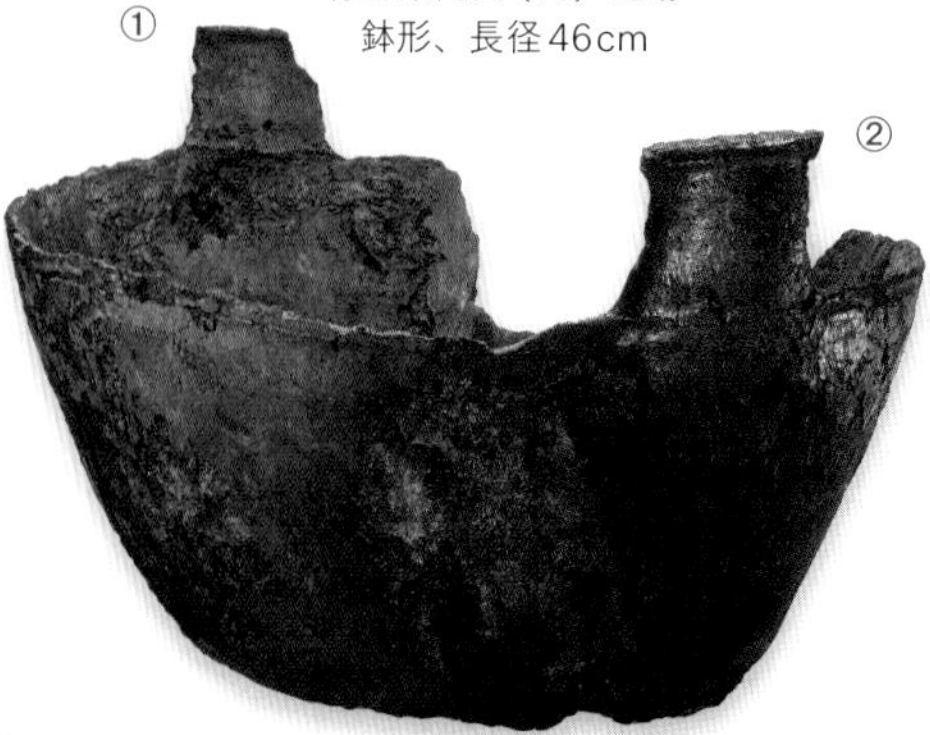

①

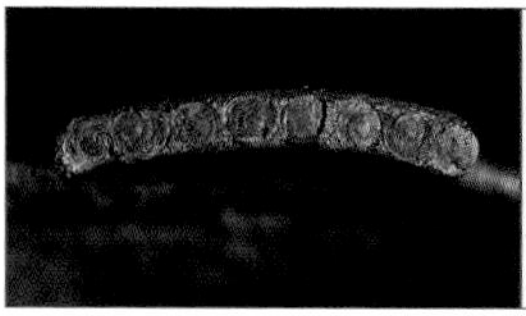

②

1 彩漆土器 前期

山形県押出遺跡
鉢形、高さ14.5cm

2 彩漆土器 前期

山形県押出遺跡
壺形、高さ13.9cm

5 飾り弓 後期

東京都下宅部遺跡
左端長さ45cm（残存部）

4 籃胎漆器 晩期

青森県是川遺跡
鉢形、高さ8.5cm

縄文時代を知るための110問題

勅使河原彰――著

新泉社

はじめに

ユネスコ世界遺産委員会は、二〇二一年七月二七日に「北海道・北東北の縄文遺跡群」を世界遺産に登録した。

縄文時代の遺跡群がはじめて世界遺産となったことは、その時代を研究する者としてたいへんに喜ばしいことである。北海道、青森、岩手、秋田の四道県は二〇〇五年から世界遺産登録への取り組みをはじめたが、国の文化審議会でユネスコへの推薦が五回にわたって見送られながらも、そのつど指摘された問題点を改善するなど真摯に対応し今回の登録にいたった。関係機関および関係者の努力に敬意を表したい。

「北海道・北東北の縄文遺跡群」が世界遺産に登録されたとなれば、縄文ブームが再燃されてもおかしくはない。縄文時代に興味や関心をもつ人びとは確実に増えるであろう。しかし、興味や関心が高まるなかで、肝心の縄文時代への理解はといえば深まっているとはいえない。

たとえば、今回の世界遺産登録では、マスメディアはこぞって縄文時代のはじまりを約一万五〇〇〇年前と報道している。一万五〇〇〇年前といえば、地質年代では第四紀更新世で、いわゆる氷河の時代である。ところが、縄文時代の生活として知られているのは、氷河期が終わって温暖化が進み、安定した環境のなかで定住生活を発展させた頃のものである。温暖な時代、完新世のはじまりは約一万一五〇〇年前なので、そこには約三五〇〇年もの開きがある。

また近年、縄文時代は不平等な社会で、身分階層があったと解説する本が増えてきている。縄文時代の土坑墓から耳飾りなどが出土しただけで、高貴な人物が葬られた墓だと断定的に報道されたりする。縄文時代が平等な社会だと理解してきた読者のなかには、どちらが正しいのかと戸惑ってしまう方も多いのではないか。

縄文時代には文字の史料はなく、その解明は考古学が担ってきた。遺跡を発掘調査し、遺構・遺物を詳細に検討し、学問上の議論をつくすことによって、一つずつ事実を確定してきた。そして、わからないことは課題として今後の宿題としてきた。それが縄文ブームのなかで、ともすれば確定してきた事実や現時点での限界をふまえずに、イメージで縄文時代像を語るようになっていないだろうか。

そこで、読者が日頃、縄文時代について疑問を感じたり、戸惑いを覚えていたりしていること、あるいはもう少し深く知りたいことに、考古学が何を言えるか、一問一答形式で答えようというのが本書のねらいである。

全体を七章に分けているが、どこからでも読めるように各項目が読み切りの形をとっているので、興味をもたれた項目から読んでいただければいい。先にふれた、「縄文時代に身分階層があった」といった近年の縄文時代の争点に関する解説は第7章にまとめた。それらは私が一番言いたかったことでもある。また、事典として使えるように、縄文時代の研究の歴史である学史・研究史（第2章）や関連学問（第3章）をくわしく解説した。図版などにも工夫をこらした。ぜひ活用いただければありがたい。

目次

第5章　縄文人の生業と技術を探る　169

第6章　縄文人の生活と社会を考える　217

第1章　縄文時代研究事始め

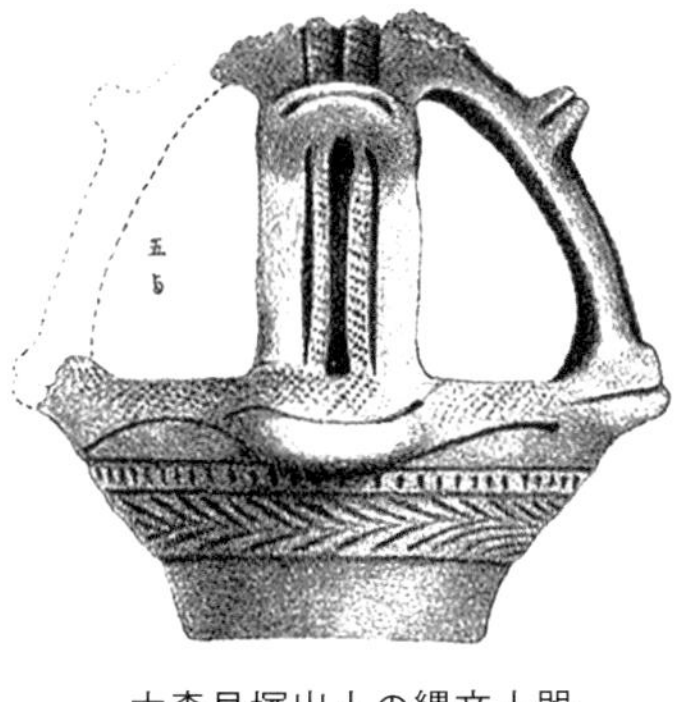

大森貝塚出土の縄文土器

第1問　縄文時代研究はいつ始まったか

一八七七年（明治一〇）一〇月九日である。

この日は、アメリカ人の動物学者であるモース（Edward Sylvester Morse）が東京都品川区の大森貝塚で本格的な発掘を実施し、日本ではじめて発掘という科学的な方法にもとづく研究をおこなった。なお、大森貝塚は、当時の大井村にあるにもかかわらず、モースをはじめとする関係者が大森村にあると誤解した。

モースは、一〇月九日以前にも、九月一六日に松村任三《じんぞう》（助手）や教え子（専門生徒）である松浦佐《さ》用彦《よひこ》、佐々木忠次郎らとともに予備調査をおこない、数日後（一八日か一九日）にも人夫を雇って調査をおこなっている。その最初の調査である九月一六日を縄文時代研究が始まった日とする考えもある。

ところで、一〇月九日の発掘は、一〇月一日、東京大学（後の東京帝国大学）が東京府に対して発掘に関する了解を求めるなどの手続きをとったうえで、前記のほかに矢田部良吉（植物学教授）や外山正《とやままさ》一《かず》（社会学教授）ら大学関係者、ダビッド・モルレー（文部省学監）ら外国人を含めた多数のメンバーでおこなわれた（図1）。モース自身も、この一〇月九日を第一回発掘調査として報告している。また同年一一月に、一時帰国したモースに代わって、松浦と佐々木の両名が発掘をおこなっている。

こうした発掘の成果は、一八七九年七月に“Shell Mounds of Omori”（Memoirs of the Science Department, Vol.1, Part1）と題して刊行され、同年一二月には矢田部良吉によって『大森介墟《かいきょ》古物編』（『理科会粋』第一帙上冊）と題して邦訳された。それは英文で三九ページ（図版を除く）ほどのものであるが、「種の起源にかんするダーウィンの偉大な著作が出版され、人類およびそれ以下の動物の起源にたずさわる学者の考えに革命がおきて以来、人類の遠古史研究に新しい推進力があたえられた」（現代語訳は、近藤義郎・佐原真編訳『大森貝塚』〈岩波文庫、一九八三年〉による）と書き出す報告書は、歴史学における考古学の役割から説く構成といい、遺物を形式と用途によって分類し、要をえた解説と正確な実測図（図2）を掲載する内容といい、今日からみても優れた報告書といえる。そして、モースは、大森貝塚の遺物をデンマークの貝塚などと比較して、その時代を〝書かれた歴史〟以前の先史時代、それも石器時代に属すると考えた。また、モースは、発掘した翌年、浅草の井《い》生《ぶ》村楼《むらろう》での講演で、考古学の時代区分である旧石器時代、新石器時代、青銅器時代、鉄器時代の四時代法を紹介し、大森貝塚が新石器時代に属することを明らかにした。

　このように、発掘という科学的な方法にもとづいて、日本列島における石器時代の存在をはじめて立証するなどの画期的な成果をあげたことから、一八七七年一〇月九日の大森貝塚の発掘をもって、近代科学としての日本考古学が発足したと考えられており、それは同時に縄文時代研究の「科学」としての幕開けでもあった。

図1　E. S. Morse（1838～1925）と大森貝塚の発掘風景（1877年10月9日）

第2問　縄文土器、縄文時代の名称はどのようにつけられたか

モースは、一八七九年の報告書（"Shell Mounds of Omori"）で「大森貝塚は遺物がひじょうに豊富であることが判明したから、今回の最初の出版には、この貝塚から出土した土器の様々な形態・装飾を余すことなく図示するのが良いと考える。将来、他の貝塚が調査された際に比較の基礎とするためである」として、正確な実測図（図2）とともに要をえた解説をおこなっている。

こうして、大森貝塚から出土した土器をつぶさに観察したモースは、つぎのように述べている。

The pottery is rude, and in all parts of the world bears the impression of the well known cord mark.

「土器は粗製であって、周知のあのcord markが世界各地でみられる」と、そこにcord mark、つまり縄目の文様があることに注目する。そして、モースは、全国の貝塚遺跡を調査しても、縄目の文様のある土器がたくさん出土することから、この貝塚遺跡の出土に代表される土器を総称して、cord marked potteryと呼んだ。それを白井光太郎《みつたろう》が一八八六年（明治一九）の「石鏃考」（『人類学会報告』三号）という小論で、「縄紋土器」と訳した。これが今日、私たちが使用している縄文土器（縄紋土器、以下同じ）の名称のおこりである。

モースが開いた日本の近代考古学は、その後、順調には発展しなかった。それは一つには、モースの業績を十分に受け入れるだけの素地が、当時の日本にはまだ備わっていなかったからである。しかし、それ以上に重要なことは、天皇制絶対主義の成立期にあって、欧米列強より大きく立ち遅れていた日本資本主義が、その弱点をおおいかくすために、神話的歴史観（皇国史観）にもとづく「忠君愛国」的思

想＝国家主義を利用する必要があり、そのために科学的な原始・古代史研究に大きな枠がはめられ、研究の自由な発展が阻害されたことである。とりわけ石器時代である縄文時代は、野蛮な先住民の時代だとして、日本人の歴史の枠の外におかれてしまった。

というのも、日本民族の優秀性、ひいては天皇の絶対性を鼓舞するために、政府などの体制側が一貫して、優秀な日本民族の祖先である天孫民族が、野蛮で劣った民族である石器時代人をこの日本列島から追い払ったという、神話的歴史観を国民に押しつけたからである。

こうした神話的歴史観のもとで、優秀な天孫民族を弥生人ととらえて、それを「固有日本人」などと呼んで、この優秀な天孫民族が野蛮な石器時代人であるアイヌ、あるいはアイヌの伝説上のコロボックルを、この日本列島から追い払ったと考えたわけである。こうした人種・民族論争（設問10を参照）が日本考古学の主要な研究課題となるなかで、アイヌ説を主張した論者が縄文土器をアイヌ式土器と好んで呼ぶようになった。そして、明治末から大正期に一時、アイヌ説が定説化してくると、アイヌ式土器を使用することが多くなっただけ

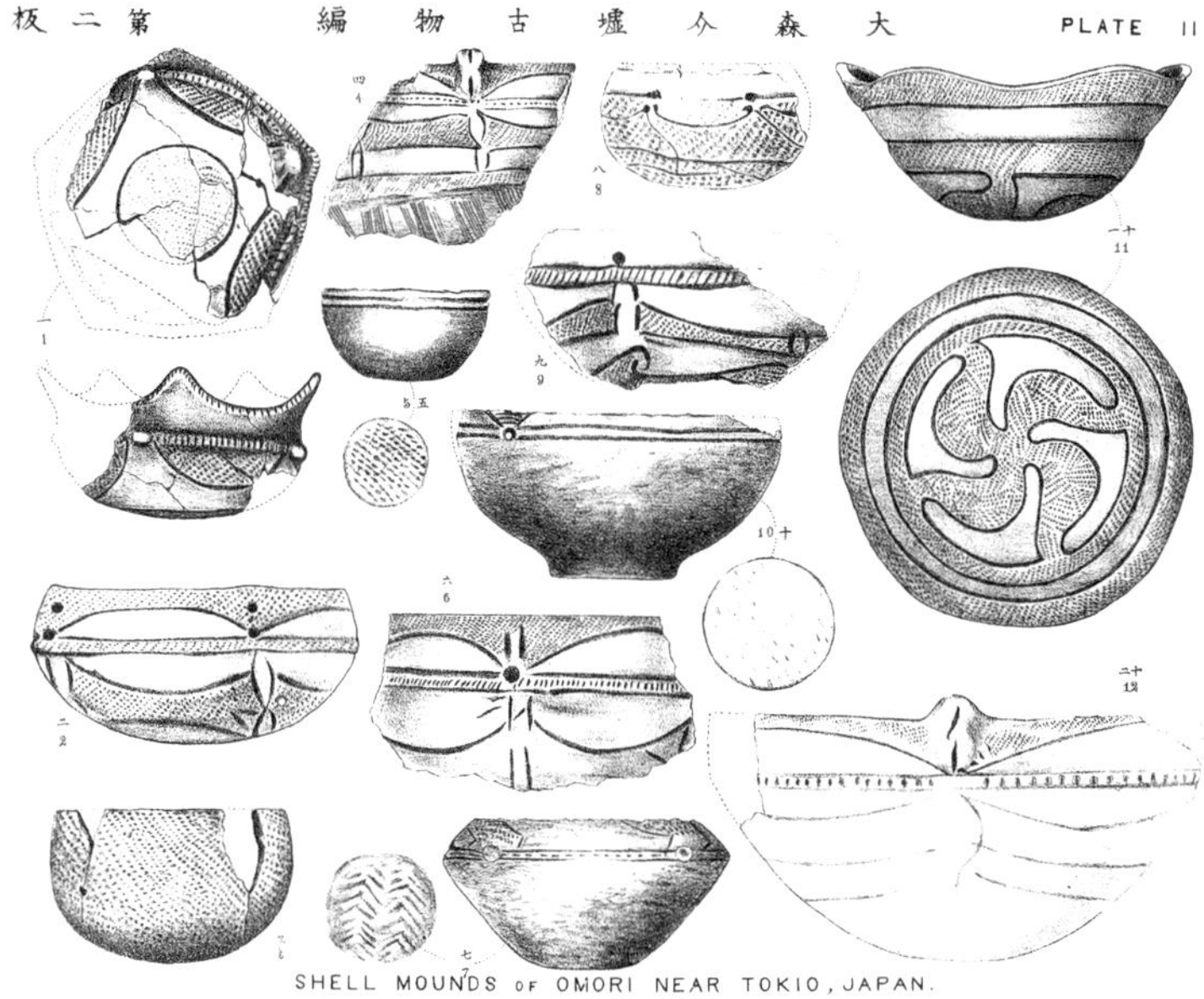

図２　大森貝塚出土の縄文土器の図

でなく、縄文土器を貝塚土器、あるいは石器時代土器とも呼ぶなど、土器の名称は一定しなかった。

しかし、大正末から昭和前半期に縄文土器の編年研究（設問14を参照）が進んで、縄文土器の年代観がほぼ確定してくると、縄文土器を使用していた石器時代の段階を縄文時代と呼ぶことが一般化するようになる。そして、山内清男《やまのうちすがお》が、それまでの編年研究の成果をもとに、縄文時代から弥生時代の各段階の主要な問題点を列挙して、縄文時代を採集（獲得）経済の段階と規定し、弥生時代を大陸から農業が伝来し、一般化した時代と位置づけるとともに、金属器や大陸系磨製石器も農業にともなって伝来したという、日本の先史時代観の基本的な枠組みをつくった。それが今も名著として読み継がれている『日本遠古之文化』（設問17を参照）である。さらに、山内は「日本に於ける農業の起源」（『歴史公論』六巻一号、一九三七年）で、縄文時代から古墳時代の食料獲得手段の変遷を概観して、縄文時代を高級狩猟民、弥生時代を耨耕《どうこう》民、古墳時代を園耕民の経済にあるとして、日本考古学の時代区分が経済関係の差異に結びつくことを明らかにした。なお、戦前までは、日本列島最古の人類文化は、縄文時代までとするのが学界の常識で、列島での旧石器時代の存在は、敗戦直後の群馬県みどり市の岩宿《いわじゅく》遺跡の発見をまたなければならなかった。

こうした考古学研究の歩みのなかで、戦後になると、縄文土器を使用していた時代を縄文時代、その文化を縄文文化と呼ぶことが定着したかにみえた。しかし、ことはそう簡単ではなかった。

まず、縄文土器と弥生土器は、従来まで製作技術や器種の組成などから明確に区分されると考えられてきたが、縄文土器と弥生土器はともにロクロを使用せず、野天で焼かれた焼成温度が一〇〇〇度未満の素焼きの土器というように、製作技術のうえでは一系統の土器であることがわかってきた。また、器種や形態の違いも、各地域での研究が進展するにつれて、明確に区分することが難しくなってきた。そこで、縄文土器を使用していた時代を縄文時代、弥生土器を使用していた時代を弥生時代としてきたのを、縄文時代の土器を縄文土器、弥生時代の土器を弥生土器と呼ぶ方が実状に適っているとの認識が高まってきた（佐原真「農業の開始と階級社会の形成」『岩波講座　日本歴史』一巻、岩波書店、一九七五年）。そのようななかで、一九七八年に福岡市の板付《いたづけ》遺跡で、八一年には佐賀県唐津市の菜畑《なばたけ》遺跡で、従来の土器型式観では縄文晩期に位置づけられていた刻目突帯文《きざみめとったいもん》を特徴とする夜臼《ゆうす》式土器の時期の水田跡が発見された。そこでは完備された水路調節機能をもつばかりか、弥生時代の水田耕作における基本的な生産用具がセットで存在することが明らかとなった（設問99を参照）。そこで、従来までの弥生時代の時期区分である前・中・後期の前に早期を加えて、刻目突帯文土器を弥生時代早期に位置づけしなおして、時代区分の整合性がはかられた（後藤直「弥生社会の成立」『岩波講座　日本考古学』六巻、岩波書店、一九八六年）。

一方、縄文時代の始まりについても、「草創期」と呼ばれる列島最古の土器の資料が揃ってくると、土器の出現をもって、その始まりとできるか、大いに疑問が生じてきた。それは土器が出現した「草創期」は、いまだ旧石器時代の伝統を強く残し、縄文時代的な生業の手段と技術が確立し、定住生活を本格化させたのが縄文早期であることから、「草創期」を縄文時代への過渡期として、「原土器時代」とか、「晩期旧石器時代」もしくは「中石器時代」と位置づけて、時代区分をみなおそうという提案がなされた（設問25を参照）。さらに、一九九〇年代末以降、日本列島の最古の土器の放射性炭素年代（最新の加速器質量分析法＝ＡＭＳ法）によって、その較正年代が一万六〇〇〇年前という年代があたえられると、「草創期」の土器をもはや縄文時代の土器とは定義できないとの認識が高まってきている（谷口康浩『縄文文化起源論の再構築』同成社、二〇一一年。設問32を参照）。

そこで、今日では、縄文土器とは、縄文時代に製作・使用された土器と定義されている。

第3問　縄文と縄紋、どちらの漢字表記が正しいか

「じょうもん」の漢字表記には、「縄文」と「縄紋」があって、読者のなかには戸惑っている方も多いと思う。先に結論をいうと、どちらを使っても間違いではなく、どちらも正しい。

大森貝塚を発掘したモースは、前述したように、その報告書で縄目の文様をcord mark、その土器をcord marked potteryと呼んだ。報告書を邦訳した矢田部良吉は、cord markを「索紋《さくもん》」、cord marked potteryを「蓆紋《せきもん》ノ土器」と訳したが、後に白井光太郎《みつたろう》が「石鏃考」という小論で「石鏃五枚ヲ代々木村縄紋土器ヲ出スノ麦畑中ニ得タリ」と「縄紋土器」と訳した。

白井は、一八八四年（明治一七）に設立された人類学会（後に東京人類学会、今日の日本人類学会）の創立メンバーの一人で、その機関紙『人類学会報告』（三号、一八八六年）に「石鏃考」が掲載されたことから、人類学会の会員を中心に「縄紋」が認知されて使用された。

一方、一八九五年に設立された考古学会（今日の日本考古学会）では、幹事の高橋健自《けんじ》が一九一八年の『考古学雑誌』九巻一号の「新刊紹介欄」で『京都帝国大学文科大学考古学研究報告』（二冊）を紹介するに際して、「今回発掘にかゝる関東以北の土器に類せる縄文土器より弥生式土器の発生を見る」と「縄文土器」を使用した。報告者の浜田耕作は「縄紋土器」を使用していた（設問12を参照）にもかかわらず、高橋があえて「縄文土器」とした理由はわからないが、その後、考古学会の機関誌では「縄文」が好んで使用されるようになり、東京人類学会の会員なども「縄文」を使用することが多くなった。

このように、「縄文」と「縄紋」は、どちらも何か特別な意味をもって使用されたということではな

く、cord mark の訳語として慣用的に使用されたにすぎないことになる。また、「縄紋」から「縄文」への転換の動きも、字句の正しさを検討するなどの手続きがあってのことではなく、しいていえば漢字の簡易化という流れのなかで、「縄文」が定着していったということである（里見絢子「「縄紋」から「縄文」への転換の実相」『岡山大学大学院社会文化科学研究科紀要』二〇一五年）。

ところで、縄文土器に施される縄文原体の基礎的な研究をはじめ、縄文土器の編年体系の確立をとおして、日本の先史時代観の基本的な枠組みをつくった山内清男《やまのうちすがお》は、「縄文学の父」とも、「日本先史考古学の父」とも形容されている。その山内は、一貫して「縄紋」を使用していたが、それは学史的に「縄紋」の漢字表記が先行することが理由のようである（山内清男『日本先史土器の縄紋』先史考古学会、一九七九年）。そして、今日でも、山内を敬愛する考古学者が好んで「縄紋」を使用するという傾向にある。また、少年期から山内に師事した佐原真《まこと》は、漢字本来の意味からも「縄紋」が正しいと強固に主張していた（佐原真「特論　縄文施文法入門」『縄文土器大成』三巻、講談社、一九八一年）。

佐原は、「指紋」「紋章」「家紋」を「指文」「文章」「家文」と書いたら意味がわからないし、「甲骨文」が中国古代の亀の甲羅や骨に書いた最古の文字なので、「甲骨紋」とは書かないという。「文」はもともと文章の「文」の意味があり、図柄である模様の意味で「紋」があるので、それらを区別しないと混乱がおきるとの佐原の主張は、それはそれでもっともな意見である。しかし、「縄文土器」にしろ、「縄紋土器」にしろ、もともと慣用的に使用されている用語にすぎないだけでなく、今は国語辞書でも、「文／紋」「文様／紋様」と同義語で扱う例が多くなっているので、私は、「縄紋」にこだわる必要はなく、広く使用されている「縄文」でよいと考えている。

そこで、本書では、「じょうもん」を「縄文」と漢字表記し、「縄文土器」「縄文時代」を使用する。

第4問

縄文時代の時期区分はどのように決められているか

縄文時代の歴史は、日本列島での土器の出現から水田稲作の開始までとする、もっとも一般的な説をとると約一万三〇〇〇年間、その始まりを植物採集・狩猟・漁労活動における縄文的な利用の手段と技術が確立し、定住生活が本格化する時期（早期）からとする説をとっても約九〇〇〇年間という、非常に長い年代にわたる（設問98を参照）。そのために、縄文時代を細分して時期区分することが研究のうえでも、歴史を叙述するうえでも必要となる。

縄文時代の時期区分は、現在、歴史的評価による区分と、土器の型式区分という時間的単位による区分とがおこなわれている。しかし、歴史的評価による区分は、評価の基準を何に求めるかによって大きな違いが生じるばかりか、とくに日本列島のように南北に細長く、亜熱帯から亜寒帯という変化に富む環境のもとでは、地域性が強く反映される結果、その地域性と時期区分を統一的に理解することを困難にさせている。その点、土器の型式区分という時間的単位による区分は、歴史的な評価を捨象しているだけに、研究者間で共通した理解がえやすいという利点がある。

縄文時代の時期区分として、現在一般に広く用いられている早期、前期、中期、後期、晩期の五期区分と、それに「草創期」を加えた六期区分も、土器の型式区分という時間的単位による区分法である。いずれも山内清男《やまのうちすがお》によって提唱されたもので、五期区分は、一九三七年（昭和一二）に縄文土器の全国的編年表を作成して発表するなかで、一地域で二〇から三〇にも達する細別型式を、土器区分の研究史を考慮しながら、便宜的にほぼ同数の細別型式が含むように大別したものである（設問14、表2を参照）。一方の六期区分は、五期区分の発表以降に発見されたより古い土器型式群を一括して、新しく「草創期」として分立させたものである（「縄紋草創期の諸問題」『MUSEUM』二二四号、一九六九年）。その根拠は「大別の保有する細別型式の数は可及的同数位」とするもので、山内の時期区分は、つねに「十進法を用いて整理しえる」時間的な単位としていることを特徴とする。

歴史的評価による時期区分については、岡本勇《いさむ》が生産力の発達をもとに成立段階、発展段階、成熟段階、終末段階の四期区分（「原始社会の生産と呪術」『岩波講座 日本歴史』一巻、岩波書店、一九七五年）、鈴木公雄《きみお》が文化の発達過程をもとに始動期、形成期、展開期の三期区分（「縄文時代はいつ始まったか」『争点 日本の歴史』一巻、新人物往来社、一九九〇年）、戸沢充則《みつのり》が貝塚文化の変遷をもとに確立期、上昇期、展開期、最盛期、退嬰期の五期区分（「原始社会」『日本歴史大系』一巻、山川出版社、一九八四年）、高橋龍三郎が社会の複雑化・階層化が進展した段階を後半期として、前半期と後半期の二期区分（『縄文文化研究の最前線』早稲田大学、二〇〇四年）などが試みられているが、いずれも研究者間で共通した理解がえられるまでにはいたっていない。しかし、縄文時代の歴史を叙述するには、歴史的評価による時代区分が不可欠であるので、今後とも積極的に取り組んでいく必要がある。

本書では、研究者間で共通した理解をえやすく、しかも、もっとも広く用いられている山内の五期区分である早期、前期、中期、後期、晩期を採用し、必要に応じて「草創期」を含めた六期区分を使用する（表1）。各時期の年代は、「草創期」が約一万六〇〇〇から一万一五〇〇年前、早期が約一万一五〇〇から七二〇〇年前、前期が約七二〇〇から五四〇〇年前、中期が約五四〇〇から四四〇〇年前、後期が約四四〇〇から三〇〇〇年前、晩期が約三〇〇〇から二七〇〇年前である（放射性炭素年代測定法による年代測定値を較正した年代による。設問32を参照）。各期の概略は、以下のとおりである。

九州	中・四国	近畿	東海	北陸	中部	関東	南東北	北東北	北海道	
				出現期(無文系)土器 隆起線文系土器 爪形文系土器 多縄文系土器 表裏縄文						草創期
隆帯文 爪形文 貝殻文	無文土器	大鼻 大川 神宮寺 黄島 高山寺	(押型文系土器)		立野 樋沢 細久保 相木	井草・大丸 夏島 稲荷台 花輪台 (撚糸文系土器)	日計押型文			早期
手向山						三戸 田戸下層 田戸上層 子母口	竹之内 蛇王洞Ⅱ (貝殻・沈線文系土器) 常世	寺の沢 物見台 吹切沢	無文平底	
平栫 塞ノ神		(条痕文系土器)	上ノ山 入海 石山			野島 鵜ヶ島台 茅山 下沼部 打越 神之木台	槻木Ⅰ (縄文条痕文系土器) 吉田浜上層	ムシリⅠ 赤御堂 吉田浜下層	条痕文平底 縄文平底	
轟	羽島下層		木島	極楽寺	中越	花積下層	上川名上層			前期
	北白川下層Ⅰ		清水ノ上Ⅱ		神ノ木	関山	大木1	円筒下層a	北海道押型文	
				福浦下層	有尾	黒浜	大木2	円筒下層b		
曽畑	北白川下層Ⅱ				南大原	諸磯a	大木3			
				蜆ヶ森	上原	諸磯b	大木4			
	北白川下層Ⅲ			福浦上層	下島	諸磯c	大木5	円筒下層c		
	大歳山			朝日下層	籠畑	十三菩提	大木6	円筒下層d		
深浦	鷹島 船元Ⅰ		北裏C	新保 新崎	九兵衛尾根 狢沢・新道 藤内	五領ヶ台 勝坂Ⅰ 阿玉台Ⅰ	大木7a	円筒上層a		中期
	船元Ⅱ		山田平	上山田	井戸尻Ⅰ	勝坂Ⅱ 阿玉台Ⅱ	大木7b	円筒上層b		
春日	船元Ⅲ		北屋敷Ⅱ	馬高	井戸尻Ⅲ	勝坂Ⅲ 阿玉台Ⅲ				
	船元Ⅳ		中富		曽利Ⅰ 曽利Ⅱ	加曽利EⅠ	大木8a	円筒下層c		
	里木Ⅱ		神明	串田新	曽利Ⅲ	加曽利EⅡ	大木8b	円筒上層d		
					曽利Ⅳ	加曽利EⅢ	大木9	円筒上層e		
阿高	北白川C				曽利Ⅴ	加曽利EⅣ	大木10	中の平		
南福寺	中津		林ノ峰	前田		称名寺	綱取Ⅰ	門前	北筒	後期
出水 鐘崎	福田K2		咲畑Ⅱ	気屋		堀之内Ⅰ 堀之内Ⅱ	綱取Ⅱ	十腰内Ⅰ		
北久根山 西平	北白川上層 一乗寺K 元住吉Ⅰ		八王子 西出山 蜆塚KⅡ	酒見		加曽利BⅠ 加曽利BⅡ 加曽利BⅢ	宝ヶ峯		手稲	
三万田 御領 古閑	元住吉Ⅱ 宮滝 滋賀里Ⅰ		吉胡K 伊川津	井口 八日市新保		曽谷 安行Ⅰ 安行Ⅱ	金剛寺		堂林 御殿山	
(黒色磨研)	滋賀里Ⅱ 滋賀里Ⅲa		寺津 元刈谷	御経塚	佐野Ⅰ	安行Ⅲa 安行Ⅲb	大洞B 大洞BC		東三川Ⅰ	晩期
黒川	篠原 滋賀里Ⅳ		桜井 西之山	中屋	佐野Ⅱ	安行Ⅲc 安行Ⅲd	大洞C1 大洞C2		上ノ国	
弥生土器			五貫森 馬見塚	下野 長竹	女鳥羽川 離山 氷Ⅰ	杉田Ⅱ 千網 荒海	大洞A1 大洞A2 大洞A′		幣舞	

表1　縄文土器の全国編年と時期区分（「草創期」の土器も表示）

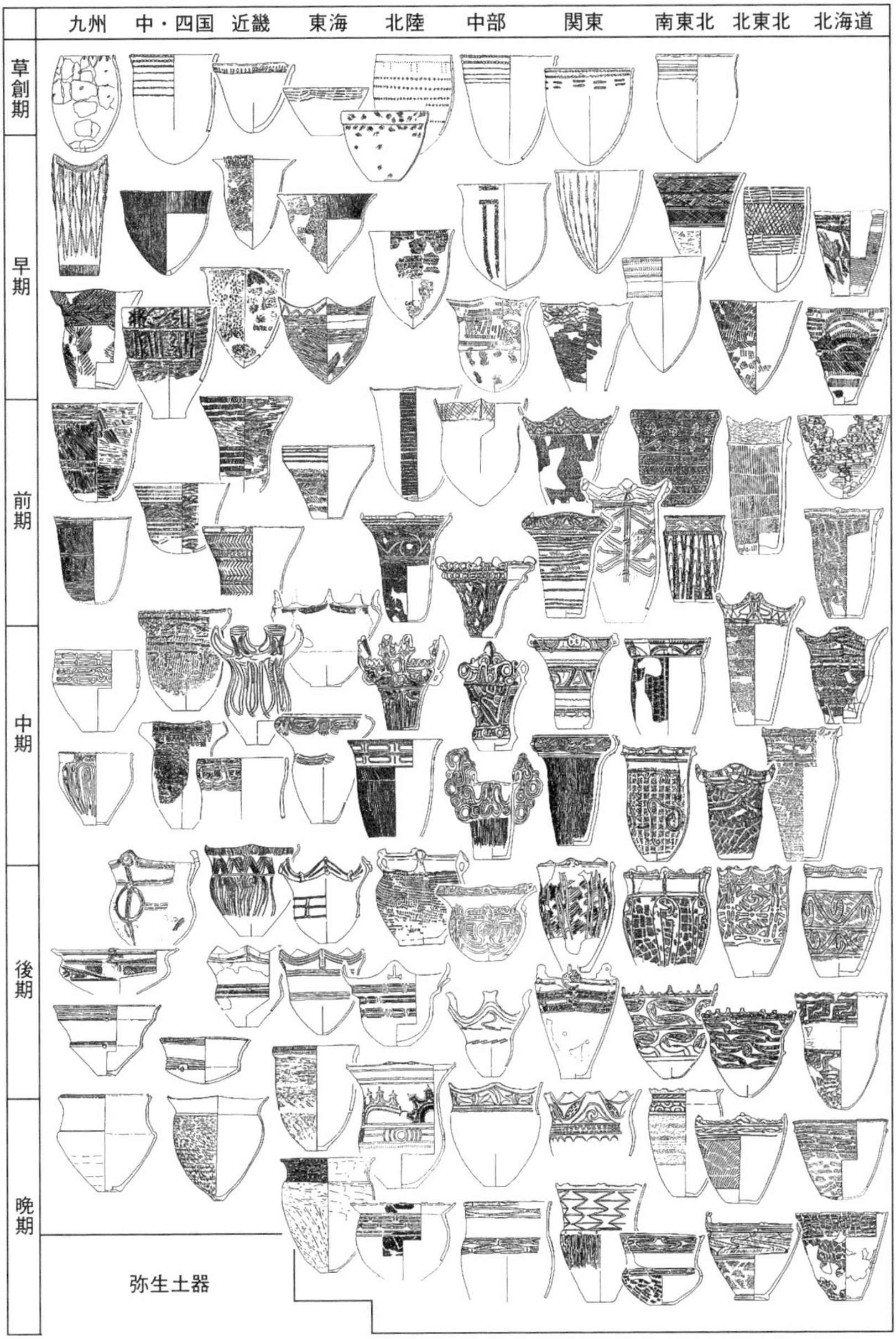

「草創期」土器が出現した旧石器時代の終末期で、南九州をのぞく日本列島の大半が、出現期土器→隆起線文《りゅうきせんもん》系土器→爪形文《つめがたもん》系土器→多縄文《たじょうもん》系土器と変遷する。

出現期土器は、遺跡数が限られ、出土量もきわめて少ないだけでなく、文様も無文のものが多いなど、いまだ型式名をつけられる状況にない。つぎの隆起線文系土器になると、遺跡数は著しく増加し、出土量も増加する。ところが爪形文系土器になると、遺跡数・出土量とも減少し、多縄文系土器になると、北海道を除く東日本を中心に遺跡数・出土量とも再び増加する。また、石器は、旧石器時代の伝統を引きながらも、短期間に多様な石器群が出現・消滅するなかで、縄文時代の主要な狩猟具となる石鏃が出現する。

「草創期」の環境は、出現期土器が寒冷な最終氷期、隆起線文系土器が温暖期であるベーリング・アレレード期、爪形文系土器と多縄文系土器が最後の寒冷期である新ドリアス期にあたる（図3）。つまり「草創期」とは、人類がいまだ経験したことがないような気候変動期である晩氷期のただなかにあった。

一方、温暖化がいち早く進んだ南九州では、「草創期」の隆起線文系土器に属する隆帯文《りゅうたいもん》土器（器壁に太い粘土紐を貼付する特徴がある）から早期の貝殻文《かいがらもん》土器へと独自の展開を示し、竪穴住居や煙道《えんどう》つき炉穴《ろあな》など定住的な様相が強く、「早咲きの縄文文化」と形容されているが、約七三〇〇年前の鬼界カルデラの大噴火によって、壊滅的な打撃を受けて断絶する（設問106を参照。新東

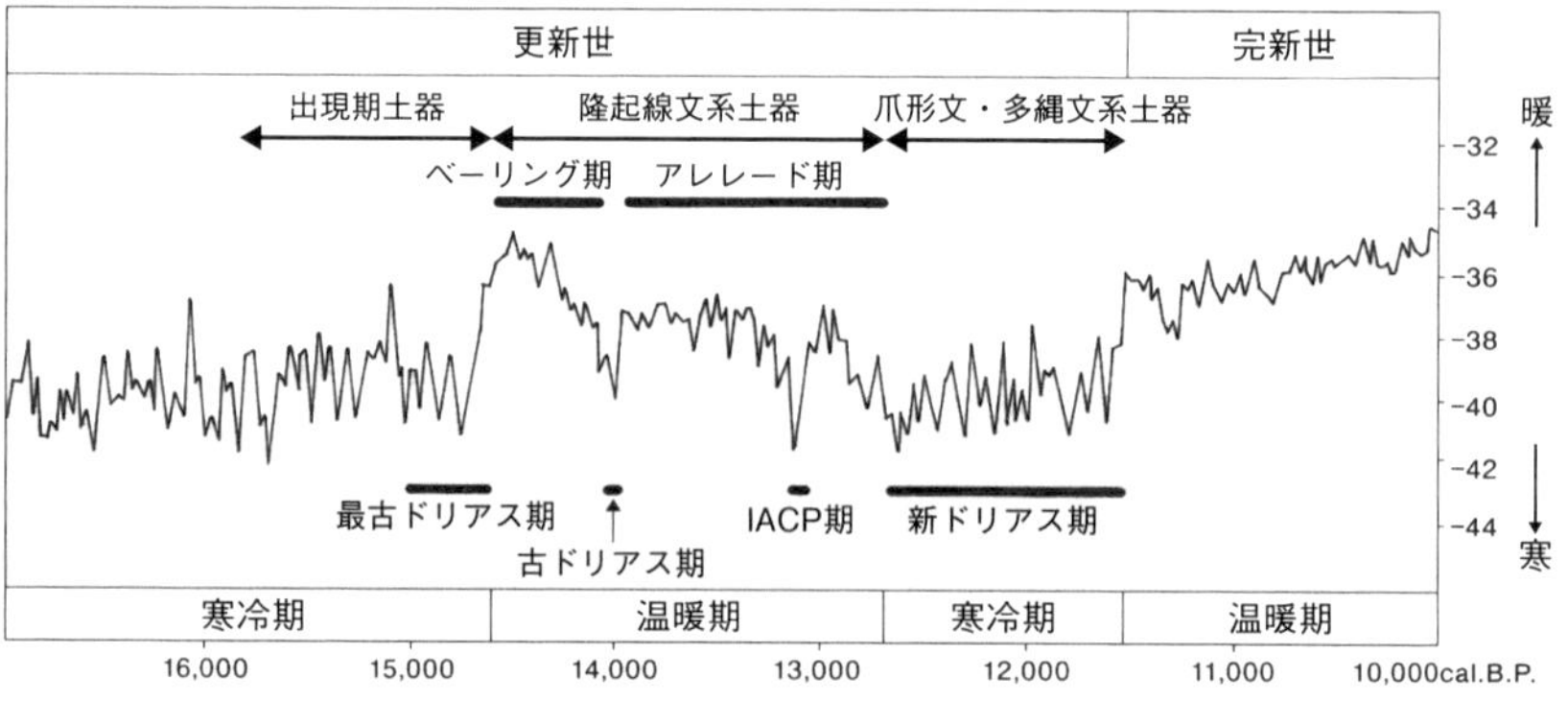

図3　晩氷期の気候変動と「草創期」の土器

晃一「九州南部」『講座 日本の考古学』三巻、青木書店、二〇一六年）。

早期　土器の器形が深鉢で底部が砲弾形や丸形の、いわゆる尖底《せんてい》土器を特徴とし、前半には、関東地方の撚糸文《よりいともん》系土器（図34の井草・大丸式土器を参照）をはさみ、中部地方以西と東北地方に押型文《おしがたもん》系土器が分布し、しだいに関東地方を境に中部以西の西日本に押型文系土器、東北地方に貝殻・沈線文《ちんせんもん》系土器というように東西を二分するようになる（図4の1・2）。それが後半になると、九州を除くほぼ列島の全域に、貝殻の縁で条痕《じょうこん》を施す条痕文系土器が分布する（図4の3）が、東日本では胎土に繊維を混ぜるのに対して、西日本では繊維をあまり混ぜないという違いがみられる。

早期の環境は、今日の温暖な気候となる完新世の始まりにあたり、神奈川県横須賀市の夏島《なつしま》貝塚での貝塚の形成に代表されるように、水産資源の利用が本格的に開始される（設問70を参照）。また、この時期に植物採集活動にともなう道具と技術が確立することから、植物採集・狩猟・漁労活動における縄文的な利用の手段と技術が確立し、列島で本格的な定住生活が開始される。

前期　土器は、平底が一般化し、前半は、関東・中部地方の関山《せきやま》式土器（図34を参照）や東北地方の円筒《えんとう》下層式土器にみられるように多様な縄文が施されるとともに、しだいに地域色を強めるようになる。さらに、後半には、北海道北東部で地域特有の押型文系土器、北海道南西部から東北地方北部で円筒下層式土器、東北地方で大木《だいぎ》式土器、関東・中部地方で諸磯《もろいそ》式土器、九州をのぞく

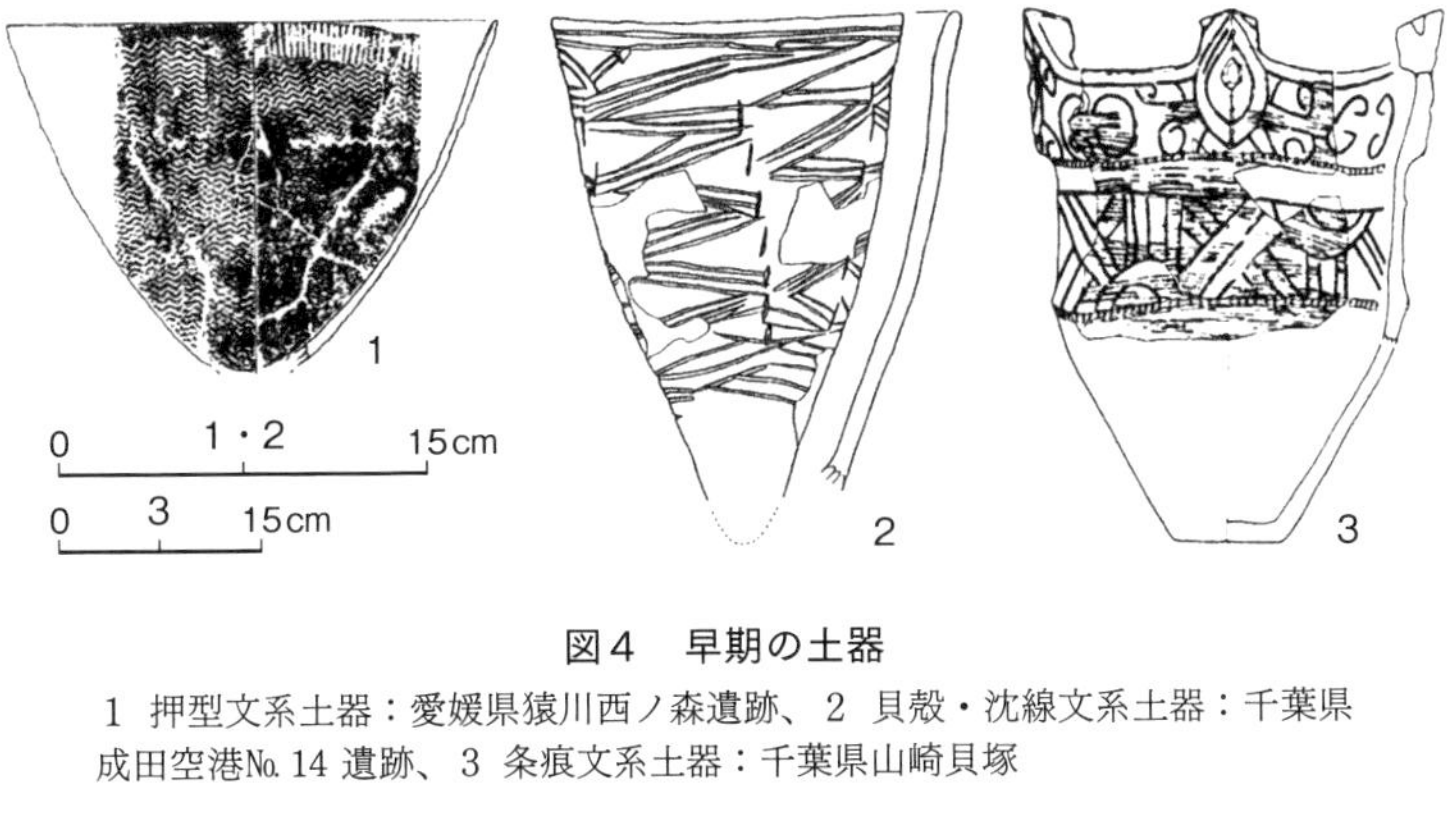

図4　早期の土器

1 押型文系土器：愛媛県猿川西ノ森遺跡、2 貝殻・沈線文系土器：千葉県成田空港No.14 遺跡、3 条痕文系土器：千葉県山崎貝塚

西日本で北白川《きたしらかわ》下層式土器、九州で曽畑《そばた》式土器というように、より地域色を強めながら、文様や器形の多様化がおこる。

　前期の環境は、その初頭に気候の温暖化がピークをむかえ、列島各地の海岸では、縄文海進による格好の漁場が形成され、漁労活動が活発に展開した（図5）。また、温暖な気候のもとで植物質食料にも恵まれたことから、安定した食料資源を背景に、定型的な大型の環状集落が形成され、東北・北陸地方を中心にロングハウスと呼ばれる長方形の超大型住居もつくられた（図85の6を参照）。前期から中期は、「縄文文化の高揚期」と呼ばれるが、それは東日本に特有の現象で、東西日本の地域差が顕著になるのも前期からである（設問102を参照）。

　中期　土器の地域色がもっともはっきりとする時期で、とくに北陸地方の馬高《うまたか》

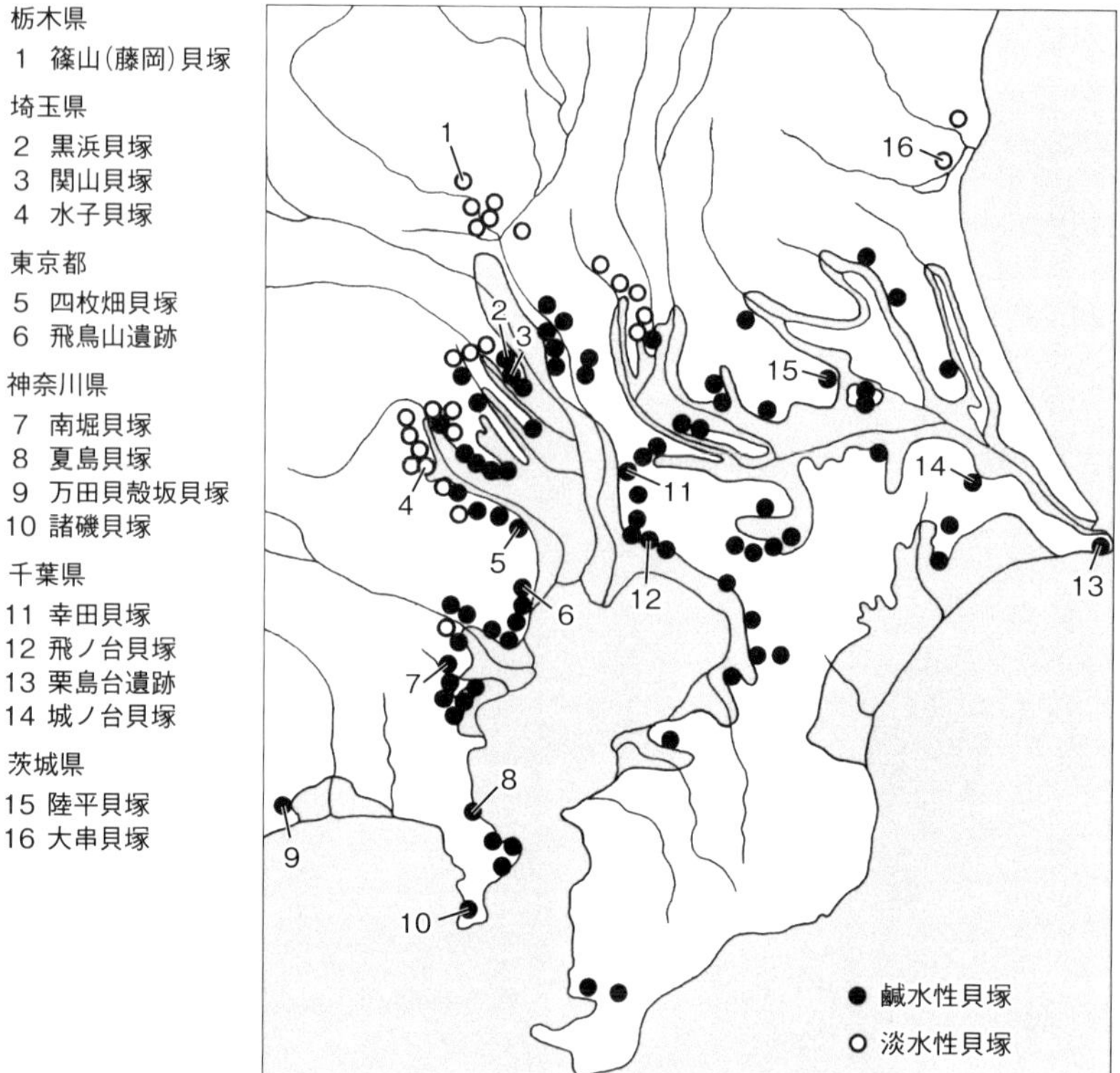

図5　関東平野での縄文海進最大期の海岸線と
早期末から前期の貝塚分布

式土器（火焔土器）や中部・関東地方の勝坂《かつさか》式土器（中部地方で藤内《とうない》・井戸《いど》尻《じり》式土器。図34を参照）などに代表されるように、物語性のある装飾文様とともに、造形的にも優れた土器群がつくられる（図6）。また、中部日本では、土器の器種も豊富になるが、東北地方北部以北や西日本では、器種は総じて少なく、深鉢を基本とする。

　中期の環境は、前期の温暖期から寒冷期へとむかうが、中ごろまでは、まだ気候は安定していたことから、ダイズやアズキの栽培化にみられるように植物質食料を高度に利用することによって、中部・関東地方を中心に縄文文化の高揚期のピークをむかえることになる（設問102を参照）。たとえば武蔵野台地や八ヶ岳山麓などでは、中・小河川の流域の二から三キロの間隔をおいて、大型の環状集落を中心に集落が並存するが、これはほかの時期とくらべても爆発的ともいえる集落の増加であり、それはとりもなおさず人口の急増を意味していた。ところが、後半になると、列島の少なくとも東半分は、気候が冷涼で湿潤な環境に悪化した。冷涼で湿潤な環境は、自然の再生産にも大きな影響をあたえたが、とくに人口が爆発的に増加した中部・関東地方では、その矛盾がいっぺんに頂点に達して、壊滅的といえる打撃をうけることになる（設問103を参照）。

　後期　土器では、全国的に磨消《すりけし》縄文の手法をふんだんにとりいれた文様を発達させるとともに、中津《なかつ》式と称名寺《しょうみょうじ》式土器をはじめとして、堀之内《ほりのうち》から加《か》

図６　筒形の土器に神人が抱きつくような格好に造形された神像筒形土器
左（撮影：田枝幹宏）、右は展開写真（長野県藤内遺跡、中期中葉、撮影：小川忠博）

曽利《そり》B式土器（図34を参照）というように、特定の土器群が広範囲に分布する。また、東日本では、精製土器（装飾性に優れ精緻な土器）と粗製土器（装飾性に乏しく粗雑な土器）の違いが明確となり（図7）、注口《ちゅうこう》土器などが安定した出土をみせるなど、器種もより豊富になる。一方、後半の九州地方では、磨消縄文手法が姿を消し、器面をよく研磨し、全体を黒色に仕上げる、晩期に一般化する黒色磨研《まけん》土器がつくられる。

後期の環境は、東日本では冷涼で湿潤になることから、陸上の動植物に悪影響がでていた。そこで、東日本の太平洋岸では漁業資源を積極的に開発し、関東地方で内湾性漁業を発達させて馬蹄《ばてい》形貝塚（環状貝塚）を形成し、黒潮と親潮がぶつかる東北地方各地の沿岸で外洋性漁業のもと銛や釣針などの漁労具を発達させた（設問71を参照）。また、集落の小型化・分散化が進んだことから、村落の結束と維持をはかるためもあって、呪術的・祭祀的遺物が豊富につくられ、環状列石《かんじょうれっせき》や木柱《もくちゅう》遺構、周堤墓《しゅうていぼ》などの大規模な祭祀遺構が営まれた。

一方、西日本では、中期に爆発的な人口増もなく、気候の悪化もそれほど認められないことから、比較的安定した推移をたどる。

晩期　土器は、豊富な器種と装飾性に富んだ東日本の亀ヶ岡《かめがおか》式土器（図34を参照）とその系統の土器群、黒色磨研の浅鉢と装飾性に乏しい深鉢からなる西日本の黒色磨研系土器（図8）が、列島を大きく二分するように分布する。

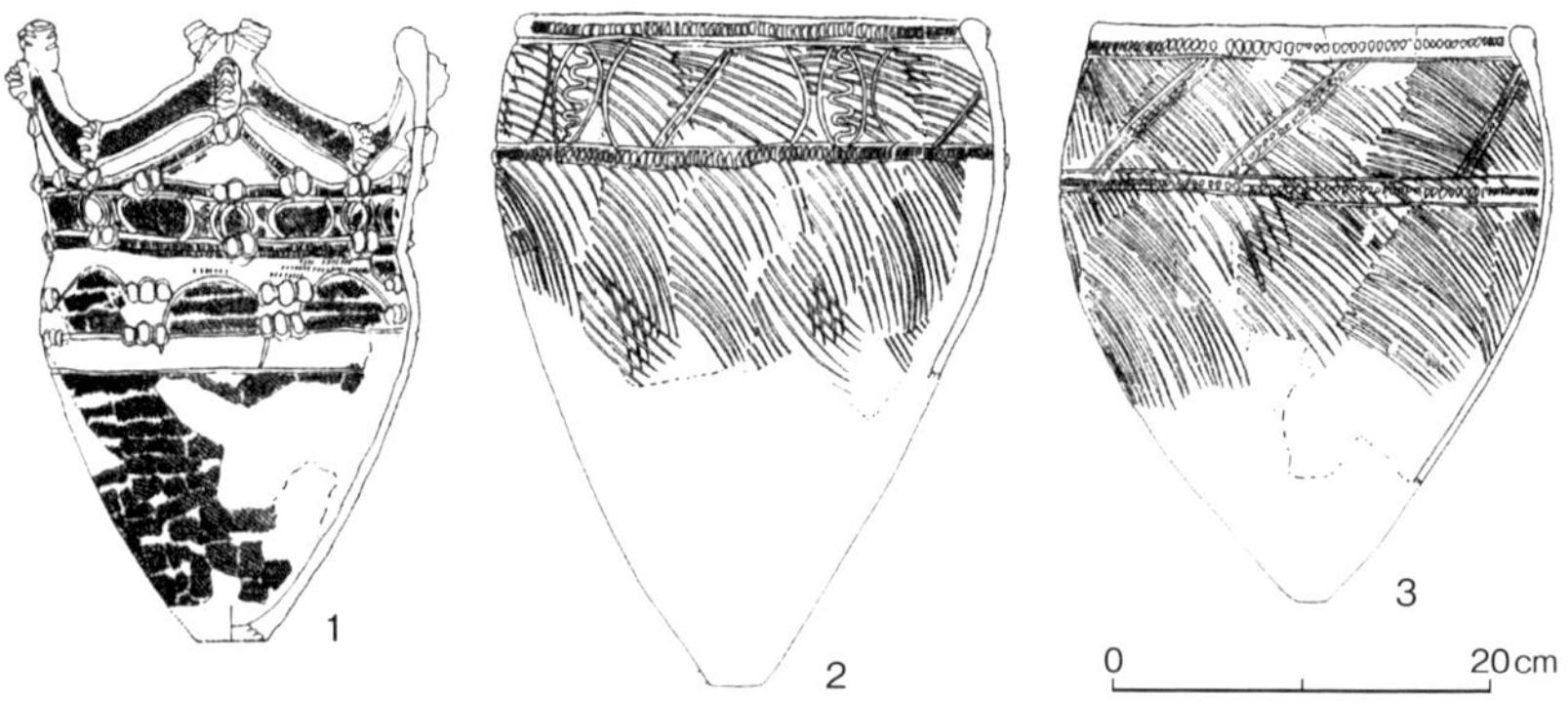

図7　後期の精製土器と粗製土器

安行Ⅱ式土器（埼玉県寿能遺跡、1 精製土器、2・3 粗製土器）

そして、東西日本の中間に位置する関東地方では安行《あんぎょう》式系土器が地域色豊かに分布するが、それも前半までで、後半に入ると関東地方の地域色は失われる。

晩期の東北地方では、後期の外洋性漁業をよりいっそう発達させ、あわせてサケ・マスなどの河川漁業を最大限に活用した。それを基礎に縄文文化の極致ともいわれる亀ヶ岡文化が展開し、土偶《どぐう》、岩版《がんばん》、石棒《せきぼう》などの呪術的・祭祀的遺物の多様さに加えて、すぐれた技法のもとにさまざまな漆器がつくられるなど、その内容の豊かさは群を抜く。しかし、それは採集経済の枠のなかでの繁栄であって、後半には大きく停滞せざるをえなくなる。

一方、西日本では、土掘具の刃先である打製石斧《せきふ》をはじめ、石皿《いしざら》、磨石《すりいし》など植物質食料関係の道具が卓越する。とくにダイズやアズキなどの栽培化を考えれば、そうした栽培植物の利用が大陸に隣接するという地理的環境とあいまって、完成された水稲農耕技術をいちはやくうけ入れる下地となった。

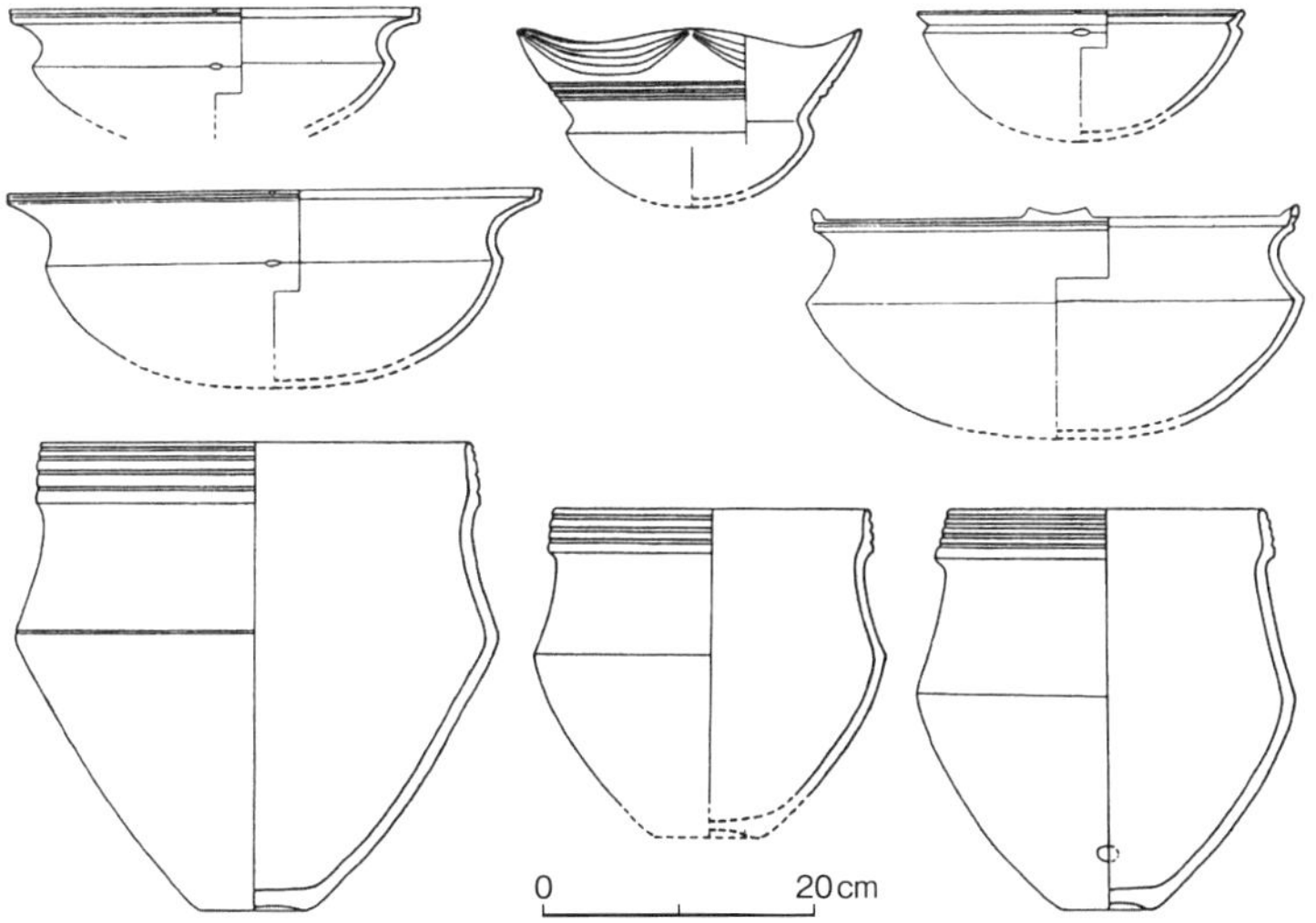

図８　黒色磨研系土器

大石式土器（大分県大石遺跡）

第2章　縄文時代の研究と論争をみる

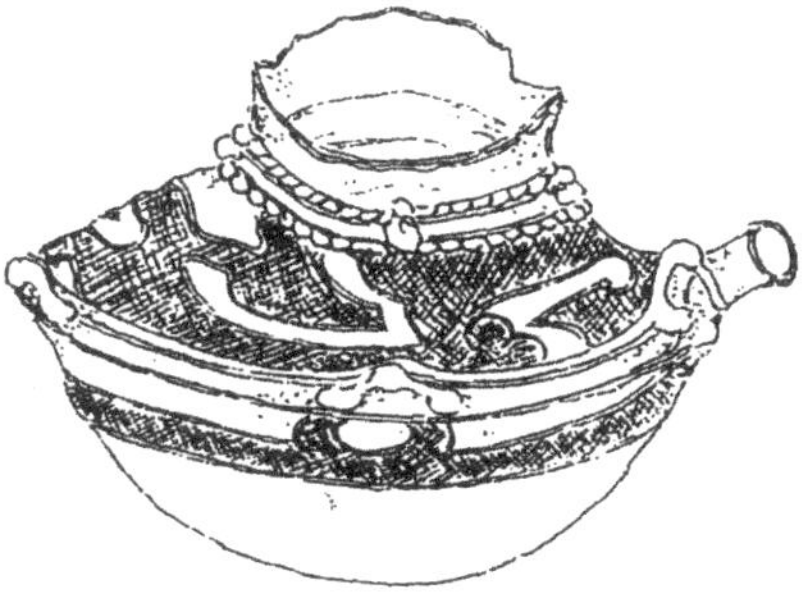

『新古祝甕品類之図』に掲載された
亀ヶ岡遺跡出土の縄文土器の図

第5問　貝塚の巨人伝説とは何か

貝塚とは、人類が食料として捕獲した貝や魚、動物の肉などを食べたあと、不要となった貝殻や骨などの残滓《ざんし》を投棄したのが「塚」のように堆積したものである。貝塚を残すほど貝が大量に食用とされたのは、縄文時代に入ってからで、この時代のものだけでも、全国で約二三〇〇カ所が確認されている（設問70を参照）。

貝塚は、地表面に白い貝殻が顔を出し、そこが「塚」のような高まりをみせていることから、早くから人びとの関心をひいていた。七一三年（和銅六）、元明天皇により諸国の地名の由来や地勢、産物、伝説などを記した『風土記』の編纂が命じられたが、そのうちの一つである『常陸国風土記』の那賀《なか》郡の条に記された「大櫛之岡《おおくしのおか》」についての記載は、貝塚に関する最古の記録である。

平津驛家　西一二里　有岡　名曰大櫛　上古有人　體極長大　身居丘壟之上　手摎海濱之蜃　大蛤也　其所食貝　積聚成岡　時人　取大朽之義　今謂大櫛之岡　其踐跡　長卌余歩　廣廿余歩　尿穴徑可廿余歩許

現代文にすると、つぎのとおりである（長さは、律令制下の小尺で換算）。

平津《ひらつ》の駅家《うまや》の西一二里（約六・四キロ）に岡（丘）があり、その名を大櫛という。大昔、人がいた。身体が極めて大きく、丘の上にいながら、手は海浜の大蛤《おおはまぐり》をさらうほどであった。その食べた貝は、積もって丘になった。当時は大朽《おおくち》といったが、今は大櫛の岡という。その足跡は長さ四〇余歩（約七二メートル）、幅が二〇余歩（約三六メートル）で、小便の穴は径二〇余歩（約三六メートル）であった。

この「大櫛之岡」とは、茨城県水戸市の大串《おおくし》貝塚のことで、その成因について、巨人が大ハマグリをとって食べ、その貝殻が積もって貝塚となったという伝説を記したものである。それは当時の海岸線から隔たった場所（現海岸線から直線距離で五キロ内陸にある）に貝殻が散らばり、それも「岡」のように大量に堆積している様子が奇異であったことから、その不可思議さを巨人と結びつけて理解しようとしたことが、伝説として残されたものである。

このように、貝塚を巨人と結びつける、いわゆる巨人伝説は、佐久間洞巖《どうがん》の『奥羽観蹟聞老志《おううかんせきぶんろうし》』（一七一九年）では、磐城国新地《しんち》村の貝塚居《かいづかやしき》（福島県相馬郡新地町の新地貝塚）について、「昔、鹿狼山《かろうさん》に手の長い神が住み、その長い手を海まで伸ばして好きな貝をとって食べ、殻を捨てた所が貝塚になった」と、ここでは手長明神《てながみょうじん》伝説として紹介されている。また、同書の伊具《いく》郡の条にも、類似の手長明神伝説が紹介されているように、各地に貝塚に関する伝説として残されている。

ところで、「大櫛之岡」を残した巨人の足跡は長さ約七二メートル、幅が約三六メートル、小便の穴は径約三六メートルもあったという。巨人といえば、ダイダラボッチ（ダイダラ法師、デイダラボウなどともいう）伝説が各地に残るが、東京近郊だけでも、ダイダラボッチの足跡が池や窪地になったとか、ダイダラボッチの小便の跡が池や湧水となったという伝説が二〇カ所以上も残されている。そのなかには、東京都大田区の久ケ原《くがはら》貝塚について、ダイダラボッチという右手の長い巨人が住んでいて、毎日海へ行って、手で貝を探していたので手が長くなり、貝塚は、そのダイダラボッチが食べた貝殻を捨てたところだという伝説がある。

こうしたダイダラボッチ伝説にも、さかのぼれば『常陸国風土記』の巨人伝説にいきつくわけで、それだけ貝塚によせられた人びとの素朴な関心を物語っている。

第6問　石器天降説とは何か

科学的な認識が一般化していない時代に、身近な道具とよく似た奇妙な形をした石器を神や天地の神秘性と結びつけて、天から降ってきたとする説。石器天工《てんこう》説ともいう。

たとえば地中に埋もれていた石斧が、雷雨の際に洗われて地上に顔を出すと、人びとは、それを雷神の器物とみなして、雷斧《らいふ》とか、雷斧石（中国で霹靂斧、ギリシャでKerunia、フランスでPierres à foudre、ドイツでDonnerkeilと呼ばれる）と称したことは、日本だけでなく、アジアからヨーロッパ大陸の広範な地域にみられる。日本での石器天降《てんこう》の記録は、古く『続日本後紀』巻八、承和六年（八三九）一〇月一七日の条に、つぎのように記されている。

> 出羽國言　去八月廿九日　管田川郡司解偁　此郡西濱達府之程五十餘里　本自無石　而從月三日霖雨無止　雷電鬪聲　經十餘日乃見晴天時向海畔自然隕石其數不少　或似鏃或似鋒　或白或黒或青或赤　凡厥狀體鋭皆向西　莖則向東　詢于故老　所未曾見　國司商量　此濱沙地　而徑寸之石　自古無有　仍上言者其所進上兵象之石數十枚　収之外記局　勅曰　陸奥出羽幷太宰府等　若有機變隨宜行之　且以上言克制權變　令禦不虞　又轉禍爲福　佛神是先宜修法奉幣

現代文にすると、つぎのとおりである（長さは、律令制下の小尺で換算）。

出羽国から言上《ごんじょう》があって、去る八月二九日に管田川郡司《かんたがわぐんじ》が申すには、本郡の西浜《にしはま》から府に至るまでの五〇余里（約二六七キロ）の間には、もともと石はなかった。八月三日から長雨が止まず、雷鳴が轟き、約一〇日が経ってやっと晴れたので海岸にいってみると、無数の隕石が落ちていた。ある物は鏃《やじり》のようで、あるものは鉾《ほこ》のようで、色も白、黒、青、赤とあり、その様子は、すべて先端が西を向いて、茎は東を向いていた。古老に質しても、見たことがないものだと言っている。国司が見聞すると、この浜は砂地で、長さが三センチになる石は、昔よりないとのこと。言上のものが差し上げた刃物の形のもの数十枚を外記局《げききょく》に収めた。勅を下して、陸奥、出羽、大宰府などに変事があれば適宜善処して、不慮の事態を防ぎ、禍を転じて福となすために、これより先に仏神に法を修めて幣《ぬさ》を奉らしめた。

その後も、こうした事態がしばしばおこり、そのつど朝廷では神仏に祈り、警戒を厳重にさせたという記録が『三代実録』に散見される。

ところで、八世紀に入ると、律令体制は、はやくも口分田《くぶんでん》の不足という公地公民制の根本が矛盾をきたすとともに、全国的な耕地の不足と租税や労役などの重い負担を逃れるために、郷里を逃亡する浮浪人が発生した。朝廷内では、長屋王の変（七二九年）をはじめとして、藤原広嗣《ひろつぐ》の乱（七四〇年）、橘奈良麻呂の乱（七五七年）、藤原仲麻呂の乱（七六四年）というように、立てつづけに政変がおこるとともに、八世紀の後半になると、東北地方では蝦夷が反乱を繰り返すというように、律令体制は内外から解体しはじめていた。

こうした律令体制の矛盾が最高潮に達し、まさに体制が崩壊する九世紀中ごろからの約五〇年間に集中して石器天降の報が「国史」に記録されるが、それ以後は江戸時代の随筆など記されるまで、石器の発見は文献から消えることになる。つまり古代における石器天降の報の記録は、実は律令体制の解体期の政治社会の混乱に起因する支配者層の不安の現れとして注目される。

第7問　石器人工説とは何か

石器が天から降ってきたという石器天降説（石器天工説）に対して、石器を人工物と認識するのが石器人工説である。

江戸時代になると、江戸や大坂などの大都市の生活者を中心に、現実をありのままにみて、それをありのままに考えようという、いまだ素朴ではあるが実証的にものをみようとする精神が生まれてきた。このような実証的な精神は、当然、人びとの関心を西洋の自然科学へとむかわせ、その受容を盛んにした。

こうした西洋の自然科学の影響をうけて、石器を非人工物としながらも、神や天地の神秘性からではなく、自然現象から合理的に解釈しようとする動きがおこってきた。児島不求《ふきゅう》は「凡雷は天にあっては気のみ也。地に隕ては形をなす事もあり」「又雷の烈き光地に落て形をなす事もあり。星落ちて石と成が如し」と、星が落ちて隕石となったように、天にあっては形のない雷が地に落ちて形となったのが「石器」だと考えた（児島不求『天地或問珍』一六三〇年）。また、西川如見《じょけん》は「雷斧雷鑽ノ如キモノハ虚誕ニ近シ、雷中ノ沙石烈火ニ煉テ銅鉄ノ如キ堅剛ノ物ト成テ其形斧鑽ニ似タル也」として、雷斧《らいふ》・雷鑽《らいさん》（穴をあけるキリ）とは根拠のないことを大げさにいっているだけで、雷が落ちたときに砂石が融結したものが斧や鑽の形に似たもの、つまり「石器」になったと考えた（西川如見『怪異弁断』一七一五年）。

このように、不求や如見は、雷が地に落ちて「石器」が形成されたと考えており、いわば石器自然現象説というべきものである。一方、井沢長秀《ながひで》は「およそ石にしなじなあり」、奇石（珍しい色や形の石）のような「かかるたぐいもあれば、鏃に似た石もあるべし。但し天よりふるとは非なり、砂中にあるところの石、大雨の時あらひ出したるものなるべし」と、「石器」は奇石と同じ天然石で、大雨が降ったときに地中から洗い出されたものであるとして、石器天降説を明確に否定した（井沢長秀『広益俗説弁』一七一五年）。

こうして石器天降説に疑問を感じる人が増えてきたなかで、その疑問を一歩進めて、石器が人工物であることをはじめて唱えたのが、当代の知識人を代表する新井白石である。白石は、仙台藩の学者である佐久間洞巌《どうがん》から石鏃を贈られ、その礼状（一七二一年）で、つぎのように述べている（佐久間洞巌「白石先生手簡」一七九九年）。

石鏃三ツさてさてめつらしく忝奉存候。此物の事は本朝の国史にも二所か三所か見へ候。某方ニも鹿島の浦、出羽由利郡、能登珠洲郡ゟ出候と此たひ被下候と合せ十ニ罷成候。南部ニ居候親戚共ゟも、南部のものを可遣候と申約候。又々督促可任候。此物俗間ニ申す神軍ノ矢ノ根にて候。きわめてふるきものに候。すなわち、書経ニ候砮、孔子家語、国語などに候砮にて、粛慎国のものニ候。

このように、白石は、石鏃の発見が東日本に限られるという知見とともに、日本の古史や多賀城碑などの「粛慎《みしはせ》」が中国古典にみる東北境外の民族名である粛慎《しゅくしん》であることから、石鏃を「粛慎国のものニ候」と考えた。そして、白石は「神軍ノ矢ノ根」といわれている石鏃は「急雷雨の時にたゝき出され候を、国史ニは降り候と心得候」ものとして、石器天降説を明確に否定した。また、木内石亭《せきてい》は、全国の好事家と語らって弄石社《ろうせきしゃ》というグループを組織し、奇石・弄石を収集するかたわら、情報の交換や集めた石の品評会をおこなうなどした。その石亭がまとめた『雲根志《うんこんし》』（全三編、一七七三・一七七九・一八〇一年）は、石器人工説を定着させるのに大きな役割をはたしたが、それは設問8で解説する。

一方、狂歌師として知られる平秩東作《へづつとうさく》は、一七八三年（天明三）に蝦夷地（北海道）に渡り、そこで見聞したことを翌年に『東遊記』と題して記録した。そのなかで、「熊石と言所にて先年髑髏を掘だした棺の近くから「青き石の斧の形にすりたる物多く出」たことから、東作は「世に雷斧とて天より降たる物と心得たるものあり。是を見れば人作にうたがいなし」と述べている。これは古墓から石器が出土したことを根拠に、石器が「人作」であるとの考えを示したわけで、それはいまだ素朴ではあるが考古学的見地によるはじめての石器人工説として注目される。

さらに、田村三省《さんせい》は『会津石譜』（一七九三年）で、つぎのように述べている。

諸記録に、神軍の石鏃の降しなりと云へり。亦天然の自然の者なりとも異説紛々たり。誠に今の人、今日の心を以て上古の事計るへからす。されは孔子の家語に粛慎国出す云。粛慎国は蝦夷の異名と云。坪碑に蝦夷を去る事百二十里と。以て会計いすれは、今の南部に過す。日本記に蝦夷三名の小名に津軽の名あれは、我国の異名とせんや。今諸国より出す。既に美濃国鏃、石亭より同国月吉の産、飛彈の国ひろんとの産、信濃国高島の産等の石弩を余に贈れり。今大会津の中、石弩を産する地は必鳥古瓦の欠あり。其なき地より出る事を聞す。然れは上古に鉄なく石を鏃とするなり。

このように、三省は、石器人工説をさらに発展させて、「上古に鉄なく石を鏃とするなり」と、石器が鉄器に先行することを唱えた。有名なトムセン（Christian J.Thomsen）が考古学の時代区分である石器時代、青銅器時代、鉄器時代のいわゆる三時代法を着想したのが一八二四年のことで、これが『北方古代学入門』として活字になったのが一八三六年のことであるので、三省の説は、同時代のヨーロッパの知識人と共通する認識をもっていたことになる。しかし、科学的な論理や思考方法が未発達な当時の日本では、三省のような画期的な認識も、個人の知識の段階にとどまらざるをえず、近代考古学として発展することはなかった。

第8問　『雲根志』とはどんな書物か

木内石亭《せきてい》が著した一七七三年（安永二）に前編、七九年に後編、一八〇一年（享和一）に三編の計一八冊からなる博物書で、岩石や鉱物、石器など約二〇〇品目を分類して、それに解説を加えたものである。

江戸時代の人びとの石器への関心を大きく育んだのは、幕府の奨励により本草学から発展した物産学のもとで、一七五一年（宝暦一）の大坂をかわきりに、つづいて江戸、京都と盛んに催された物産会に、岩石や鉱物などとともに、奇石・弄石《ろうせき》の類として石器が出品されたことである。この物産学の流れをくむ石亭は、全国の愛石家と語らって弄石社を組織し、奇石・弄石類を収集するかたわら、情報の交換や集めた石の品評会などをおこなった。その石亭の収集品と知見とを集大成したのが『雲根志《うんこんし》』である。

その後編、四巻の「鏃石」の項で、石亭は、京都の松岡玄達《げんたつ》が「蝦夷の人此鏃石を以て鴈を射る」と述べていることを紹介し、「今考に粛慎国は蝦夷なり。ここを以て天工にあらざる事を知るべし」と、石鏃が人工物であると断言している。そして、つづけて「予鏃石一千種を蔵す」と述べているところに、石の長者としての石亭の面目躍如たるものがあった。

こうした弄石社を中心とする愛石家の活躍と石亭のまとめた『雲根志』こそは、石器人工説を定着させるのに大きな役割をはたすことになった。

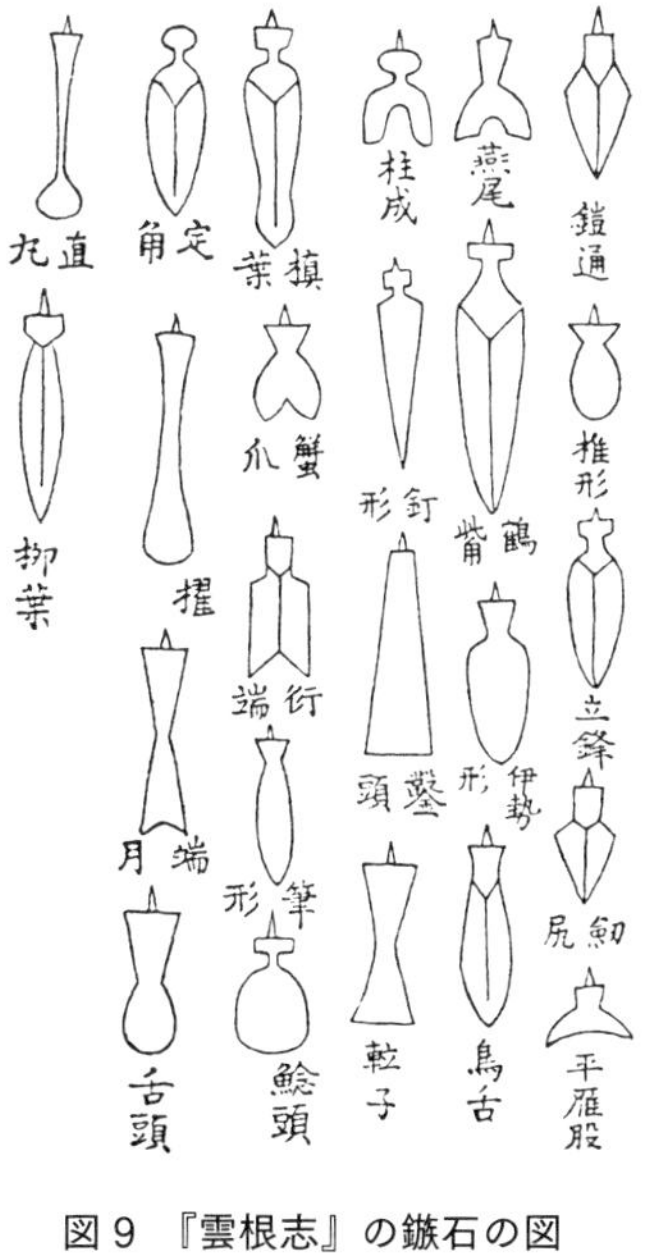

図9　『雲根志』の鏃石の図

第9問　縄文土器を発見した最初の記録は何か

縄文土器を発見した最初の記録は、一六二三年（元和九）一月のことで、津軽藩の『永禄日記』につぎのように記されている。

元和九発年正月元日。天気能。

二日弘前下鍛冶町火事候。

近江澤御城築之事相止、此所城下相成候はば、亀岡と申可由。此所より奇代之瀬戸物掘り出し候所也。其形皆々かめの形にて御座候。大小御座候へ共、皆水を入るかめにて御座候。昔ゟ多く出でる所也。昔何々沢にて此かめ多く土中に有之事不相知候。其名を取て亀ケ岡と申候也。又青森近在之三内村に小川在、此川より出候瀬戸物大小共に皆人形に御座候。是等も訳知れ不申候。

津軽藩の二代目藩主である津軽信枚《のぶひら》が亀ヶ岡《かめがおか》の地（青森県つがる市）に近江沢《おうみさわ》城（一国一城令で完成をまたずに廃城）を築こうとした際に、珍しい甕が大量に発見されたことから、「奇代之瀬戸物掘り出し候」と記録したものである。当時掘り出された土器は、完形品だけでも一万点にものぼるといわれ、文人墨客に「亀ヶ岡物」と珍重されて取引され、海外にも売られていったことから、乱掘が激しくなったという。

縄文土器を図入りで紹介したものとしては、菅江真澄《すがえますみ》の『新古祝甕品類之図《しんこいわいべひんるいのかた》』（文政年間）が有名である。真澄は、一七八〇年代から信濃をかわきりに、越後、出羽、陸奥、蝦夷などを遊歴して、一〇〇種、二〇〇冊もの「菅江真澄遊覧記」と総称される著作を残したことで知られる。この遊歴中に見聞した土器のみをまとめたのが『新古祝甕品類之図』である。真澄は、今日でいう縄文土器を「祝甕」、つまり祝部《いわいべ》土器（須恵器《すえき》）と同類の古代の土器と認識したうえで、それらを甕箇岡（亀ヶ岡）から出土した土器と同じものとして、「いにしえ蝦夷が作りし陶」と考えた。その根拠として、真澄は「そのさま蝦夷国の禰母呂より掘り得とて人のもて来りしに形」をあげた。真澄が『新古祝甕品類之図』で紹介した八点の縄文土器は、いずれも晩期の土器である（本章扉の図）が、亀ヶ岡から出土した土器が蝦夷国の禰母呂《ねもろ》（北海道の根室）から出土した土器と同類であることから、その土器を蝦夷（アイヌ）の製作したものと考えた。

『永禄日記』には「瀬戸物大小共に皆人形に御座候」とあるように、土偶《どぐう》を最初に発見した記録でもあるので、ここで土偶についてもふれておきたい。土偶の記録としては、秦檍丸《はたあわきまろ》（村上島之充《しまのじょう》）の『蝦夷島奇観』（一八〇〇年）にフシコタンの丘（北海道北斗市）で掘り出された土偶が詳細なスケッチとともに紹介されている。檍丸は、髪・衣服・顔から「少女の像也」と考察している。また、山﨑美成《よししげ》の『耽奇《たんき》漫録《まんろく》』（第一集、一八二四年）には、「津軽亀ヶ岡にて掘出たる土偶人二軀」と記された遮光器《しゃこうき》土偶の図が紹介されている（図10）。『耽奇漫録』とは、好事家の集まりである耽奇会に持ちよられた古書画や古器物などの図録集（全二〇集）であるが、第八集には「津軽亀ヶ岡より掘出す古磁器」と記された晩期の注口《ちゅうこう》土器の図が紹介されている。これをみても、当時「亀ヶ岡物」がいかに珍重されていたかがわかるであろう。

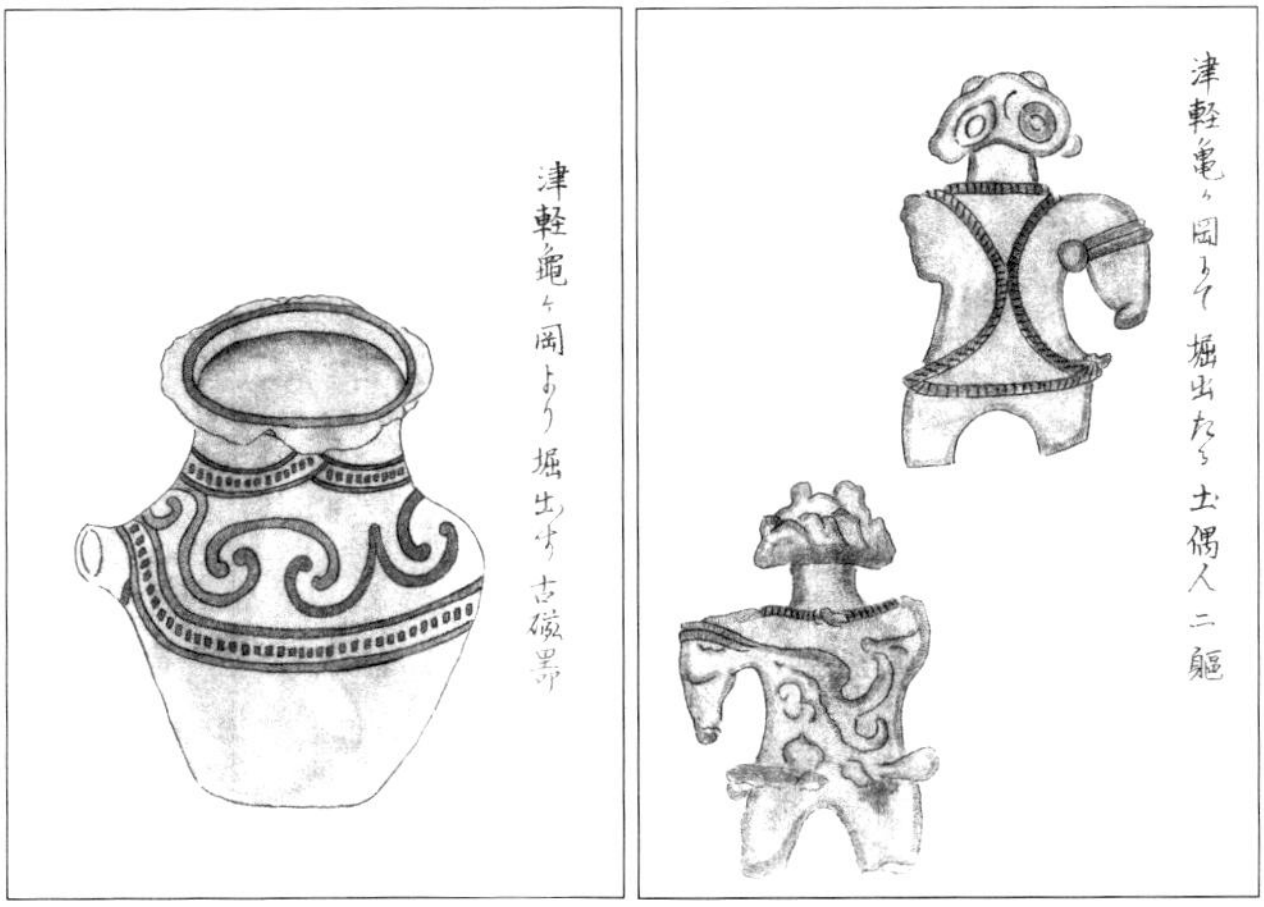

図10　『耽奇漫録』に掲載された「亀ヶ岡物」の縄文土器と土偶
（右図に二体とあるが、同一の土偶の表裏）

第10問 人種・民族論争とは何か

日本列島に居住した石器時代人がアイヌか、アイヌの伝説上のコロボックルかをテーマとした明治期の日本考古学を代表する論争のことである。

一八六七年（慶応三）の大政奉還に始まる、いわゆる明治維新における天皇制絶対主義の成立期にあって、欧米列強より大きく立ち遅れていた日本資本主義が、その弱点をおおいかくすために、神話的歴史観（皇国史観）にもとづく「忠君愛国」的思想＝国家主義を利用する必要があった。そのために、科学的な原始・古代史研究に大きな枠がはめられ、研究の自由な発展が阻害された。こうしたなかで、一八八四年（明治一七）に坪井正五郎や白井光太郎《みつたろう》らによって設立された人類学会（後に東京人類学会、今日の日本人類学会）を主な活躍の舞台として、論争が展開された（人種・民族論争については、寺田和夫『日本の人類学』〈思索社、一九七五年〉および工藤雅樹『研究史 日本人種論』〈吉川弘文館、一九七九年〉を参照）。

論争の発端は、一八八四年の人類学会の例会において、渡瀬荘三郎《しょうさぶろう》が北海道の竪穴《たてあな》や土器を残したのは、アイヌの伝説上のコロボックルではないかと発表したことである（「札幌近傍ピット其他古跡ノ事」『人類学会報告』一号、一八八六年）。渡瀬は、アイヌが土器を製作・使用しないばかりか、竪穴にも住まないことから、北海道の竪穴を残した住人をアイヌ以前のコロボックルと考えたのである。なお、コロボックル（コロボックルウンクル、コロブクングルなどともいう）とは、コロが蕗《ふき》の葉、ボツ（キ）が下、コルが持つ、ウンが居、クルが人という意味のアイヌ語で、蕗の葉の下にその茎を持っている人、つまり「蕗の葉の下の人」という意味で、最上徳内《とくない》が『渡島筆記』（一八〇八年）で紹介しているように、すでに江戸時代には知られたアイヌの伝説である。

これに対して、白井光太郎は「コロボックル果シテ北海道ニ住ミシヤ」（『東京人類学会報告』一一号、一八八七年）で、①コロボックル人が本州まで広がっていたのか、②コロボックル人と日本人が交流していたのか、③日本歴史上で蝦夷をコロボックルに当てはめることができるのか、④アイヌの祖先が土器や石器を製作・使用しなかったのか、⑤アイヌの祖先が竪穴に住まなかったのか、⑥野蛮人（白井は、アイヌを「野蛮人」と呼称した。不適切な呼称であるが、引用なのでそのままとする）の伝説が信用できるのか、という六点を逐条的に検討した。そして、白井は、渡瀬のコロボックル説を「実ニ無稽ノ憶説」であるとして、アイヌ説を主張した。この白井の批判に対して、直ちに坪井正五郎が「コロボックル北海道に住みしなるべし」（『東京人類学会報告』一二号、一八八七年）で反論して、コロボックル説を支持したことから論争が始まった。

その後、アイヌ説は、小金井良精《よしきよ》が貝塚出土の人骨と現存アイヌの人骨の計測比などの人類学的資料（「本邦貝塚ヨリ出タル人骨ニ就テ」『東京人類学会雑誌』五六号、一八九〇年）、鳥居龍蔵が千島列島の土俗と考古学的資料（「北千島に存在する石器時代遺跡遺物は抑も何種族の残せしもの歟」『東京人類学会雑誌』一八七号、一九〇一年）、浜田耕作が縄文土器の文様とアイヌの文様との比較検討という文様形態論的視点（「日本石器時代人の紋様とアイヌの紋様に就て」『東京人類学会雑誌』二一三号、一九〇三年）などと強化されていった。

一方、坪井のコロボックル説は、それらアイヌ論者との論争などをとおして、一つの学説としての体裁を整えていった。その根拠は、①アイヌは土器・石器を使用していない、②アイヌは竪穴に住んでいない、③アイヌの文様と貝塚土器の文様が同じではない、④貝塚出土の人骨はアイヌ人のものではない、の四点からであった。そして、坪井は「コロボックル風俗考」（『風俗画報』九〇～一〇八号、一八九五～九六年）

などで豊富な挿絵（図11）をまじえて自説を喧伝したことから、世俗的な人気は高かった。しかし、それは実証的な研究から導き出されたものではなく、遺跡や遺物を風俗論的に認識する以上のものではなかった。そのために、一九一三年（大正二）の坪井の死によってコロボックル説は消滅し、一時アイヌ説が定説化することになった。

しかし、コロボックル説にしろ、アイヌ説にしろ、いずれも『古事記』『日本書紀』（以下、記紀と略）の所伝をよりどころにして、優秀な天孫民族が低劣な民族である石器時代人を追い払ったとする「先住民族」概念の枠のなかでの科学的根拠に乏しい空論にすぎなかった。それは一方では、黎明期の日本考古学が国家主義の抑圧を回避する格好の論争となったという時代背景を抜きにしては考えられないものであった。

一九二〇年代に入ると、形質人類学の分野が明治期の未分化な人類学・考古学のなかから独立するなかで、清野《きよの》謙次が石器時代人骨と古墳時代人骨の計測結果にもとづいて、列島の石器時代人をアイヌとする通説を批判して、現アイヌと現日本人は、石器時代人を共通の祖先として、その後の混血によって現在にいたったという石器時代人＝原日本人説を唱えた（『日本原人の研究』岡書院、一九二四年）。また、長谷部言人《ことんど》は、化石人類の進化の現象を日本列島の石器時代人から現代人への変化に応用して、石器時代以来の列島の住民の変化を体質の変化によるとする変形説を唱えた（「人類の進化と日本人の顕現」『民族学研究』一三巻三号、一九四九年）。いずれの説も今後に課題を残しながらも、明治期以来の先住民族概念にもとづく人種・民族論は、ようやく克服されることになる。

図11　コロボックル風俗の図

第11問　層位的な観察をはじめておこなった遺跡はどこか

一八九三年（明治二六）四月に八木奘三郎《そうざぶろう》と下村三四吉《みよきち》が発掘をおこなった茨城県稲敷市の椎塚《しいづか》貝塚である。

モースの大森貝塚の発掘に参加した佐々木忠次郎は、一八七九年（明治一二）に飯島魁《いさお》と茨城県稲敷郡美浦村の陸平《おかだいら》貝塚を発掘した。その成果は「常州陸平介墟報告」（『学芸志林』六巻三一冊、一八八〇年）と題して報告されたが、そこで大森貝塚出土の土器と陸平貝塚出土の土器に違いがあることを明らかにする。

その報告に注目した八木らは、椎塚貝塚が陸平貝塚の近くに位置することから、陸平貝塚の土器と同類の土器の出土を予想して、一八九三年四月に椎塚貝塚を発掘する。そこで八木らは、遺跡の層位的な観察をおこない、間層をはさむ二つの貝層を確認する（図12）。そして、二つの貝層から出土する貝類の種類や土器の特徴を観察して、層位と遺物の関連を把握しようと試みたが、それは十分な成果がえられなかった。しかし、八木らは、間層をはさむ二つの貝層について、「最初其貝殻ノ遺棄積聚セラレシ後一時往来ノ場所トナリテ、更ニ反復貝殻ヲ捨ツルニ至リ上貝層ヲ作リシニヨルカ」と、下層の貝層が古く、上層のそれが新しいとの観察結果を示した（「常陸国椎塚介墟発掘報告」『東京人類学会雑誌』八七号、一八九三年）。

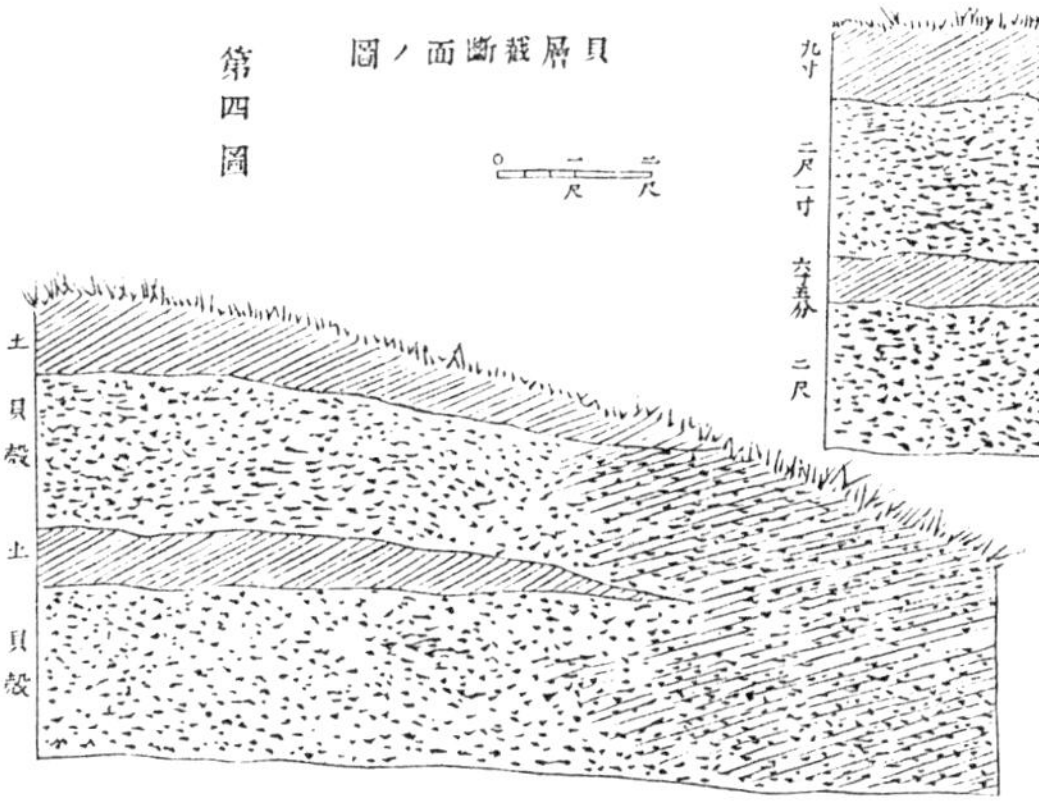

図12　椎塚貝塚の貝層断面図

第12問　分層的な発掘をはじめておこなった遺跡はどこか

一九一七年（大正六）四月に松本彦七郎が発掘した岩手県陸前高田市の獺沢《うそざわ》貝塚である。また、同年六月に浜田耕作が発掘した大阪府藤井寺市の国府《こう》遺跡も、学史的に同等の重要性がある。

松本は、古生物学を専攻し、ゾウの進化の研究で国際的に知られた研究者である。その松本が一九一七年の獺沢貝塚の発掘をかわきりに、一八年に宮城県東松島市の里浜《さとはま》貝塚、一九年に宮城県石巻市の宝ヶ峯《たからがみね》遺跡など東北各地の遺跡で分層的な発掘を実践した。松本の発掘の特徴は、古生物学者として「地層累重《るいじゅう》の法則」と「標準化石の概念」を考古学に応用していただけに、いたずらに人種・民族論的先入観をもつ必要がなかった。つまり松本は、型式を「土器の全般を綜合的に見た上での個々の遺跡又は遺跡の個々の層位に就ての型式」であり、「古生物学的層位学的の時代別又は型式別と思つて戴きたい。人種的観念は含んで居らぬ」と規定した（「日本先史人類論」『民族と歴史』一巻四号、一九一九年）。

このような観点のもとに、松本は、各遺跡の遺物包含層を細かく分層して、その層ごとに土器の形態や文様の変化を把握するという、日本考古学ではじめての層位学的な分析を試みた。その成果が「宮古島里浜及気仙郡獺沢介塚の土器　附特に土器紋様論」（『現代之科学』七巻五・六号、一九一九年）で、そこで松本は、土器の文様を口縁部から底部まで大きく四つに分け、口縁部から順に（ⅰ）凸線紋曲線模様部、（ⅱ）凹線紋曲線模様部ないし第一次直線模様部、（ⅲ）一律縄紋部、（ⅳ）接底平滑部ないし第二次直線模様部とした。そして、これらの模様部が時間の経過とともに「上方退却」し、それにともなって上部の模様は順番に収縮・変形して、やがて消滅するというように、土器の変化を一系列のなかの進化法則ととらえて、模式図（図13の上）のような五期に区分した。

ところで、翌一九一八年には、富山県氷見市の大境《おおざかい》洞窟が柴田常恵《じょうえ》らによって発掘され、縄文時代から近世までの六つの文化層が確認されて、第六層が縄文土器、第五層が弥生中期土器、第四層が弥生後期土器、第三層が古墳時代の土師器《はじき》、第二層が奈良・平安時代の土師器・須恵器《すえき》、第一層が中・近世の土師器・陶磁器がそれぞれ主体となって層位的に出土するという、貴重な成果をあげていた（「越中国氷見郡宇波村大境の白山洞窟」『人類学雑誌』三三巻七号、一九一八年）。

こうした大境洞窟の成果をもふまえて、松本は、土器を第一期大木《だいぎ》式、第二期獺沢式、第三期宮古式、第四期大境五層式、第五期大境四層式、第六期埴瓮《はにべ》・斎瓮《いわいべ》（土師器・須恵器）期と六期に編年するとともに、これらがほぼ層位的に立証できたとして「近年勃興し来れる遺跡の分層的探査が益々盛にならむとするは欣ぶべき現象と云うべし」と、その自信を表明した。

遺跡の分層的な発掘では、松本から遅れること二カ月後の一九一七年六月に浜田耕作が発掘をおこなった大阪府藤井寺市の国府遺跡も、学史的にきわめて重要である。

浜田は、一九一三年（大正二）から三年間にわたってヨーロッ

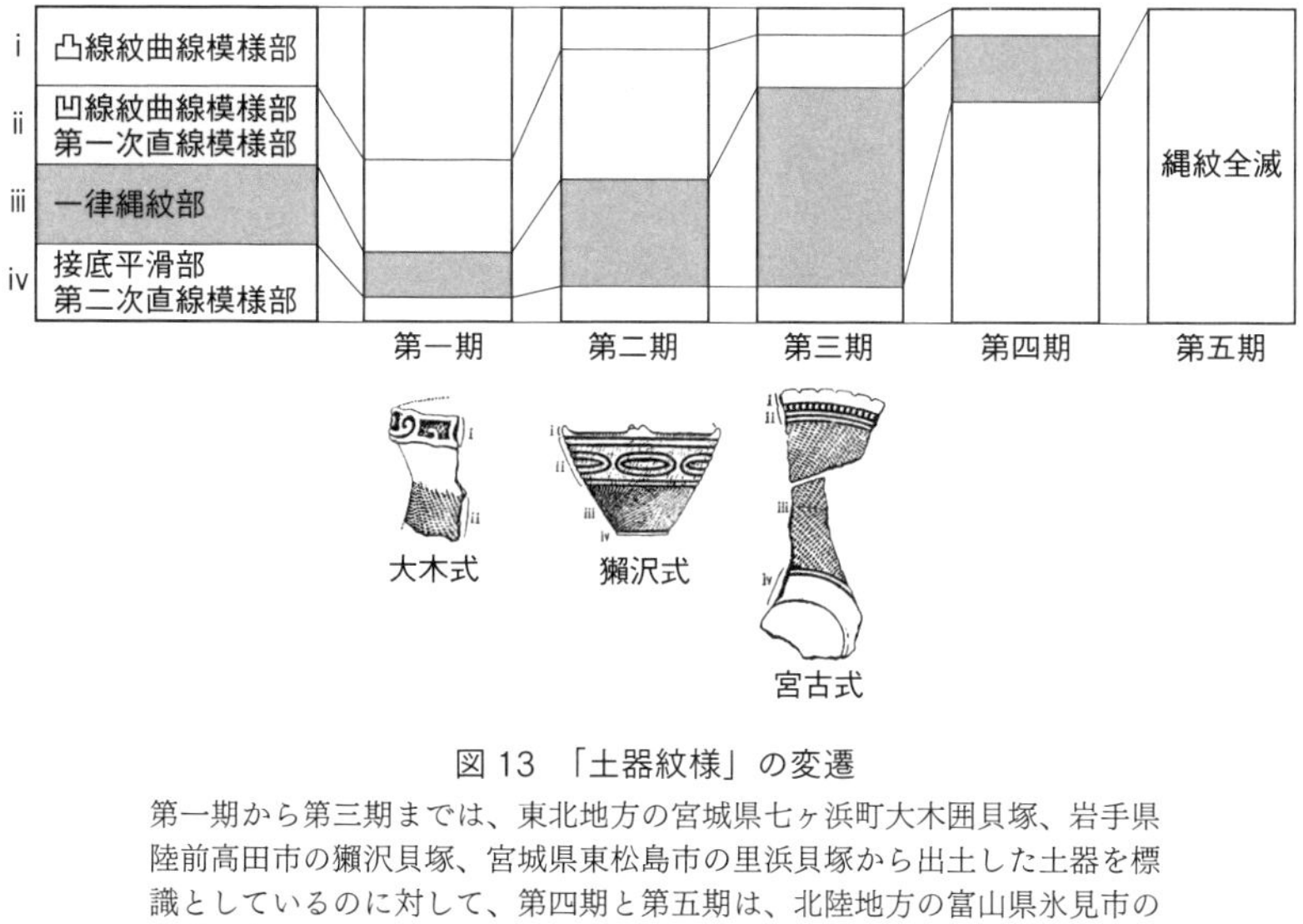

図13 「土器紋様」の変遷

第一期から第三期までは、東北地方の宮城県七ヶ浜町大木囲貝塚、岩手県陸前高田市の獺沢貝塚、宮城県東松島市の里浜貝塚から出土した土器を標識としているのに対して、第四期と第五期は、北陸地方の富山県氷見市の大境洞窟から出土した土器を標識としている。

パに留学し、ロンドン大学のペトリー（Flinders Petrie）の指導をうけた。ペトリーは、エジプトおよびパレスチナの遺跡の発掘でえた考古資料の型式学的な年代設定などで、エジプト考古学の基礎を築いたと称される著名な考古学者であった。このペトリーの指導をうけた浜田は、当時のヨーロッパ考古学の最新の研究体系を学んだのである。

浜田は、帰国した翌年の一九一七年六月に国府遺跡を発掘した。この発掘で浜田は、表土から一尺（約三〇センチ）ごとに分層的に発掘した結果、縄文土器と弥生土器、それに斎瓮土器（須恵器）が層位的に出土するという事実をつかんだ。そこで、浜田は、国府遺跡の縄文土器を「原始縄文土器」と名づけて、弥生式土器と斎瓮土器、さらに東日本の縄文土器である「アイヌ縄紋土器」との関係を「日本発見土器手法変遷仮想表」（図14）としてまとめた。そして、従来までの土器の相違を人種や民族の相違とした解釈を批判して、「余輩は之を最も自然的に解釈するは、同一民族が時代により種々の事情により土器の製作上に変化を生じ、別種の土器を製作するに至れり」と、土器の相違を年代差と考えた（「河内国府石器時代遺跡発掘報告」『京都帝国大学文科大学考古学研究報告』二冊、一九一八年）。

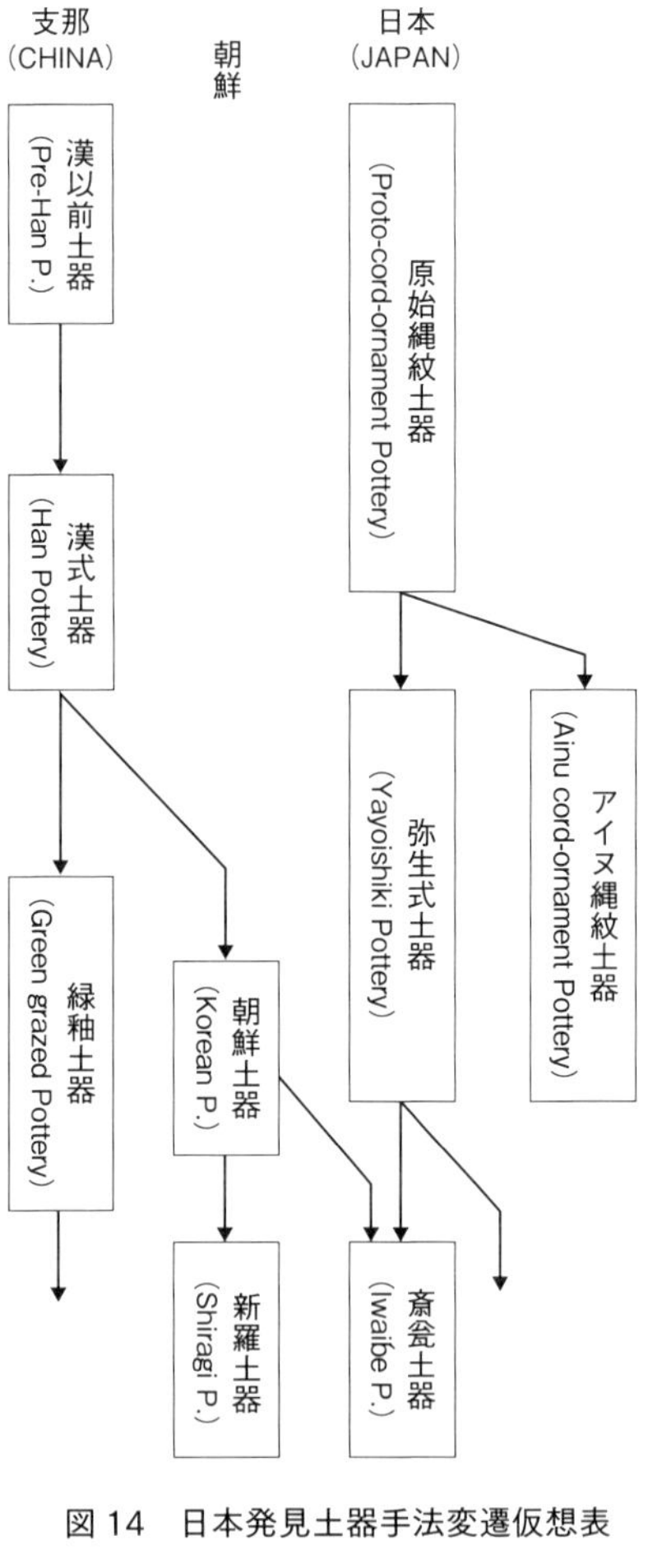

図14　日本発見土器手法変遷仮想表

この土器の相違を年代差と考えた浜田の説に対して、さっそく反論したのが喜田貞吉《きたさだきち》であった。喜田は「是等層位的に或は近く隣接して、異なりたる系統の土器の存在する場合の如きは、決して一方の土器の意匠が順に変化して、他方のものとなつたとは認められない。時代を異にして別の意匠を有する民族の部落が、其同一地点に起つた、若くは前者と隣接して出来たのであつたと認める外はあるまい」と考えた。そして、喜田は、この地には「弥生式とは全然別系統なる縄紋土器使用の石器時代民族によつて住まはれたことを忘れてはならぬ」と断言した（「河内国府石器時代遺跡発掘報告〈京都文科大学考古学研究報告第二冊〉を読む」『史林』三巻四号、一九一八年）。

この喜田の批判に対して、浜田は、考古学に特有の研究法に層位的方法、型式学的方法、土俗学的方法の三つがあるとして、とくに層位的方法と型式学的方法が考古学における時代の前後関係を決定することはできても、「人種・民族の異同を直接に推定することはむづかしい」と述べたうえで、「先づ純粋な考古学的方法によつて、遺物の時代の先後関係を決定し、型式の新古を順序」すべきであって、いたずらに記紀などの編纂物による先入観に拘泥されないよう主張した（「遺物遺跡と民族」『民族と歴史』一巻二号、一九一九年）。そして、浜田は『史林』（三巻一号〜四巻四号、一九一八・一九年）に「考古学の栞」を連載し、これは後に『通論考古学』（大鐙閣、一九二二年）としてまとめられたが、そこでヨーロッパで学んだ実証的研究方法を体系的に紹介し、日本考古学にはじめて科学的な考古学の研究法をもたらした。

こうした松本や浜田らによる遺跡の分層的な発掘の実践、さらに浜田によるヨーロッパ考古学の最新の研究体系の導入によって、日本考古学は、科学としての基礎がようやく固まることになる。それは一方で、若い世代の研究者の刺激となって、そこから新しい研究が促進されることになった。その一つが縄文時代研究でいえば、山内清男《やまのうちすがお》、甲野勇《いさむ》、八幡一郎を中心とする縄文土器の編年研究である。

第13問　文様帯系統論とは何か

縄文土器では、土器に装飾を施すにあたって、器面を帯状に分割して、その帯のなかに各種の文様を充塡していく。その帯を文様帯と呼び、その文様帯の系統的な変化から土器型式の系統関係を明らかにするという型式研究の一つの方法が、山内清男《やまのうちすがお》が提唱した文様帯系統論である。

型式研究（正式には、型式学的研究とか、型式論的研究という、以下同じ）とは、二〇世紀初頭のヨーロッパで確立した考古学の研究法である。一九世紀後半のヨーロッパといえば、地質学が大いに発達するとともに、科学的な思考に画期的な認識をあたえた進化論がダーウィン（Charles Robert Darwin）によって提唱された（"On The Origin of Species" 1859）。この地質学と進化論を武器に、文献史料がおよばない過去にも、正しい年代観をあたえる方法論を確立したのがスウェーデンの考古学者のモンテリウス（Gustaf Oscar Augustin Montelius）である。

モンテリウスは、多くの遺物を観察するなかで、生物の種が変化するように、考古学的遺物にも進化論的変化が観察されることを認めた。それは生物の種と同様に、遺物も一つの型式から他の型式へと一定の法則にしたがって変化するとして、この系統的な変化を具体的に「型式の組列」として示した（"Die Methode" 1903. 浜田耕作訳『考古学研究法』岡書院、一九三二年）。

このモンテリウスの型式研究は、浜田耕作によっていち早く日本に紹介されたが、そこでの型式の組列は、たとえば痕跡器官のように、本来の機能や役割を失った後にも、その器官の痕跡が残っているもので、その変化の過程が容易に説明できるものであった。また、器物を飾る文様にしても、植物や動物、あるいは想像の生物などのように、模倣する対象であった図像的な意匠が、しだいにその本来の図像から離れ、あるいはその意味すら失われて、単なる装飾的な意匠に変わっていった場合には、その変化の過程を説明できる。しかし、縄文土器のように、機能や役割、あるいは縄文など各種の文様が図像的な意匠とは関係なく変化していった場合には、その変化の過程を説明することは容易でない。できるだけ多くの土器を観察し、それぞれの土器がもっている多様な物的特徴のなかから、系統的な変化がたどれる属性を選択して、型式を設定していく必要がある。

そこで、山内清男が注目したのは、松本彦七郎が土器紋様論（図13、設問12を参照）で示した横帯する紋様部である文様帯で、それをうけて文様帯系統論から縄文土器の系統的な変遷を把握しようとした。山内は「所謂亀ヶ岡式土器の分布と縄紋式土器の終末」（『考古学』一巻三号、一九三〇年）で、岩手県大船渡市の大洞《おおほら》貝塚出土の資料の詳細な観察から、亀《かめ》ヶ岡《がおか》式土器に二つの文様帯があることを認めた。Ⅰの頸部文様帯は、入り組み文が帯状に変化して羊歯状文《しだじょうもん》となり、それが「横走する溝に化して」工字文《こうじもん》になるという系統的な変化が認められる。Ⅱの体部文様帯は、雲形文が平行に置き換えられてχ文となり、それが「平行線化」して工字文になるという系統的な変化が認められる。こうした文様帯の系統関係をもとに、山内は、亀ヶ岡式土器を大洞《おおぼら》B・B–C・C_1・C_2・A・A′の六型式に細別して、その変遷の過程を見事に説明したのである（図15）。

この亀ヶ岡式土器の編年で文様帯系統論の有効性を確信した山内は、当時、新発見の尖底をもつ早期土器の理解にも文様帯論を活用していった。

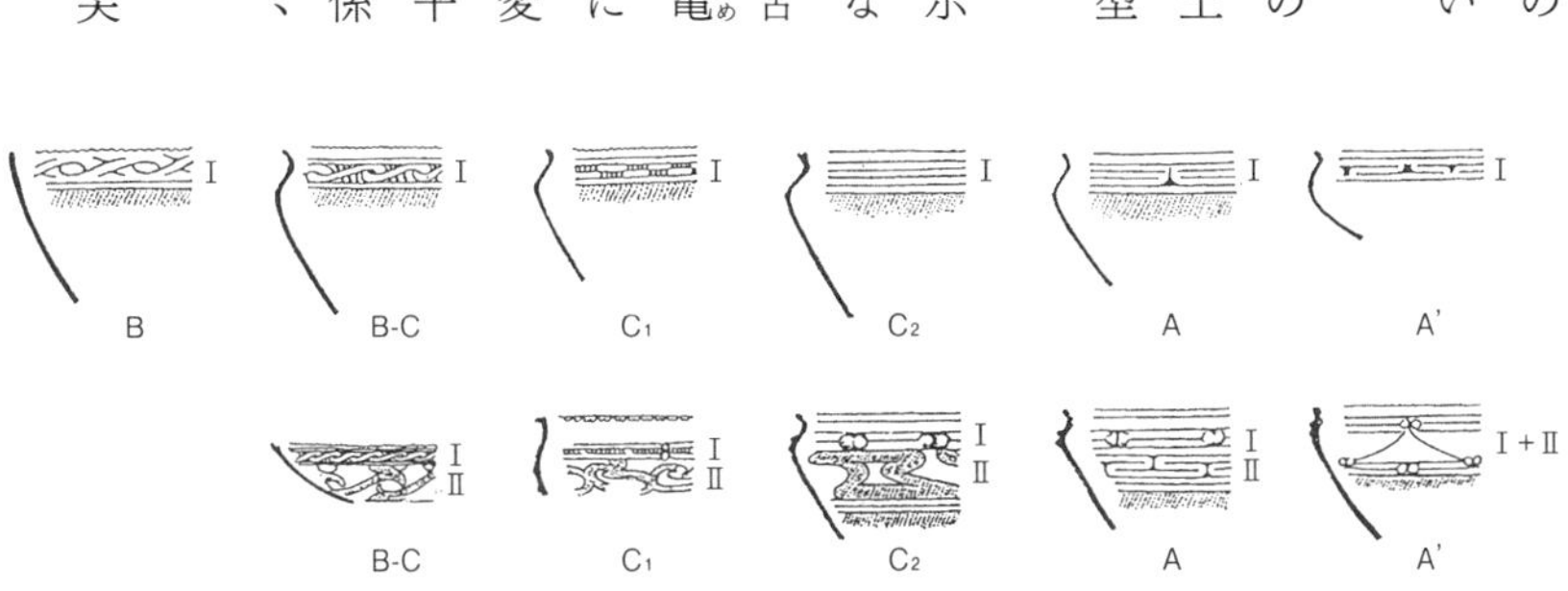

図15　亀ヶ岡式（大洞式）土器の型式の細別と変遷

Ⅰ　頸部文様帯、Ⅱ　体部文様帯

第14問　縄文土器の編年研究とは何か

縄文土器の型式の新旧関係にもとづいて、その相対年代を決定していく研究法のことである。なお、相対年代とは、時間の相対的な新旧（前後）を示す年代で、今から何年前とか、西暦何世紀というような実際の数値で示す絶対年代（数値年代）の対義語である。

編年研究（正式には、編年学的研究とか、編年論的研究という。以下同じ）は、型式研究と層位研究を基礎とする。考古資料は、物として残されるので、考古資料には必ず形がともなう。そして、物の形には、それぞれの年代を反映する共通する特徴、今日でいう「流行」が生じる。この共通する特徴を、考古学では「型式」と呼び、その型式の系統関係を明らかにするのが型式研究である。

層位研究とは、地質学の年代判定が地層の層序をもとにして、上層のものは下層のものよりも、より堆積が新しいとする、地質学上の原則である「地層累重《るいじゅう》の法則」を考古学に応用したものである。つまり遺跡では、後世の攪乱をうけていない層においては、上層のものは下層のものよりも新しいという時間的な関係を層位が示しているということである。この層位的事実にもとづいて、型式の新旧を実証することによって、考古資料の系統関係に相対的な年代関係があたえられる。

こうして、型式研究によってえられた考古資料の系統関係を、遺跡における層位研究が実証することによって、考古資料の型式の新旧（前後）関係＝相対的な年代関係が明らかにされる。つぎに、これらを年代的・地域的に編成して、編年の体系化を進めなければならない。これが編年研究と呼ばれるもので、この編年の体系化によって、相対年代としての型式編年が確立するわけである。

ところで、考古資料を型式設定し、その編年を体系化するといっても、資料それぞれの性質からみて、おのずと限界がある。たとえば資料が木製品などのように有機質の場合、考古資料の腐朽は宿命的であって、資料の体系化は非常に困難であるばかりか、資料によってはほとんど不可能な場合もある。また、考古資料の多くは、時（年代）と場所（地域）が限定されているといっても過言ではない。しかも、石器などのように、資料の形態そのものが直接機能と結びついている場合には、形態を区別することは容易であっても、型式を区別することはきわめて難しく、そのために型式がもつ時間の単位の幅は、相対的に長くならざるをえなくなる。その点で、縄文土器が編年研究の中心的な役割を担ってきたのは、縄文土器が考古資料としてもっとも普遍的で量的にも多いだけでなく、土器は、そもそも可塑性の粘土をこねて自由に成形・装飾することができることから、ほかの考古資料よりも短期間の変化をとらえやすく、よって型式の細別を可能としているということである。

さて、縄文土器の編年研究の端緒となったのは、一九二四年（大正一三）三月から四月におこなわれた千葉市の加曽利《かそり》貝塚の発掘である。この発掘は、もともとは小金井良精《よしきよ》が人骨収集の目的でおこなったものであるが、参加した山内清男《やまのうちすがお》、甲野勇《いさむ》、八幡一郎の、後に編年学派と呼ばれる三人は、実は貝塚を層位的に発掘するという、密かな目的をもって参加していた。そして、彼らは「発掘によつて私達は直感的にB地点発見の土器とE地点発見の土器とが趣を異にして居る事を知つた」こととと、もう一つは、B地点の貝層下の黒褐色土層まで発掘を進めたところ、この「黒褐色土層の中からもE地点発見の土器に似たものが時々現はれた」、つまりB地点の貝層中から出土した土器（加曽利B式土器）の下層からE地点の貝層中から出土した土器（加曽利E式土器）が、層位的に出土するという事実を確認したのである。こうした「興味ある問題にぶつかつて私達の気分は極度に緊張した」との八幡の言葉こそは、新

	加曽利貝塚	万田貝殻坂貝塚	犢橋貝塚	姥山貝塚	花積貝塚	真福寺貝塚	子安貝塚
表土							
	加曽利B式	堀之内式と 加曽利E式	安行式	堀之内式	阿玉台式	安行Ⅲ式	諸磯式
				加曽利E式		安行Ⅱ式	
	加曽利E式	黒浜式	堀之内式	阿玉台式 と勝坂式	花積下層式	加曽利B式 と堀之内式	茅山式
所在地	千葉県千葉市	神奈川県平塚市	千葉県千葉市	千葉県市川市	埼玉県春日部市	埼玉県さいたま市	神奈川県横浜市
調査年	1924年	1925年	1925年	1926年	1928年	1930年	1931年
調査者	八幡一郎 山内清男 甲野勇	山崎直方 八幡一郎 中谷治宇二郎	甲野勇 八幡一郎 中谷治宇二郎	宮坂光次 八幡一郎	甲野勇	山内清男	甲野勇 山内清男

①大正末から昭和初年代の縄文土器の層位的な出土例

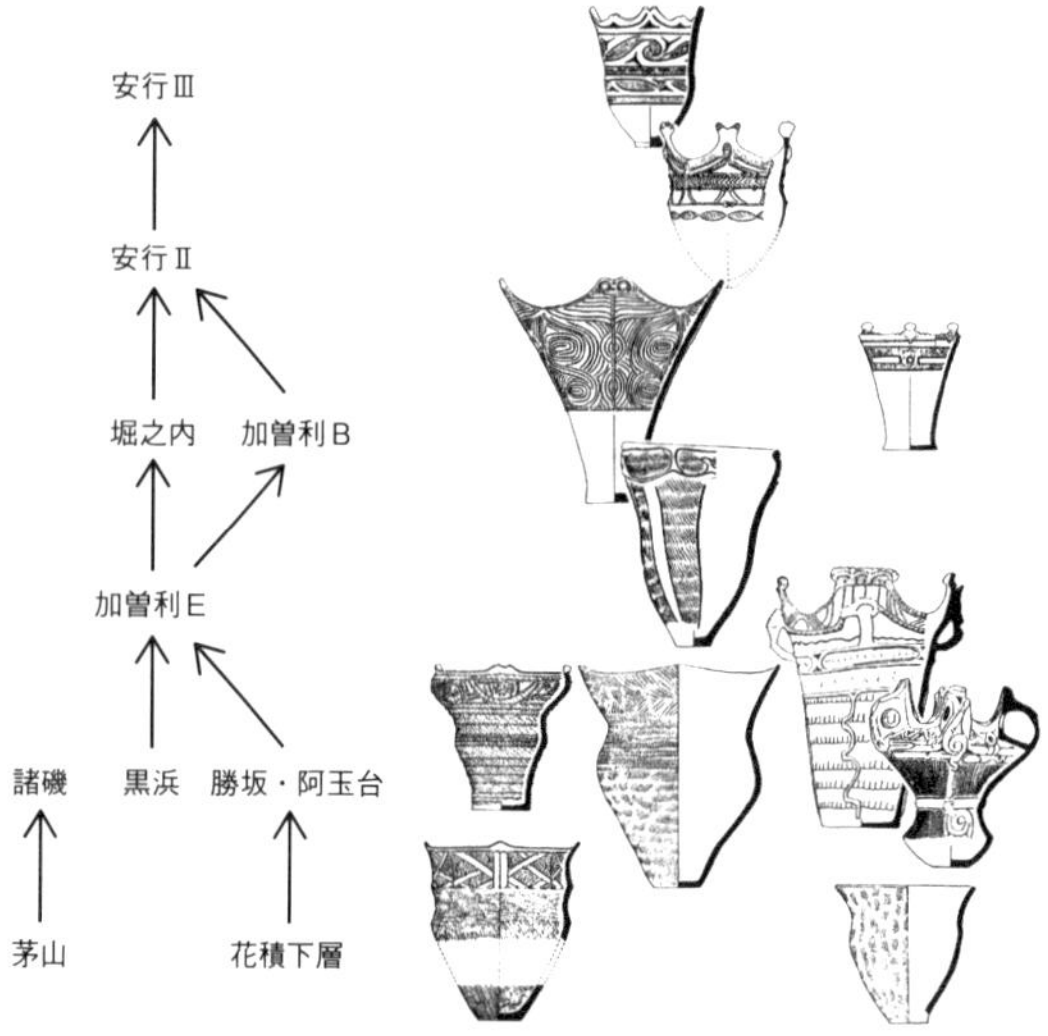

②層位的な事実にもとづいた縄文土器の新旧関係

①にみる大正末から昭和初年代の縄文土器の層位的な出土例(関東地方の事例)と型式の系統関係から、山内清男は1937年に「縄紋土器型式の細別と大別」(表2を参照)を発表する。③の「山内1937年編年」は、その関東地方の部分を抜粋したものである。80年以上をへた「最新の編年」と比べて、年代序列に一つの間違いもないことをみただけでも、山内の縄文土器の編年研究が優れて実証的であったかがわかる。なお、③の編年表は、縄文土器の層位的な出土例との比較から、下から旧い順に並べている。

	山内1937編年	最新の編年
晩期	安行3 安行2-3	荒海 千網 杉田Ⅱ 安行Ⅲc, d 安行Ⅲb 安行Ⅲa
後期	安行2 安行1 加曽利B 加曽利B 堀之内	安行Ⅱ 安行Ⅰ 曽谷 加曽利BⅢ 加曽利BⅡ 加曽利BⅠ 堀之内Ⅱ 堀之内Ⅰ 称名寺
中期	加曽利E(新) 加曽利E 阿玉台・勝坂 御領台	加曽利EⅣ 加曽利EⅢ 加曽利EⅡ 加曽利EⅠ 勝坂Ⅲ・阿玉台Ⅲ 勝坂Ⅱ・阿玉台Ⅱ 勝坂Ⅰ・阿玉台Ⅰ 五領ヶ台・下小野
前期	十三坊台 諸磯b 諸磯a 黒浜 関山 花積下層	十三菩提 諸磯c 諸磯b 諸磯a 黒浜 関山 花積下層
早期	茅山 子母口 田戸上層 田戸下層 三戸	神之木台 打越 下沼部 茅山上層 茅山下層 鵜ヶ島台 野島 子母口 田戸上層 田戸下層 三戸 花輪台 稲荷台 夏島 井草・大丸
草創期		多縄文系 爪形文系 隆起線文系

③関東地方の縄文土器編年

図16　縄文土器の編年研究の実例(関東地方)

たな研究課題に立ち向かう若き考古学徒の一種の張りつめた気分を代弁したものであろう（「千葉県加曽利貝塚の発掘」『人類学雑誌』三九巻四〜六合併号、一九二四年）。

加曽利貝塚の発掘を端緒として、翌一九二五年に神奈川県平塚市の万田《まんだ》貝殻坂《かいがらざか》貝塚と千葉市の犢橋《こてはし》貝塚などというように、縄文土器の層位的な出土例が蓄積されていった（図16の①）。そして、縄文土器の編年研究の成果は、はやくも昭和初年代に全国的な編年の骨組みをほぼ完成するまでになる。その代表的な研究の成果が、山内の「縄紋土器型式の細別と大別」（『先史考古学』一巻一号、一九三七年）である。

この「縄紋土器型式の細別と大別」で山内は、日本列島を北海道（渡島）から九州までの九地域に分けるとともに、一地域で二〇から三〇にも達するようになってきた縄文土器の細別型式を、土器区分の研究史を考慮しながら、それまで慣用されてきた前・中・後の三期に早・晩の二期を補い、全体を五期区分することを提案する（表2）。つまり古くから厚手《あつで》式土器と呼ばれていた中期の土器群に対して、型式数があまりにも多くなってきた前期を、当時新発見の尖底および丸底を有する本格的に古い土器群（早期）と広義の諸磯《もろいそ》式および

表2　「縄紋土器型式の細別と大別」

	渡島	陸奥	陸前	関東	信濃	東海	畿内	吉備	九州
早期	住吉	(+)	槻木　1 〃　2	三戸・田戸下 子母口・田戸上 茅山	曾根？× (+)	ひじ山 粕畑		黒島×	戦場ヶ谷×
前期	石川野× (+)	円筒土器 下層式 （4型式以上）	室浜 大木　1 〃　2 a,b 〃　3－5 〃　6	蓮田式｛花積下 関　山 黒　浜｝ 諸磯 a,b 十三坊台	(+) (+) (+) 踊場	鉢ノ木×	国府北白川1 大歳山	磯ノ森 里木1	轟？
中期	(+) (+)	円筒上 a 〃　b (+) (+)	大木　7 a 〃　7 b 〃　8 a,b 〃　9，10	御領台 阿玉台・勝坂 加曽利 E 〃　(新)	(+) (+) (+) (+)			里木2	曾畑 阿高 出水｝？
後期	青柳町× (+) (+)	(+) (+) (+) (+)	(+) (+) (+) (+)	堀之内 加曽利 B 〃 安行　1，2	(+) (+) (+) (+)	西尾×	北白川2×	津雲上層	御手洗 西　平
晩期	(+)	亀ヶ岡式｛(+) (+) (+) (+)｝	大洞　B 〃 B－C 〃 C1，2 〃 A，A′	安行 2-3 〃　3	(+) (+) (+) 佐野×	吉胡× 〃× 保美×	宮滝× 日下×竹ノ内× 宮滝×	津雲下層	御　領

註記1．この表は仮製のものであって，後日訂正増補する筈です。
2．（+）印は相当する式があるが型式の名が付いて居ないもの。
3．（×）印は型式名でなく，他地方の特定の型式と関連する土器を出した遺跡名。

その並行型式（前期）に分けるとともに、後期を古くから薄手《うすで》式土器と呼ばれてきた土器群（後期）と亀ヶ岡《かめがおか》式土器とその並行型式（晩期）に分けることによって、各期が同じ細別型式を含むように大別したのである。この山内の提唱した早・前・中・後・晩期の五期区分こそが、今日、縄文時代の時期区分として広く採用されている。

縄文土器の全国的編年の骨組みが昭和初年代にほぼ完成したといったが、その記念碑的な「縄紋土器型式の細別と大別」をみても、関東地方以外は、空白部分や型式名がついていないものが多いだけでなく、その関東地方でもまだまだ細別の余地を多く残していた。事実、山内は、その論文で「縄紋土器文化の最短期間の状態は縄紋土器の型式区分を通じて知り得るのであるが、その区分が最も細かくなる程、その変遷の詳細を明にし得るのであろう。型式は益々細別され、究極まで推し進むべきである」と述べている。

この山内の提唱にしたがって、戦中から戦後へと、数多くの考古学者が縄文土器の編年研究を推進した。その結果、全国の各地域で細別された土器型式の設定とその編年がすすめられ、今日では、日本列島を隙間なく編年表が埋まるまでになってきている（表1を参照）。晩年の山内が評価したように、それはまさに「十進法を用いて整理しうる」年代の尺度を縄文時代研究がもつことができたということである（「縄紋草創期の諸問題」『MUSEUM』二二四号、一九六九年）。

こうした縄文土器の編年研究の成果は、暦《こよみ》に代表される記録された年代記をもたない縄文時代の歴史に、科学的な年代観をあたえる基礎となった。そして、世界の考古学のなかでも、これだけ精緻な年代をもっているのは、縄文土器の編年表だけといっても過言ではないし、世界に誇る日本考古学の成果の一つといえる。

第15問　縄文時代の住居跡が最初に発掘された遺跡はどこか

一九二四年（大正一三）六月に柴田常恵《じょうえ》が発掘をおこなった富山県氷見市の朝日《あさひ》貝塚とする説と、二年後の二六年五月から九月に東京帝国大学人類学教室が発掘をおこなった千葉県市川市の姥山《うばやま》貝塚とする説の二つの考えがある。どちらにも理由があって判断に困るが、私は、朝日貝塚が縄文時代の住居跡の最初の発掘、姥山貝塚が縄文時代の竪穴住居跡が正確に調査され、その構造を最初に明らかにした発掘と学史的に評価をしている（『日本考古学の歩み』名著出版、一九九五年）。

ところで、北海道では、今日でも地表から、それとわかる竪穴住居跡のくぼみが点々とみられる。これを石器時代の竪穴としてはじめて学界に報告したのは、一八八四年（明治一七）の渡瀬荘三郎で、これが人種・民族論争のきっかけをつくったことはよく知られており、それは設問10で解説したとおりである。また、イギリス人の医師であるマンロー（Neil Gordon Munro）は、一九〇五年（明治三八）に神奈川県横浜市の三ツ沢《みつざわ》貝塚で発掘をおこない、竪穴住居跡の全貌こそは明らかにできなかったが、炉《ろ》や柱穴《ちゅうけつ》などの遺構を確認しており（“Prehistoric Japan” 1908）、これを縄文時代の住居跡の発掘の嚆矢とする考えもある。

一方、弥生時代でも、蒔田鎗次郎《まいだそうじろう》と大野雲外《うんがい》のあいだで、弥生土器を日常の容器とするか、それを祭祀に使った非日常の祭器とするかという、いわゆる弥生土器用途論争では、蒔田が「石世期ノ住居ノ如ク地下ヘ少シク掘リ込ミ之レニ建物ヲナシテ住ヒタル」竪穴から弥生土器が出土することを根拠に、弥生土器＝日常用容器説を唱えた（「弥生式土器（貝塚土器ニ似テ薄手ノモノ）発見ニ付テ」『東京人類学会雑誌』

一二二号、一八九六年）。この時の蒔田は、すでに弥生土器が石器時代の土器である縄文土器と古墳時代の土師器・須恵器との間に位置することを理解していたので、彼がいう「石世期ノ住居」とは、縄文時代の住居のことを指していることは間違いない。

このように、縄文時代に竪穴が存在することは、早くから研究者の注意にのぼっていたのであるが、それは地表面からの観察や偶然の機会に竪穴の断面や床面と思しき堅く締まった面などが露呈したのを観察するというもので、いまだ住居跡の存在を予想する程度のものでしかなかった。

こうした竪穴を正式に縄文時代の住居跡として発掘し、その確認に成功したのが一九二四年の柴田による朝日貝塚の発掘である。柴田は、三年前にも朝日貝塚を発掘しており、その時に四つの貝層とそこに包含する縄文土器に文様差があることと、斜面から縄文土器をともなう竪穴の断面を確認していた。その経験をもとにした一九二四年の調査で、柴田は、縄文時代の住居跡二棟の検出に成功し、しかも、その二棟（前期末と中期）が層位を異にして出土するという成果をあげたのである（図17。「石器時代住居阯概論」『石器時代の住居阯』雄山閣出版、一九二七年）。つづく翌二五年には、後藤守一《しゅいち》が東京都町田市の高ヶ坂《こうがさか》で敷石《しきいし》住居跡を発掘したことで、縄文時代の住居跡の発掘が本格化したことは、大正末から昭和初年代のわずか一〇年間に「石器時代住居跡」として一七件もが国史跡に指定されたことからもわかる。

ただし、柴田は、朝日貝塚の住居跡については、竪穴住居跡とは判断できずに、平地式の住居と理解

図17　朝日貝塚で発掘された国内で最初の住居跡

していた。一方、姥山貝塚の発掘では、竪穴住居跡が正確に調査されて、住居の形態、炉や柱穴、周溝《しゅうこう》などが確認され、「かくの如き跡を残したる本住居跡は、これに如何なる構造の家屋を架されたか。こは将来の研究を俟たざる可からざると共に予想の能くする所に非ざれば今日これを論究するを避け、唯六本の柱によりて屋根を支へ、内に炉を設けて寒気湿気に備へ、或は炊事に使用し、降雨に際しては四周の溝浸水を防ぎたるを予想する」というように、竪穴住居の内部構造や上屋構造にまでも注意がむけられた（図18。宮坂光次・八幡一郎「下総姥山貝塚発掘調査予報」『人類学雑誌』四二巻一号、一九二七年）。つまり縄文時代の竪穴住居跡の最初の発掘ということでは、姥山貝塚ということになる。

こうして、全国各地から縄文時代の住居跡の発掘例が報告されると、八幡一郎は、縄文土器の編年研究の成果をもとに、前期は方形、中期は円形、後期は平地式で敷石が認められると、住居跡の形態とその年代的位置づけをはじめておこなった（「日本石器時代の住居型式」『人類学雑誌』四九巻六号、一九三四年）。また、関野克《まさる》が、埼玉県ふじみ野市の上福岡《かみふくおか》貝塚の発掘成果をもとに、家屋構造の復元、住居の拡張、居住人口の算出などを、建築学の立場から論じる（「埼玉県福岡村縄紋前期住居址と竪穴住居の系統に就いて」『人類学雑誌』五三巻八号、一九三八年）など、縄文時代の竪穴住居跡への関心が高まっていった。

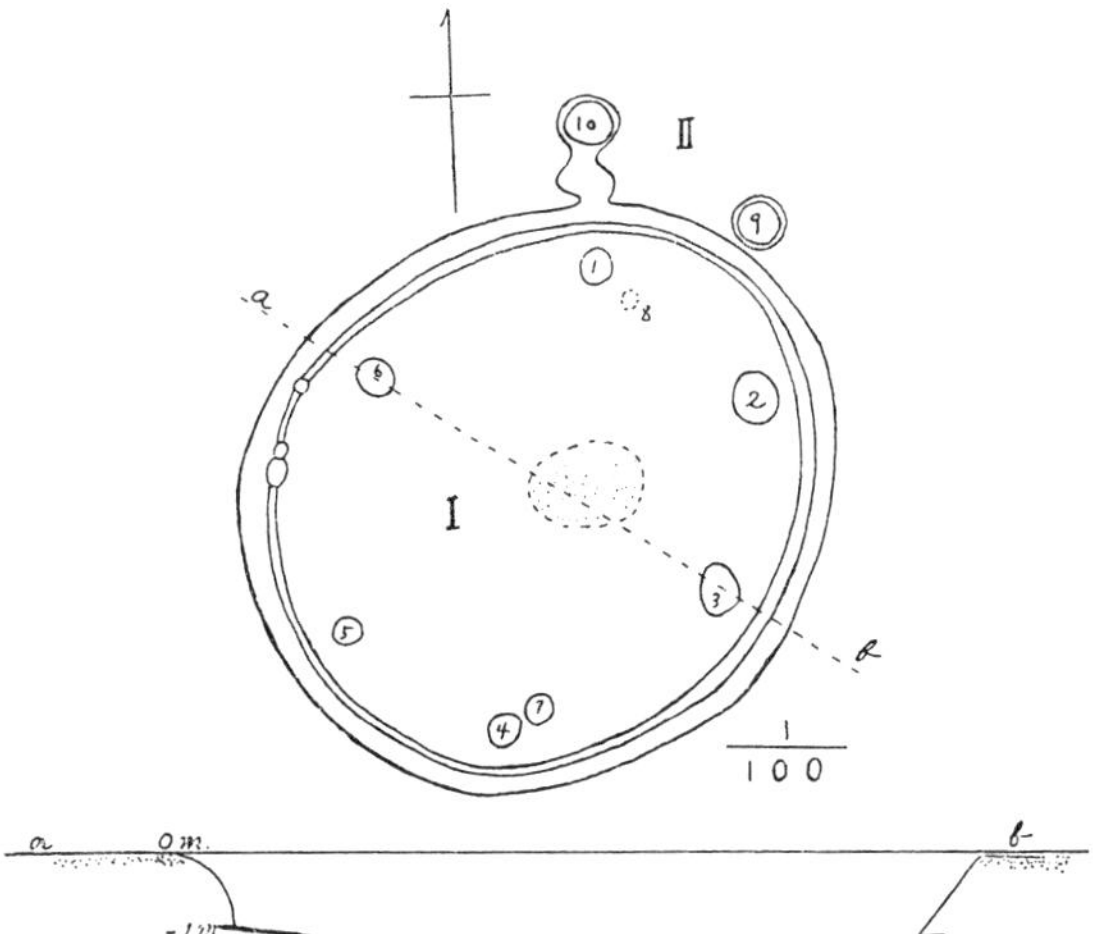

図18　竪穴住居跡の発掘では国内で最初となる
姥山貝塚第1号住居跡

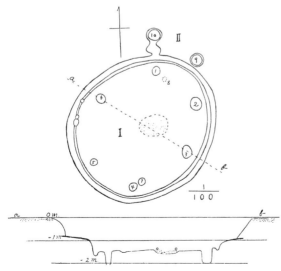

第16問　縄文集落が最初に発掘された遺跡はどこか

一九二九年（昭和四）七月から宮坂英式《ふさかず》によって発掘が開始された長野県茅野市の尖石《とがりいし》遺跡である。

ところで、縄文集落の研究への関心を開かせる契機となったのは、一九二六年（大正一五）五月から九月におこなわれた東京帝国大学人類学教室による千葉県市川市の姥山《うばやま》貝塚の発掘である。この発掘では、①竪穴住居跡が正確に調査され、住居の形態、炉や柱、周溝などの構造を明らかにしたこと（設問15、図18を参照）、②重複する竪穴住居跡の発掘で縄文土器の編年研究に重要な手がかりをえたこと、③合計二〇棟の竪穴住居跡が群在するという事実が明らかになった（図19）。とくに③の群をなす竪穴住居跡の発見は、縄文集落研究という新たな課題を提供することになったはずであるが、「発掘セル面積三〇〇坪、蓋シ従来稀ニ見ル大発掘デアッタガ、四〇〇〇坪ニ余ル大貝塚トシテハ、僅カニ其ノ一角ヲ掠メタル程度ニ過ギナイノデアル」と、いまだ道が遠いということで、関心以上には進展しなかった（松村瞭・八幡一郎・小金井良精『下総姥山ニ於ケル石器時代遺跡―貝塚ト其ノ貝層下発見ノ住居址―』〈『東京帝国大学理学部人類学教室研究報告』五編〉一九三二年）。

戦前の人類学および考古学の研究を集大成したと評されている『人類学・先史学講座』（全一九巻、雄山閣、一九三八～四〇年）で「先史時代の聚落」（一八巻、一九四〇年）を担当した三森定男《みつもり》が、集落を構成する諸要素を概念的に提示しながらも、集落の実態を考古学的に扱うことができず、人文地理的な研究にとどまざるをえなかったのは、正に集落の全貌をうかがえるような発掘例がなかったからである。三森は「先史時代の聚落は、現在の聚落のやうに、聚落を構成する要素を一々解明させて行くためには、少くとも遺跡全面に亘る発掘調査が最も望まれる」として、「一箇所でもよいから徹底的に全部を掘りあげて了ふことが必要である」と述懐している。

三森が集落研究の進展のためには「一箇所でもよいから」集落の全掘例が必要だと述懐したなかにあって、すでに宮坂が尖石遺跡の発掘を開始していた。一九二九年当初の宮坂は、遺物の発掘を目的にしていたのが、翌三〇年に第一号となる炉跡を発掘すると、その後の約一〇年間に五一もの炉跡を発掘する。そして、一九三九年に八幡一郎と酒詰《さかづめ》仲男の指導のもとに、長野県内で最初の竪穴住居跡を茅野市の日向上《ひなたうえ》遺跡で発掘することに成功すると、宮坂は、これを契機に尖石遺跡の関心を炉跡から竪穴住居跡、さらに集落へと発展させ、四二年までの三年間に三二棟の竪穴住居跡を発掘することになる。

尖石遺跡の発掘で宮坂は、もう一つの関心をふくらませていた。それは遺物が耕作土層の中間の面と、その下の赤土（ローム層）の面の二つに包含されていることを確認し、赤土の面が竪穴住居跡の床面と一致することから、中間の面に遺物が広がっているのは、そこが石器時代の地表面で

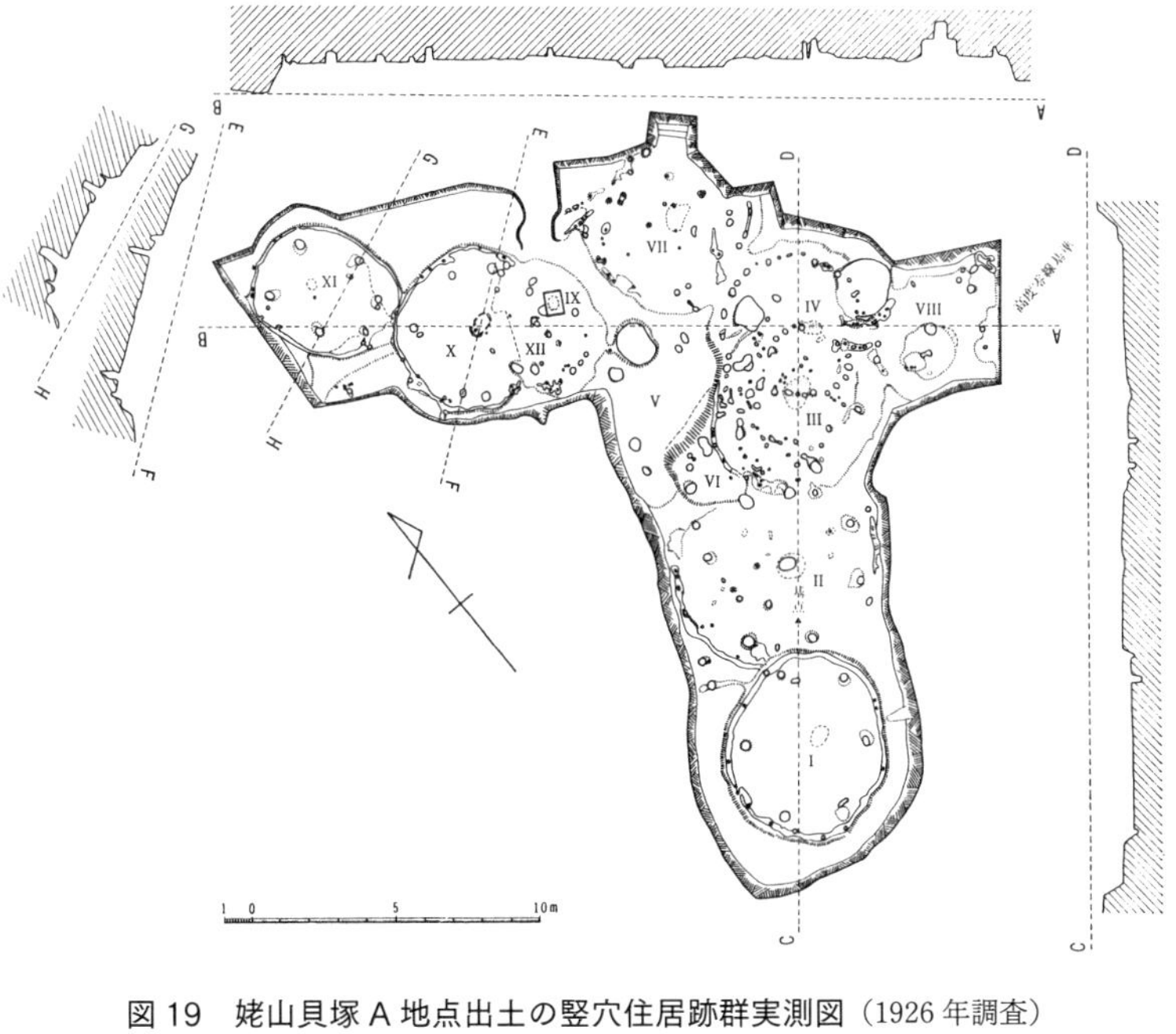

図 19　姥山貝塚Ａ地点出土の竪穴住居跡群実測図（1926 年調査）

はないかという、極めて重要な発見をしたのである。ここで宮坂は、この石器時代の地表面をできるだけ攪乱させないように注意して発掘を進めたところ、この地表面から小竪穴群や円形に配列された列石群、石でふたをした巨大な埋甕《うめがめ》などをあいついで検出することになった。

敗戦の翌一九四六年、宮坂は、尖石遺跡の発掘の成果を「尖石先史聚落址の研究（梗概）—日本石器時代中部山岳地帯の文化—」（『諏訪史談会報』三号、一九四六年）と題して発表し、そこで南北の住居区とそれに囲まれた中間の広い地域に、埋葬所、粘土採掘所、貯蔵庫などの可能性のある竪穴群と祭礼の場と推定される円形の列石群や埋甕などの「謂はゞ、公衆的設備とも推定し得らるゝ遺構からなる社会的地区」の存在を想定した。そして、尖石集落は「南北の住居地区と其間に介在する社会的地区の三地区から構成されてゐた」ことを明らかにした（図20）。さらに宮坂は「かゝる大集落に対して、生活物資が豊富に供給される資源地区が従属されるべきである」と、集落の領域の問題にまで注意をむけた。これは発掘された具体的な資料から、縄文集落を復元した日本考古

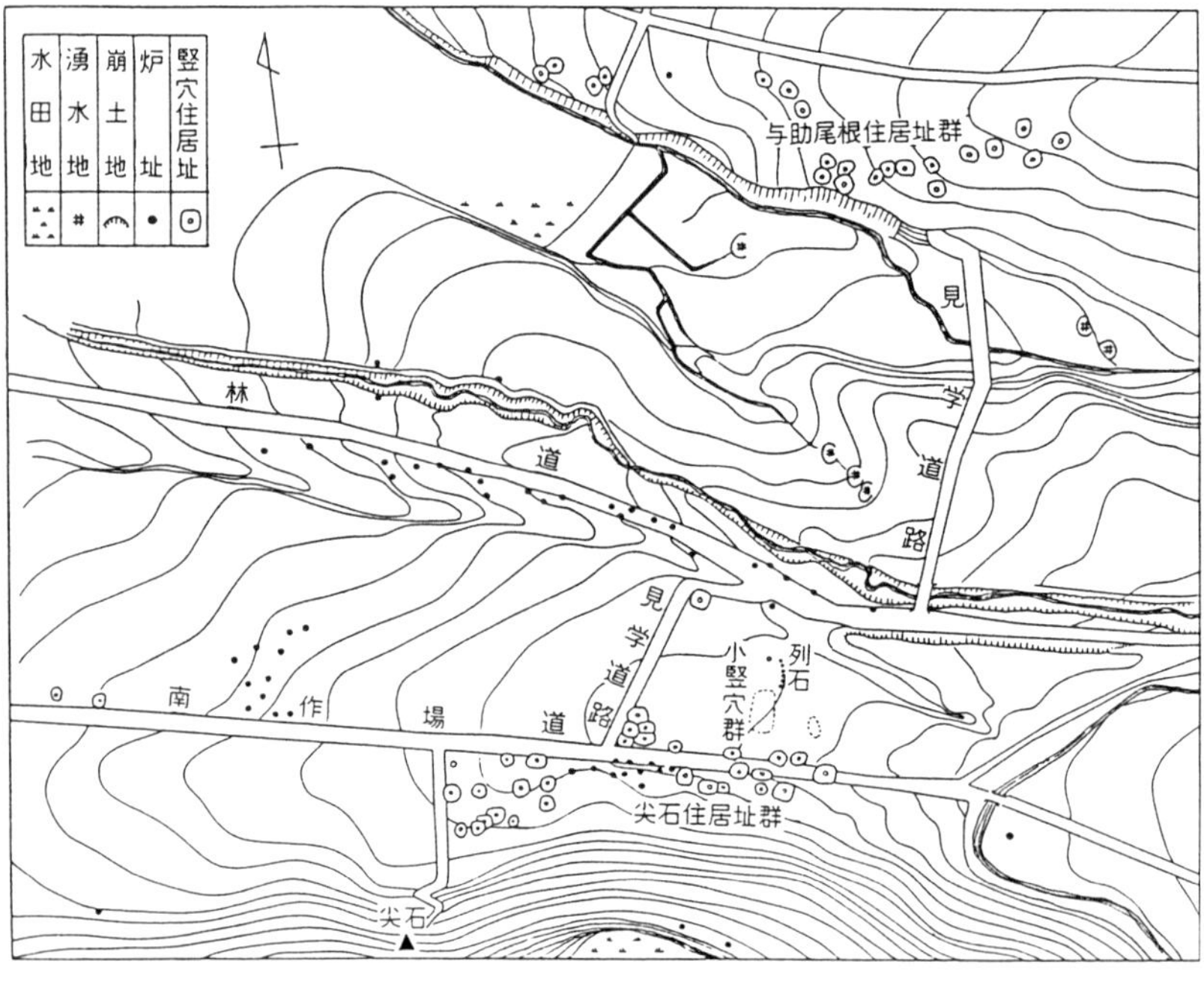

図 20　尖石遺跡および与助尾根遺跡の遺構分布図（1952 年当時）

学史上はじめての研究となった。

その後の集落研究についても、若干の解説をしておきたい。尖石遺跡などの個別の研究の成果を、戦後いち早く理論的に総括して、日本原始・古代集落の構造を歴史的に追究したのが和島誠一の「原始聚落の構成」(『日本歴史学講座』学生書房、一九四八年)である。そこで、和島は、縄文集落が中央の広場を中心に住居跡群が環状に配置されていることに注目し、その構成の特質として、個々の住居が有機的なまとまりをもった強固な統一体として機能していたことを指摘するとともに、そこに氏族共同体的な規制を認めて、縄文時代の社会構成を氏族共同体社会と位置づけた。

一九六〇年代、縄文集落研究に新風を吹き込んだのが水野正好《まさよし》である。水野は、長野県茅野市の与助《よすけ》尾根《おね》遺跡の住居跡の重複と炉石の抜きとりを手がかりとして、集落を前後の二時期に分け、二棟を一単位とする三小群が東西に二つの大群をなして併存するという構成をもつと考えた。そして、東西の各大群には、石柱または石敷きの祭壇、石棒、土偶をもつ住居が一棟ずつあることに注目した水野は、独自の祭祀観念にもとづいて、祭祀構造と集落構成との統一的な理解を試みた(「縄文式文化期における集落構造と宗教構造」『日本考古学協会第二九回総会研究発表要旨』一九六三年)。この水野の集落分析は、基礎的な資料操作に問題を残したが、住居跡の群別から集落構成を究明し、社会組織の復元への示唆的な方法を多く含んでおり、以後の縄文集落研究に大きな影響をあたえることになる。

和島や水野に代表される縄文集落研究は、集落が定着性をもち、かつ比較的規模も大きいことを前提としていた。ところが、一九七〇年代に入ると、国土開発にともなう集落遺跡の発掘事例の増加によって、そうした前提に疑問が示されることになる。一つは、神奈川県横浜市の港北ニュータウン地域内の詳細な分布調査と発掘調査の成果をもとに、石井寛《ひろし》が一土器型式内においても集落の移動が繰り返されたとして、従来まで単純に考えられていた縄文集落の定着性について、その実態をさらに吟味する必要性を問題提起したことである（「縄文時代における集団移動と地域組織」『調査研究集録』二冊、一九七七年）。

もう一つは、住居跡が一棟から多くても三棟前後という数しか検出されない、いわゆる小規模集落の発掘事例が急増したことと、集落分析の方法と精度が高まったことによって、従来まで大規模集落と考えられていたもののなかには、実際に同時存在していた住居の数は少ないことが、いくつかの遺跡で明らかになったことである。そうした縄文集落の定着性への疑問と従来までの認識よりも小規模であったという実例が多くなったことから、縄文集落を特徴づけると考えられてきた環状集落というものは、住居の建て替えが中央部を避けるように繰り返された結果にすぎないという、いわゆる環状集落の「見直し論」が提起された（土井義夫「縄文集落論の原則的問題―集落論の二つのあり方について―」『東京考古』3、一九八五年）。また、近年では、小林謙一がＡＭＳ法という年代測定法（設問32を参照）を用いて、一土器型式のうちに住居の建て替えが何回もあることを明らかにして、「見直し論」の補強に努めている（『縄紋社会研究の新視点―炭素14年代測定の利用―』六一書房、二〇〇四年）。

いずれにしても、縄文集落は、一つの集落ですべての生産と消費が完結していたわけではなく、複数の集落が血縁関係だけでなく、地縁関係でも結ばれながら生産と消費を維持していたとすれば、環状集落という定型的な集落形態をとる大規模な拠点集落と小規模な集落が結びついて一つの地域共同体を構成しており、共同の契機によっては、大規模な集落がさらに小規模な集落に分かれることもあると考える方が、縄文集落が大規模か、小規模かという二者択一的な理解よりも、より実態に近いものといえる。

第17問　『日本遠古之文化』とはどんな書物か

山内清男《やまのうちすがお》が一九三二年（昭和七）七月から雑誌『ドルメン』誌上に七回（一巻四号～二巻二号）にわたって連載し、三九年に先史考古学会から補注をつけて、単行本『日本遠古之文化』が刊行された。

第Ⅰ章の「縄紋土器文化の真相」では、先史学における編年研究の重要性を説くとともに、その研究が到達すべき成果を予測する。第Ⅱ章の「縄紋土器の起源」と第Ⅲ章の「縄紋土器の終末」では、「土器製作は最も古い時代に大陸から伝来」し、列島で独自に孤立して発達したとの認識のもとに、その起源と終末について体系的に論ずる。そして、第Ⅳ章の「縄紋式以降」では、縄文文化につづく弥生文化と古墳時代、それと縄文文化以来の伝統を残す北海道の続縄文文化の特質を論じる。

このような構成のもとに、山内は、縄文時代をヨーロッパの新石器時代に位置づけるとともに、「欧州の新石器時代とは違つて農業が行はれて居ない」で、「生活手段は狩猟漁獲、又は植物性食料の採集」という生活が一般的であったとする。そのうえで、弥生文化にみられる諸要素を、①大陸からの伝来、②縄文文化からの伝統、③弥生文化独自に発達したものの三つに整理することで、弥生時代を大陸から農業が伝来し、一般化した時代と位置づけるとともに、金属器や大陸系磨製石器も農業にともなって伝来したことを明らかにする。さらに、古墳時代は「石器が全く廃用され、鉄器が全盛となる」とともに、「始めて歴史との接触を生じ、原史時代と認められる」とした。

このように、山内清男の『日本遠古之文化』は、日本先史時代観の基本的な枠組みをつくったということで、今日でも必読書とされている名著である。

第18問　ミネルヴァ論争とは何か

縄文時代の終末の時期をめぐって雑誌『ミネルヴァ』誌上で、喜田貞吉《きたさだきち》と山内清男《やまのうちすがお》の間でおこなわれた論争のことである。

縄文土器の編年研究が全国的に進められ、その成果がしだいに明らかになってくると（設問14の表2を参照）、明治期以来の非科学的な推論にもとづく、いわゆる「常識考古学」との間で埋めることができない大きな認識の差が生じてきた。とりわけ縄文時代の終末の時期をめぐる問題は、考古学者の歴史認識にかかわる問題ともあいまって、激しい意見の対立が生まれていた。そうしたなかにあって、常識考古学を自認する喜田と実証的研究の旗頭ともいえる山内の間でおこなわれたのがミネルヴァ論争である。

一九三六年（昭和一一）に創刊された雑誌『ミネルヴァ』は、その創刊号で「日本石器時代文化の源流と下限を語る」と題する座談会（司会が甲野勇《いさむ》で、江上波夫、後藤守一、山内、八幡一郎が出席）を特集記事として掲載した（図21）。そこで江上が「日本と云つても広いんですから、場所に依り実年代に相違がありませう」と述べたのに対して、山内が「僕達の方ぢや縄文式の終末の年代が地方的に非常な違ひはないと思ふがそれには反対があるらしい。如何です」と議論をふった。それに後藤が「縄紋土器の終りの時代は地方的に夫々違ひがあると思ふ。そして最後は、喜田先生のいはれる鎌倉時代といふことも地方によつては必しも無茶な議論ではないと思ふ。それから奥羽地方のみでなく関東地方辺りでもメインストリートから離れてゐた所は可なり遅くまでこれを続けてゐたと思ふ。少くも古墳の末期にも地方によつては縄紋土器が使はれて居たと云ふことは考へてもいいんぢやないか」と答えた。

このように、当初は座談会のなかで、山内と後藤の間での議論であったが、後藤が東北地方で遅くまで縄文土器が使われた根拠として、東北地方の遺跡から「一見石器時代の遺物とし難い程時代のかけ離れたものが、往々に発見される」ことをもち出したことから、山内は「東北地方の縄紋式遺跡からは、正規な発掘では出て来た例のない様な奇妙なものが、地方人士によつて注意され、或は中央に於ける老若の学者によつて珍重されています。これは実にいかがわしい事だと思ふ」と厳しく断じた。

この山内のいう「中央に於ける老若の学者」の一人が喜田にほかならなかった。喜田は、山内の批判に対して「日本石器時代の終末期に就いて」（『ミネルヴァ』一巻三号、一九三六年）と題して反論した。そこで喜田は「縄文式石器時代の終末を各地方大差なしとする論者の立場から之を観れば、縄文式土器と伴つて平安朝末期の遺物たる宋銭が出土したと言へば、それは勿論怪しいものであろう。そしてそれを珍重がる中央の老若の学者は、勿論いかがわしいものでなければならぬ。併しながら、如何なる論者も事実の前には屈伏せざるを得ぬ。而してそれと相容れぬ学説は

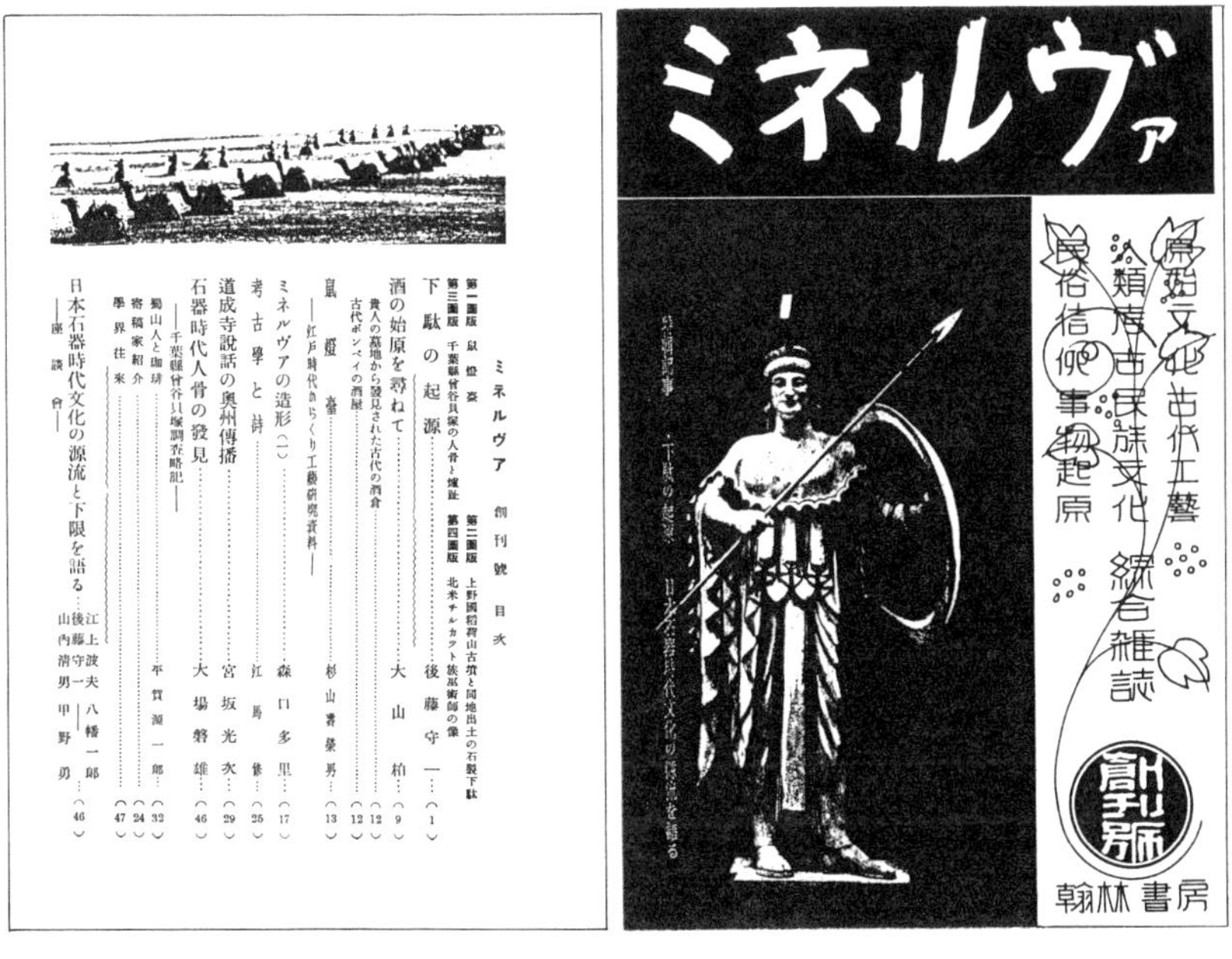

ミネルヴァ　創刊號　目次

図21　雑誌『ミネルヴァ』創刊号の表紙と目次

是に由りて当然是正されるべく、すべてはそれを基礎として合理的説明が考へらるべきである」として、石器時代遺物にともなって宋銭や鉄製品が発見されたとする遺跡の例をあげて、一部の地域では中世まで縄文文化が残存したと主張した。

こうした考えは、なにも喜田に特有のものではなく、弥生時代の研究では一時代を築いた森本六爾《ろくじ》ですら、関東地方の安行式《あんぎょう》（縄文後・晩期）には「緊密に弥生式、祝部式文化の要素が含まれ」、東北の亀ヶ岡式には「顕かに異質文化の要素が含まれて」いて、それは「弥生式文化であるよりも、寧ろ祝部式文化の要素である」と、つまり祝部《いわいべ》とは須恵器のことなので、縄文文化が一部では古墳時代から平安時代まで存続していたと理解していたことからもわかる（「東日本の縄文式時代における弥生式並びに祝部式系文化の要素の摘出の問題」『考古学』四巻一号、一九三三年）。それは後藤や江上などの若手から浜田耕作などの大家までが喜田説に加わっているように、山内など編年学派の考えは、当時はまだ少数派であった。また、ミネルヴァ論争と深いかかわりのある奥羽文化南漸・北漸論争でも、大場磐雄《いわお》が「古典に現はれている蝦夷が関東及び東北地方に存ずる石器時代人を意味するならば、古伝説や史実の徴する所によつて、それば漸次北漸しつつあつたことは否定し難い」（「関東に於ける奥羽薄手式土器」『史前学雑誌』三巻五号・四巻一号、一九三一・三二年）と記紀などの所伝をなかば史実とみなす常識論に立脚して、奥羽文化（亀ヶ岡式文化）が南から北に追いつめられ北漸した文化と考えたが、それには逆の考えをとる八幡・山内らと意見が対立していた（八幡「奥羽文化南漸資料」『考古学』一巻一号、一九三〇年。山内「所謂亀ヶ岡式土器の分布と縄紋式土器の終末」『考古学』一巻三号、一九三〇年）。

喜田の反論に対して、山内は「日本考古学の秩序」（『ミネルヴァ』一巻四号、一九三六年）で積極的に答え、東北地方の亀ヶ岡式土器が数型式に細別でき、それと関東地方の安行式土器の後半のもの、さらに中部・

近畿地方の無文あるいは条痕文《じょうこんもん》をもつ土器が共存する事実を指摘して、喜田のような考えが成り立たないことを明らかにした。そして、山内は「日本考古学には秩序が出来つつある。各地方に於ける組織的調査の進行によつて、これは益々強化されて行くであろう。そしてその大綱は出来上がつて居るのである」との自信を示した。

これに対して、喜田は「「あばた」も「えくぼ」、「えくぼ」も「あばた」―日本石器時代終末問題―」（『ミネルヴァ』一巻五号、一九三六年）で再反論を試みた。そこで喜田が根拠としたのは「石器時代遺蹟から宋銭発見の事実」であり、その「事実」をもとに、東北地方の石器時代は後世まで残存したと考えた。しかし、その「事実」は、発掘という実証的手段によって導き出されたものではなく、偶然（後世の混入など）に石器時代にともなったものにすぎなかった。そして、喜田が安易に宋銭と石器時代遺物を結びつけた背景には「弥生式民族が先住の縄文式民族を駆逐し、若しくは之を併合した」という、「先住民族」概念がその根底にあったからにほかならない。だからこそ、喜田は「実物をつかまねば物が言へぬ考古学はさてさて不自由なものである。余輩は常識考古学を提唱したい」といい切ったのである。

その点で、山内の論拠は、縄文土器の編年という実証に裏づけされているだけに明快であった。そして、山内は「学説は正に学問的事実の上に立つべきものであつて、得体の知れぬ常識によつて学問的事実を解釈するのは正道でないと思ふ。この点に於いて我々の説の背後に今日進展しつつある縄紋土器文化の組織的調査のあることを誇示することができる」（「考古学の正道―喜田博士に呈する―」『ミネルヴァ』一巻六・七号、一九三六年）とした。

こうしたミネルヴァ論争をとおして、縄文土器の編年研究が縄文時代研究の基礎をなすものであるという認識が学界に定着し、以後の縄文時代研究の方向を決定づけることになった。

第19問　ひだびと論争とは何か

縄文時代研究の目的をめぐって雑誌『ひだびと』誌上で、赤木清と甲野勇《いさむ》、八幡一郎との間でおこなわれた論争のことである。

縄文土器の編年研究を中心に実証的研究は、日本考古学に確固たる基礎を築くことになるが、それは一方では、編年研究をはじめとして個別・形態研究が、あたかも考古学研究の目的であるかのような傾向を増長することになった。そうした実証主義、あるいは学問至上主義と呼ばれる研究が従来までの常識論的な認識の段階にとどまっていた研究を克服して、日本考古学の発展に大きな役割をはたしたことは否定できない事実であるが、考古資料から歴史を叙述するという考古学研究の本来の目的を歪め、現実の社会とのかかわりから距離をおくという結果を生むことになった。このような日本考古学の状況のなかで、ひだびと論争はおこなわれた。

雑誌『ひだびと』とは、小説『山の民』の作者として著名な江馬修《えましゅう》（赤木清はペンネーム）が故郷の岐阜県高山へもどり、一九三三年（昭和八）に仲間らと飛驒考古学会を結成した、その機関誌であるが、結成当初の一九三三年は『会報』、一九三四年五月に民俗研究の学会と合併して飛驒考古土俗学会と改称すると『石冠』を誌名としたが、一九三五年一月発行の第三年第一号から『ひだびと』という誌名で発行する（図22）。この『ひだびと』に一九三七年、赤木が「編年学的研究は日本考古学に於ける一大進歩であつて、その効績は非常に大きい。しかしながら、その自然的結果として、考古学研究は土器偏重の傾向を誘致し、石器の用途の問題など殆ど軽視されるやうな形になつた」と批判し、考古学研究の第一の目的は集落の研究や遺物の用途などの研究をとおして、「当時の経済的な社会構成を復原する事」であって、「私達はこれら遺物をとほして、即ち、住居阯によつてはその型式のみならず、更に家族と聚落の状態を追求し、土器と石器類のやうな生産用具に於いては、その用途—性質と機能を探求することによつて、私達の目的へ肉薄しなければならぬ」と問題を提起した（「考古学的遺物と用途の問題」『ひだびと』五年九号）。

この赤木の問題提起に対して、編年学派の中心の一人である甲野は「あらゆる遺物の用途を考へ、其等を通じて当時の社会生活を復原する事は私達に与へられた最大の任務」との認識を示しながらも、編年研究が結果として「土器偏重の傾向を誘致」したとの批判に対しては、「確かに赤木さんの指摘された点、即ち遺物の用途に対する貧困は私達、いや私のウィークポイントだつたのです。たゞ私は、斯した学問的弱点を私自身意識しながらも、これに対する補強工作をあへて試みなかつた理由は斯した事に力を分散させるより、先づ編年的研究を全面的に推進させ、以て日本石器時代編年を確立することが目下の急務であり、又遺物用途問題を解決する捷径と考へた為だつた」と反論した。そして、甲野は、遺物の用途問題の貧困は編年学派の偏向ではなく、むしろそれに手が回りかねている結果であって、現在、さらに編年研究を前進させようとしているのは「他の残された仕事への準備的態

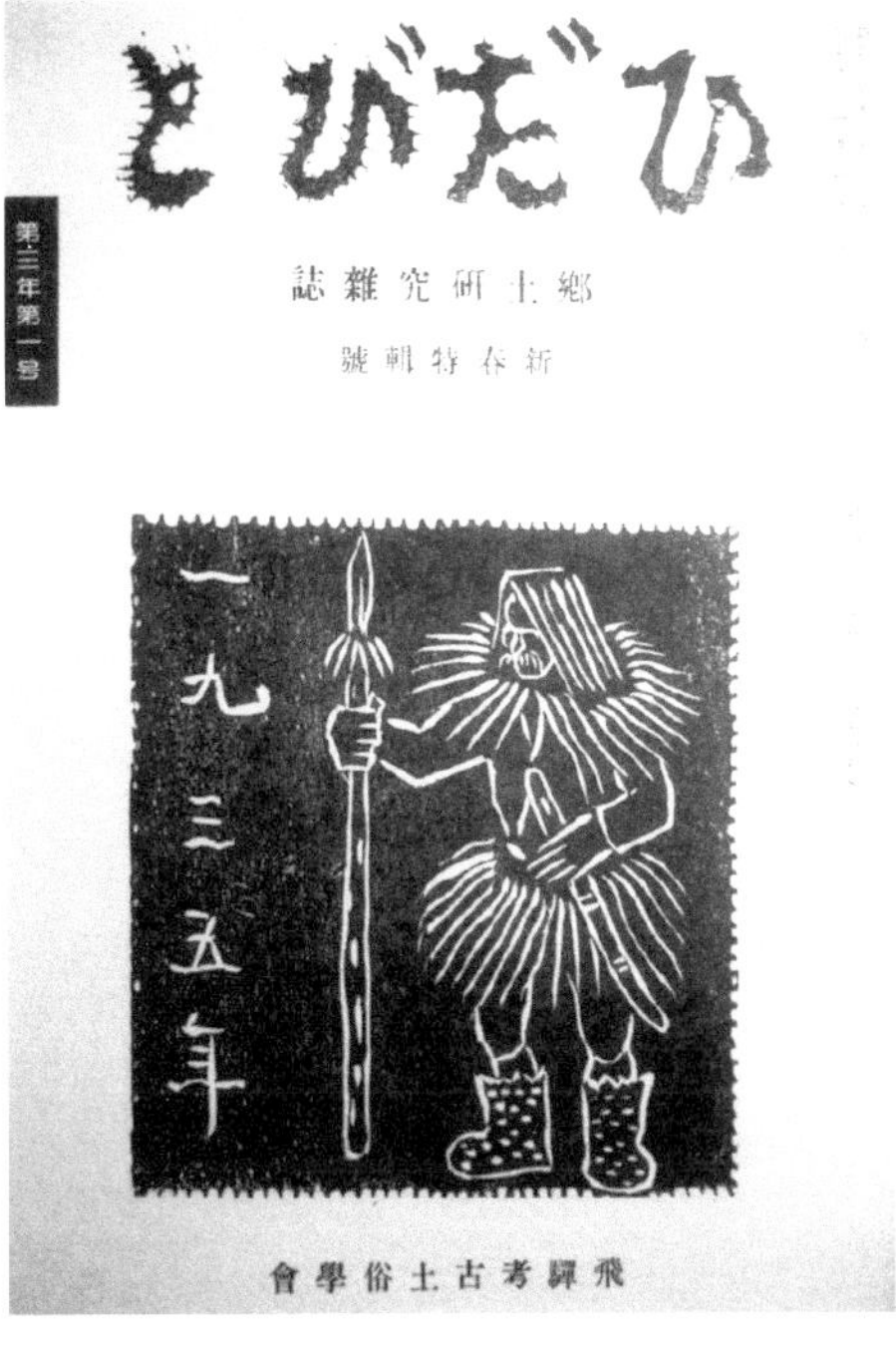

図22　雑誌『ひだびと』名の初号の表紙

勢に外ならない」と主張した（「遺物用途問題と編年」『ひだびと』五年一一号、一九三七年）。

この甲野の反論に対して、赤木は、編年研究の重要性を認めながらも、「甲野氏の言が、もし五六年前のものであるなら、私は何も云ふ事は無い」。しかし、縄文土器の編年研究の成果の体系が整った今日においては、遺物用途の研究の貧困が痛切に感じられるとして、「今更云ふまでもなく、用途の研究もまた、編年的研究と同じく、ゴールに対する「準備的態勢」に外ならぬものであり、氏の言によつても裏書され得るが如く、編年的研究と強ひて分離的に扱はれねばならぬといふ事は無い」と再批判した。そして、赤木は、土器偏重の傾向が編年学派の最初から意図したものではなかったとしても、客観的には編年研究にともなう偏向といわざるをえないとして、「単に、文化と云ふやうな広漠とした言語によつて、石器時代の社会生活に於ける経済的構成の外の何ものかを探求すると云ふやうな幻想から解放されて、考古学徒は自分からのゴールが奈辺にあるかをはつきり認識してかゝつても良い頃ではあるまいか」と考古学の現状を厳しく批判した（「考古学の新動向」『ひだびと』五年一二号、一九三七年）。

一方、八幡は「考古学の任務の最初にして最後のものは特定古代文化を全般に亙つて編年的に再構成することである。各種遺物は其資料であり、素材である。土器であろうと、石器であろうと、骨角器であろうと、差別あるべきでなく、軽重あるべきでない。その一つが欠けても完全ではない」としたうえで、生産用具の「価値観よりも先に、個々遺物の系統付けとそれから導かれる意義の解明こそ急務である」と断言した（「先史遺物用途の問題」『ひだびと』六年一号、一九三八年）。

赤木と甲野・八幡との間でおこなわれた論争は、微妙な食い違いをみせ、歯車がうまくかみ合わなかった。それは赤木が編年研究の重要性を認めながらも、それが「土器偏重の傾向を誘致」している現状を批判しているにもかかわらず、甲野らは編年研究の重要性を指摘したにすぎず、赤木の批判の真の答えとはなっていなかったからである。

江馬修が主に赤木清のペンネームで考古学研究者として活躍したのは、一九三三年からのわずか一〇年に満たない期間であった。その江馬が『ひだびと』誌上で問題を提起した一九三七年は、前年に二・二六事件がおこり、同年七月には北京郊外で日中両軍が衝突した、いわゆる盧溝橋事件の勃発によって、大陸への侵略を雪だるま式に拡大するという、きわめて激動の社会情勢にあった。この侵略戦争を正当化したのが、神話的歴史観（皇国史観）にもとづく東アジアの共栄をめざすという、後の「大東亜共栄圏」構想につながる考えであった。だから当時の歴史学にあっては、この神話的歴史観を打破することは重要課題であったが、それは当然に国家権力からの思想弾圧をともなっていた。

江馬自身、一九二九年（昭和四）に特別高等警察（特高）に逮捕され、約四〇日間の留置後に偽装転向することで起訴猶予処分となっている。高山にもどった江馬は、飛騨の石器時代史と明治維新史を題材に、特高の監視をかいくぐりながら、科学的社会主義（マルクス主義）にもとづく社会構成史の研究を試みようとしていた。江馬の『ひだびと』での問題提起は、考古学研究者として時代を見据えた、正に研究の本質を求めたものであった。また、江馬は、科学的社会主義の歴史学の現状についても、「彼等にとつては現実の理解よりも公式を振回すことの方に関心が強く働いてゐる」と批判もしている。いずれにしても、日本の原始・古代史を科学的・体系的な叙述として国民に広く提示しようとした『日本歴史教程』（一・二冊、白揚社、一九三六・三七年。渡部義通・伊豆公夫〈赤木健介〉・早川二郎〈小出民声〉・三沢章〈和島誠一〉、早川が死亡のため二冊に秋沢修二〈秋津賢一〉が参加）の執筆者である渡部らは投獄され、あるいはペンを折らされるなどして、その自由な研究が圧殺されたのをみるまでもなく、江馬もまた、科学的社会主義としての考古学研究から距離をおかざるをえなくなり、戦後は考古学との一切のかかわりを断った。

第20問　南北二系統説とは何か

縄文文化の起源と系統をめぐって、南北二系統の文化要素が融合したとする、一九四〇年代に主に江坂輝彌《てるや》が唱えた説である。

山内清男《やまのうちすがお》が「縄紋土器の由来を知るには、先づ最も古い縄紋土器を決定することが必要である」（「日本遠古之文化(2)」『ドルメン』一巻五号、一九三二年）との提唱のもとに、列島各地で最古の縄文土器の探求が進められた。一九三九年（昭和一四）には、東京都板橋区の稲荷台《いなりだい》遺跡が白崎高保《たかやす》によって発掘され、褐色土とローム層の間から、器面全体に縦方向の撚糸文《よりいともん》が施された尖底《せんてい》土器＝稲荷台式土器が発見された。当時、ローム層中に人類は存在しないと考えられており、そのローム層の上面に食い込むように稲荷台式土器が出土したことから、白崎は「稲荷台式土器こそ所謂回転押捺文土器の祖源であり、同じ縄自体の回転により得られ、縄文式土器の縄文の祖源であり、やがては日本縄文式文化の祖源的一形式ではないか」と考えた（「東京稲荷台先史遺跡—稲荷台式系土器の研究（一）—」『古代文化』一二巻八号、一九四一年）。

この白崎説を継承した江坂輝彌は、西南日本に分布する押捺文《おうなつもん》系土器（今日の押型文《おしがたもん》系土器）と南関東地方発見の稲荷台式土器である撚糸文系土器が回転押捺手法ということで不可分の関係にあって、「外地より日本へ渡つた最古の形のこの押捺文系文化は撚糸文を主とした回転押捺文系土器ではなかつたか」と考える。そのうえで江坂は、南関東地方において「北方系伝来の櫛目文系と考へられる田戸・住吉町系文化と、南方渡来と考へられる稲荷台式系文化とが最初に接触し、両者が順調に融合進展」した「其の結果茲に我日本列島独特の縄文式文化を誕生させるに至つた」と唱えた（「回転押捺文土器の研究」『人類学雑誌』五九巻八号、一九四四年）。

この江坂の南北二系統説は、縄文早期の土器の動きを列島規模でとらえようとする観点は魅力的であったが、岡本勇《いさむ》が「撚糸文土器と捺型土器を文化的に同一視したことや、土器型式の編年を系統論に従属させた」（「捺型文土器（二）―その文献解題的研究―」『考古学手帖』一三号、一九六〇年）と批判したように、一九五〇年代の神奈川県横須賀市の夏島《なつしま》貝塚や同県横浜市の大丸《だいまる》遺跡などの発掘によって、撚糸文系土器が井草《いぐさ》・大丸式土器→夏島式土器→稲荷台式土器→花輪台《はなわだい》式土器、それに南関東地方の早期の縄文土器が撚糸文系土器→沈線《ちんせん》文系土器→条痕《じょうこん》文系土器の編年序列が確定した（表１を参照）ことで、その根拠を失った（杉原荘介・芹沢長介『神奈川県夏島における縄文文化初頭の貝塚』〈『明治大学文学部研究報告』考古学二冊〉一九五七年。芹沢長介「神奈川県大丸遺跡の研究」『駿台史学』七号、一九五七年）。

一方、一九四六年に相沢忠洋《ただひろ》が発見し、四九年に明治大学考古学研究室によって正式に発掘調査された群馬県みどり市の岩宿《いわじゅく》遺跡で、撚糸文系土器を包含する腐食土層の下層、更新世の関東ローム層からナイフ形石器を特徴とする石器群と敲打器《こうだき》（刃部磨製石斧《じんぶませいせきふ》）や刃器《じんき》を特徴とする石器群が発見され、縄文時代に先行する、ヨーロッパの時代区分でいう旧石器時代に相当する石器文化が発見される（杉原荘介『群馬県岩宿発見の石器文化』〈『明治大学文学部研究報告』考古学一冊〉一九五六年）。さらに、一九六〇年代後半から撚糸文系土器に先行するより古い土器群、いわゆる「草創期」土器群が発見された（山内清男「縄紋草創期の諸問題」『MUSEUM』二二四号、一九六九年）ことや、一九七〇年代から現在にいたるまでの「草創期」土器群の全国規模での発見や研究の蓄積と放射性炭素年代測定結果などから、縄文文化の起源と系統についての体系的な理解が可能になってきたが、これらに関連する問題については、設問25や設問98で解説する。

第21問　『くにのあゆみ』とは何か

太平洋戦争に敗戦後、連合国最高司令官総司令部（GHQ）により軍国主義的、超国家主義的教育の禁止と教科書の廃棄が指令され、その刷新のために一九四六年八月、文部省が新たに編纂した小学校用の国定歴史教科書で、上下の二冊からなる。この小学校用の『くにのあゆみ』につづいて、一〇月に中学校用『日本の歴史』、一二月に師範学校用『日本歴史』、いずれも上下の二冊があいついで編纂される。

戦前の国定歴史教科書は、歴史研究とは乖離しており、とりわけ肇国《ちょうこく》の歴史にかかわる原始・古代については、完全に切り離されていた。太平洋戦争中の一九四三年（昭和一八）に編纂された第六期の国定歴史教科書『初等科国史』の「第一　神国」の「一　高千穂の峯」は、つぎのような記述から始まる。

> 大内山《おほうちやま》の松のみどりは、大御代《おほみよ》の御栄《みさか》えをことほぎ、五十《い》鈴《すず》川の清らかな流れは、日本の古い姿をそのままに伝へてゐます。
>
> 遠い遠い神代《かみよ》の昔、伊弉諾尊《いざなぎのみこと》・伊弉冉尊《いざなみのみこと》は、山川の眺めも美しい八つの島をお産みになりました。これを大八洲《おほやしま》といひます。島々は、黒潮たぎる大海原《おほうなばら》に、浮城《うきしろ》のやうに並んでゐました。つづいて多くの神々をお産みになりました。最後に、天照大神《あまてらすおほみかみ》が、天下《あめのした》の君としてお生まれになり、日本の国の基《もとゐ》をおさだめになりました。

このように、日本の歴史の第一ページを伊弉諾尊・伊弉冉尊の国生み神話から書きおこし、天照大神《あまてらすおおみかみ》と大国主命《おおくにぬしのみこと》の国譲り、天孫降臨、神武天皇の建国、日本武尊《やまとたけるのみこと》の武勇、神功《じんぐう》皇后の三韓征伐、仁徳《にんとく》天皇のかまどの煙というように、日本が神話の神々によって国土が生成され、それが天皇家に譲られて建国され、多くの武勇や仁徳《じんとく》のもとに「日の本の国」がつくられたことを、唯一の「正史」としたのである。それは大日本帝国憲法の第一条で「大日本帝国ハ万世一系ノ天皇之ヲ統治ス」と謳い、第三条で「天皇ハ神聖ニシテ侵スヘカラス」とあるように記紀の神話に支えられ、天皇を神格化することによってのみ成り立つ国家体制であったことから、それを教育で体現化する必要があったからである。そこでは当然、科学的な原始・古代史研究の成果が入る余地などは、まったくなかったのである。

戦後最初で最後の国定教科書となる小学校用『くにのあゆみ』は、日本の歴史の第一ページが建国神話にかわって、つぎのように「大昔の生活」である石器時代から書きおこされた。

この国土に、私たちの祖先が住みついたのは、遠い遠い昔のことでした。はつきりしたことはわかりませんが、少なくとも数千年も前のことにちがひありません。世界のどこの地方でも、文化の開けなかつた大昔には、人はまだ金属《きんぞく》を使ふことを知らず、石で道具を作つて、用ひてゐました。かういふ時代を石器時代《せっきじだい》といひます。私たちが、あたたかい南向きのをかなどを歩いてゐると、ときに畠の中に貝がらが白くちらばつてゐるのを見かけることがあります。これは、そのころの人人が、はまぐりやしじみなどを、ひろつて食べた貝がらがつもつてできたもので、これを貝塚《かいづか》といひます。貝塚からは貝のほかに、魚やけものの骨や、そのころの人人がふだん使つてゐた道具などがほり出されます。これらによつて、大昔の人人がどんなくらしをしてゐたかがわかります。

中学校用『日本の歴史』と師範学校用『日本歴史』は、ともに世界の考古学の時代区分である石器時代、青銅器時代、鉄器時代の三時代区分と、さらに石器時代が新旧の二期に分かれることを紹介しながら、日本では、旧石器時代の人類の居住の痕跡が認められず、新石器時代から始まること。そして、その新石器時代の文化が「縄文式文化」であり、その末期、遅くとも西暦紀元にやや先立って「弥生式文化」が北部九州や大和地方に出現し、しだいに西日本から東日本へと発展していったが、文化上とくに顕著な発展は、金属器の渡来である。また、縄文式文化は、狩猟と漁労を主な生業としていたが、弥生式文化では、水田稲作が始められたことで、それは鍬、鋤、鎌などの農具が発掘されていることからもわかるとして、より具体的に日本考古学の時代を叙述している。

ところで、GHQが「修身・歴史・地理の授業中止と教科書の廃棄、新教科書の作成」を指令したのが一九四五年一二月三一日で、翌年一一月から日本歴史の授業を再開することを決めていたので、新教科書の作成には、一〇カ月ほどの時間（執筆期間は、実質で二カ月弱）しかなかった。また、新教科書は、戦前の教科書と同様に国定教科書であったことなどの制約から、最初の天皇を神武天皇（『くにのあゆみ』では、神日本磐余彦天皇《かむやまといわれひこのすめらみこと》と記述）だと紹介するなど、皇室中心主義を完全に払拭することができていなかった。こうした批判されるべき問題を含んでいたことは事実であるが、それにもかかわらず国定歴史教科書として、日本歴史を考古学の記述から始めたという、その画期的な意義を忘れてはならない。

このことについて、『くにのあゆみ』の執筆者の一人である家永《いえなが》三郎は「日本歴史の新教科書が許可されたが最も著しく今までの教科書と変わつたのは古代歴史の部分である。従来の教科書では、古事記・日本書紀の神話伝説からはじまつてゐたが、今回は考古学及び大陸の文献を研究して確実な歴史的事実と認められる事柄のみを以つてあてることにした。従つて石器時代から金属文化の発生、国家の成立といつたやうな順序で執筆を進めてゐる」と述べている。さらに、家永は「新教科書がかような内容を備へて世に出たことは、学問的には決して新しいこととはいへないが、歴史教育の上からいへば、画期的な出来事といはねばならぬ。今まで往々にして歴史教育と歴史科学とは別のものであつて差支へないといはれてゐた。然るに今回の教科書によつて歴史教育がはじめて正しい学問的基礎の上に立脚することになった」（「新教科書の特色」『朝日新聞』一九四六年一〇月二一日付）と、新教科書の画期的な意義を自ら語っている。

　このように、戦後最初の国定教科書が一〇カ月足らずという短期間で、戦前の建国神話にかえて、石器時代から始まる日本の歴史が叙述できたのは、設問17で解説した山内清男《やまのうちすがお》の『日本遠古之文化』に代表されるような研究の積み重ねがあったからである。ところが最近、山田康弘は『つくられた縄文時代―日本文化の現像を探る―』（新潮社、二〇一五年）で、戦前は「時代という言葉が、石器時代・金石併用時代などの語に象徴されるように、人類史的・世界史的な区分の文脈で使用されることが多く、縄文式文化や弥生式文化を、「日本固有の時代区分」として認識する意識はまだ希薄であった」として、「今日、私たちが使用している縄文時代・弥生時代といった歴史上の時代概念は、戦後における新しい国家体制の下、新しい日本史を語るために、いわば政治的につくりだされた」と解説している。この山田の解説は、はたして正しいといえるのだろうか。

　山内は『日本遠古之文化』で、「縄紋土器の時代は新石器時代と云つてよい。しかし、欧州の新石器時代とは違つて農業が行はれて居ない。貝塚や泥炭層から出る食料遺残が示す様に、生活手段は狩猟漁獲、又は植物性食料の採集であつたと見てよい。この生活は長期間縄紋式の時代を通じて一般的であつた」というように、時代名称こそ「縄紋土器の時代」あるいは「縄紋式の時代」を使ってはいるが、明確に縄文時代を「日本固有の時代区分」として認識していたことがわかる。ただし、戦前は、神話的歴史観にもとづく日本歴史を唯一の「正史」としたことから、こうした考古学や古代史の研究が歴史教科書などから完全に締め出されていたということである。

第22問　縄文農耕論とは何か

一般に狩猟採集経済の段階にあったとされる縄文時代に農耕が存在し、それが一定の社会的な役割を担ったとする学説のことである。

石器時代と認識されていた縄文時代にも、何らかの農耕があったとの考えは、古く一八八四年（明治一七）に神田孝平《たかひら》が外国に日本の石器を紹介する目的で著した“Notes on Ancient Stone Implements, &c., of Japan”（『日本大古石器考』叢書閣、一八八六年）のなかで、打製石斧《だせいせきふ》を農具と紹介したことに始まる。その後、沼田頼輔《らいすけ》が『日本人種新論』（嵩山房、一九〇三年）、鳥居龍蔵が『諏訪史』（一巻、信濃教育会諏訪部会、一九二四年）などで、台湾の原住民が打製石斧を耕作具としていることを根拠として、打製石斧を使用していた石器時代に原始的な農耕があったとの見解を示した。

この打製石斧を農具とする考えを、より具体的に提示したのが史前研究室（後の大山史前学研究所）を主宰していた大山柏《かしわ》である。大山は、一九二六年（大正一五）に神奈川県相模原市の勝坂《かっさか》遺跡を調査し、そこから多量に出土した打製石斧のうち、短冊形をしたものを世界の民族誌などを参考に土掻き用の農具であるとし、石皿《いしざら》や敲石《たたきいし》など製粉具の存在からも、縄文時代（彼は縄紋式石器時代と呼称）に「原始農耕の存在は可能である」と主張した（『神奈川県下新磯村字勝坂遺物包含地調査報告』史前研究会、一九二七年）。

この大山らの主張に対して、山内清男《やまのうちすがお》は「日本に於ける農業の起源」（『歴史公論』六巻一号、一九三七年）で、縄文時代を高級狩猟民の段階にあるとして、日本で栽培されている農作物のほとんどが伝来品であって、それはほかの農耕具とともに弥生時代に大陸から伝来したとして、縄文時代の農耕の存在を否定した。そして、大山らが注目した打製石斧についても、中部・関東地方で地方的発達をとげたものにすぎず、それも中期に限定されたものであって、集落の増大や定住化も高級狩猟民の枠のなかでとらえられるとして、植物性食料などを採集した土掘り具であっても、農具などではないとの認識を示したことで、縄文農耕論は、一端は沈静化する。

一九四九年に藤森栄一は、地方の夕刊紙に「原始焼畑陸耕の問題」（『夕刊信州』一一月二五日付）と題するエッセイを掲載した。そこで藤森は、八ヶ岳山麓の縄文中期の遺跡では、石鏃の希少化、石鍬・石鋤である打製石斧や製粉具である石皿の激増、地母神信仰のシンボルである土偶や石棒の存在、狩猟生活では賄えない大集落と狩猟に不向きな森林地帯の立地などを理由に、縄文時代中期に原始的な焼畑農耕の可能性を指摘した。その翌年に、藤森は、あらためて「日本原始陸耕の諸問題」を『歴史評論』（四巻四号）に発表し、戦後の縄文時代研究の主要なテーマの一つとなる縄文農耕論の議論が本格的に始まった。

その後も藤森は、信州の地にある人びとと富士見町の井戸尻《いどじり》、大花《おおばな》、曽利《そり》などの遺跡を精力的に調査した。その一連の調査の過程で、藤森らは、土器や石器の機能や用途はもとより、住居や集落、生業環境や信仰の問題などをからめながら、縄文中期農耕論の立証に努めた（『縄文農耕』学生社、一九七〇年に所収）。そして、その集大成ともいえる『井戸尻』（中央公論美術出版、一九六五年）で藤森は、縄文中期文化の本質を濶葉樹（広葉樹）林帯における植物質食料の多用ととらえて、その植物質食料を多用する生活のなかに、原始的な植物栽培としての焼畑農耕が組み込まれていたと考えた。当時、芹沢長介《ちょうすけ》の言葉を借りれば、「縄文文化は、発生の当初から終末に至るまで、本質的に変化のない猟人・漁者（Hunter-fisher）の文化であった」（「縄文文化」『日本考古学講座』三巻、河出書房、一九五六年）と画一的にとらえられがちな認識に対して、藤森は、中期の中部高地を中心に植物質食料の多用の一つに植物栽培としての焼畑農耕の仮説を提示することで、縄文文化が多様な地域文化から構成されていたことを明らかにしたことは、その後の研究に一つの方向性を示すことになった。

縄文中期農耕論からやや遅れて、九州を中心とした西日本の縄文後・晩期に農耕の存在が賀川光夫らによって主張される。賀川は、九州の縄文後・晩期の土器である黒色磨研《まけん》土器が中国先史文化の一つである竜山《りゅうざん》文化の黒陶《こくとう》の直接の影響があったと想定する（「中国先史土器の影響」『古代学研究』二五号、一九六〇年）。そして、賀川は、農具とみられる石器や墓制、遺跡の立地、栽培植物の分析などを総合して、後期後半から晩期初頭にヒエやアワなどの雑穀を主とする焼畑農耕、晩期末には稲作農耕が開始されたと主張した（『農耕の起源』講談社、一九七〇年）。

ところで、一九七八年に福岡市の板付《いたづけ》遺跡から、従来の土器型式観からすれば縄文晩期末の刻目突帯《きざみめとったい》文《もん》土器の時期の水田跡が発見され、それが完備された水量調節機能をもつばかりか、弥生時代における基本的な生産用具がセットで存在することが明らかとなった（設問99を参照）。その後も、佐賀県唐津市の菜畑《なばたけ》遺跡や福岡市の野多目《のため》遺跡、岡山市の津島江道《つしまえどう》遺跡などで刻目突帯文土器の水田跡が発見されたことから、賀川らが想定した晩期末の稲作農耕は、今日では、弥生時代早期に位置づけられている（設問2を参照）。

こうした考古学者の縄文農耕論を補強するように、栽培植物学や民族学などの分野から示唆に富む見解が示された。中尾佐助《さすけ》は、照葉樹林帯における野生採集段階から水稲栽培までの農耕の発展段階を示し、これをうけて佐々木高明《こうめい》は、弥生時代の稲作農耕の開始以前に、照葉樹林焼畑農耕文化が存在していたと主張した（設問23を参照。中尾佐助『栽培植物と農耕の起源』岩波書店、一九六六年。佐々木高明『稲作以前』日本放送出版協会、一九七一年）。しかし、いずれも農耕の直接の証拠となる栽培植物が発見されていなかったことから、考古学者の見解も含めて、今後に課題を残していた。

ところが、一九七二年から発掘が本格化した福井県三方上中郡若狭町の鳥浜《とりはま》貝塚でヒョウタンやエゴマ、ゴボウなどの栽培植物が発見されると、堰を切ったように各地の縄文遺跡から栽培植物の発見がつづいた。そうした栽培種子の発見とともに、新しい年代測定法であるＡＭＳ法（設問32を参照）や検出法であるレプリカ法（設問34を参照）の開発によって、縄文早期にアサ、ヒョウタン、エゴマ、前期に入るとダイズの野生種であるツルマメやアズキの野生種であるヤブツルアズキ、それにヒエ属も利用され、それが中期になると栽培ダイズやアズキ、ヒエに相当する大きさの穀物が利用されるまでになっていたことが明らかとなってきた（設問65を参照。中山誠二『植物考古学と日本の農耕の起源』同成社、二〇一〇年。小畑正己『タネをまく縄文人—最新科学が覆す農耕の起源—』吉川弘文館、二〇一六年）。

では、これで藤森らの主張した縄文農耕論が立証されたかというと、ことはそう簡単ではない。というのは、それら栽培植物が縄文時代の生業のなかで、どのような役割をはたしてきたかということが問題となるからである。そのことでいえば、縄文時代の栽培植物の利用の可能性がある資料が増えるにしたがって、皮肉にも弥生時代の水田稲作との質的な差がますますはっきりとしてきているということである。というのも、それら栽培植物は、長い縄文時代をつうじて大きな発展をみせることなく、ついに一時たりとも、彼らの生産や社会を恒常的に支える経済基盤とはなりえなかったからである。その意味で、縄文時代の栽培植物は、あくまでも狩猟採集経済の枠のなかでの利用の段階にとどまっていたということである（勅使河原彰「縄文農耕論の行方」『新尖石縄文考古館開館五周年記念　考古論文集』二〇〇六年）。しかし、縄文人が植物栽培の知識と経験をもっていたことは、つぎに来る水田稲作などの農耕生活をうけ入れる準備につながったことも、また確かなことである。

第23問　照葉樹林文化論とは何か

ヒマラヤから雲南、江南を経て西南日本という、いわゆる東亜半月弧《とうあはんげつこ》に分布する常緑広葉樹林帯という生態的環境のもとで発達した文化複合を論じた学説で、カシやシイ、ツバキなどの照葉樹を特徴とすることから、その名がつけられた。一九六〇年代に中尾佐助《さすけ》が提唱し、上山春平《うえやましゅんぺい》や佐々木高明《こうめい》らが発展させたもので、植物学、生態学、民族学、農学などの学際的研究と世界各地の実地研究・比較研究を基礎として構想されたことが特徴で、縄文農耕論など縄文時代研究に大きな影響を与えた。

中尾らによれば、その文化要素は、水さらし技術の発達、茶葉の喫飲、絹布、漆器、餅麹《もちがゆ》による酒造などを特徴とし、さらに歌垣《うたがき》の慣行や山上他界観念、鵜飼などの共通する習俗、信仰、儀礼などがみられることを特徴とする（中尾佐助『栽培植物と農耕の起源』岩波書店、一九六六年。上山春平編『照葉樹林文化―日本文化の深層―』中央公論社、一九六九年）。

一方、中尾は、照葉樹林文化での農耕の発展を、①野生採集段階、②半栽培段階、③根茎作物栽培段階、④ミレット栽培段階、⑤水稲栽培段階の五段階に区分した。その後、生態学や民族学などの学者との学際的な共同討議を経て、①プレ農耕段階、②雑穀を主とした焼畑農耕段階、③稲作ドミナントの段階に整理した（上山春平・佐々木高明・中尾佐助『続・照葉樹林文化』中央公論社、一九七六年）。また、佐々木は、①プレ農耕段階を縄文中期以前、②雑穀を主とした焼畑農耕段階を縄文後・晩期、③稲作ドミナントの段階を弥生時代に位置づけた（表3。佐々木高明『照葉樹林文化の道―ブータン・雲南から日本へ―』日本放送出版協会、一九八二年）。

　このように、照葉樹林文化論は、日本列島で弥生時代以前に、本来は別の類型に属すると考えられていた雑穀農耕を位置づけることによって、野生採集から雑穀農耕を経て水稲農耕に至るという、縄文農耕論にとっては大きな論理的枠組みが与えられることになった。また、中尾は「農耕の存在と、農耕社会の存在とは、同義でないだろう。生活経済上、部分的には明らかな農耕があっても、それは農耕社会に到らないのは普通ではないか」、「狩猟採集の段階でも、人為的環境の中では人間は意識的に栽培をすることはなくても、農耕の予備段階に入ったと言えよう。それは広義の半栽培の段階と言えよう」とし、日本では、半栽培の段階が農耕時代よりも長かった（「半栽培という段階について」『季刊どるめん』一三号、一九七七年）として、今日問題となっている縄文時代の植物栽培の位置づけを考える示唆に富む見解を示した。

表3　照葉樹林文化の農耕の発展段階

① 野生採集段階 堅果類（クリ、トチ、シイ、ドングリなど） 野生根茎類（クズ、ワラビ、テンナンショウなど）
② 半栽培段階 品種の改良・選択がはじまる （クリ、ジネンジョ、ヒガンバナなど）
③ 根茎作物栽培段階 サトイモ、ナガイモ、コンニャクなどの栽培 焼畑農耕
④ ミレット栽培段階 ヒエ、シコクビエ、アワ、オカボなどの栽培 西方高文化の影響下に成立
⑤ 水稲栽培段階 水田稲作、灌漑その他の施設 永年作畑

当初の5段階説

① プレ農耕段階 照葉樹林の採集 水晒によるアク抜き技術 クリの管理やクズ、ジネンジョなどの半栽培
② 雑穀を主とした焼畑農耕段階 ヒエ、シコクビエ、アワなどの雑穀栽培が主体 サトイモ、ナガイモなどの根菜作物は脇役 焼畑農耕
③ 稲作ドミナントの段階 水田稲作 ジャポニカ・ライス 照葉樹林文化の農耕発展の最終段階

整理後の3段階説

第24問　サケ・マス論とは何か

東日本の縄文文化が繁栄したのは、サケ・マスが食料資源として重要な役割をはたしたとする学説で、一九四〇年代後半に山内清男《やまのうちすがお》が口頭で発表していたが、一九六四年の『日本原始美術』（一巻、講談社）所収の「日本先史時代概説」ではじめて文章化された。

山内は、東日本の河川にサケが遡上し、アイヌが主要な食料の一つとしており、江戸時代に有名な産地が本州にもあっただけでなく、古くは『延喜式』に信濃国のサケが貢納されていたとの記録に注目する。また、北アメリカの太平洋岸の先住民や東アジア東岸の原住民もサケを主食としており、東北日本はその南端にあたっていることと、カリフォルニアの先住民は北部がサケとドングリ、南部がドングリを主食としていることから、西日本の縄文文化がドングリなど堅果類を主食にしていたのに対して、東日本の縄文文化が堅果類とサケの二本立てになっていたと考える。そして、東日本の縄文時代の遺跡数が、西日本のそれと比べてはるかに多いのは、東日本が河川を遡上するサケ、さらにマスという自然の恩恵によると解釈した。

ところが、山内が主張した当初は、縄文時代の貝塚からサケ類の骨が出土することが極めてまれであったことから、サケ・マスが縄文人にとって重要な意味をもつと認識されても、仮説の域を出ないとの批判もあった。しかし、近年の発掘調査の精度の向上とサンプリング法の進歩によって、サケ類の骨が東日本の貝塚遺跡だけでなく、長野県千曲市の屋代《やしろ》遺跡群など内陸部の遺跡からも検出され、山内のサケ・マス論が実証されてきている（松井章「サケ・マス論、その後」『考古・民族・歴史論叢』六一書房、二〇〇八年）。

第25問　本ノ木論争とは何か

縄文文化の起源や旧石器時代の性格などをめぐって、芹沢長介《ちょうすけ》と山内清男《やまのうちすがお》の間でおこなわれた論争のことで、新潟県中魚沼郡津南町の本ノ木《もとのき》遺跡の発掘調査の成果をめぐる見解の対立を発端とすることから、本ノ木論争と呼ばれている。

一九五六年に本ノ木遺跡を発掘した芹沢は、多量に出土した槍先形尖頭器を旧石器時代（無土器時代）終末の所産ととらえ、同時に出土した一個体分の押圧《おうあつ》縄文系土器については、後世の攪乱によるものとして、両者の共存を否定した（芹沢長介・中山純子「新潟県津南町本ノ木遺跡調査予報」『越佐研究』一二集、一九五七年）。この芹沢説に疑問をもった山内は、翌一九五七年に改めて本ノ木遺跡を発掘した。そして、ローム層に二次堆積の痕跡が認められないことから、山内は、槍先形尖頭器と押圧縄文系土器の共存関係を認めて、本ノ木遺跡を縄文時代の石器製作所ととらえて、芹沢説を真っ向から否定した（「縄文文化のはじまる頃」『上代文化』三〇輯、一九六〇年）。

ところで、一九四九年の岩宿遺跡での縄文時代に先行する石器時代文化の発見を契機に、芹沢は、当該期の土器のない、いわゆる無土器時代の遺跡を精力的に調査し、その成果をもとに、Hand axe→大形Blade・縦長Flake→Knife blade→切出形石器→Pointとする石器編年を提示して、それらをヨーロッパの旧石器時代に位置づけた（「関東及中部地方に於ける無土器文化の終末と縄文文化の発生とに関する予察」『駿台史

図23　本ノ木遺跡出土の押圧縄文系土器

学』四号、一九五四年）。そこで芹沢は、Point、つまり槍先形尖頭器を旧石器時代の一時期としたことから、本ノ木遺跡の槍先形尖頭器と押圧縄文系土器を明確に区別したのである。

それに対して、列島での旧石器時代の存在に懐疑的であった山内は、無土器時代に磨製石器（刃先だけを磨いた局部磨製石斧）がともなうことから、その時代をヨーロッパの新石器時代の段階として、無土器新石器時代説を唱えていた。その山内からすれば、槍先形尖頭器と押圧縄文系土器の共存は当然なだけでなく、自説を補強する資料ともなったのである（山内清男・佐藤達夫「縄文土器の古さ」『科学読売』一二巻一三号、一九六二年）。

一方、縄文文化の起源をめぐる年代観でも、芹沢と山内は厳しく対立した。一九五九年に杉原荘介は、神奈川県横須賀市の夏島貝塚から出土した貝殻の放射性炭素年代を9,450±400 B.P.と発表した（「縄文文化初頭の夏島貝塚の土器」『科学読売』一一巻九号、一九五九年）。この測定値にもとづいて、芹沢は、早期初頭の撚糸文《よりいともん》系土器の年代を約九〇〇〇年前と想定し、それは当時、世界最古の土器であることから、縄文土器が列島で自生した可能性を含めた東アジア起源説を唱えた（『石器時代の日本』築地書館、一九六〇年）。そして、縄文時代以前の無土器時代が数値年代からも更新世（洪積世）に属することから、これ以降、芹沢は、無土器時代を旧石器時代と呼称する（「旧石器時代の諸問題」『岩波講座　日本歴史』一巻、岩波書店、一九六二年）。

しかし、放射性炭素年代法そのもの信憑性を疑った山内は、あくまでも考古資料から縄文文化の起源を求めることに固執した。そこで山内は、青森県上北郡東北町の長者久保《ちょうじゃくぼ》遺跡出土の丸鑿《まるのみ》形をした局部磨製石斧に注目し、これをシベリア新石器時代のイサコヴォ文化に対比して、無土器時代の終末を紀元前三〇〇〇年代とする（山内清男・佐藤達夫「縄文土器の古さ」前掲）とともに、列島の土器出現期である「草創期」に特徴的にともなう植刃《しょくじん》、断面三角形の錐、矢柄《やがら》研磨器などを土器とともに大陸から渡来した「渡来石器」として、そのうち矢柄研磨器が大陸では紀元前二五〇〇年を最古とすることから、縄文時代の開始年代を紀元前二五〇〇年とした（「縄紋草創期の諸問題」『MUSEUM』二二四号、一九六九年）。この山内の年代観を「短期編年」と呼び、芹沢の「長期編年」に対抗した（図24の①）。

一九七〇年代に入り、列島での土器の出現期、いわゆる「草創期」の資料がそろってくると、槍先形尖頭器は、土器をともなわない時代から「草創期」にまでまたがることが明らかとなった。一方で、「草創期」の後半にあたる押圧縄文系土器の時期には、槍先形尖頭器の共伴例が少なくなるのも明らかとなり、事実、本ノ木遺跡のその後の発掘でも、槍先形尖頭器と押圧縄文系土器の時期が異なるとして、その共伴関係は否定された（新潟県教育委員会『本ノ木・田沢遺跡群総括報告書』〈『新潟県埋蔵文化財調査報告書』二八四集〉二〇一九年）。また、山内の「短期編年」については、その後の放射性炭素年代測定値の蓄積と、縄文土器編年との比較・検証などによって、多くの支持を失い、今日では、放射性炭素年代にもとづく「長期編年」が一般化している。

もう一方で、「草創期」の資料がそろってくると、その年代が更新世に属するとともに、それらの土器群に旧石器時代の伝統を引く石器群がともなうことが明らかになってきただけでなく、貝塚の出現に象徴される縄文時代的な生業の手段と技術を確立させ、定住生活を本格化させたのが早期初頭の撚糸文系土器の時期であることも明らかとなってきた。そこで鎌木義昌《よしまさ》は、「草創期」を土器の存在という点で後期旧石器文化と分離し、石器群の差異ということで縄文文化と分離して、「日本中石器（晩期旧石器）文化」とすることを提起した（「縄文式土器・縄文文化の起源について」『岡山理科大学紀要』二号、一九六六年）。芹沢もまた、旧石器時代と新石器時代である縄文時代への過渡的な一時期として、「晩期旧石器時代」

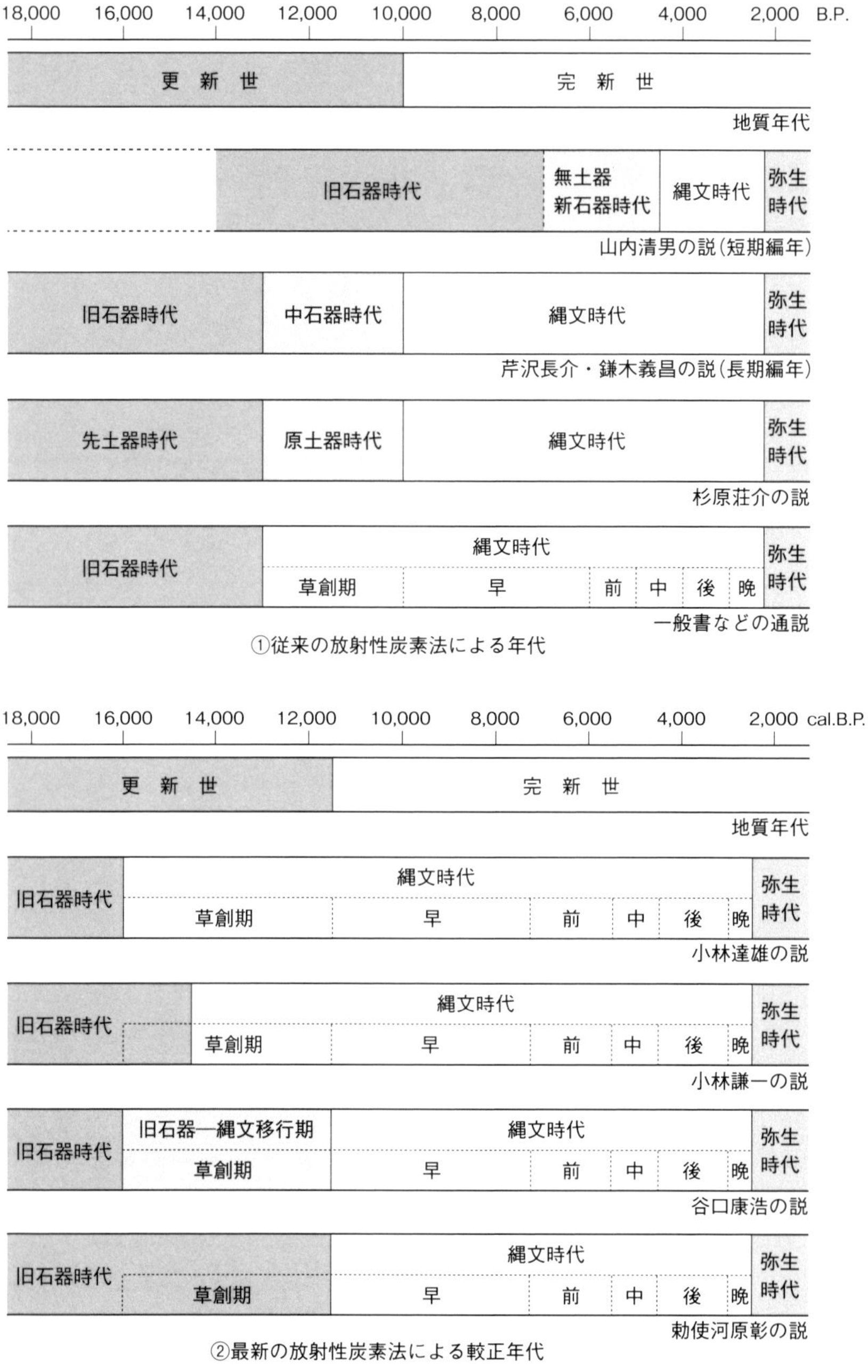

①従来の放射性炭素法による年代

②最新の放射性炭素法による較正年代

図24 縄文時代の時代区分をめぐる諸問題

もしくは「中石器時代」に位置づけた（「旧石器時代の終末と土器の発生」『信濃』一九巻四号、一九六七年）。さらに、日本の先史時代を土器を指標に時代区分することを提唱した杉原荘介は、先土器時代（旧石器時代に相当）から縄文時代への過渡期を「原土器時代」とした（図24の①）。

それでも、土器の出現をもって、縄文文化が成立したという考えは、小林達雄がつとに強調しているように、土器こそは縄文時代に独自の発達をとげるだけでなく、旧石器時代にはない煮炊き用の道具を列島の石器時代人が手に入れることによって、生活様式の根本を変えるような変化をもたらしたとの評価が根強く支持されており、いまだ主流の考え方といえる（小林達雄「縄文文化の起源」『MUSEUM』四五一号、一九八八年）。ところが、一九九〇年代末以降、新たに加速器質量分析法（ＡＭＳ法）という放射性炭素年代測定法の開発とその較正年代の整備によって、列島最古の土器に一万六〇〇〇年前という年代があたえられると、その年代が最終氷期に突入するということになり、「草創期」をもはや縄文時代の土器とは定義できないとの認識も高まってきている（図24の②。谷口康浩『縄文文化起源論の再構築』同成社、二〇一一年）。

第3章　縄文時代の関連学問をみる

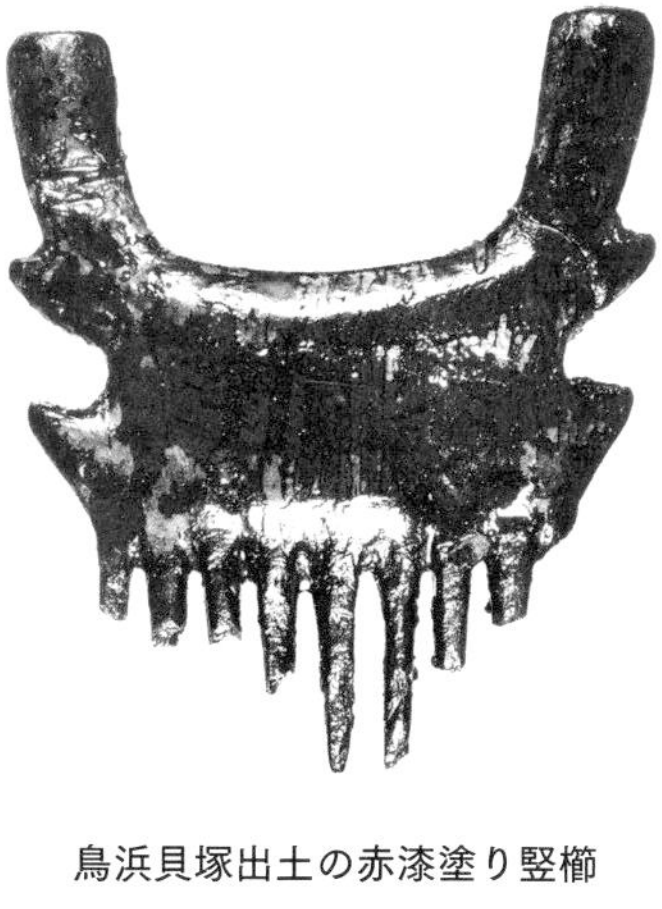
鳥浜貝塚出土の赤漆塗り竪櫛

第26問　民族考古学とは何か

民族誌や民族資料を比較や類推の手段として応用する考古学のことで、英語でEthnoarchaeologyあるいはEthnic archaeologyという。また、自国民の生活文化を対象とする場合は、民俗考古学（Folklore archaeology）という。

民族誌とは、特定の民族集団のなかに入り込んで調査し、その生活、生業、習慣、制度、社会組織、親族組織、芸術、宗教などをさまざまに記述したものである。民族資料とは、民族誌の調査でえられた物的資料のことである。こうした民族誌や民族資料をモデルとして、考古資料と比較・検討することで、過去の人類のさまざまな行動や生活様式を類推・復元しようというのが民族考古学である。

民族考古学とは、もともとは博物学者が考古資料の解釈のためのモデルを民族誌に求めたことによる。著名な事例に石斧《せきふ》がある。日本においても、かつて石斧は雷斧《らいふ》（あるいは雷斧石）と呼ばれ、雷雨の際に天から降ってきたものと考えられていた（設問6を参照）。この石斧の天降説は、世界各地で共通にみられ、ヨーロッパでも中世までは雷斧と呼ばれていた。それは石斧の材質が石であることと、その材質の制約から着装法が柄に穴をあけて身（斧の刃の部分）をとおすか、あるいは身を紐で結びつけるという方法をとっており、当時の金属でできた身に穴をあけてある斧身とは異なっていたからである。ただし、形態的には斧と似ていると認識していたことは、それが雷斧と呼ばれていたことからも明らかである。この雷斧を一六世紀にメルカチ（Michele Mercati）が正しく石製の斧身と解釈したのは、当時、新発見されたアメリカ大陸の先住民が雷斧と同様の石器を手斧《ておの》の身として用いていたことによる。そして、メルカチの解釈は、三〇〇年後にスイスの湖上住居跡から斧身として柄に着装された資料が発見され、それが直接に考古資料から証拠だてられたことをチャイルド（Vere Gordon Childe）が紹介している（V・G・チャイルド〈近藤義郎訳〉『考古学の方法』河出書房、一九六四年）。

　民族考古学を主要な研究戦略としたのがアメリカ考古学で、とりわけプロセス考古学（設問30を参照）が考古資料を解釈する際に、その橋渡しをおこなうためのミドルレンジセオリー（middle-range theory、中位理論あるいは中範囲理論と訳されるが、佐々木憲一のいう「繋ぎの論理」という意味）として、民族誌や民族資料の研究成果を積極的に活用した（阿子島香「ミドルレンジセオリー」『考古学論叢』Ⅰ、東出版寧楽社、一九八三年）。日本考古学では、渡辺仁《ひとし》の『縄文式階層化社会』（六興出版、一九九〇年）が民族考古学（渡辺は土俗考古学と呼んでいる）を応用して、縄文時代が通説のような平等な狩猟採集民社会などではなく、ある程度の階層化が進んだ階層化社会であるとして、今日、活発に議論されている縄文時代の社会階層論（設問107を参照）の先駆として著名である。一方、今村啓爾《けいじ》は、神奈川県横浜市の霧《きり》ケ《が》丘《おか》遺跡から検出された土坑群について、その立地や地形との関係、土坑の形態分類や埋土の状態、伴出遺物などを体系的に分析して、それを縄文時代の落とし穴（陥し穴）として合理的に解釈するのに、民族誌や民俗誌をモデルとしたことで知られる（設問75を参照。「縄文時代の陥し穴と民族誌上の事例の比較」『物質文化』二七号、一九七六年）。また、佐藤宏之《ひろゆき》は、縄文時代の落とし穴猟を究明することを目的に、ロシア極東の現代の狩猟採集民の民族誌や東北日本のマタギの民俗誌をモデルとして、縄文時代の落とし穴猟が大規模な集団猟である追い込み猟ではなく、誘導柵などをともなう罠猟であって、それは縄文人の生業や生活に最適な狩猟システムであったことを明らかにしたことなどは、民族考古学の優れた研究の一例である（佐藤宏之『北方狩猟民の民族考古学』北海道出版企画センター、二〇〇〇年）。

第27問 環境考古学とは何か

人類と自然との相互作用を考古資料との関係で明らかにする学問のことで、英語でEnvironmental archaeologyという。

動物考古学と植物考古学（設問29を参照）が、それぞれ動物と植物というように研究対象を限定するのに対して、環境考古学は動物、植物、地質、地形、土壌など人類とかかわりのある、あるいは花粉や珪《けい》藻《そう》などの微化石などの一切を含み、それらの研究で復元された過去の環境を考古資料との関係でとらえることによって、人類の環境に対する適応と開発、人類が環境にあたえた影響など、人類と環境との相互関係を明らかにする（安田喜憲編『環境考古学ハンドブック』朝倉書店、二〇〇四年）。

過去の環境を復元するには、まず年代と気候を押さえておく必要がある。たとえば約七万年に始まる最終氷期には、氷床や深海堆積物のコアの酸素安定同位体比（設問35を参照）などからハインリッヒ・イベントと呼ばれる六回の寒冷化がおこったことが明らかになっているが、その最後が約二万五〇〇〇年前に始まる最寒冷期で、気温は摂氏七度から八度も低下し、海水面も一二〇メートル前後まで低下した。それにつづく更新世末の約五〇〇〇年間（約一六〇〇〇から約一万一五〇〇年前まで）の激しい気候変動、その後の完新世における約一万一一〇〇年前、約一万三〇〇年前、約九五〇〇年前、約八二〇〇年前、約五九〇〇年前、約四三〇〇年前、約二八〇〇年前、約一四〇〇年前を頂点とするボンド・イベントと呼ばれる八回の寒冷化が復元されているが、そうした世界規模の気候変動が縄文文化の成立やその後の展開にどのような影響をあたえたかを考察するには、両者を結びつける正確な年代が必要である（図25）。

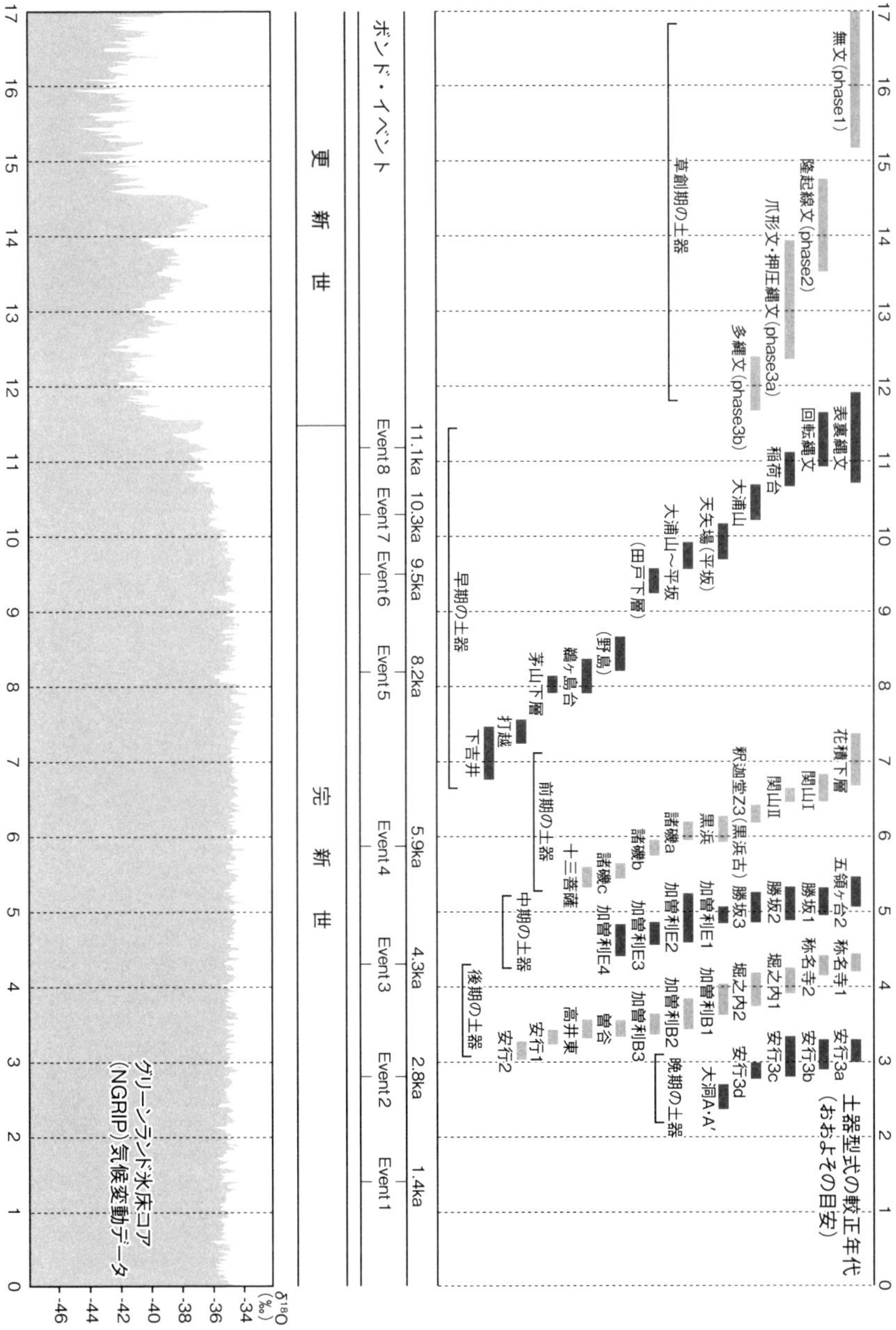

図25　更新世末から完新世の環境史と土器型式の放射性炭素年代（較正年代）

その点で、放射性炭素年代測定法（設問32を参照）が開発されたことで、環境考古学は飛躍的に発展した。

日本では、一九七〇年代に塚田松雄が花粉分析により、列島の気候や植生を復元し、縄文文化の成立とその変遷などを環境史との関連から明らかにしたのが、環境考古学が注目されるきっかけとなった（『花粉は語る―人間と植生の歴史―』岩波書店、一九七四年）。その後、安田喜憲《よしのり》が『環境考古学事始―日本列島二万年―』（日本放送出版協会、一九八〇年）で塚田などの研究に依拠しながら、最終氷期最寒冷期（当時は約二万年前に始まるとされていたが、現在では約二万五〇〇〇年前と改訂されている）以降の気候や植生の変遷を復元し、日本列島の旧石器時代から弥生時代にいたる、いわゆる先史時代に環境があたえた影響を体系的に明らかにし、その書名の妙もあって、環境考古学が発展する礎となった。

一方、日本の環境考古学が今日のような発展をみせたのには、一九六〇年代以降の大型開発による低湿地遺跡の発掘、とりわけ一九七二年から本格化する福井県三方上中郡若狭町の鳥浜《とりはま》貝塚の発掘がある。というのも、火山灰土からなる列島の土壌は、酸性のために有機質の資料の多くを腐朽させてしまう。ところが、低湿地では、地下水が資料を水漬け状態にして酸素の供給を断つ役目をすることから、有機質の資料を豊富に残すことになる。鳥浜貝塚は、低湿地で、かつ貝塚という特性のもと、多種・多様な有機質の遺物・遺存体が大量に出土し、自然科学など関連分野の研究者との共同調査・研究がおこなわれた。その成果として、食料として利用された植物二一種、哺乳類一二種、貝類三三種、魚類一三種、鳥類四種、計八三種が同定され、それら食料資源の利用のあり方を周辺環境との関係で総合的にとらえて、生業の季節性や遺跡を残した集団のテリトリーなどを分析した、いわゆる生態学的アプローチといわれる方法は、環境考古学の可能性を広げるものであって、縄文時代研究における環境考古学の重要性を決定的なものとした（西田正規「縄文時代の食料資源と生業活動」『季刊人類学』一一巻三号、一九八〇年）。

第28問　実験考古学とは何か

考古資料の機能や用途などを確定するために、実験という方法をとる考古学のことである。考古資料の分類と観察、他の史・資料との比較・検討などの考古学的な手続きを経て、その機能や用途を推定するが、それを実験という方法によって検証し、最終的に考古資料の機能や用途を確定する。

実験する資料は、検証の対象となる考古資料について、考古学研究によって明らかにされた原材料や製作技法などにもとづいて作られたレプリカである。そのレプリカを推定した機能・用途にもとづいて実験的に使用して、その仮説の妥当性を検証する。また、使用実験によって、その機能・用途が検証されるだけではなく、その考古資料が目的を遂行するまでにかかる時間や効力、あるいはその耐久性なども知ることができる。

実際の研究では、考古資料の観察と実験を繰り返しながら、その機能・用途を確定するという方法をとる場合もある。たとえば煮炊き用の土器の調理方法や内容物を明らかにするには、レプリカの土器を用いて、いくつもの調理方法や内容物による実験をおこなって、そこで生じたレプリカの使用痕と、実際の土器に残された使用痕とを比較・検討することになる。というのも、同じ内容物であっても、ちょっとした火加減や水加減の違いで、吹きこぼれやおこげのつき方が違うだけでなく、使用回数によってもそのつき方は違ってくるので、使用実験を繰り返しながら、レプリカの使用痕と土器の使用痕を相互に比較・検討することが必要となってくるからである（小林正史「煮炊き用土器の作り分けと使い分け――「道具としての土器」の分析――」『食の復元――遺跡・遺物から何を読みとるか』岩田書店、一九九九年）。

第29問　動物考古学・植物考古学とは何か

人類が利用した動物遺存体と植物遺存体を研究対象とする考古学のことで、遺跡から出土する動物遺存体と植物遺存体を同定・分析し、人類による動物および植物利用の状況や古環境の復元、人類と環境の関係の歴史的変化などを明らかにする（西本豊弘・新見倫子『事典　人と動物の考古学』吉川弘文館、二〇一〇年。G・W・ディンブルビー〈小淵忠秋訳〉『植物と考古学』雄山閣、一九九五年）。

動物考古学　動物考古学が研究対象とする動物遺存体には、人類が捕獲の対象とした獣類、貝類、魚類、鳥類など直接の動物遺体の残滓《ざんし》（主に骨、歯、角、貝殻）から、生産用具や装身具などのさまざまな加工品まで含まれる。雨が多く、火山灰土からなる列島の土壌は、酸性のために有機質である動物遺存体が残りにくい。しかし、貝塚や石灰岩洞窟では、土壌がアルカリ性を保つとともに、水に溶けた炭酸石灰が保護の作用をして、豊富な種類の動物遺存体が残されており、とくに世界で類をみないほど多種・多量な貝塚が形成された縄文時代の研究には、動物考古学の長い研究の蓄積がある（小宮孟『貝塚調査と動物考古学』同成社、二〇一五年）。

縄文時代の食料資源としては、季節に応じて利用可能な野生動物をまんべんなく利用していたが、獣類では多雪地帯の東北北部や北海道を除いて、シカとイノシシが時代をとおして主要であったことや、淡水域でイシガイやオオタニシなどの貝類、コイやフナなどの魚類、汽水域でヤマトシジミなどの貝類、ボラやスズキ、クロダイなどの魚類、鹹水域《かんすい》でハマグリやアサリ、マガキなどの貝類、マダイやカツオ、マグロなどの魚類を主に利用していたことがわかっている。

北海道や北東北の沿岸地域では、寒流によって運ばれてきたトドやアザラシなどの海獣類を、能登地方などの北陸地方の沿岸では、イルカ類が盛んに捕獲されていたことが明らかとなった。また、近年の発掘調査の精度の向上とサンプリング法の進歩によって、東日本各地の遺跡からサケ類の骨が発見され、山内清男《やまのうちすがお》によるサケ・マス論（設問24を参照）が当該地方の文化の優位性を示す根拠の一つとなっている（松井章「サケ・マス論、その後」『考古・民族・歴史学論叢』六一書房、二〇〇八年）。

イノシシについては、本来、生息しない北海道や島嶼部でその骨が出土しており、縄文時代のイノシシの飼育化が考えられている（設問77を参照。山崎京美「イノシシ飼育」『縄文時代の考古学』4、同成社、二〇一〇年）。また、イノシシの飼育化は、山梨県北杜市の金生《きんせい》遺跡の事例などから、食料資源としてよりも動物儀礼として飼育されていた可能性が指摘され、縄文時代の祭儀を考える有力な資料を提供している。なお、縄文時代の最古の動物儀礼として、千葉県船橋市の取掛西《とりかけにし》貝塚で早期初頭にさかのぼるイノシシ七体分とシカ三体分の頭骨の事例が確認されている。

一方、イヌについては、縄文時代のイヌが人類と同様に丁重に埋葬されていることや、後肢を骨折するなどして歩行が困難なのにもかかわらず、天寿を全うしたイヌの埋葬例などから、猟犬などとして縄文人に飼われていたと考えられている（設問76を参照。内山幸子『イヌの考古学』同成社、二〇一四年）。

植物考古学　植物考古学が研究対象とする植物遺存体には、種子、果実、木本、草本など直接の植物遺体から、木器や建築材などの木材、樹皮や編み物などのさまざまな加工品まで含まれる。雨が多く、火山灰土からなる列島の土壌は、酸性のために有機質である植物遺存体が残りにくいことから、研究が立ち遅れていた学問分野の一つであった。しかし、一九六〇年代以降の低湿地遺跡の発掘や水洗選別法などサンプリング技術の開発によって、縄文時代の遺跡から豊富な種類の植物遺存体が発見されるようになって、近年に研究が大きく発展した。また、遺跡などの土壌中の花粉あるいは土壌中や土器胎土中の植物珪酸体などの微化石も植物遺存体である。こうした微化石の同定・分析（設問33を参照）には、専門的知識が必要であり、考古学と自然科学との学際的研究が活発な研究分野の一つである。なお、土器の表面や内部に残された種子圧痕も、レプリカ法（設問34を参照）の開発によって植物考古学に大きく貢献している。

縄文時代の食料資源としては、季節に応じて利用可能な野生植物をまんべんなく利用していたことと、そのなかでもコナラやクヌギなどのドングリ類、クルミ、クリ、トチなどの堅果類が時代をとおして主要であったことや、縄文人が早い段階からヒョウタンやエゴマ、さらにはマメ類などの栽培植物を利用していたことが明らかとなった（工藤雄一郎・国立歴史民俗博物館編『ここまでわかった！　縄文人の植物利用』新泉社、二〇一四年）。また、前期以降の東日本の集落遺跡の周辺では、二次林的な環境のもとでクリやクルミ、ウルシなどの育成管理がおこなわれ、前期後半になると青森市の三内丸山《さんないまるやま》遺跡などでは広範囲にクリ林がつくられ、そのクリ林が一〇〇〇年近くも維持・管理されていたこともわかってきた（図26）。

食料資源以外では、建築・土木用材、とくに木製容器（設問54を参照）や笊《ざる》・籠《かご》などの編組《へんそ》製品（設問54を参照）といった生活用具材の利用とその製作技術の高さが注目を集めている（工藤雄一郎・国立歴史民俗博物館編『さらにわかった！　縄文人の植物利用』新泉社、二〇一七年）。

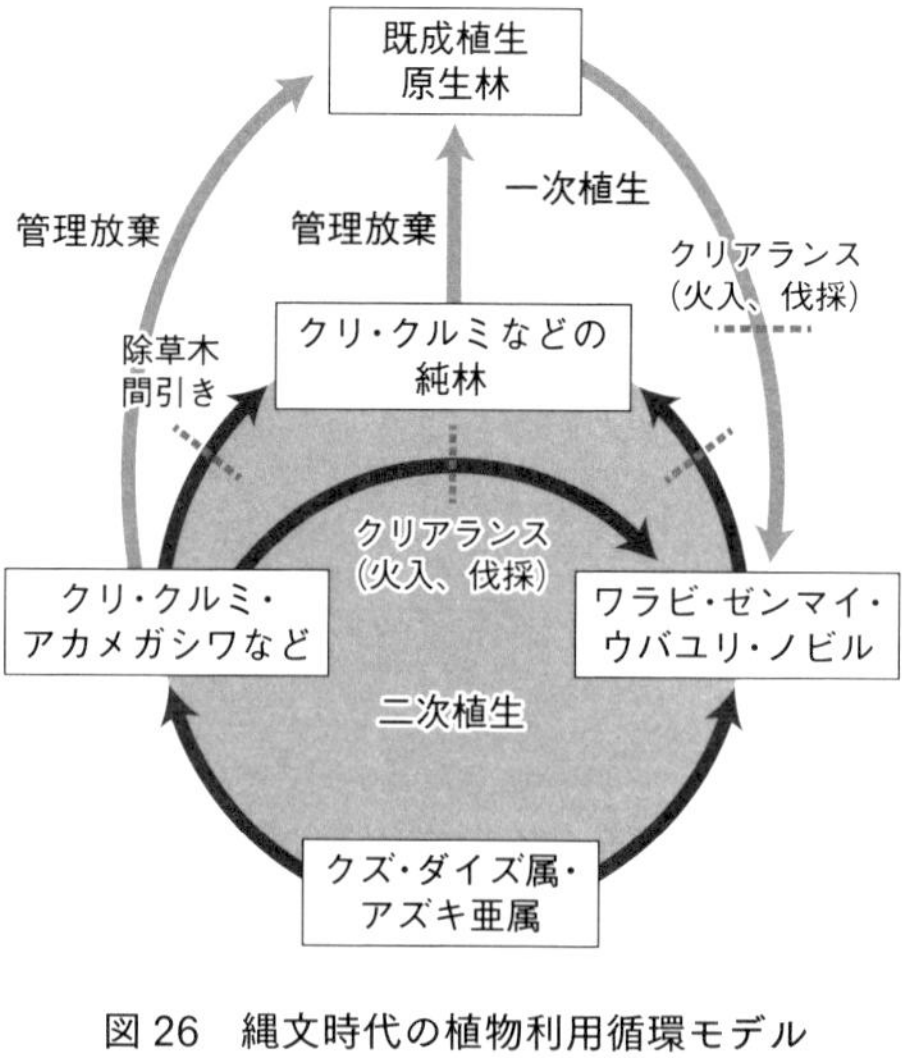

図26　縄文時代の植物利用循環モデル

第30問　プロセス考古学とは何か

一九六〇年代にアメリカのビンフォード（Lewis Binford）らによって主唱された新しい考古学（New archaeology）をめざす科学運動のことである。

このニュー・アーケオロジーの運動がめざそうとしたものは、従来のヨーロッパを中心として伝統的に築かれた考古学が経験的で歴史主義的な立場をとるあまりに主観的で非科学的であったとの認識にもとづいて、演繹的な論理、つまり一般的な原理をたてて、そこから検証可能な仮説を引きだして、経験的なデータにもとづいて、過去を説明することであった。とりわけニュー・アーケオロジーが強い関心をもったのは、文化をシステムとしてとらえて、その変化の過程（プロセス）を分析・解析し、そこから時間と空間を超越した人類行動の一般的法則性を究明することにあったことから、今日では、プロセス考古学と呼んでいる（後藤明「欧米考古学の動向―理論と方法論の再検討を中心に―」『考古学雑誌』六九巻四号、一九八四年）。

たとえば初期にビンフォードが発表した“Post-Pleistocene Adaptations”（New Perspectives in Archaeology, Chicago, 1968.）では、農耕・牧畜の起源について、更新世末期の海水面上昇による新しい生活環境が沿岸地域や河川沿いの食料資源の利用をうながし、定住化を図ったことが人口の急激な増加を生み、その人口圧が野生の穀物やヤギ、ガゼルなどの利用を増加させたことで、農耕・牧畜への道を開いたと考えた（図27）。このビンフォードの説は、西アジアに焦点をあてながらも、世界のどの地域でも適用可能な農耕・牧畜への過程（プロセス）を説明するもので、プロセス考古学の研究の特徴をよく示している。

アメリカでは、新大陸という歴史的環境から考古学が人類学の一部門として位置づけられている。そのアメリカで、プロセス考古学が生まれたのは必然ともいえる。とくにプロセス考古学が導入した動物考古学と植物考古学による遺跡情報の多様化とそれにもとづく環境考古学の発展、すべての考古資料を数値化することによるコンピュータを利用した計量考古学や分析考古学などの発展とともに、考古資料の解釈の橋渡しをするミドルレンジセオリーとして民族考古学や実験考古学を活用したことなどは、その後の研究に大きな影響をあたえることになった。

　プロセス考古学は、一九六〇年代からの大規模開発にともなう発掘調査によって膨大な考古資料が蓄積され、転換期をむかえようとしていた日本考古学、とりわけ縄文時代研究にさまざまな影響をあたえた。例示的にあげれば、小林達雄らのセトルメント・システム、西田正規《まさき》らの生態学的方法、阿《あ》子島香《こしまかおる》らの実験考古学的方法、佐藤宏之《ひろゆき》らの民族考古学的方法などがあるが、それ以上に古環境や生態系、生業活動の季節性、領域、親族組織、墓制など縄文社会を理解するうえで不可欠なさまざまな研究課題に、直接・間接に大きな示唆と影響をあたえている。

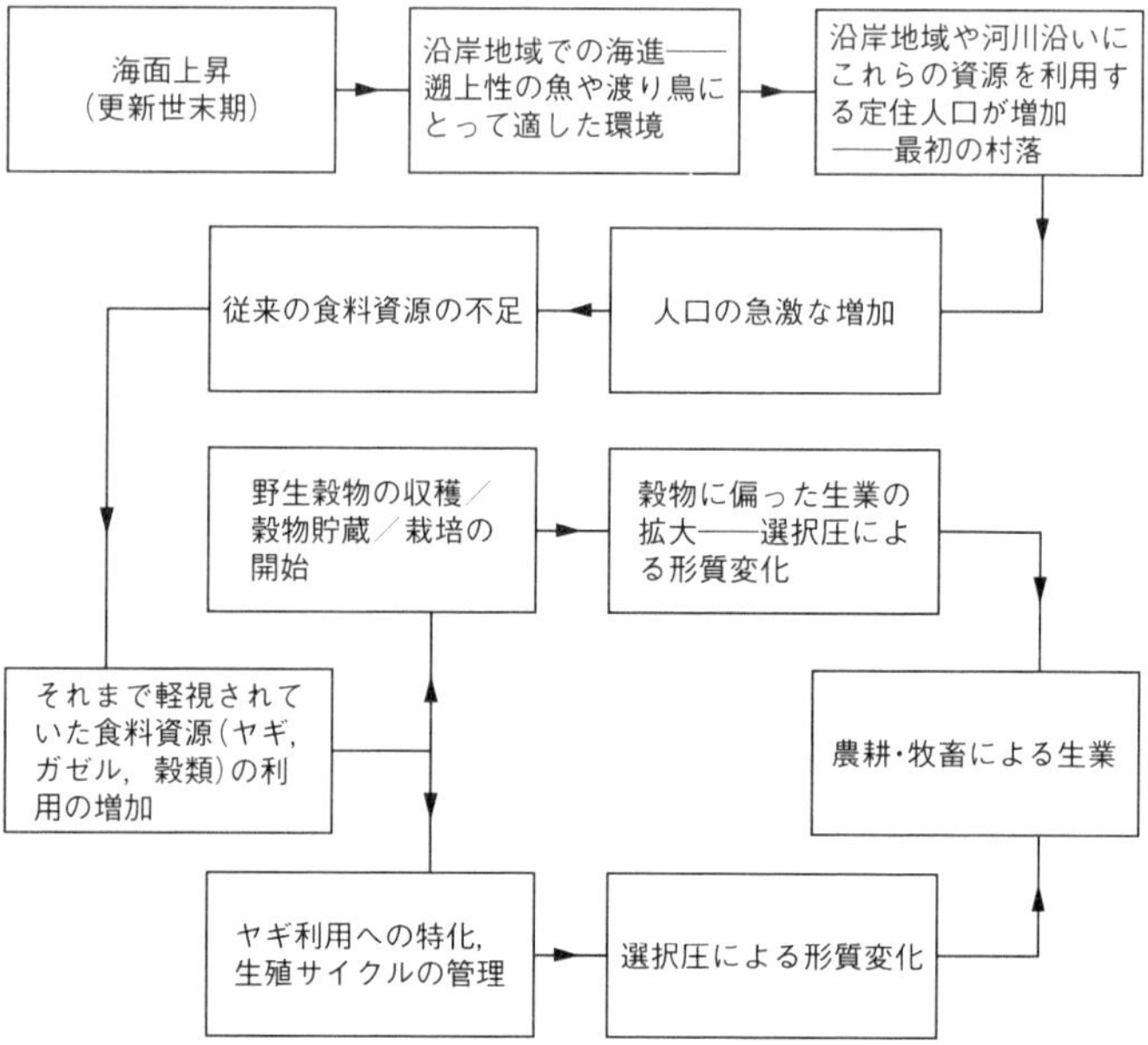

図 27　農耕・牧畜についてのプロセス的説明

第31問　ポスト・プロセス考古学とは何か

一九八〇年代にイギリスのホッダー（Ian Hodder）らを中心に、プロセス考古学が科学主義の名のもとで人類行動の一般的法則性を究明するという方向へ進むことを批判して、個々の人類行動の自由を重視し、研究者が過去に対する説明や解釈をおこなう自由をも尊重しようとする立場をとる。

一九八〇年代といえば、近代世界の理性、科学、進歩に対する懐疑として、西洋世界を中心とした文化だけが価値のあるものとするのではなく、多文化、異文化を積極的に受け入れていこうとする、いわゆるポスト・モダニズムの流行のもと、ポスト・プロセス考古学は、世界的な一般法則性よりも地域の歴史的・文化的伝統を重視するとともに、プロセス考古学が問題としなかった芸術や宗教、天文などの人類文化の象徴的な側面にまで焦点を当てようとしたところに特徴がある。

しかし、こうしたポスト・プロセス考古学の動向も多くの考古学者を満足させるものとはいかず、より科学的な方法論によって、人類文化の象徴にアプローチする方向も出現する。一九九〇年代に認知科学の研究成果を応用して、過去の人びとの心に焦点を当てた認知考古学は、プロセス考古学からのポスト・プロセス考古学への対抗の意味合いが強い。だが、現在、両者の違いは縮小傾向にある。

「心の考古学」とも称される認知考古学は、従来の考古学がもっとも苦手とした人類の意識である心の働きを考古資料から探り、その働いた結果が人類の行動にどのような変化をもたらしたかということをとおして、社会や文明が発達する動機に迫るという、考古学的思考に新たな展開を促すものと評価できる。しかし、人の心とか意識とかは、一歩誤れば観念論に陥り、歴史の本質を矮小化する危険がある。

第32問　放射性炭素年代測定法とは何か

炭素の放射性同位体である炭素14（^{14}C）の壊変を利用して数値年代を測定する方法のことで、放射性炭素法あるいは炭素14年代測定法ともいう。

考古学の年代である縄文土器の編年は、あくまでも考古資料の新旧（前後）関係を示す相対年代である。この相対年代では、考古資料の年代が新しいか古いかを知ることはできても、今から何年前に作られたとか、紀元前何世紀ごろに使われたものなのかというような具体的な数値で示せる、いわゆる絶対年代は明らかにできない。相対年代よりも絶対年代のほうが、歴史の発展の過程を的確にとらえるのには優れているし、離れた地域の個別の歴史を比較するには、絶対年代は欠かすことができない。

そこで、考古学では、相対年代としての型式編年（相対編年）を、いかに絶対編年に近づけるかに努力が払われてきた。その方法の一つが、交差年代決定法と呼ばれるもので、これは原理的には、異なった地域の相対年代を対応させていき、すでに暦による年代が確定している地域の型式編年と連結させることによって、絶対年代の基準をあたえようというものである。日本列島では、北部九州の弥生時代中期後半の甕棺《かめかん》から出土する中国鏡によって、弥生時代中期後半に紀元前一世紀という年代があたえられ、弥生土器の編年が絶対年代と結びつけられているのは、交差年代決定法の代表的な事例の一つである。しかし、暦となる同時代資料のない縄文時代では、この方法は利用できない。そこで自然界の時計を使って、過去の時間を計るという、理化学的な年代測定法による数値年代を利用することになる。

理化学的な年代測定法といえば、鉱物に熱線を照射してえた光の強さを利用する熱ルミネッセンス法、鉱物やガラス中のウラン238の傷痕を利用するフィッショントラック法、地磁気の永年変化を利用する熱残留磁気法、黒曜石の表面にできる水和層を利用する黒曜石水和層法、樹木の年輪を利用する年輪年代法などがよく知られている。そのうち縄文時代研究でもっとも利用されているのが放射性炭素年代測定法である（長友恒人編『考古学のための年代測定学入門』古今書院、一九九九年）。

炭素は、天然では炭素12、炭素13、炭素14の三種類（同位体）がある。これは同じ炭素でありながら互いに重さが異なるからで、12、13、14という数字こそは、原子一個あたりの相対的な質量を表している。そして、炭素には質量が異なる以外に、もう一つ大きな相違点がある。それは炭素12と炭素13は、時間がいくら経過しても変化しない安定同位体であるのに対して、炭素14は放射性同位体といって、時間の経過にともなって、β線という放射線を放出しながら壊れて減少してしまうのである。これを放射壊変といい、その割合は五七三〇年で半減する。生物は、光合成をはじめとする食物連鎖によって、大気とつねに交換をしているので、生物体内には大気と同じ炭素の量を含んでいる。しかし、生物が生命活動を停止すると、当然、大気との交換が停止されて、炭素14だけが放射壊変をして、五七三〇年で半減してしまう。そのために、試料中の炭素14の含有量を測定すれば、その生物が生命活動を停止してから、どれくらいの時間が経過したかがわかるのである。

この放射性炭素年代測定法は、従来までは、測定したい試料を強制的に放射壊変させて、放出するβ線を計数する放射能計数法（β線計数法）がおこなわれていた。この方法では、秤量で二グラム程度が必要なので、木材などある程度まとまった量の試料がえられるものに測定が限定せざるをえなかった。ところが、日本でも一九九〇年代から本格的に導入された加速器質量分析法（ＡＭＳ法）は、炭素14を直接検出して計数するという方法で、β線計数法よりも千分の一程度の量、つまり数ミリグラムの量で測定することが可能となった。このＡＭＳ法を用いれば、土器に付着した炭化物などのように、微細な量でも年代測定が可能となる。木材などの場合には、それを伐採した年代は測定できても、それを使用した年代が測定できないという難点があった。しかし、土器に付着した炭化物で年代測定できれば、その土器を使用した年代が測定でき、歴史学的年代としては、より信頼した年代がえられることになる。

ところで、放射性炭素年代測定法が開発された当初は、大気中の炭素14濃度はつねに一定であると考えられていた。しかし、炭素14の生成量というのが、実は宇宙線の強さに依存しており、太陽活動や地球磁場の変動などによって、その濃度が一定でないことがわかってきた。そこで、暦年代が明らかな樹木年輪などの放射性炭素年代を測定して、その補正をはかる必要がでてきたのである。この補正は、一九八六年に国際的に認められた暦年代を推定する較正年代をえるための較正曲線（以下、国際暦年較正曲線と略）が提示されて以降、数年おきに改定され、最新の改定は二〇二〇年である。なお、放射性炭素年代は、測定法が開発された一九五〇年を起点に、それ以前という英語のBefore Present（物理的年代という意味のBefore Physicsともいわれる）の頭文字をとってB.P.と表記する。放射性炭素年代の較正年代は、較正という英語のCalibrationを略したcal.をつけてcal.B.P.と表記する。

こうしたＡＭＳ法の開発と精度を増した国際暦年較正曲線とによって、実年代に近似する年代がえられる可能性が高くなってきた。その結果、縄文土器の編年についても、従来にも増して、実年代に近似する数値年代がえられる可能性が高くなってきた。とはいえ、放射性炭素年代が実年代を示すかというと、決してそうではない。というのは、ＡＭＳ法であっても、β線計数法であっても、そこでえられた年代というのは、一定の仮説にもとづいた統計確率的な数値年代であるということである。しかも、国際暦年較正曲線によって補正された較正年代というのも、一種の経験式によって換算された年代にすぎないのである。また、海産物の炭化物など海洋性の試料については、海水そのものが約一五〇〇年もの時間をかけて循環するので、表層海水は、深層海水に蓄積された古い炭素の影響をつねにうけていることになる。そして、海洋生物は、海水に含まれた炭素を間接的に摂取するので、海洋生物の炭素同位体比は、海洋に含まれる古い炭素に影響されることになる。これを海洋リザーバー効果という。この海洋性リザーバー効果によって、海産物だけでなく、その海産物が混ざった炭化物などは、実際の年代よりも数百年古い年代を示すばかりか、海洋リザーバー効果には地域差もあるということである。つまり放射性炭素年代は、決して実年代を示すものではないということを正しく理解してこそ、その数値年代を考古学研究に正しく応用できるのである（小林謙一『縄紋時代の実年代講座』同成社、二〇一九年）。

一九四〇年代末にシカゴ大学のリビー（Willard Frank Libby）によって放射性炭素年代測定法が開発されると、それまで相対年代という時間の物差しか存在しなかった先史考古学に、暦年とは性格が違うが、それと同じように数値で示せる年代があたえられた。たとえば日本列島の先史時代である旧石器時代や縄文時代を世界の人類史と結びつけることが可能となっただけでなく、自然科学の諸分野での研究成果を考古学研究に応用することも飛躍的に拡大され、それだけ豊かな縄文時代像を描くことが可能となった。

さらに、ＡＭＳ法の開発は、微量のサンプルで測定が可能になったことと、より精度の高い数値年代を手にすることができるようになった。たとえば、今まで直接測定することが不可能だった穀物などの種子が測定できるようになったことで、縄文時代の栽培食物が細かな時期ごとに追えるようになっただけでなく、その信頼性をより高めることができるようになった（設問65を参照）。また、地球規模の環境変動と縄文時代史を高精度に比較・検討することができるようになったことで、縄文文化の成立や発展を地球環境史のなかで理解することも可能となってきたように、新たな可能性を開拓しつつある。

第33問　微化石分析法とは何か

顕微鏡を用いて研究観察をおこない、微小な化石である花粉、プラント・オパール、珪藻《けいそう》などの種の同定や群集解析をし、それにもとづいて過去の植生や気候、古環境などを復元する方法のことである（日本第四紀学会編『第四紀試料分析法』東京大学出版会、一九九三年）。

花粉分析法　地層の堆積物中に含まれている花粉や胞子の化石から、過去の植生を復元したり、当時の気候や古環境を推定する方法のことである。

花粉は、一〇ミクロンから二〇ミクロンといった極小な粒子である。この花粉は、雄しべの先端の葯《やく》のなかにあって、その数は数万個にも達する。花粉は、開花時に葯から外に出るが、その大半は受粉することなく地上に落下してしまう。花粉の外膜は、非常に丈夫にできていて、とくに水分の多い湿地などに残存した場合には、数百万年たっても化石として、その原形を留めている。低湿地などの有機物が分解されにくい土壌中には、一グラムあたり一〇万個の花粉が存在しており、これを顕微鏡によって調べて、花粉の形態から当時の草本や木本の種類とその量を知ることで、過去の植生を復元するとともに、当時の気候や古環境を推定することが可能となる（松下まり子『花粉分析と考古学』同成社、二〇〇四年）。

花粉分析の成果は、花粉ダイヤグラムという表によって種別ごとの出現率が明示される。一般的に縦軸に土壌サンプルの採取地点や土層の柱状図が示され、その横に花粉出現率（%）、あるいは出現個体数が表記される。縄文時代の遺跡では、福井県三方上中郡若狭町の鳥浜《とりはま》貝塚や埼玉県さいたま市の寿能《じゅのう》遺跡、同県川口市の赤山《あかやま》遺跡、青森市の三内丸山《さんないまるやま》遺跡などに代表される低湿地の堆積物の花粉分析・研究がおこなわれ、遺跡周辺の古環境が復元されるとともに、縄文人による環境への関与の結果、遺跡の周辺に二次林的な環境が形成されただけでなく、三内丸山遺跡などでは、クリ林が成立していたことなどが明らかにされ、大きな成果をあげてきている（図28。安田喜憲・三好教夫編『図解 日本列島植生史』朝倉書店、一九九八年。辻誠一郎「日本列島の環境史」『日本の時代史』1、吉川弘文館、二〇〇二年）。

プラント・オパール分析法　地層の堆積中や土器の胎土中に含まれている植物珪酸体の化石であるプラント・オパールから、植物の種類や堆積環境を推定する方法のことである。

植物珪酸体は、植物が土壌中の二酸化ケイ素などを根から吸収して、特定の細胞内に蓄積して形成された微小なガラス質の化石で、植物起源のオパールという意味でプラント・オパールと呼ばれている。プラント・オパールは、イネ科植物に多く含まれ、風化に強いので枯れた後も、その植物に特有な形がそのまま残される。また、熱による耐性にも強く、摂氏一〇〇〇度前後の熱にも耐えられることから、遺跡の土壌中だけでなく、縄文土器などの胎土中にも残されることになる。

こうしたプラント・オパールの特性を生かして、遺跡の土壌中などからプラント・オパールを検出することによって、遺跡周辺のイネ科植物の種類と割合から、たとえばチガヤやススキが多ければ、

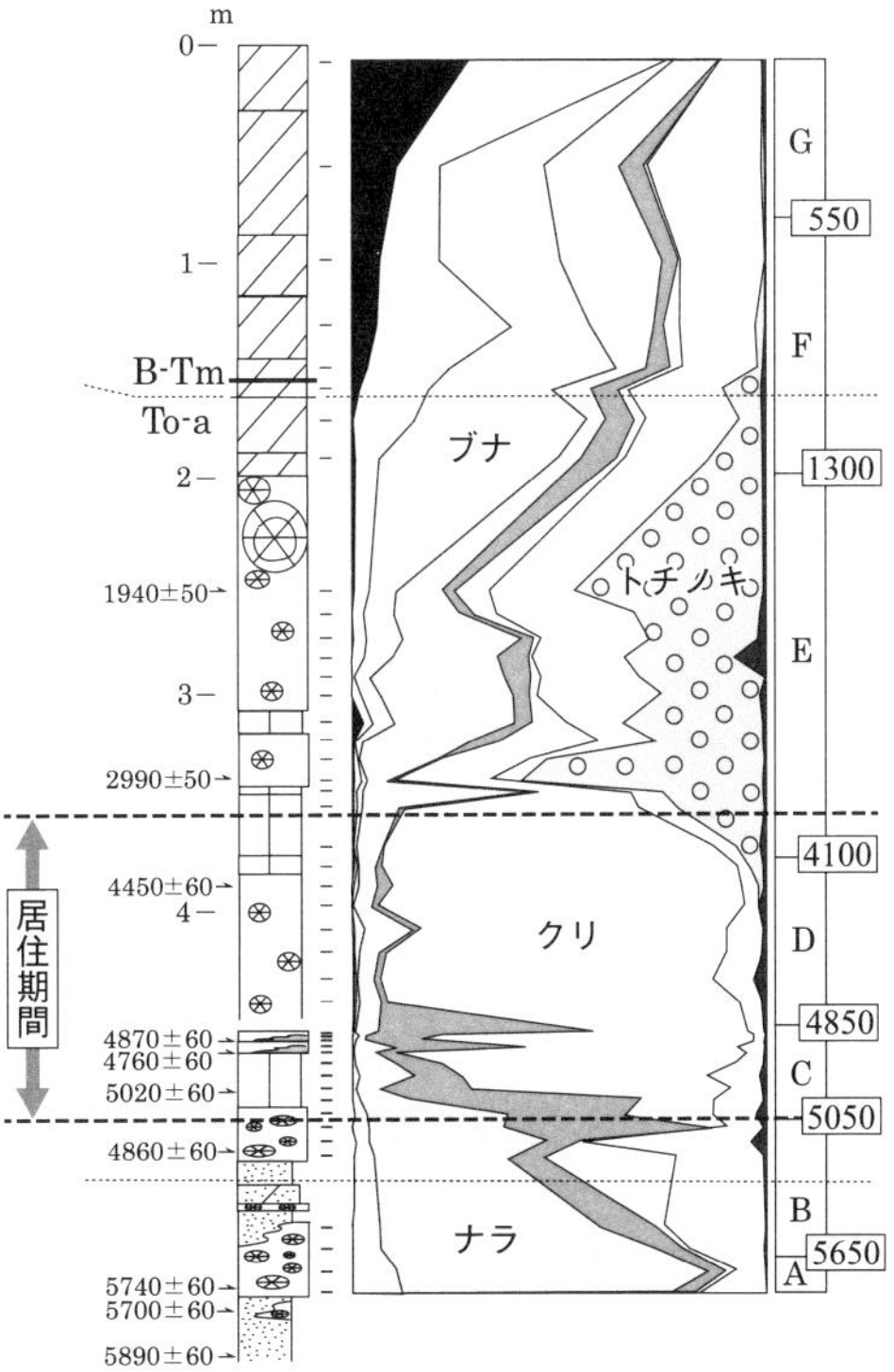

図28　三内丸山遺跡の木本花粉の変遷

そこが開かれた場所であるというように遺跡周辺の環境を推定できるとともに、イネの栽培の可能性や水田跡のプラント・オパールを定量分析することで、その生産量をも推定することが可能となった。とくに土器の胎土中のプラント・オパールは、土器そのものが年代決定の試料となることから、微化石の同定では、とかく議論の余地を残すという年代の実証性に問題を残さないという利点がある。縄文時代遺跡では、熊本市の上ノ原《うえのはら》遺跡などで縄文晩期前半の土壌と土器胎土のいずれからもイネのプラント・オパールが検出され、しかも、その多くが熱帯ジャポニカであることから、弥生時代の水田稲作に先行して、少なくとも縄文晩期前半に畠作系のイネ栽培の可能性が想定されている（藤原宏志『稲作の起源を探る』岩波書店、一九九八年）。しかし、プラント・オパールは、微化石であるために、後世の混入や試料汚染（コンタミネーション）に十分に留意する必要がある。事実、岡山市の朝寝鼻《あさねばな》貝塚の縄文前期の土壌中からイネのプラント・オパールが検出され、列島の稲作の起源に一石を投じたが、今日ではコンタミネーションの可能性が高いと指摘されている。

珪藻分析法　水中に生息する微生物の珪藻の化石から、過去の水域環境などの古環境を推定する方法のことである。

珪藻は、淡水から海水にいたるすべての水域に生息していることから、その生息環境を指標する藻類である。この珪藻は、微小な珪酸体からなる殻を形成するため、化石として土壌中に保存される。そこで、地層の露頭やボーリングなどの堆積物を採取して、そのなかに含まれる珪藻化石の種の同定と群集解析によって、海岸線の移動（海進・海退）や湖沼の消長などの環境変遷の解明や遺跡周辺の古環境を推定することができ、縄文時代の海浜および湖沼の古環境の復元に成果をあげている（小杉正人「珪藻の環境指標種群の設定と古環境復元への応用」『第四紀研究』二七巻一号、一九八八年）。

第34問　レプリカ法とは何か

土器などの遺物の表面や内部に残されたさまざまな痕跡をシリコーン樹脂でレプリカを作り、走査型電子顕微鏡（Scanning Electron Microscope）を用いて観察することから、レプリカ・セム法ともいう。

この分析法を開発した丑野毅《うしのつよし》は、当初、石器の接合資料に対する失われた剝片・石核を復元する目的で開発したが、その後、土器の施文具や整形痕など土器の製作技術の分析などをへて、今日では植物圧痕や種子の分析・同定などで大きな成果をあげてきている（丑野毅・田川裕実「レプリカ法による土器圧痕の観察」『考古学と自然科学』二四号、一九九一年）。

このレプリカ法では、圧痕が残された土器そのものが年代決定の資料となるので、土器の型式認定や圧痕を残した植物の種類などの同定を間違わない限り、後世の混入の問題は回避されるという利点がある。そして、シソやエゴマなどのシソ属は、千葉県船橋市の取掛西《とりかけにし》貝塚から早期前半のものが確認されているが、前期から検出例が増え、晩期まで継続的に検出されている。マメ科のダイズやアズキは、東京都東村山市の下宅部《しもやけべ》遺跡や山梨県北杜市の酒呑場《さけのみば》遺跡などで中期に属するものが検出され、後・晩期と継続的に検出されているが、アズキは東日本に検出例が多いのに対して、ダイズは後・晩期になると九州を中心に検出例が増加する。また、ダイズの野生種であるツルマメは、宮崎県都城市の王子山《おうじやま》遺跡で「草創期」にさかのぼるものが検出されているが、アズキの野生種であるヤブツルアズキとともに、早期から前期へと検出例が増加し、中期以降も安定的に検出されている（設問65を参照。中山誠二『植物考古学と日本の農耕の起源』同成社、二〇一〇年。小畑弘己『東北アジア古民族植物学と縄文農耕』同成社、二〇一一年）。

第35問　安定同位体比分析法とは何か

生物を構成する元素には、それぞれ質量数の異なる同位体が存在する。同位体には、時間の経過とともに放射壊変していく放射性同位体と存在量が変化しない安定同位体がある。そのうちの安定同位体を利用して、その比率の違いを指標とする分析法のことである。

酸素安定同位体比分析法　有孔虫化石などに含まれる酸素の安定同位体から、過去の気候変動を推定する方法のことである。

酸素の安定同位体には16・17・18の三種類があるが、そのうちの酸素16と酸素18を用いる。重い酸素18は、軽い酸素16より蒸発しにくいので海水中に残されることから、氷床には軽い酸素16が取り込まれることになるので、寒冷期に氷床が発達すると酸素16は氷床で多くなり、海水では酸素18が多くなる。海中を漂う有孔虫は、海水中のイオンを材料に石灰質の殻を作るが、この殻には水温が低いほど炭素18が多く取り込まれることになる。そこで、氷床や深海堆積物のコアの有孔虫化石に含まれる連続した酸素安定同位体比から過去の気候変動を推定することができる。縄文時代研究では、更新世末の約五〇〇〇年間（約一万六〇〇〇から約一万一五〇〇年前まで）の激しい気候変動、その後の完新世における約一万一一〇〇年前、約一万三〇〇年前、約九五〇〇年前、約八二〇〇年前、約五九〇〇年前、約四三〇〇年前、約二八〇〇年前、約一四〇〇年前を頂点とする八回の寒冷化が復元されており、縄文文化の成立やその後の発展などに環境があたえた影響が議論されるまでになってきている（図25を参照。工藤雄一郎『旧石器・縄文時代の環境文化史』新泉社、二〇一二年）。

炭素・窒素安定同位体比分析法　古人骨に含まれるタンパク質の炭素と窒素の安定同位体から、その個体の生前に摂取していた食資源を推定する方法のことである。

炭素には12・13、窒素には14・15のそれぞれ二種類の安定同位体が存在する。生物は、その生息する環境や植物の光合成の回路の違いなどによって、それぞれ特定の炭素・窒素安定同位体比をもつことから、人類の組織を構成している炭素・窒素安定同位体比は、日常に摂取している食料の炭素・窒素安定同位体組成を記録することになる。そこで、古人骨の炭素・窒素安定同位体比を測定すれば、その個体の生前に摂取していた食資源を推定することができるのである。縄文人骨の分析結果によれば、本州島の内陸部の集団では沿岸部の集団よりも植物質食料に依存する度合いが高いが、沿岸部の集団といえども、もっとも安定した食料は堅果類などの植物質食料であったことや、北海道では海獣類、南西諸島では魚介類への依存度が高かったことが明らかにされている（図29。米田穣「食性態にみる縄文文化の多様性」『科学』八〇巻四号、二〇一〇年）。また、土器の付着炭化物の炭素・窒素安定同位体比の測定も進められており、「草創期」の土器でサケなどの魚類を調理していた可能性が指摘されるなどの興味ある分析結果もえられている。

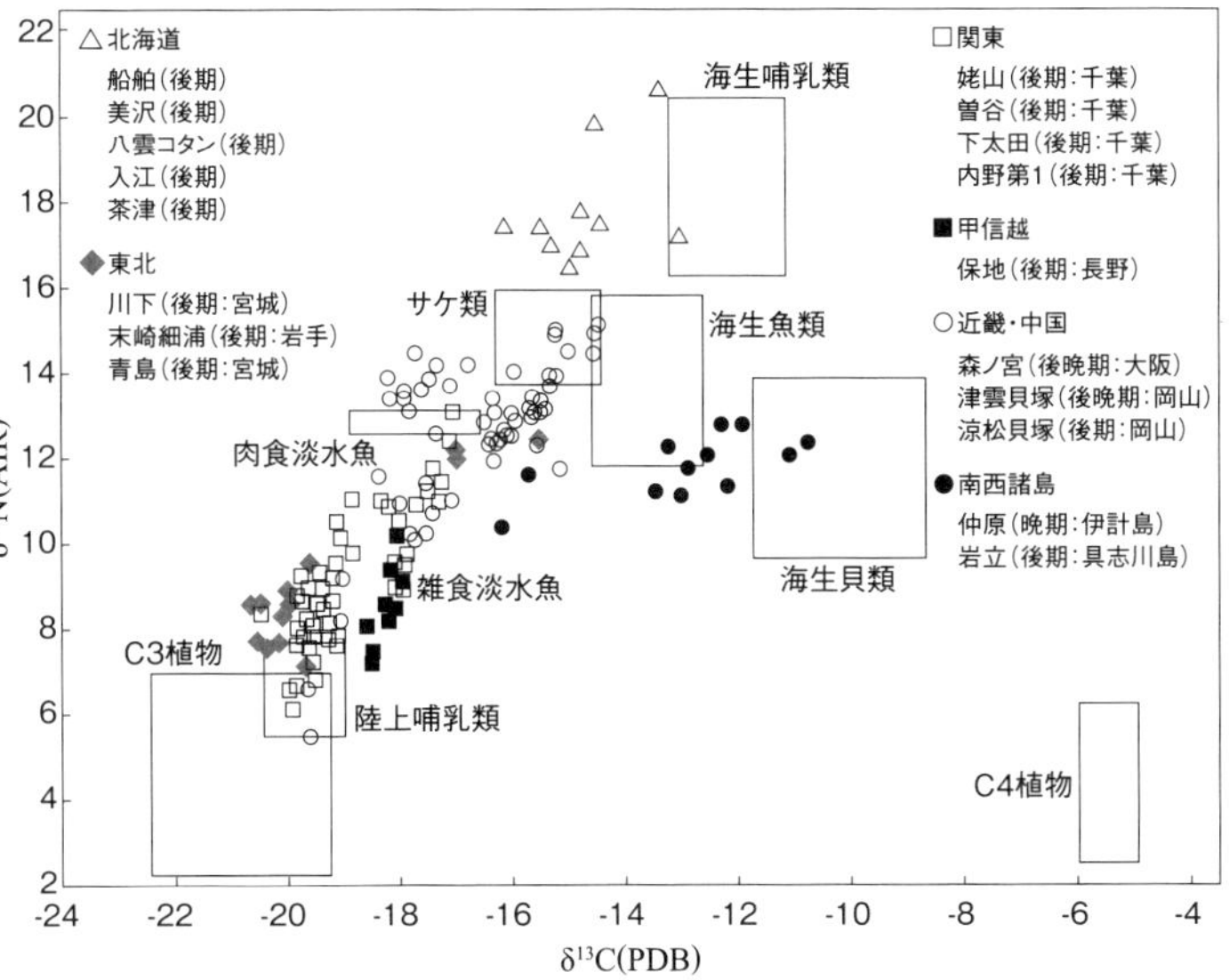

図29　炭素・窒素安定同位体比分析からみた縄文人の食性

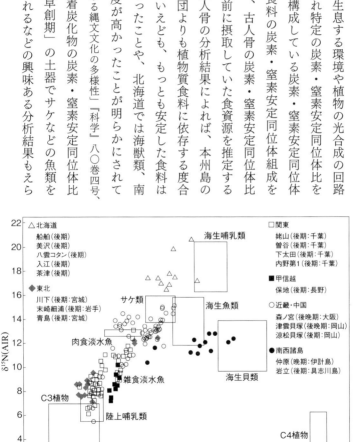

第36問　産地同定法とは何か

遺物の産地を推定する方法のことである。

産地同定は、遺物の原材料の原産地やその製作地を推定するだけでなく、そうした産地同定から遺物の流通経路や人類の社会集団の結びつきなどを明らかにして、縄文時代の社会構成を復元する客観的・科学的な情報資料を提供する。

石器の産地同定　石器の産地同定の基本は、まず肉眼観察から始まる。石器の場合は、石材そのものを直接加工するために、石材の原産地を推定することがある程度は可能である。それは岩石には形成の過程や周囲の状況などによって、それぞれ岩石の戸籍謄本ともいえる特徴をもっているからである。たとえば筆者らが調査した東京都東村山市の下宅部《しもやけべ》遺跡では、遺跡付近に産出する在地の石材と遺跡から離れた非在地、それも中隔地と遠隔地の石材という、非常に広範囲から供給されていたことがわかる（図30）。しかし、肉眼観察では不十分な場合には、石材を薄片にして偏光顕微鏡などを使った顕微鏡観察がおこなわれるだけでなく、理化学的な分析もおこなわれて、大きな効果をあげている。

理化学的な分析法には、中性子や荷電粒子、光量子などの放射線を利

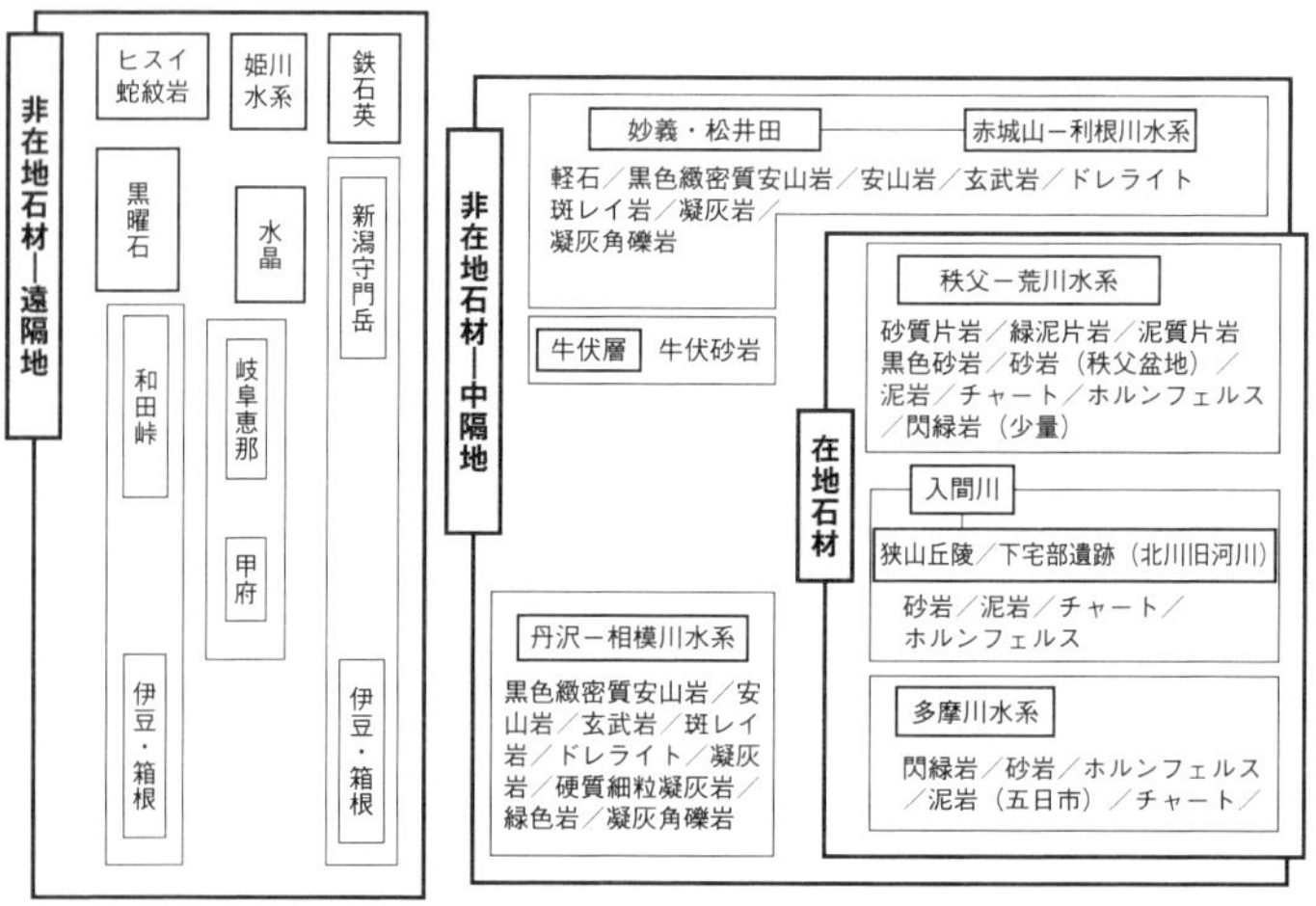

図30　下宅部遺跡出土の石器石材の原産地

用する放射化分析法、特定波長の光を照射した際におこる原子の吸光現象を利用する原子吸光分析法、赤外線の吸収スペクトルを利用する赤外線分光分析法などがあるが、縄文時代研究でもっとも利用されているのが蛍光X線分析法である。物質にX線を照射すると、物質に吸収されたX線の一部が各元素の固有のエネルギーをもった蛍光X線として放出されるので、その蛍光X線を分光結晶で分光し、X線の波長と強度を測定することで、物質中に含まれる元素の種類と量が判別できるのである。蛍光X線は、分析が迅速、非破壊で、分析精度が高く、定性分析や資料準備が容易などの利点があることから、岩石の理化学分析の方法として広く利用されている（望月明彦「黒曜石分析学の現状と課題」『黒耀石文化研究』一号、二〇〇二年）。

黒曜石については、酸性火山の溶岩が急激な冷却をうけて形成された天然ガラスであることから、原産地が限定されており、現在、国内で七〇カ所以上が確認されている（杉原重夫「日本における黒耀石の産出状況—黒耀石原産地調査—」『駿台史学』一一七号、二〇〇三年）。そのなかでも石器の材料として盛んに利用された原産地は、蛍光X線分析法によって、北海道の白滝《しらたき》、十勝三股《とかちみつまた》、置戸《おけと》、長野県の霧ケ峰から八ケ岳の一帯、東京都伊豆諸島の神津島《こうづしま》、神奈川県箱根の畑宿《はたじゅく》、静岡県天城の柏峠、島根県の隠岐島、大分県の姫島、佐賀県の腰岳などに限定される。これらの分析結果から、黒曜石の原産地から消費地までの「石器の道」としての流通経路だけでなく、たとえば長野県の原産地遺跡から関東平野の消費遺跡を結ぶ黒曜石の流通経路上に、黒曜石の原石を貯蔵する遺跡が多数確認されているように、原産地から消費地にいたる流通システムが確立していたことがわかってきている（図31。小杉康「縄文文化における黒曜石の採掘と流通」『現代の考古学』四、朝倉書店、二〇〇八年）。

サヌカイトについては、奈良県と大阪府にまたがる二上山《にじょうさん》、香川県の五色台《ごしきだい》と金山《かなやま》、広島県の冠山《かんむりやま》、佐賀県の老松山《おいまつやま》や多久《たく》などが知られているが、蛍光X線分析法によって、たとえば金山産のサヌカイトが四国全域と山陽地方の広島県から兵庫県東部、さらに山陰地方一帯から京都府の丹後半島まで及んでいることが明らかにされている（鎌木義昌・東村武信・三宅寛・藁科哲男「サヌカイト製石器原材の産地推定とそれによる西日本先史、原史時代の文化圏の研究」『考古学・美術史の自然科学的研究』日本学術振興会、一九八〇年）。

翡翠《ひすい》については、質の良し悪しを別にすれば、北は北海道幌加内町から南は熊本県八代市までの約一〇カ所で確認されているが、縄文時代に用いられた翡翠の原産地は、すべて新潟県糸魚川市の姫川と青海川《おうみがわ》産であることが蛍光X線分析法で確かめられている（藁科哲男「縄文時代出土玉類産地の科学分析成果」『季刊考古学』八九号、二〇〇四年）。なお、日本列島で翡翠といえば、高度が六・五から七の硬玉のことで、高度が六から六・五の軟玉は翡翠とはいわない。

土器の産地同定　縄文土器は、土器の原料となる素地土《きじつち》（胎土）が粘土や砂などの地質に由来している。地質は、岩石や鉱物、化石などの分布に地域差があるので、その地域差を利用して土器胎土の原料の産地同定がおこなわれるが、それには岩石学的な方法

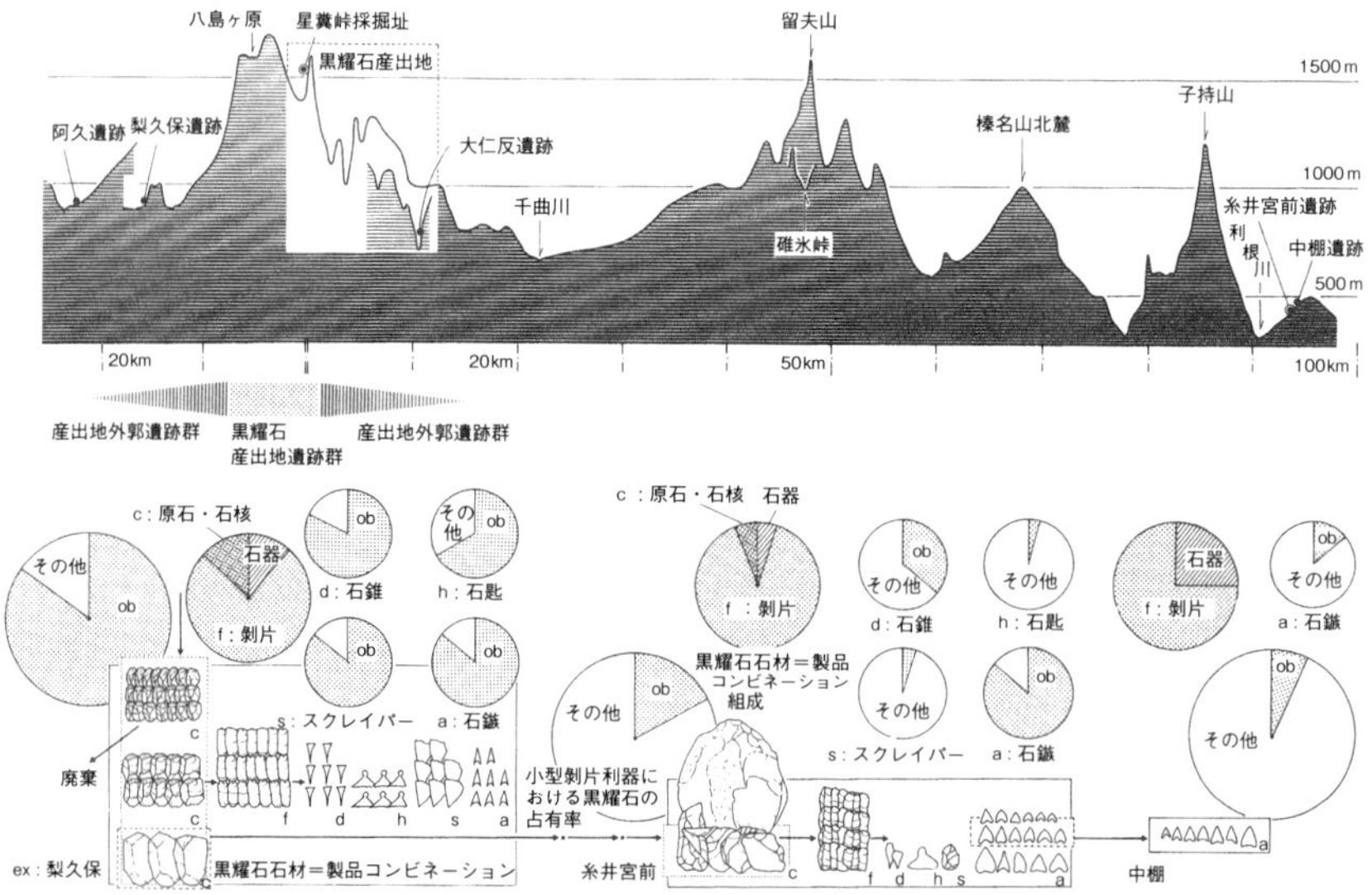

図31　縄文時代後半期における黒曜石流通モデル

と理化学的な方法とがある。

縄文土器の場合には、主に土器を薄片にして偏光顕微鏡などを使った顕微鏡観察で、土器胎土中に含まれる岩石や鉱物の鑑定をおこない、その種類や組成から土器胎土の原料の採取地を推定するという、岩石学的方法がおこなわれている。たとえば伊豆諸島から出土する縄文土器のほとんどは島外からの搬入品と推定されるが、それは島から出土した土器の胎土中には、島で産出しない岩石や鉱物が含まれるという胎土分析の成果から導かれたもので、これなどは土器の産地同定が島という適地で応用された好例である（今村啓爾編著『伊豆七島の縄文文化』武蔵野美術大学考古学研究会、一九八〇年）。

一方、河西学《かさいまなぶ》によれば、縄文土器の原料産地の様相は、遺跡の地元の地質分布と土器胎土の岩石・鉱物組成が一致する在地的土器、地元と隣接する地域の地質分布が混在する土器胎土の岩石・鉱物組成をもつ中間組成土器、地元の地質分布とは明らかに異なる土器胎土の岩石・鉱物組成をもつ搬入土器の三つに区分できるという。そして、縄文土器には、大半の遺跡で在地土器が認められ、中間組成土器と搬入土器もほとんどの遺跡でその多寡は別とすれば認められるが、なかには在地土器が認められない遺跡も存在し、それらが時期や地域によって様相が異なることから、そこから縄文土器の時期や地域ごとの生産と移動の実態を具体的に把握できることを明らかにしている（河西学「土器分析からみた土器の産地と移動」『移動と流通の縄文社会史』雄山閣、二〇一〇年）。

土器の産地同定の理化学的方法としては、蛍光X線分析法がもっとも有効とされる。しかし、須恵器などのような窯業生産では、特定の窯ごとに地域的特性を示す元素組成がえられるが、縄文土器の場合には、一定の地域的特性を示す元素組成がえられないことなどから、この方法による研究は深められていない。

第37問　ＤＮＡ分析法とは何か

すべての生物が共通にもつ遺伝情報伝達物質であるデオキシリボ核酸（deoxyribonucleic acid、ＤＮＡと略）の塩基配列から、生物種特有の情報や血縁関係などを明らかにする方法のことである。

ＤＮＡ分析法は、一九九〇年代に人類学の分野で大きな貢献をすることになる。それはミトコンドリアＤＮＡという、生物の細胞内の小器官の一つであるミトコンドリア内にあるＤＮＡで、核ＤＮＡに比べて塩基置換のおこる速度が速いことや母性遺伝であること、ミトコンドリアＤＮＡの数が多いといった特徴から、生物の進化を探究するうえで非常に有効だということがわかった。

そこで、ミトコンドリアＤＮＡの特性を生かして、人類の進化とその系統を探ると、現生人類である新人が約二〇万年前にアフリカで誕生し、その新人が一〇万年前ごろにアフリカを出立して、五万年前ごろにはヨーロッパなどユーラシア大陸に進出し、全世界に広がったという、新人の「アフリカ起源説」が打ち出された（図32）。それは、一〇〇万年以上前にアフリカを旅立った原人が各地で独自の進化を遂げて新人になったという、それまでの主流であった新人の「多地域進化説」を完全に否定するものであった。

この新人のアフリカ起源説にしたがえば、北京原人やジャワ原人、ネアンデルタール人といった各地の先行人類がすべて絶滅したことになり、従来の人類の歴史の考えを根底から否定することになるので、当然、厳しい反論もあったが、現在では、人類学者をはじめとして大多数の研究者が新人のアフリカ起源説を支持している（海部陽介『人類がたどってきた道』ＮＨＫ出版、二〇〇五年。篠田謙一『日本人になった祖先たち』

NHK出版、二〇〇七年)。

縄文人の祖先を探るということでも、最新のミトコンドリアDNAの分析では、朝鮮、中国、シベリアに縄文人の遺伝子をもつ集団が多くいるということがわかってきている。それは約四万五〇〇〇年前に東アジアに到達した新人が、四万年前ごろに朝鮮半島から本州島へという西方ルートで、二万五〇〇〇年前ごろにシベリアから北海道へという北方ルートで、それぞれ渡来してきたという、縄文人のルーツを明らかにするうえでも大きく貢献している(図109。設問101を参照)。

一方、茨城県取手市の中妻《なかづま》貝塚で同一の土坑内に埋葬された縄文後期の一〇五個体の人骨のうち、ミトコンドリアDNAが抽出された二九個体を分析したところ、うち半数の一七個体が同一のパブロタイプ1というDNA配列に属することが明らかとなり、この集団が同一の母系を中心として構成されていたことが推測された。さらに、パブロタイプ1以外のDNA配列をみると大部分が男性であることから、男性がほかの集団から婿入りし、母方居住がおこなわれていたことが推測されるなど、より高い精度での縄文人の血縁関係や婚姻形態などの情報がえられることもわかり、今後の研究の進展が期待されている(西本豊弘「血縁関係の推定—中妻貝塚の事例—」『縄文時代の考古学』10、同成社、二〇〇八年)。

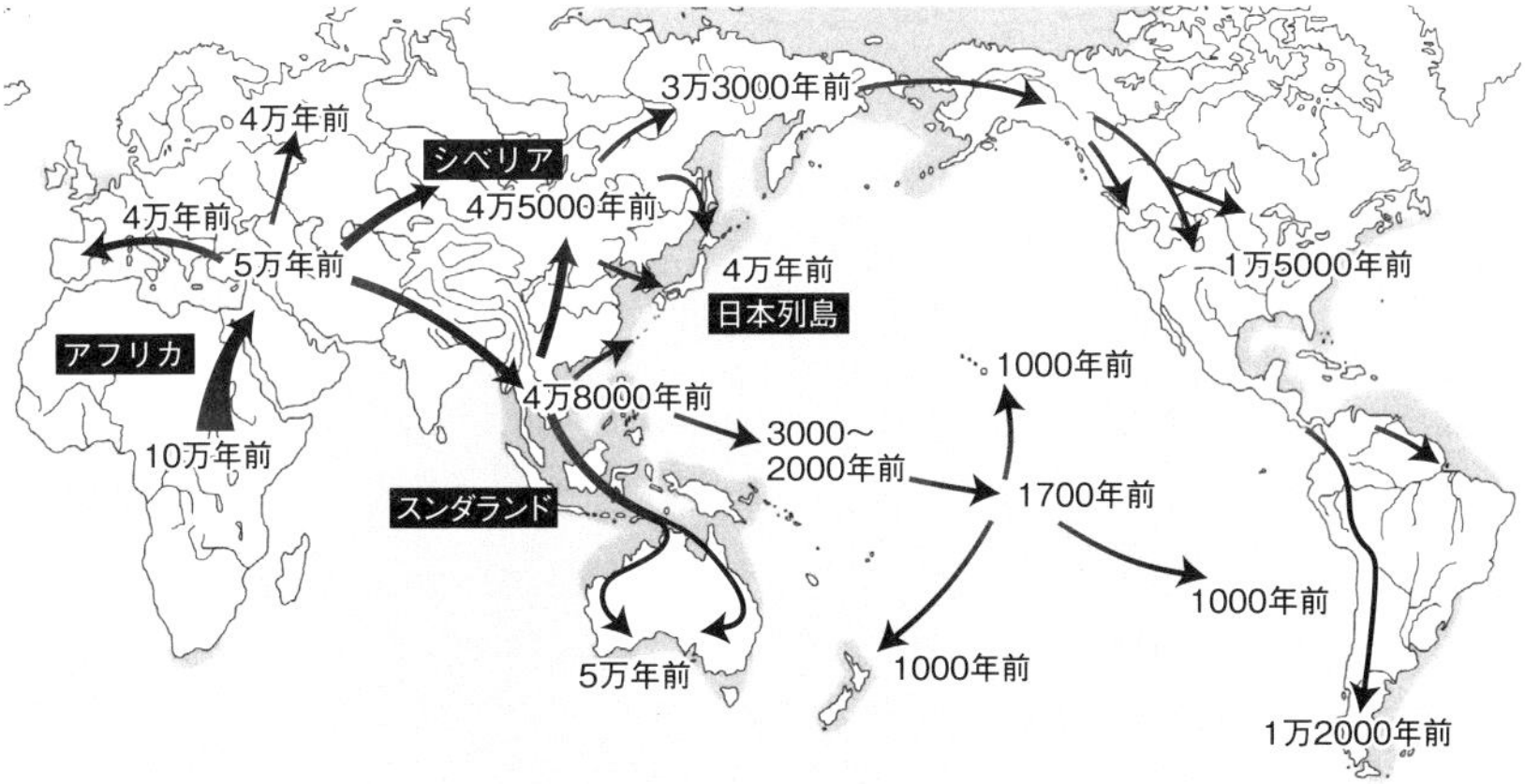

図32　現生人類である新人の世界各地への適応・拡散のルート

第4章　縄文人の道具をのぞく

韮窪遺跡出土の狩猟文土器
（撮影：田中義道）

第38問　縄文土器は何に使われたか

食料を煮炊きするのが、その基本的な用途である。

土器の用途には、大きく煮炊きと貯蔵の二つがある。世界の民族誌によれば、森林地帯に住む狩猟採集民は、もっぱら深鉢《ふかばち》形の土器を作って、それを煮炊き用に使っているという。一方、農耕民は、煮炊き用に浅い壺《つぼ》形土器を用いたりするが、大事なのは貯蔵用の土器で、事実、農耕民の最古の土器も貯蔵用の土器である。そして、縄文土器は、約九〇〇〇年間という長い期間、つねに煮炊き用の深鉢形が主体となっているので、それは森林地帯に住む狩猟採集民の文化の所産であったということがわかる。

では、深鉢形の縄文土器が煮炊き用に使われたのが、どうしてわかるのかというと、それは土器の使用痕を観察することでわかる。縄文土器を観察してみると、外壁の胴部の下半部が焼けて変質しているのに対して、口縁から胴部の上半部に煤《すす》や炭化物が付着していたり、内壁の下半部や底におこげが付着していることなどから、火の加熱によって、内容物が煮炊きされたことが想定できる（図33。小林公明「煤とお焦げ」『曾利』富士見町教育委員会、一九七八年）。そこで、縄文土器のレプリカを作り、実際に食料などを煮炊きして、使用痕を実験的につくってみると、同様の使用痕が観察されただけでなく、その調理法も「比較的長時間煮る、鍋物風の調理」が多かったということである（小林正史「スス・コゲからみた縄文深鉢による調理方法」『総覧　縄文土器』アム・プロモーション、二〇〇八年）。

日本列島の大部分は、落葉広葉樹と照葉樹の森林地帯が広がっている。この森林には、ドングリ、クルミ、クリ、トチなどの堅果類が豊かに実をつける。堅果類の主成分は、コメなどの穀類にたいへん近く、栄養価もそれに劣らず高い。しかし、堅果類の多くは、そのままで食することはできない。それはクズやワラビなどの根茎類にもいえることで、天然の生デンプンは、すべて結晶構造をもつβデンプンであるために、人類がそのままで消化することが難しいからである。しかし、この生デンプンを水に溶いて加熱することによって、その結晶構造が破壊されてαデンプンに変化し、消化しやすくなる。そうした加熱処理のために煮炊き用の土器を使うようになって、縄文人は豊かな山の幸を利用することがはじめて可能となったのである。また、煮炊きをするということは、さまざまな食材を組み合わせて、味覚や栄養のレパートリーを広げることができるばかりか、衛生的でもある。縄文人の道具のなかで、縄文土器がはたした役割がきわめて重要であったことが、これだけでもわかると思う。

縄文土器は、早期までは、もっぱら煮炊き用の深鉢形土器が使われている。前期になると、浅鉢《あさばち》、台付鉢《だいつきばち》などが加わり、中期になると、器形は前期を踏襲しながら、とくに北陸地方の馬高《うまたか》式土器（火焔土器）や中部・関東地方の勝坂《かつさか》式土器などに代表されるように、物語性のある装飾文様とともに、造形的にも優れた土器が使われている。さらに後・晩期になると、簡潔な文様の粗製の深鉢とともに、華麗な文様で飾られた深鉢、浅鉢、皿、壺、あるいは土瓶《どびん》のような形をした注口《ちゅうこう》土

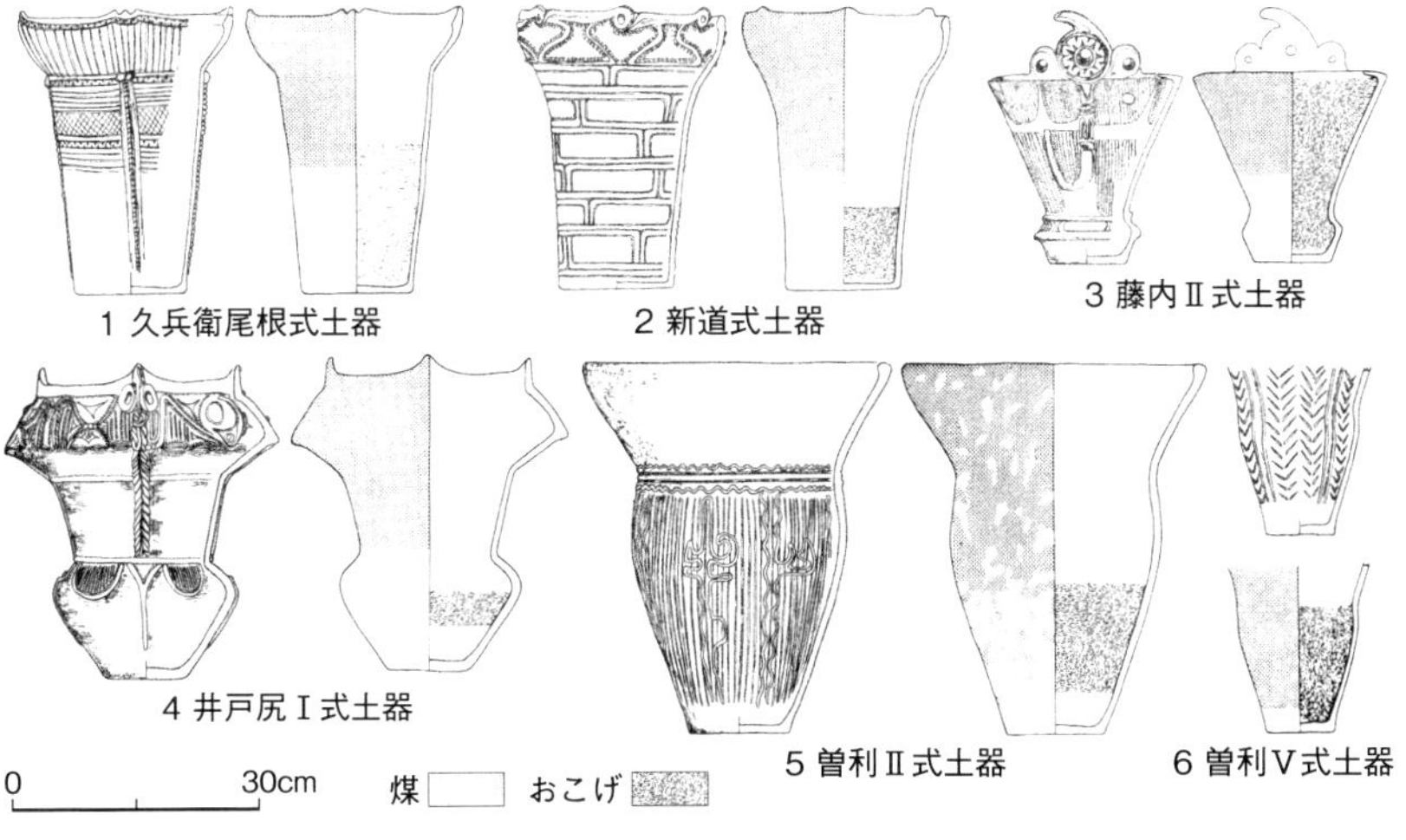

図33　縄文土器にみる煤とおこげ

器などが使われるようになる。縄文土器も時代を追うごとに用途も多様になって、その種類も豊富になっていたことがわかる（図34）。

ところで、縄文土器とは、縄文時代に製作・使用された土器の総称であり、すべてに縄目文様である縄文が施されているわけではない。縄文のほかにも、文様を刻んだ丸棒を施文具とした押型文《おしがたもん》、貝殻を施文具とした貝殻文《かいがらもん》、円形中空の竹管状のものを施文具とした竹管文《ちっかんもん》、粘土紐を貼りつけた隆帯文《りゅうたいもん》、へラや棒状の施文具で凹んだ線を描いた沈線文《ちんせんもん》などがある。また、縄文を施した後に、その一部をすり消した磨消《すりけし》縄文や、縄文を一部に施した充填縄文などがあって、それぞれを組み合わせて、多種・多様な文様をつくり出している（井口直司『縄文土器ガイドブック』新泉社、二〇一二年）。

では、実用の道具であるはずの縄文土器に、なぜ、さまざまな文様が施されたのか。その理由は、実のところよくわかっていない。たとえば隆帯文が燃え盛る焔のようにみえることから火焔土器と呼ばれている豪華な文様が施された土器でも、実際に食料の煮炊きに使われていたのである。煮炊き用の土器に豪華な文様は必要がないどころか、かえって邪魔なだけである。それでも文様を施したということは、そこに縄文人の心性が働いていたことは想像できるが、それ以上のことは、今のところ何もわかってはいないのである。しかし、縄文土器にさまざまな文様が施されていることで、わたしたちは、大事なことを学ぶことができる。それは文様にみられる特徴が、地域ごとに共通していて、かつ短期間に変化していることである。そこで、その特徴を「型式」と呼び、年代的・地域的に編成して、全国的な編年にまとめることによって、縄文時代の年代の変遷と地域の動きを明らかにすることができるのである（設問14を参照）。そして、そこから地域間の関係や集落間の交流、そこで暮らす人びとの動向をも明らかにすることができる。

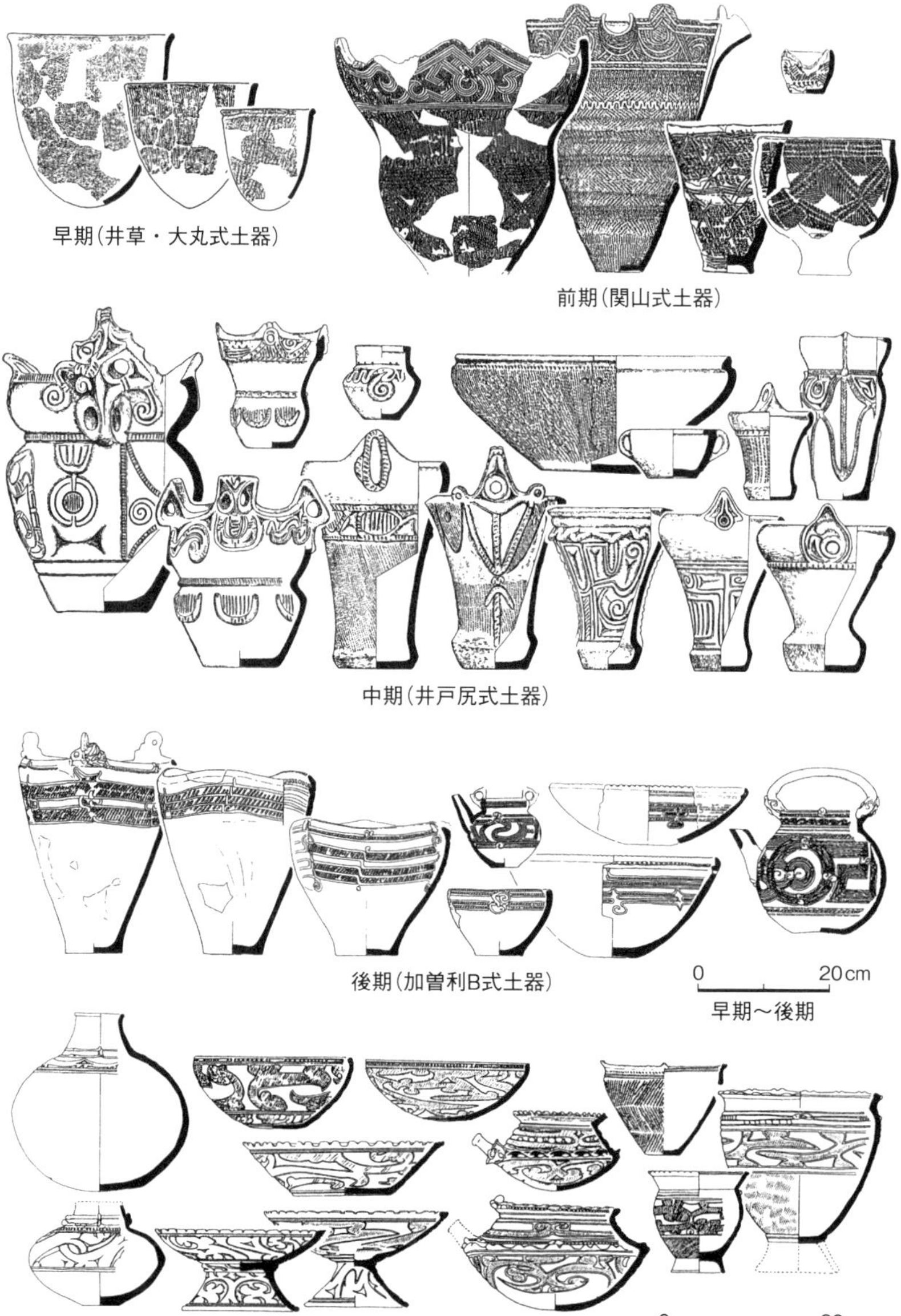

図34　縄文土器の時期別にみた変遷

第39問　縄文土器の器形にはどのようなものがあるか

縄文土器は、深鉢《ふかばち》が主体といったが、実際にはさまざまな器形がある。たとえば戸沢充則《みつのり》編集の『縄文時代研究事典』（東京堂出版、一九九四年）から項目を拾ってみても、鉢（深鉢、浅鉢《あさばち》、台付鉢《だいつきばち》）、壺《つぼ》（長頸《ちょうけい》壺、短頸《たんけい》壺、細頸《さいけい》壺、無頸《むけい》壺、広口壺）、甕《かめ》、皿、片口付《かたくちつき》土器、注口《ちゅうこう》土器（土瓶形《どびんがた》土器）、双口《そうこう》土器、釣手《つりて》土器（香炉形土器）、瓢簞形土器、籠《かご》形土器、鮑《あわび》形土器、有孔鍔付《ゆうこうつばつき》土器（有孔土器、鍔付土器）、円筒土器、方形土器（角筒形土器）、手捏《てづくね》土器（袖珍《しゅうちん》土器、ミニチュア土器）というようにである。

土器の器形をめぐっては、まちまちであった呼び方を統一しようと提案したのが、人類学者で考古学にも素養があった長谷部言人《ことんど》で、その分類法を甲野勇《いさむ》が紹介している（『縄文土器のはなし』世界社、一九五三年）。それは土器の最大径を一辺とする正方形の枠をつくり、それを九等分したときの各マスの比率の違いで分けることから、正方形九等分法と呼ばれている（図35）。くびれのある土器では、頸部の径と胴部の最大径の比が三分の二以上であれば甕、三分の二に満たなければ壺である。くびれのない土器では、高さが三分の二以上あれば深鉢、半ばから三分の一ぐらいは浅鉢、三分の一未満は皿、それに台がつくと高坏《たかつき》である。

この分類法は、一つの目安としては有効である。しかし、縄文土器では、高さが三分の二以上あれば、

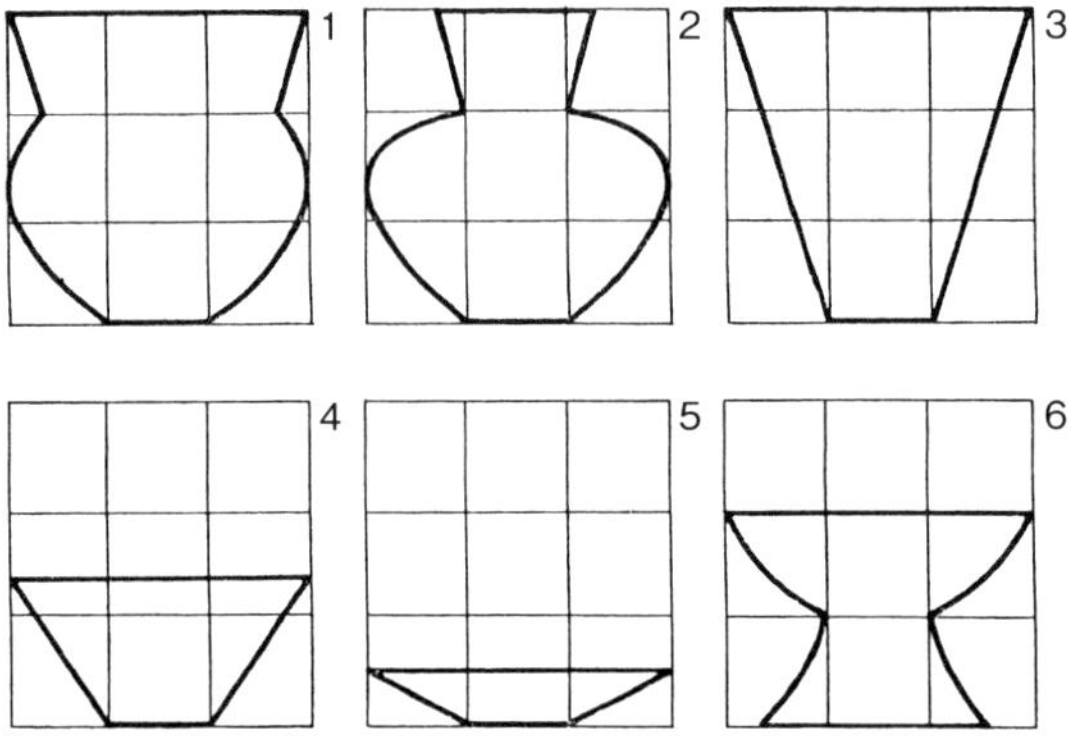

図35　長谷部言人の器形分類法

1 甕、2 壺、3 深鉢、4 浅鉢、5 皿、6 高杯

くびれがある土器でも「甕」とは呼ばないで、すべて「深鉢」である。それは甕が「貯蔵」の容器とされ、貯蔵用の土器が農耕民の指標とされていることから、狩猟採集民である縄文時代の土器を甕と呼ぶのを避けようとしたからにほかならない。

そこで、縄文土器では、高さが三分の二以上あれば深鉢、二分の一以下であれば浅鉢、どちらともつかないと鉢というように、いずれも「鉢」形という枠のなかで呼び分けている（図36）。それに口が細くつぼむと壺、台がつくと台付土器、注ぎ口がつくと注口土器（設問41を参照）、釣手がつくと釣手土器（香炉形土器。設問42を参照）となる（図36）。また、器形が動植物などを模したり、それに似たものは、それにちなんで瓢簞形土器、鮑形土器、籠形土器などと呼び、特異な形のものを有孔鍔付土器（設問40を参照）、円筒土器、角筒形土器などと呼んでいる。ただし、鉢形の土器でも、地中に埋設などしたりすると、その目的に応じて埋甕《うめがめ》、甕棺《かめかん》、埋甕炉《まいようろ》などと「甕」と呼ぶので厄介であるが、鉢形土器を転用したものが「甕」と考えれば理解しやすいと思う。

図 36　縄文土器の器形

第40問　有孔鍔付土器とは何か

平縁《ひらぶち》の口縁部《こうえんぶ》の下に一周する鍔《つば》状の隆起帯《りゅうきたい》と、それに沿うように多数の小孔がうがたれるという特徴をもつ土器のことである（図37）。その特徴的な形態から、当初は蓋付樽形《ふたつきたるがた》土器とか、鍔付有孔《つばつきゆうこう》土器などと呼ばれていたが、武藤雄六《ゆうろく》により有孔鍔付《ゆうこうつばつき》土器の呼称に統一された（「有孔鍔付土器の再検討―八ヶ岳南麓地方の基礎資料―」『信濃』二二巻七号、一九七〇年）。

有孔鍔付土器は、独特の形態と特徴をもつことから、その用途に関して研究者の注目を集めてきた。藤森栄一と武藤は、縄文中期農耕との関係から種子貯蔵説（「中期縄文土器の貯蔵形態について―鍔付有孔土器の意義―」『考古学手帖』二〇、一九六三年）、その後に武藤は、ヤマブドウから酒をつくるための酒造具説（武藤一九七〇、前掲）、山内清男《やまのうちすがお》は、民族誌などの事例から太鼓説（「縄文式土器・総論」『日本原始美術』1、講談社、一九六四年）などがあるが、今のところ学界で共通した理解をえられるまでにはいたっていない。

出自については、前期後半の有孔土器に求める説があるが、有孔土器が浅鉢であるのに対して、有孔鍔付土器は鉢形（とくに樽形）を基本とすることから、直接のつながりは考えにくい。中期初頭の平縁の口縁部の下に橋状把手《きょうじょうとって》を巡らし、それに沿うように小孔をうがった無文の鉢形土器を祖型（図37の1）として、中期中葉の勝坂《かつさか》式土器の時期に有孔で鍔をもつ本格的な有孔鍔付土器が中部高地を中心にその形態を整え（図37の2～6）、関東・東海・北陸・東北地方に広がっていったものと考えられる。とくに関東地方では、中期後葉になると中部高地をしのぐほどの盛行をみせ、典型的な有孔鍔付土器である樽形のものは、中部高地での衰退化（図37の7）にあわせるように小型化して、短頸広口の壺がとってかわり、器壁にうがたれた小孔も鍔にうがたれるようになる。そして、関東地方では、中期終末になると、有孔鍔付土器に注口がつく、いわゆる有孔鍔付注口《ちゅうこう》土器が出現し、それが瓢簞形注口土器となるころには、有孔鍔付土器も終焉をむかえる。

有孔鍔付土器のもう一つの特徴は、精緻な作りとともに、藤森と武藤が「マジカルな寓意的の浮文」と形容した人体やヘビ、カエルなどの通常の鉢形土器にはみられない特殊な文様が施され、あるいは彩塗されることが多いことである。こうしたことから、有孔鍔付土器は、縄文中期の中部高地を中心とする文化の高揚を象徴する資料の一つと位置づけられている。

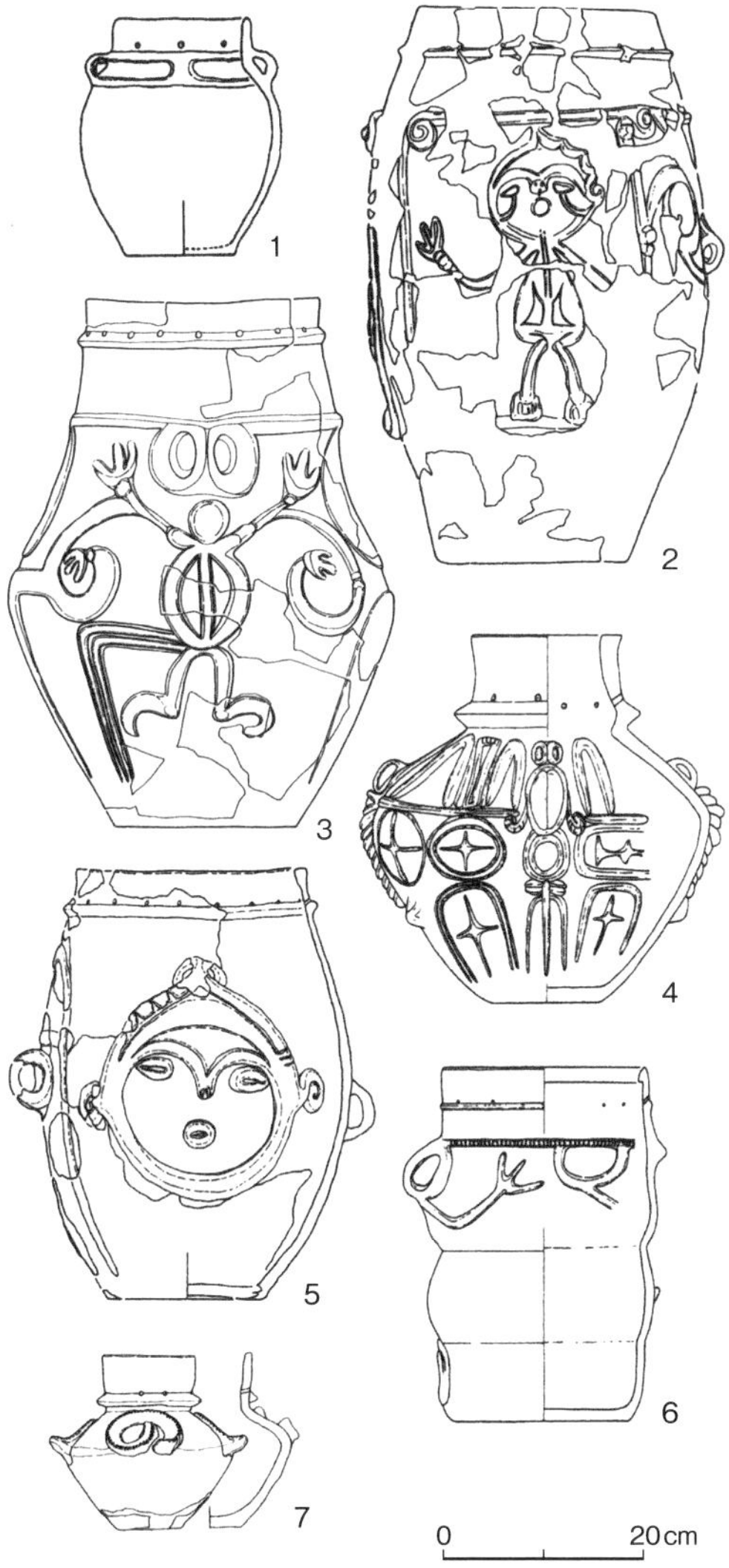

図37　中部高地の有孔鍔付土器

1 中期初期：長野県茅野和田遺跡、2 中期中葉：山梨県鋳物師屋遺跡、3 中期中葉：長野県藤内遺跡、4 中期中葉：長野県中道尾根遺跡、5 中期中葉:長野県大野遺跡、6 中期中葉:長野県井戸尻遺跡、7 中期後葉：長野県聖石遺跡

第41問　注口土器は何に使われたか

注ぎ口をもつことから、水や酒といった液体を注ぐための土器で、単なる日常の什器としてよりも、祭祀や儀礼などを演出する道具として使われたと考えられている（図38）。それは注口《ちゅうこう》土器の一遺跡での出土点数がたいへん少ないだけでなく、精緻な文様が施され、丁寧に仕上げられているものが多いことからである。明治・大正期には、その特徴的な形態から急須形《きゅうすがた》土器とか、土瓶形《どびんがた》土器とも呼ばれていたが、中谷治宇二郎《なかやじうじろう》により注口土器の呼称に統一された（『注口土器ノ分類ト其ノ地理的分布』〈『東京帝国大学理学部人類学教室研究報告』四編〉一九二八年）。

注ぎ口がついた土器は、「草創期」から前期にも散発的にみられるが、いずれも深鉢《ふかばち》の口縁部に注ぎ口がつけられたもので、後期以降の定型化した注口土器につながるものは、東北地方南部の中期末葉の大木《だいぎ》9式土器以降である。関東地方の後期の堀之内《ほりのうち》式・加曽利《かそり》B式・曽谷《そや》式土器に形が整ったものが作られ、とくに加曽利B式の注口土器は、球体の胴部に上向きの注ぎ口と、口縁部に弓状の把手がつけられ、近代の土瓶と見間違うほどである（図38の1）。関東地方では、後期末の安行《あんぎょう》式期以降に衰退するが、東北地方では、後期後半に長頸壺に注ぎ口がつけられものが出現し（図38の2）、晩期の亀《かめ》ケ岡《がおか》式土器になると、胴部が著しく扁平化する（図38の3）。

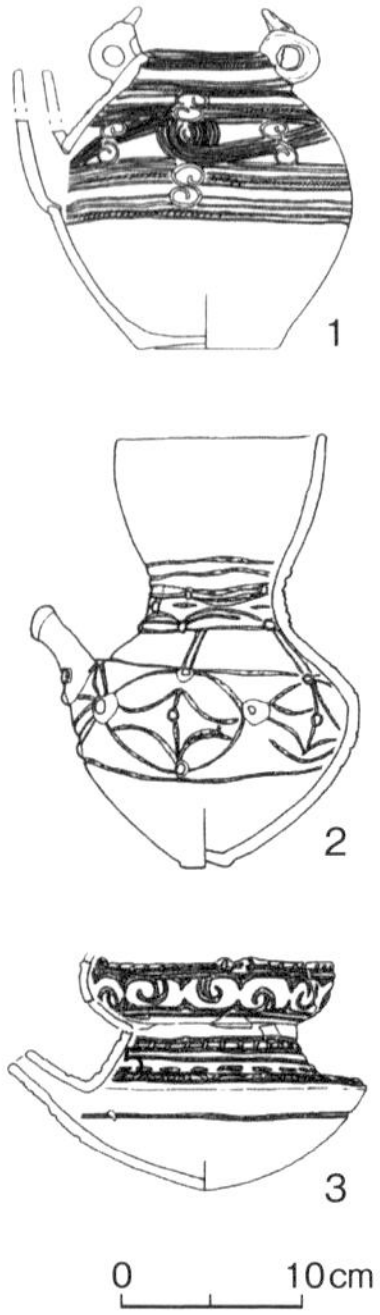

図38　注口土器

1 後期中葉：東京都下宅部遺跡、2 後期末：岩手県近内中村遺跡、3 晩期前半：岩手県上平遺跡

第42問　釣手土器とは何か

口縁部に橋状の釣手《つりて》を作りつけた土器のことで、鳥居龍蔵が「釣手ある土器」と呼んだ（『諏訪史』一巻、一九二四年）ことから、釣手土器という名称が定着した（図39）。釣手の形態には、把手《とって》形、三叉《さんさ》形、十字形、香炉形などがあるが、釣手部分に渦巻き文や人面、ヘビ、イノシシなどの装飾が施される場合もある。用途は、内面に煤《すす》が付着している例などから灯火具説が有力であるが、一遺跡での出土点数が非常に少ないことや精緻で丁寧な仕上げなどから、祭祀や儀礼などに用いられた道具ではないかと考えられている。

釣手土器は、中部・関東地方を中心とする中期の勝坂《かつさか》式土器に出現・発達する（図39）が、後期になると衰退していく。それにかわるように、東北地方では後期から出土例が増え、晩期になると透かし彫りなどの装飾化が進んで、いわゆる香炉形土器へと発達する（図36）。香炉形土器とは、仏具の香炉に形態が類似することから名づけられているが、とくに釣手土器と区別する明確な基準があるわけではない。ここでは、釣手の部分が仏具の香炉の火屋《ほや》（蓋のこと）のように作られていて、もはや釣手と呼べなくなったものと定義しておこう。

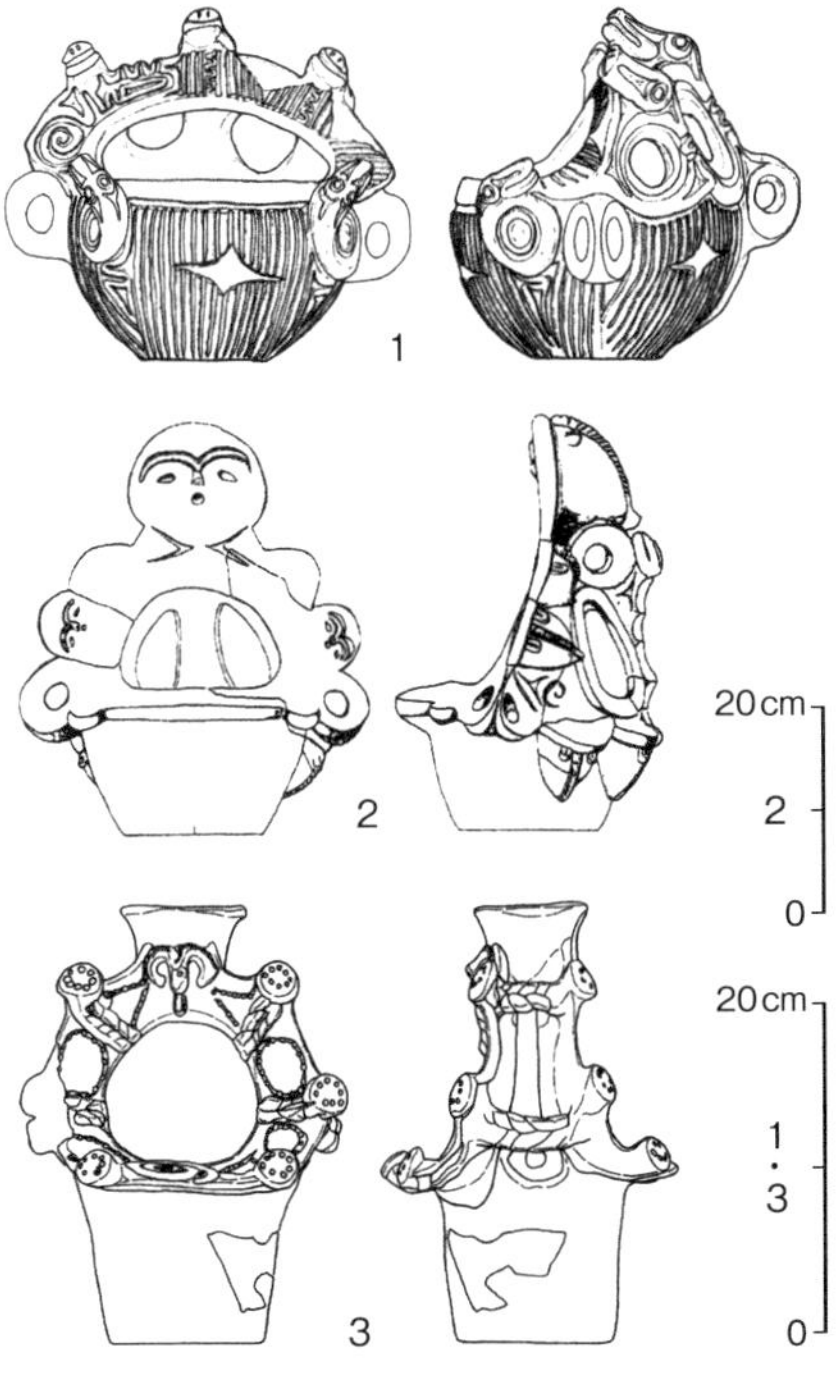

図39　釣手土器

1 中期中葉：長野県穴場遺跡、
2 中期中葉：長野県中道遺跡、
3 中期後葉：長野県目切遺跡

第43問　石鏃は何に使われたか

植物製の細長い柄の先端に装着した石製の突き刺し具のことで、縄文人が狩猟具とした弓矢の矢先として使われた。また、骨角製の銛頭の先端に装着して、漁具として使用した例もある。矢尻《やじり》、矢の根石は、石鏃《せきぞく》の俗称（古称）である。

石鏃は、黒曜石やサヌカイト、頁岩《けつがん》などの硬質で割れ口が鋭利な石材を打ち割った剥片を素材として、押圧剥離《おうあつはくり》による調整加工で作られる（設問81、図77を参照）。形態については、縄文時代をとおして一般的だったのが三角形を基調とする三角鏃である。基部の形によって、平基鏃《へいきぞく》、抉《えぐ》りのある凹基《おうき》鏃《ぞく》、基部が突起する凸基鏃《とっきぞく》に分ける（図40）。そのうち凸基鏃は、矢柄《やがら》に差し込む茎《なかご》があるので有茎鏃《ゆうけいぞく》とも呼ばれ、東日本によくみられる形態である。また、基部の抉り込みが深く内側が丸い円脚鏃《えんきゃくぞく》や脚が長い長脚鏃《ちょうきゃくぞく》は、土器の出現期である「草創期」に特徴的にみられる（図40の5〜7）。一方、飛行機鏃と呼ばれる独特な形態の石鏃は、晩期、とくに関東・中部地方で盛行する（図40の17〜19）。

石鏃が矢柄に装着された実例は、北海道恵庭市のユカンボシE11遺跡で焼失した中期の竪穴住居跡の床面からの出土がある。矢柄は、ノリウツギの枝を使った長さ四五センチほどのものであるが、本来の長さは五〇から六〇センチと推定されている。これに黒曜石製の石鏃を装着し、基部には矢羽根が復元できるという（上原真一「恵庭市ユカンボシE11の一括石鏃と炭化矢柄」『古代文化』六三巻一号、二〇一一年）。埼玉県さいたま市の寿能《じゅのう》遺跡や同市の南鴻沼《みなみこうぬま》遺跡では、シノ・タケ類の矢柄に石鏃を装着して、漆やアスファルトで接着した後期の出土例がある（図40の4）。

一方、静岡県浜松市の蜆塚《しじみづか》遺跡でイノシシの坐骨、岩手県一関市の貝鳥《かいとり》貝塚でシカの頭骨というように、石鏃が射込まれたままの資料が発見されている。これは石鏃が「射る」という機能をもっており、狩猟という用途に使われたことがわかる。そして、これらの資料から、石鏃が皮や肉を貫いて骨まで達するほどの深傷を与えることができたということは、そこに弓の反発力と弦の張力とを組み合わせて、石鏃を装着した矢を飛ばす道具である弓矢の使用が想定できる。さらに、弓矢で動物を射る文様を描いた狩猟文土器(本章扉の図)からも、縄文人が弓矢を狩猟具としていたことがわかる。

弓はというと、硬くて弾力性があるカシ材やイヌガヤ、マユミなどの枝材や太い材から細く削り出した丸棒を素材とする丸木弓で、縄文時代をつうじて一五〇センチ前後の長弓と八〇センチ前後の短弓が使われていた(図40の1〜3)。しかし、獲物の種類や狩猟法(仕掛け弓)などによって、長弓と短弓の使い分けがあったかどうかは今のところ不明である。

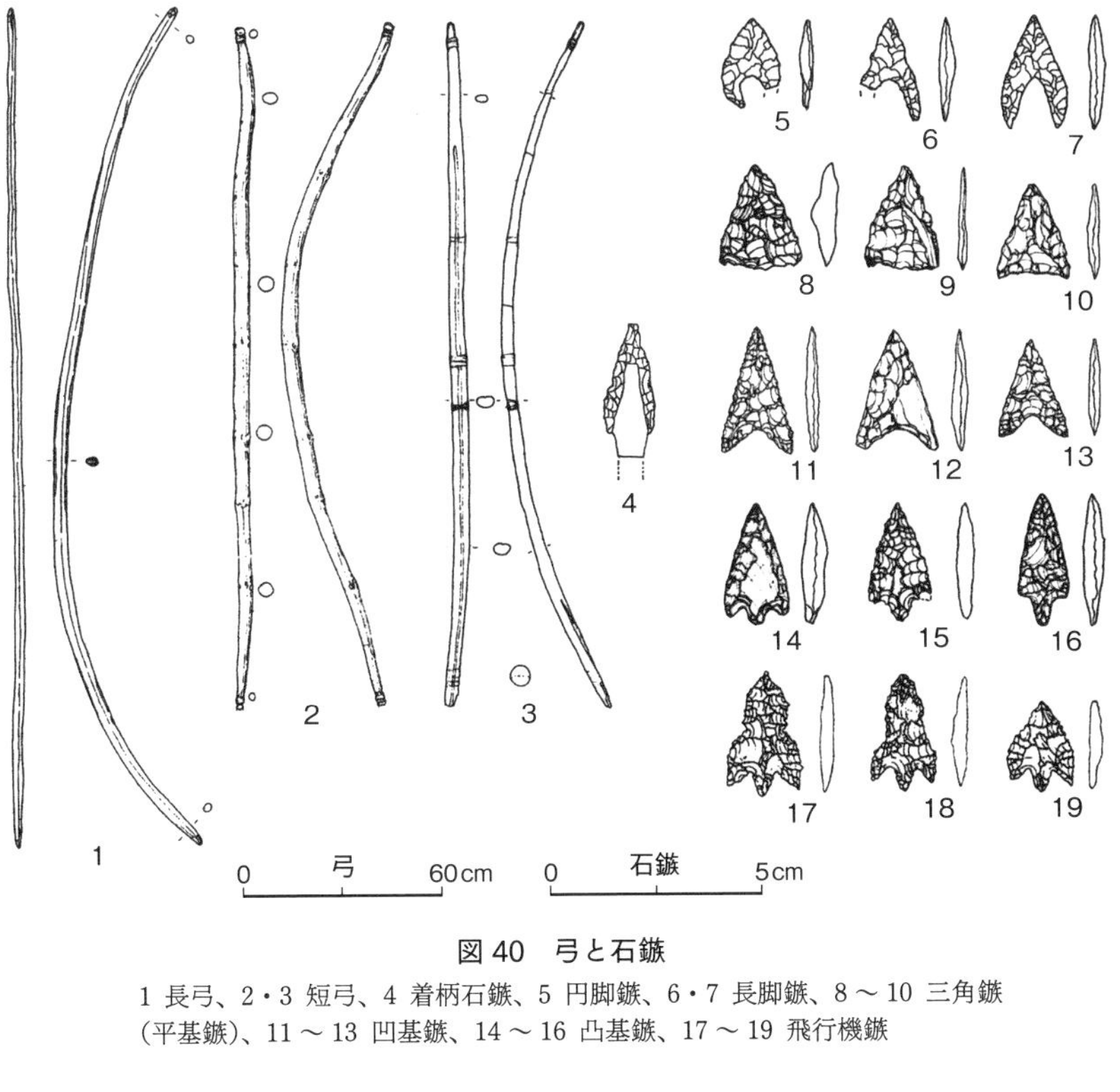

図40　弓と石鏃

1 長弓、2・3 短弓、4 着柄石鏃、5 円脚鏃、6・7 長脚鏃、8〜10 三角鏃(平基鏃)、11〜13 凹基鏃、14〜16 凸基鏃、17〜19 飛行機鏃

第44問　石槍とは何か

木製の長い柄の先端に装着した石製の突き刺し具のことで、縄文人が狩猟具とした槍先として使われた。旧石器時代の尖頭器《せんとうき》、あるいは槍先形尖頭器と同義語であるが、主に縄文時代に用いられる語で、「せきそう」と音読みするが、「いしやり」と訓読みする場合もある。

石槍は、黒曜石やサヌカイト、頁岩《けつがん》などの硬質で割れ口が鋭利な石材の偏平な礫《れき》や剥片を素材として、押圧剥離《おうあつはくり》による調整加工で作られる。多くが両面調整や片面調整によって、木葉形《もくようけい》や柳葉形《りゅうようけい》に仕上げている（図41）。土器の出現期である「草創期」には、大型で精緻なものが作られ、長野県上伊那郡南箕輪村の神子柴《みこしば》遺跡の出土例を標式として、神子柴型尖頭器と呼ばれ、これも神子柴型石斧《せきふ》と呼ばれる大型で丸鑿《まるのみ》の形をした片刃の石斧、それに掻器《そうき》や刃器《じんき》など旧石器時代的な石器をともなうのを特徴とする（図41の1・2。林茂樹・上伊那考古学会編『神子柴―後期旧石器時代末から縄文時代草創期にかかる移行期石器群の発掘調査と研究』信毎書籍出版センター、二〇〇八年）。弓矢が普及する早期以降は、北海道や東北北部を除いて、槍は狩猟具の中心的な役割を失うが、それでも動物の止めを刺すのに用いられるなど、縄文時代をとおして使われつづけた（図41の3・4が前期、5・6が中期）。

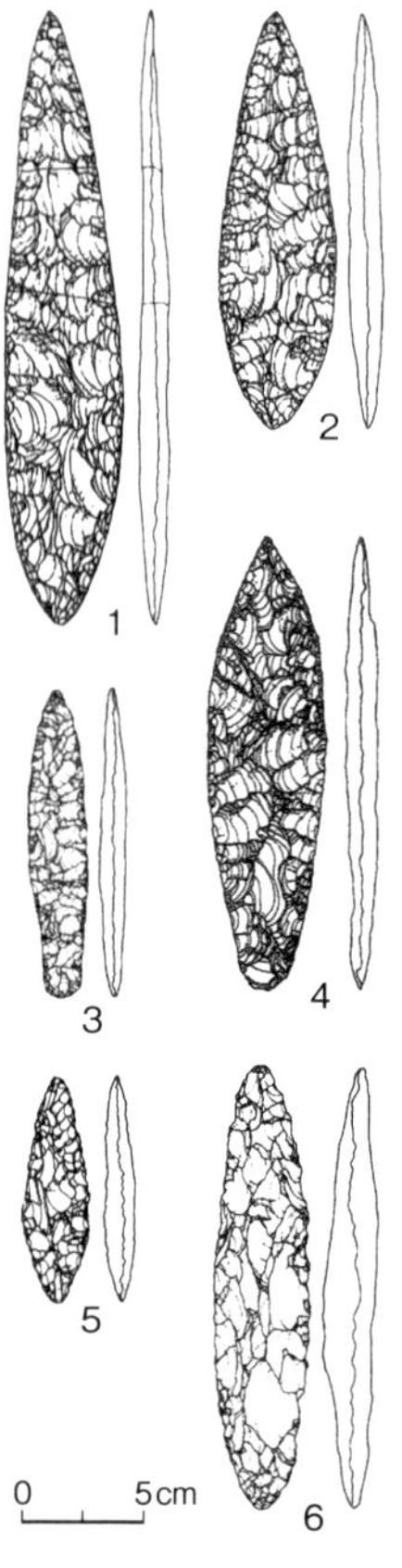

図41　石槍

第45問　石皿とは何か

大きくて平たい礫《れき》の中央に浅い窪みをつくって、石製の皿に形が似ていることから名づけられたが、単独で使用されるものではなく、磨石《すりいし》や敲石《たたきいし》を用いて、浅い窪みで堅果類の種実や顔料などを粉砕・製粉するため道具として使われた（図42。上條信彦『縄文時代における脱穀・粉砕技術の研究』六一書房、二〇一五年）。

石皿《いしざら》は、安山岩や硬砂岩など粗粒の石材を用いている。東アジアの森林環境の狩猟採集社会を特徴づける石器で、日本列島では旧石器時代から散発的に存在するが、縄文時代になって主に堅果類の種実などを粉砕・製粉する道具として発達した。簡素な加工のものが多いが、中期以降になると突起状の脚や台をつけたり、側縁に文様を施したものもある。石皿は、持ち運びできるのが基本であるが、なかには住居の特定の場所に据えつけられたものがあって、これは固定式石皿とか、据付石皿と呼んで区別している。

縄文人が主食とした堅果類や根茎類は、製粉化し乾燥することで保存性に優れるだけでなく、粉末にすることでほかの食品と練り合わせることができ、栄養価が高く、かつ美味な加工食品を作り出すことも可能となることから、製粉具としての石皿や磨石は、縄文人の必需品の一つであった。

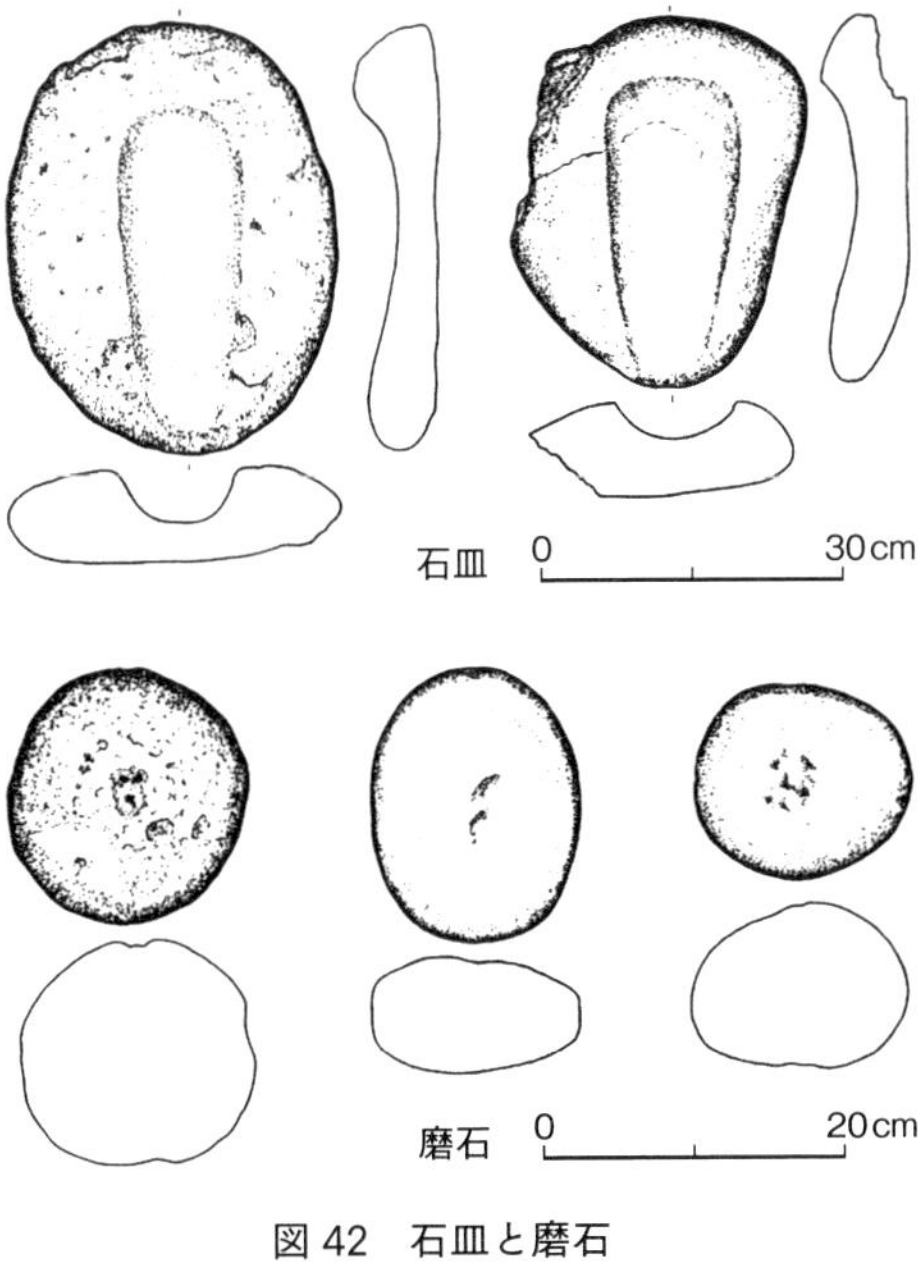

図 42　石皿と磨石

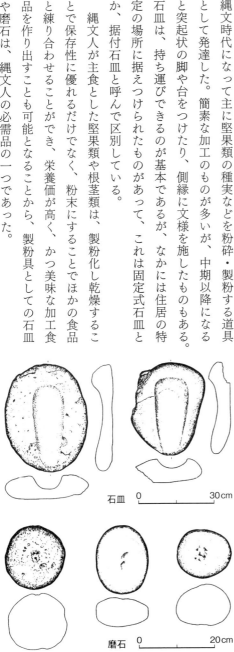

第46問 打製石斧は何に使われたか

斧の形をした打製の石器を木製の長い棒状の柄（直柄《なおえ》という）の先端に装着、あるいは樹木の幹と枝の分かれ部（膝柄《ひざえ》という）を利用して幹の部分に装着し、主に土を掘る道具として使われた。

打製石斧《せきふ》は、砂岩や粘板岩、安山岩などの手ごろな大きさの礫《れき》を打ち割って、長方形の短冊形や中央がくびれた分銅形、あるいは三味線の撥《ばち》の形をした撥形に作った、ちょうど斧の形に似ていることから、その名がつけられた（図43）。

しかし、打製石斧と呼ぶからといって、それが斧の身として使われたかというと、それは別の問題である。というのは、考古学では、その研究の第一歩として、物の形の分類から始める。打製石斧は、斧の形をした打ち割られた石器という意味で分類されたわけである。そして、この打製石斧が何に使われたかは、その使用の痕跡を詳細に観察し、着柄の有無などを確認することで、その機能・用途を明らかにすることになる。

打製石斧の刃部をみると、刃に直角した線状痕を観察することができる（図43の1〜6）。これは土砂などを上から突き刺した際にできる使用痕である。つぎに打製石斧の側面を観察してみると、胴部の上半部を中心に敲打《こうだ》の痕跡が顕著で、これは柄に石器を装着させるための刃潰《はつぶ》しであった可能性が考えられる。そこで、打製石斧の欠損の度合いをみると、ほとんどの遺跡において半数以上が欠損品である。そして、その欠損部をみると、ほぼ中央部で欠けたものと、刃部や基部を欠くものが非常に多い。しかも、こうした欠損部が集落遺跡から出土することは非常に少ないことから、この石器を使った場所が集落とは異なる場所で、柄を再利用するために持ち帰られたものと解釈された（小田静夫「縄文中期の打製石斧」『季刊どるめん』一〇号、一九七六年）。

こうした観察結果などから打製石斧は、主に鍬先や鋤先のような土を掘る道具として使われたと考えられている。とすれば、読者のなかには、打製石斧などというまぎらわしい名称ではなく、土掘り具に名称を変えたらと考える人も多いと思う。しかし、打製石斧のなかには、重量がある肉厚のものがあって、これは伐採斧の身に使われたもの、あるいは片刃のもので、使用痕から手斧《ちょうな》として使われたと想定されるもの（図43の7〜9）などもあり、一方で多様な用途にも使われていることから、打製石斧という名称を慣用的に使っているというのが実状である。

鍬先や鋤先としての打製石斧は、ヤマノイモなどの根茎類を掘るためだけではなく、竪穴住居の床や柱穴、ドングリなどの堅果類を保存する貯蔵穴、動物の罠を仕掛けるための落とし穴を掘るためにも使われ、定住生活を始めた縄文人にとっては、その当初から必需品の一つであった。

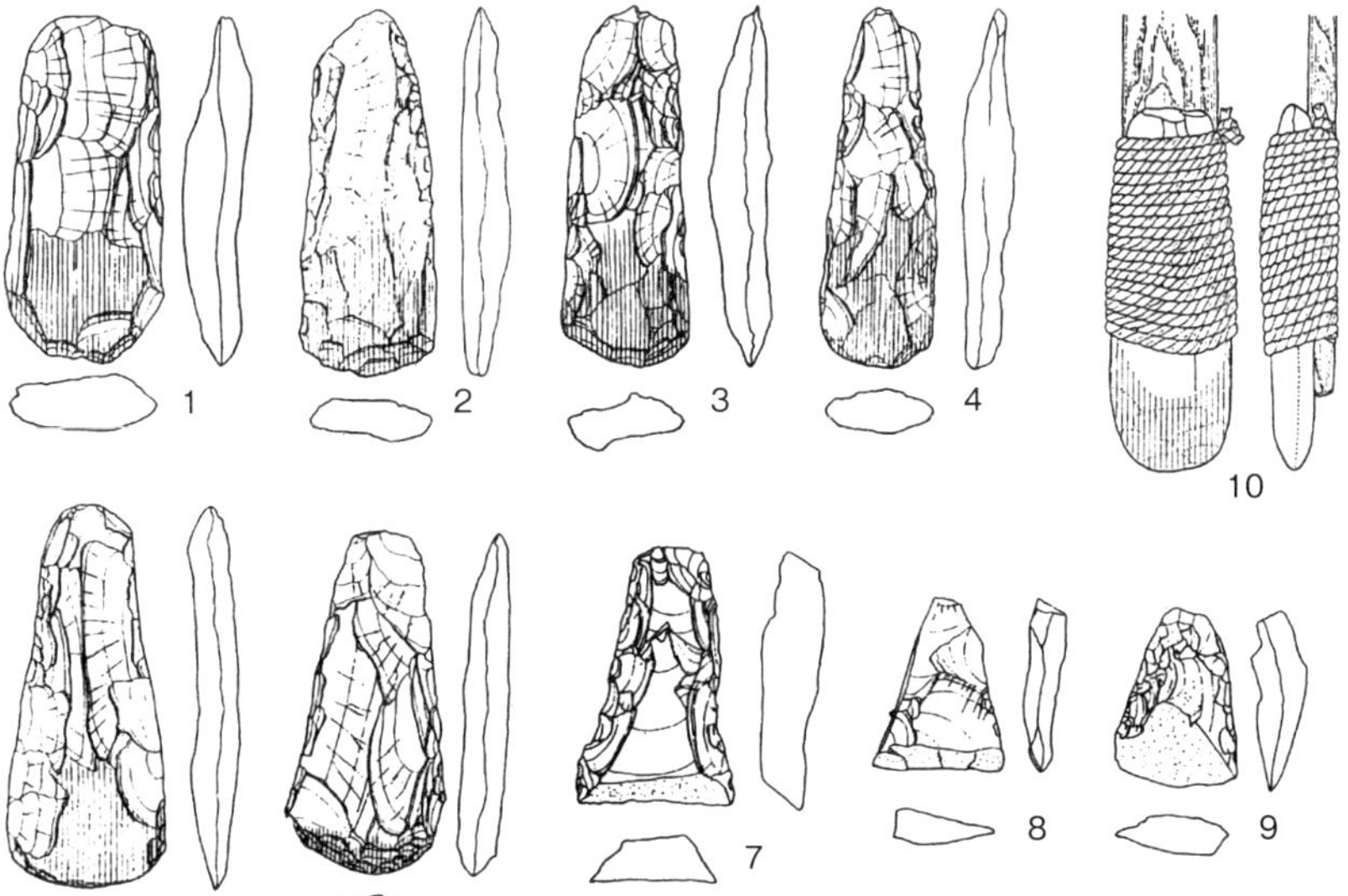

図43　打製石斧と着柄想定図
1〜6 両刃石斧、7〜9 片刃石斧、10 両刃石斧の着柄想定図

第47問　磨製石斧は何に使われたか

　研磨して仕上げた斧の形をした磨製《ませい》の石器で、木製の直柄《なおえ》、あるいは膝柄《ひざえ》の先端部に穴をあけて装着し、斧として使われた。全体を研磨したものと、刃部付近を研磨した局部磨製石斧《せきふ》とがあるが、日本列島の旧石器時代には、世界史でもまれに局部磨製石斧を使ったことで知られる。全体を研磨したものは、縄文時代に盛行する。

　磨製石斧は、蛇紋岩や凝灰岩、緑色片岩（北海道日高地方産の良質なものをとくにアオトラ石と呼ぶ）などの硬くて緻密な石材を打ち欠いて形を整え、敲打《こうだ》によって全面を平滑にし、砥石で研磨して斧の形に仕上げたものである（図44）。

　形としては、大型、中型、小型があって、乳房状磨製石斧と呼ばれる刃先が蛤刃《はまぐりば》で、断面が円形ないし楕円形で頭部の長い棒状のものは、もっぱら大型品のみが作られた（図44の1〜3）。それに対して、定角式磨製石斧と呼ばれる刃先が鋭角で、側面が面取り加工され、全体が平たく撥状《ばちじょう》に仕上げられたものは、大型、中型、小型に作り分けられた（図44の4〜9）。

　磨製石斧には、当然、柄がつくわけであるが、その石斧柄のことを説明する前に、柄と身である石斧の関係をみておこう。斧には、縦斧と横斧がある。縦斧は、柄と身が平行につけられるもので、刃への抵抗を小さくするための装着法である。横斧は、柄と身が直交するので、刃への抵抗を大きくするための装着法ということになる。刃への抵抗が大きいということは、木材に接する刃の面が広いので、木材を削るなどの加工用には横斧が、木材の伐採や分割には、当然、縦斧が使われるということである（佐

原真『斧の文化史』東京大学出版会、一九九四年）。

石斧柄のうち直柄は、石斧を装着する台部が肉厚に作られ、そこに縦斧用の貫通孔があけられている（図44の12）。直柄は、もっぱら伐採に用いられたが、福岡県久留米市の正福寺《しょうふくじ》遺跡からは、実際に、完形の柄に磨製石斧が装着されたものが出土している。装着された磨製石斧は硬質砂岩製で、刃部は全面が刃こぼれをして、その使用の激しさを物語っていた。

一方の膝柄は、樹木の幹と枝の分かれ部を利用して、幹の部分に石斧を装着する台部として、そこに縦斧用と横斧用のソケットを作る（図44の10・11）というように、縦斧は木材の伐採に用いられることもあったが、主に分割などの荒割に、横斧は加工用の手斧《ちょうな》として使われた。

こうした斧としての磨製石斧が本格的に使われるようになったのは、縄文早期初頭からであったが、定形の乳房状磨製石斧や定角式磨製石斧が使われるようになるのは、前期も後半に入ってからのことである。なお、大きな板石を利用して、それを磨いて刃を作り出し、擂切《すりき》りという手法で分割した擂切石斧は、主に前期の東日本に盛行する。

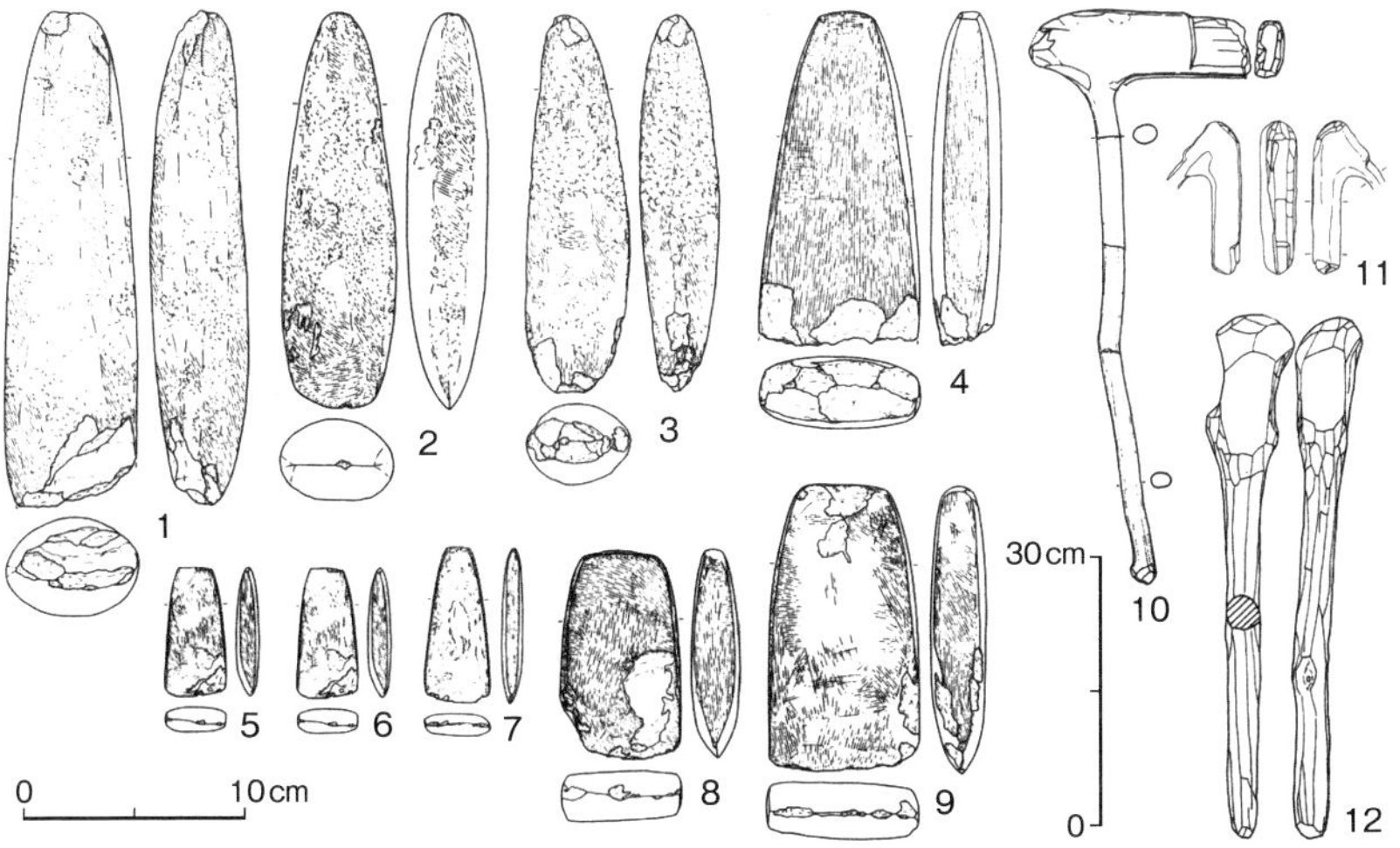

図44　磨製石斧と石斧柄

1～3 乳房状石斧、4～9 定角式石斧、10・11 膝柄、12 直柄

第48問 石匙とは何か

鋭い刃部をもつ打製石器のうち、紐かけ用のつまみを作り出したもので、動物の皮剝ぎや物を切るなどの刃物（ナイフ）として使われた。匕《さじ》（匙）に似た形態を江戸時代後期に木内石亭《せきてい》が『雲根志《うんこんし》』（後編巻四、一七七九年）で「天狗の飯匕」と紹介したことから、その名称が残存して明治以降に石匙と呼ばれるようになった。「いしさじ」と訓読みするが、「せっぴ・せきひ」と音読みする場合もある。

石匙は、黒曜石やサヌカイト、頁岩《けつがん》などの硬質で鋭利な割れ口をもつ石材の剝片を素材として、押圧剝離《おうあつはくり》による調整加工で作られる。形態については、つまみが刃部と直角につく縦型と、つまみが刃部と平行につく横型とがある（図45）。そして、つまみの部分にアスファルトとともに紐状のものが付着した出土例があることから、携帯用に紐が結びつけられていたと想定されている。

縦型石匙は、北海道・東北地方に縄文時代をつうじてみられるが、横型石匙は、早期末の近畿地方に出現し、前期のはじめに関東・中部地方、中期になると全国的な広がりをみせるようになる。なお、近畿地方に分布の中心がある前期の北白川《きたしらかわ》下層式には、正三角形の優美な石匙が特徴的にともなう（図45の4）。

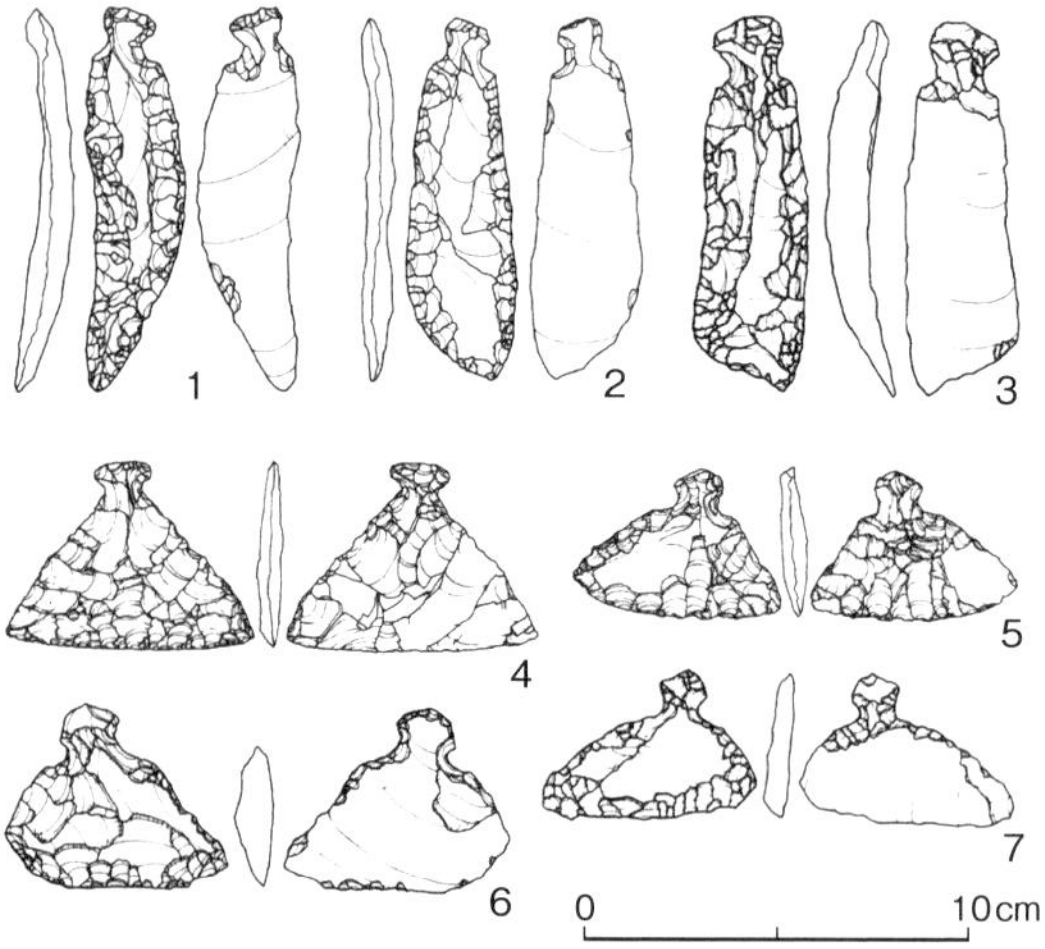

図45　石匙

1～3 縦型石匙、4～7 横型石匙

第49問　石錐とは何か

断面が三角形や台形、菱形の錐《きり》状の先頭部を作り出したもので、穿孔用に用いられた石製の錐のことである。「せきすい」と音読みするが、「いしきり」と訓読みする場合もある。

石錐は、黒曜石やサヌカイト、頁岩《けつがん》などの硬質で鋭利な割れ口をもつ石材の剝片を素材として、押圧剝離《おうあつはくり》による調整加工で作られる。その形態を決定する基本は、錐の刃部としての棒状の先頭部にあるが、その先頭部を回転させやすいようにつまみが作られている。

つまみの形態には、いくつかのバラエティがあるが、多くは素材である剝片の形状を生かした作りとなっており、それだけに縄文時代をとおして多様な形態のものが使われた（図46）。なお、つまみ部のない錐部だけのものもあるが、これには柄がつけられていたと推定されている。

ところで、石錐と石匙《いしさじ》は、剝片を素材として、機能・用途にあわせて定型的に作られた石器であるが、剝片の鋭い刃部を生かして、素材のままに使われるケースも多く、刃器《じんき》とか刃器状剝片と呼ばれる石器にも何らかの使用の痕跡が残されていることがあるので注意が必要である。

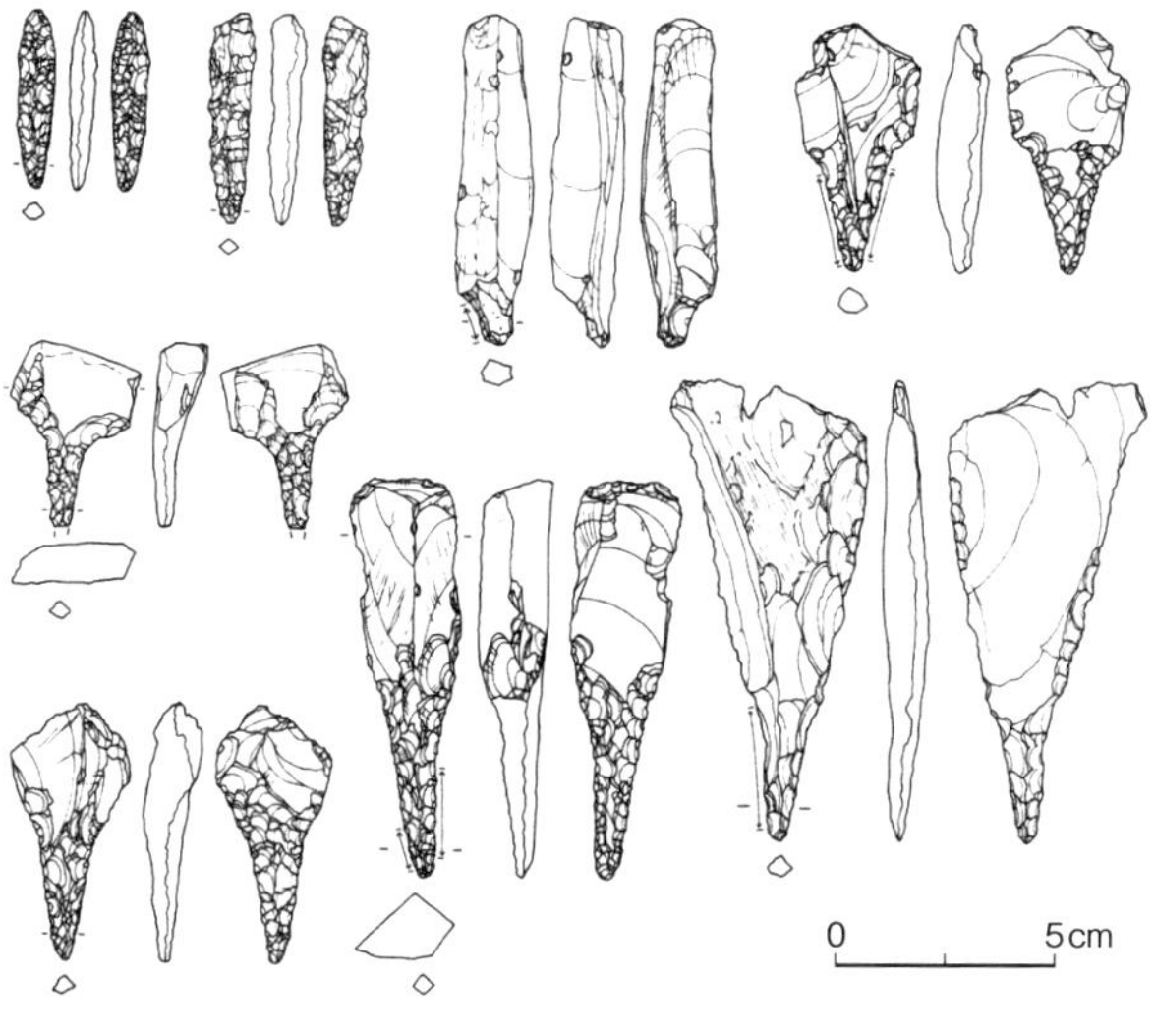

図46　石錐

第50問 釣針を使っていたか

魚を釣るための針形の漁具は、縄文時代のはじめから使われており、そこから釣漁が縄文時代を代表する漁労法の一つであったことがわかる（渡辺誠『縄文時代の漁業』雄山閣、一九七三年）。

釣針は、大半がシカの角を使っている（鹿角《ろっかく》製）が、まれに骨やイノシシの牙を利用した例もある。鹿角製は、角を一定の長さに輪切りにした後、それを縦に割って板状に加工したものを素材に製作しているが、大型のものには角の分枝部を利用した例もある。軸と針が一つの素材から製作されたものを単式釣針といい、軸と針を別に作って組み合わせたものを結合式釣針という。また、針の先端に返しがつく鐖《あぐ》にも、有無や位置に変化が多い。形態は「し」の字状を基本とするが、錨形や丁字形などもある（図47）。

沖縄県南城市のサキタリ洞窟で旧石器時代の貝製の釣針が発見されているが、日本列島で釣針が本格的に使われるようになるのは縄文時代早期の初頭からで、それは単式「し」の字状の鐖がつかないものである（図47の1）。早期後半には結合式釣針もそろい、鐖もつけられるようになる。とくに中期の後半以降、東北地方の太平洋沿岸地域で一〇センチ以上の結合式釣針など多種類のものが使われるようになり、この地域で外洋性漁業が活発におこなわれていたことを物語っている。

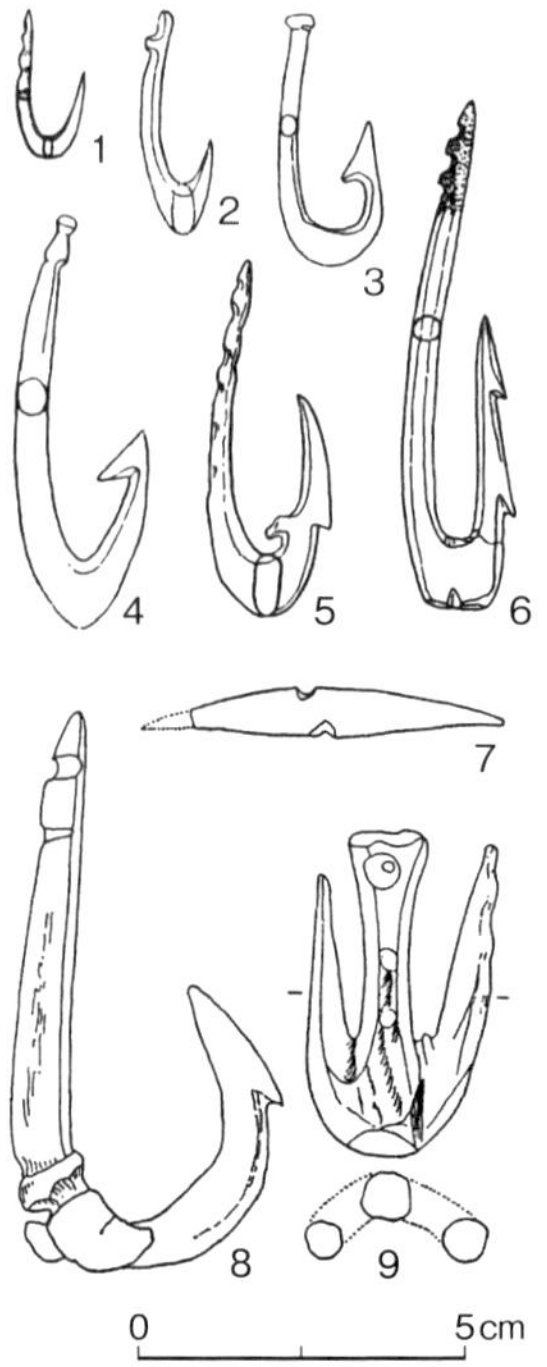

図47　釣針

1～6 単式釣針、7 丁字形釣針、8 結合式釣針、9 錨形釣針

第51問　銛を使っていたか

魚や海獣類を突き刺すための銛頭《もりがしら》は、縄文時代のはじめから使われており、そこから刺突漁《しとつりょう》が縄文時代を代表する漁労法の一つであったことがわかる（図48。渡辺誠『縄文時代の漁業』雄山閣、一九七三年）。

銛頭は、多くが鹿角《ろっかく》製であるが、シカやイノシシの骨を利用した例もある。鹿角製は、角の先端部を利用して、基部に逆刺《かえし》と柄を挿入するためのプラグとソケットが作られる。また、角や骨を一定の長さに輪切りにした後、それを縦に割って板状に加工したものを素材としたものは、逆刺を作り出し、基部を半ソケット状にしたり、柄に装着しやすいように尖らせたりしている。

銛には、手にもったまま用いる突き銛と、投げつける投げ銛がある。ふつう突き銛をヤス（矠、簎）と呼び、たんに銛という場合は投げ銛をさす。しかし、考古学では、つぎに述べる固定銛《こていもり》をヤス、離頭《りとう》銛《もり》を銛と呼び分けている。それは突き銛と投げ銛の区別が考古資料からは困難なので、銛頭の索縄《さくじょう》のための貫通孔や基部の特徴で固定銛と離頭銛が区別できることから、固定銛をヤス、離頭銛を銛と呼び分けたというのが実状のようである。そこで本書では、固定銛とヤスとは、あえて区別しないで固定銛と総称し、必要に応じてヤスを用いることにする。

一方、銛には、柄に骨角製の銛頭が固定された固定銛（図48の1〜3）と、銛頭が柄から離れる離頭銛（図48の4〜11）がある。固定銛には、銛頭が単独のものと、複数を組み合わせたものがある。離頭銛は、銛頭が単独で、対象魚に命中すると、銛頭が獲物の体内に残り、あらかじめ銛頭につけておいた索縄をたぐりよせて獲物をとる。そして、離頭銛頭では、基部に柄に挿入するためのプラグ（雄型。図48の4〜6）

とソケット（雌型。図48の7〜11）を作るが、ソケットのうち半ソケット状のものを開窩《かいか》式、ソケット状のものを閉窩《へいか》式という。また、離頭銛頭のうち、基部の逆刺がツバメの尾のような形のものを燕形《えんけい》銛頭と呼ぶが、この銛頭には先端に石鏃を装着させた例が多いのも特徴の一つである。

固定銛、とくにヤスと呼ばれるものは、縄文時代早期の初頭から内湾や内水面漁業の漁具として使われるが、中期後半ごろからの大型のものや後期からの組み合わせ式のものは、外洋性漁業の漁具として使われた。離頭銛は、早期末には北海道で出現するが、前期には東北北部に広がり、中期の後半以降、三陸海岸や磐城海岸など太平洋沿岸地域で、燕形銛頭などのような獲物に突き刺さった銛頭が回転して、索縄とT字形となって獲物を確実に捕獲できる、いわゆる回転銛などの機能的に優れたものが使われているように、外洋性漁業の漁具として発達した。

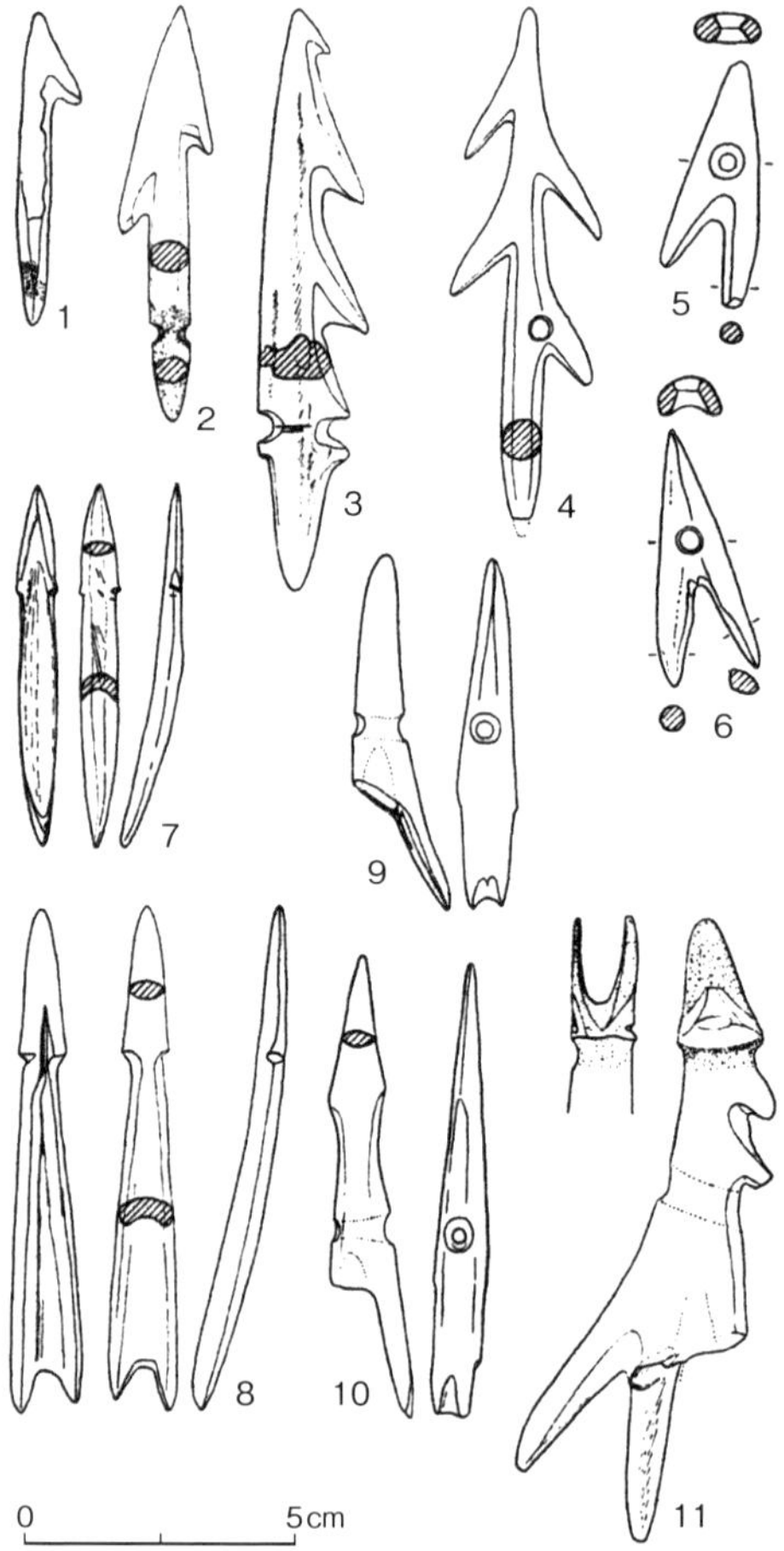

図48　銛頭

1〜3 固定銛頭（ヤス頭）、4〜11 離頭銛頭（4〜6雄型、7・8 雌型開窩式、9〜11 雌型閉窩式・燕形）

第52問　漁網を使っていたか

漁網の網そのものは愛媛県松山市の船《ふな》ケ《が》谷《たに》遺跡で晩期のものが唯一発見されているだけであるが、漁網の錘《おもり》とした漁網錘が縄文時代をとおして発見されているだけでなく、網針《あばり》の存在からも（図50の7）縄文時代に漁網を使った漁がおこなわれていたことがわかる（渡辺誠『縄文時代の漁業』雄山閣、一九七三年）。

漁網錘には、土製（土錘《どすい》。図49の1〜4）と石製（石錘《せきすい》。図49の5〜7）がある。土器片や扁平の河原石の両端を打ち欠いただけの簡単な漁網錘は、早期前半から散発的にみられるが、早期後半の北海道函館市の中野B遺跡では、後者の礫《れき》石錘だけでも二万点以上が出土して、中野B遺跡の定住集落を支えた生業の一つが津軽海峡での網漁であったことで注目された。中期になると磨り切りで切り込みを入れた切目《きりめ》石錘や溝をめぐらした有溝《ゆうこう》石錘、後期になると有溝土錘や類例はまれだが円筒形の長軸に貫通孔のある管状土錘がみられるようになる。

ところで、貝塚からは、イワシやキス、マアジなどの海の表層に群れる小型魚が多く出土するが、これらは網漁で捕獲されたと考えられている。また、内陸の湖沼や河川流域の縄文遺跡からも土錘や石錘が出土することから、フナやウグイ、アユなどの淡水魚漁も活発であったことがうかがえる。

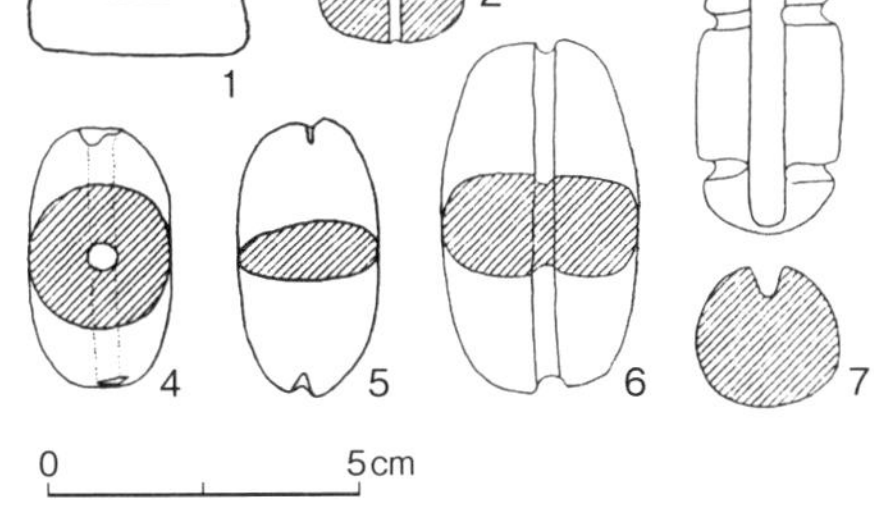

図49　漁網錘

1 切目土錘、2・3 有溝土錘、4 管状土錘、
5 切目石錘、6・7 有溝石錘

第53問

骨針とは何か

先端を鋭く尖らせて、頭部に糸など紐状のものをとおす孔や糸かけのための溝などをもつ骨製品で、縫う、刺す、綴じる、編むなどの作業に用いられた道具のことである。「こっしん」と音読みするが、「こつばり」と重箱読みする場合もある。

三センチ前後の小型のものから一五センチを超える大型のものまであるが、小型のものは鳥骨や魚骨、大型のものはシカやイノシシなどの獣骨を素材とすることが多い（図50）。長野県南佐久郡北相木村の栃原岩陰《とちばらいわかげ》遺跡からは、早期初頭の長さ三から五センチ、幅一から二ミリ、そこに一ミリに満たない孔をあけるなど、今日の金属製の縫い針と遜色ない形態のものが出土している（図50の1〜4）。ほかにも骨針は、縄文時代をとおして、ほぼ全国に分布している。孔のなかには、糸をとおしやすいようにしたのか、細長くあけられたものもある。小型のものは、今日でいう縫い針として、大型のものは、皮革製品の製作や編み針としての使用法が考えられる（図50の5・6）。

特異なものとしては、漁網の製作や補修に用いられた晩期の鹿角製の網針《あばり》が宮城県東松島市の里浜《さとはま》貝塚から出土している（図50の7）が、今日の網針と同一形態であることから、縄文時代にも蛙又《かえるまた》結びと呼ばれる網目がずれにくい結び方の漁網の存在が想定されている。

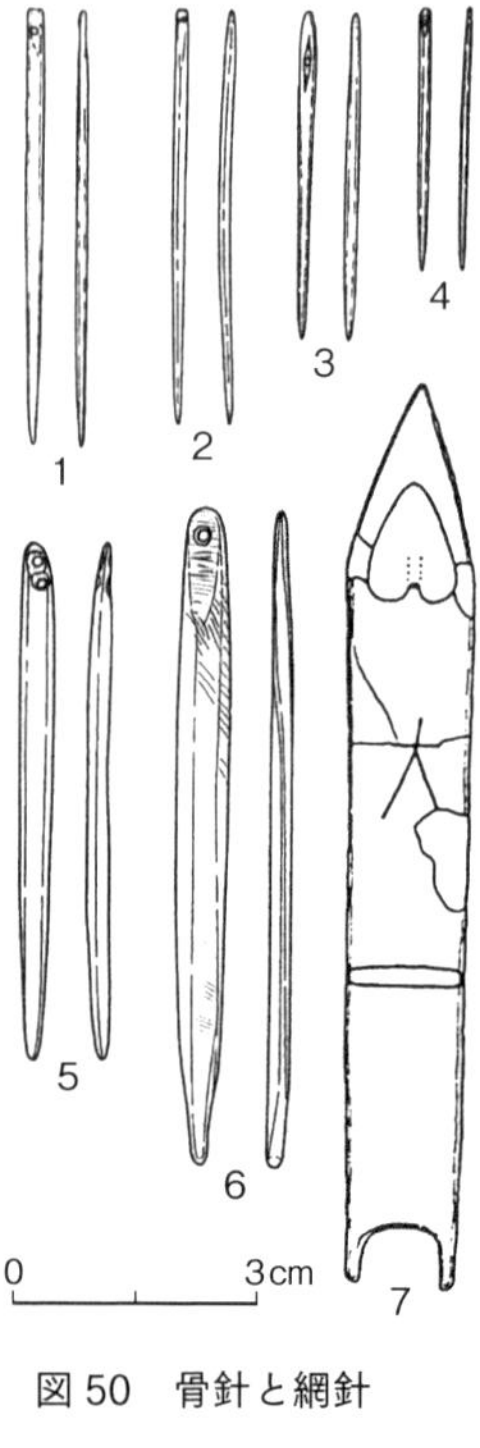

図50　骨針と網針

第54問　植物製の容器にはどのようなものがあったか

縄文人が使った容器といえば、私たちは、ついつい縄文土器に目を奪われてしまいがちである。たしかに金属製の容器がなかった時代、煮炊きをしたり、貯蔵に用いたりと、縄文土器は大活躍していた。しかし、土器は、たいへん壊れやすく、かつ重いという難点もあった。そのために、縄文人は、軽くて丈夫な植物製の容器を多く使っており、煮炊き用を除けば、容器の主役は植物製の容器であった。

木本植物を素材とした木製容器は、製作技法によって刳物《くりもの》、挽物《ひきもの》、曲物《まげもの》、結物《ゆいもの》、指物《さしもの》に大別できるが、縄文人は、石器という道具の限界から、材を刳りぬいて作る刳物に使用が限られている（設問83を参照）。とはいえ、食器に使ったコップ（無《む》頸《けい》壺）、皿、鉢などの小物から、食品をこねるのに使ったと思われる大皿などの大物、あるいは液体をすくう匙《さじ》や杓子《しゃくし》、水差しというように、私たちの日常生活で馴染み深い容器の多くが使われているのには驚かされる（図51）。

一方、タケ・ササ類や蔓植物、木本植物を割り

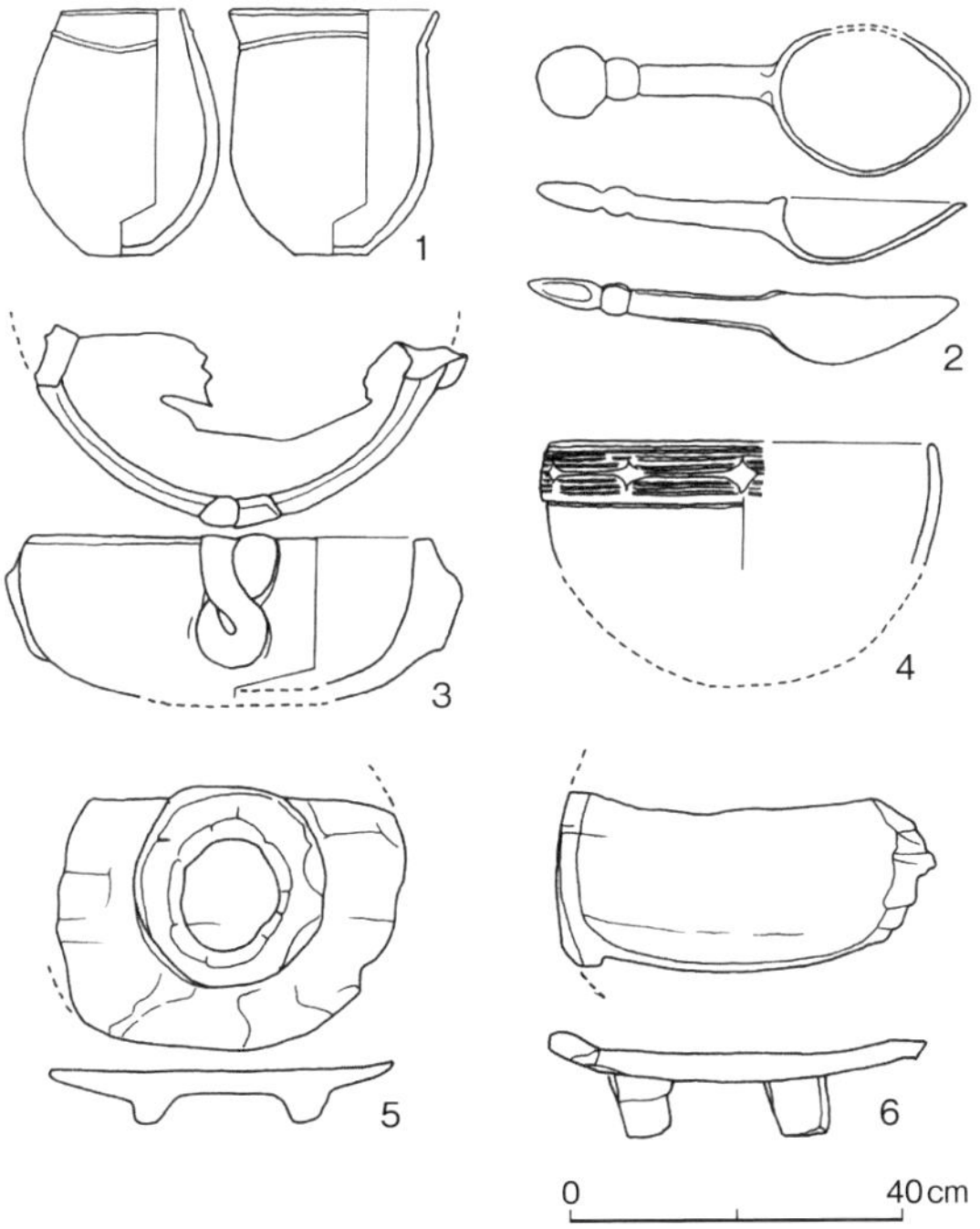

図51　木製容器
1 無頸壺、2 匙、3・4 鉢、5・6 浅鉢

裂いた籤《ひご》を編んだ容器には、笊《ざる》と籠《かご》がある。目の粗いものを籠、目の細かいものを笊というが、その区別は曖昧なので、本書ではカゴ類と総称することにする。

カゴ類の編み方には、縦材と横材を交互に潜らせて編む網代《あじろ》編《あ》みと、縦（横）材に複数の横（縦）を絡ませながら編む捩《もじ》り編みとがある（設問84を参照）。そして、材の幅や本数、交互の潜らせ方や間隔などを組み合わせることによって、用途に応じた多様な容器を編んでいる。たとえば縄文時代早期の佐賀市の東名《ひがしみょう》遺跡からは、七〇〇点を超すカゴ類が出土している。高さが六〇センチ以上の大型、なかには一メートルを超えるものから、五〇センチ以下の小型のものまであって、私たちが日常生活で使っているカゴ類と材質の違いを除けばすべてが揃っている（図52）。

このように、植物製の容器は、縄文時代早期という早い段階から用いられ、その種類も水差し形のような特殊な容器を除けば、ほぼ基本的なものは出揃っていたということである。

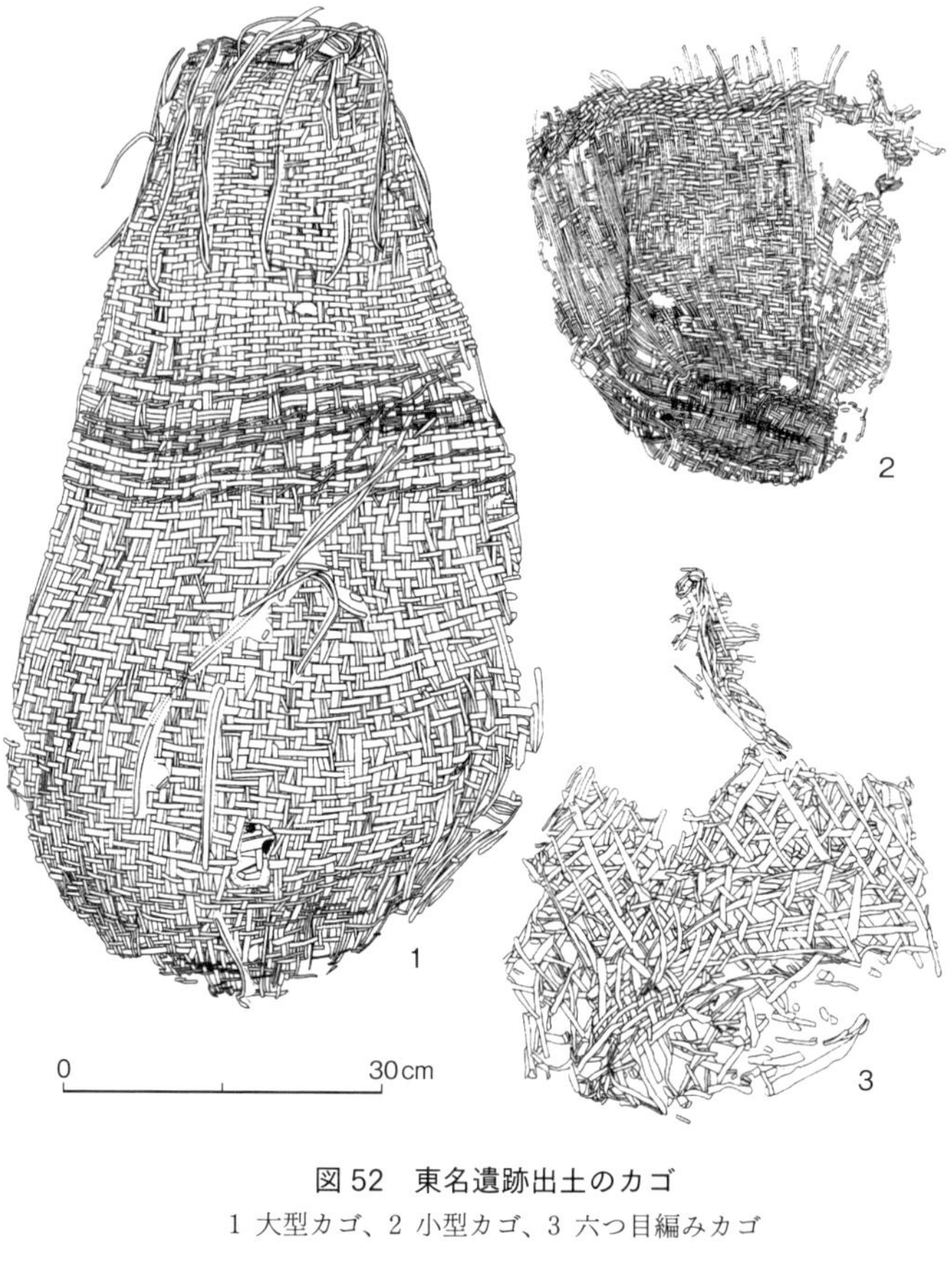

図52　東名遺跡出土のカゴ
1 大型カゴ、2 小型カゴ、3 六つ目編みカゴ

第55問　縄にはどのようなものがあったか

植物の繊維などに撚《よ》りをかけて作ったものには、綱、縄、紐、糸がある。その太さから一般的に綱、縄、紐、糸の順で細くなるが、その区別は曖昧なので、本書では一括して縄と呼ぶことにする。

縄文人の道具のほとんどは、石製や骨角製の利器と木製の柄などというように二つ以上の素材を組み合わせたもので、それらを固定するのに縄が使われた。弓矢には丈夫な細縄の弦、釣針には天蚕糸《てぐす》のような釣糸が不可欠である。また、住居を建てるには、柱と梁を太縄でしっかりと結ぶだけでなく、葦などで屋根を葺くのにも縄が必要である。

このように、縄文人の日常生活に縄は必需品であるが、福井県三方上中郡若狭町の鳥浜《とりはま》貝塚の前期の包含層からは、直径二から三ミリほどの細いものから直径五センチにおよぶ太い縄までが出土し、用途に応じてさまざまな縄が作られ、使い分けられていたことが明らかとなっている（図53）。とはいえ縄は有機質であるので、大多数の遺跡からは発見されないが、縄文人がさまざまな縄を使っていたということは、実は縄文土器につけられた多様な縄目文様の原体が縄であるので、それを知ることができる。

図53　鳥浜貝塚出土の縄（左端：長さ20cm）

第56問　土偶とは何か

粘土で人体の形を表現した素焼きの小像のことである。土偶《どぐう》の古い用例は、平安時代中期の承平年間（九三一から九三八年）ごろに編纂された『倭名類聚抄《わみょうるいじゅしょう》』の「祭祀具第百七十二」で、「偶人」を俗に人形といい、「史記云土偶人木偶人」とある。また、一八二四年の山崎美成《よししげ》の『耽奇漫録《たんきまんろく》』にも「津軽亀ヶ岡にて掘出たる土偶人二軀」として、青森県つがる市の亀ヶ岡《かめがおか》遺跡出土の遮光器《しゃこうき》土偶の図が紹介されている（設問9を参照）。こうした土偶人について、一八八六年（明治一九）の『人類学会報告』二号で、白井光太郎《みつたろう》が「貝塚より出し土偶の考」と報告し、土偶が考古学用語として定着することになる。

土偶は、土器の出現期である「草創期」にも散発的にみられるが、縄文時代早期から本格的に作られるようになる。その表現は、まだまだ稚拙であるが、乳房のふくらみなどから、当初から女性を表現していたものと考えられている。それが前期から中期へと時期をおって、東日本を中心に立体的な土偶が作られるようになって、乳房だけでなく、妊娠を思わせる下腹部や大きな尻部、妊娠線、女性器などが表現される例が多くなり、土偶が女性を形象化したものであることが明確となる（図54。原田昌幸『土偶』〈『日本の美術』三四五号〉至文堂、一九九五年）。

長野県茅野市の棚畑《たなばたけ》遺跡から出土した中期の土偶は、立体感のある頭部と顔の表現、十字形の胴部と「出尻《でっちり》土偶」と形容される後方に大きく張り出した尻、安定した大きな脚部からなるが、その造形美から「縄文のビーナス」と呼ばれて、国宝に指定されている。また、前期末から中期の東北地方北部から北海道南部には、十字形や三角形で板状の作りから「板状《ばんじょう》土偶」と呼ばれる特異な土偶が分布する。その一方で、山形県最上郡舟形町から出土した中期の土偶は、顔の表現こそないが、プロポーションが美しく、「出尻土偶」の特徴をもつ「縄文の女神」と呼ばれる国宝の土偶も現れる。そして、後期には、たとえば茅野市の中ッ原《なかっぱら》遺跡から出土した仮面をつけた面相から「仮面の女神」と愛称される中部地方の「仮面土偶」のように、表現や表情が複雑になり、関東地方から東北地方南部に「ハート形土偶」、その後に関東地方から東北地方北部に「山形土偶」、さらに関東地方に「ミミズク土偶」などというように、後期から晩期へと頭部の形や面相から型式分類されている多彩な土偶が作られた。とくに晩期の東北地方で発達した「遮光器《しゃこうき》土偶」は、眼部表現がイヌイットなど北方民族の雪メガネ（遮光器）に似ていることから名づけられたが、その奇怪な面相とともに、土偶の代名詞とされるほど有名である（図55）。

　土偶が何のために作られたかは、考古学界では、いまだ大きな謎の一つとされている。土偶の用語をはじめて使用した白井の「貝塚より出し土偶の考」で、すでに「(第一)小児の玩弄物に製せしか（二）神像と為し祭りしか（三）装飾と為し帯ひしか」と述べているように、今日まで愛玩具説、祭

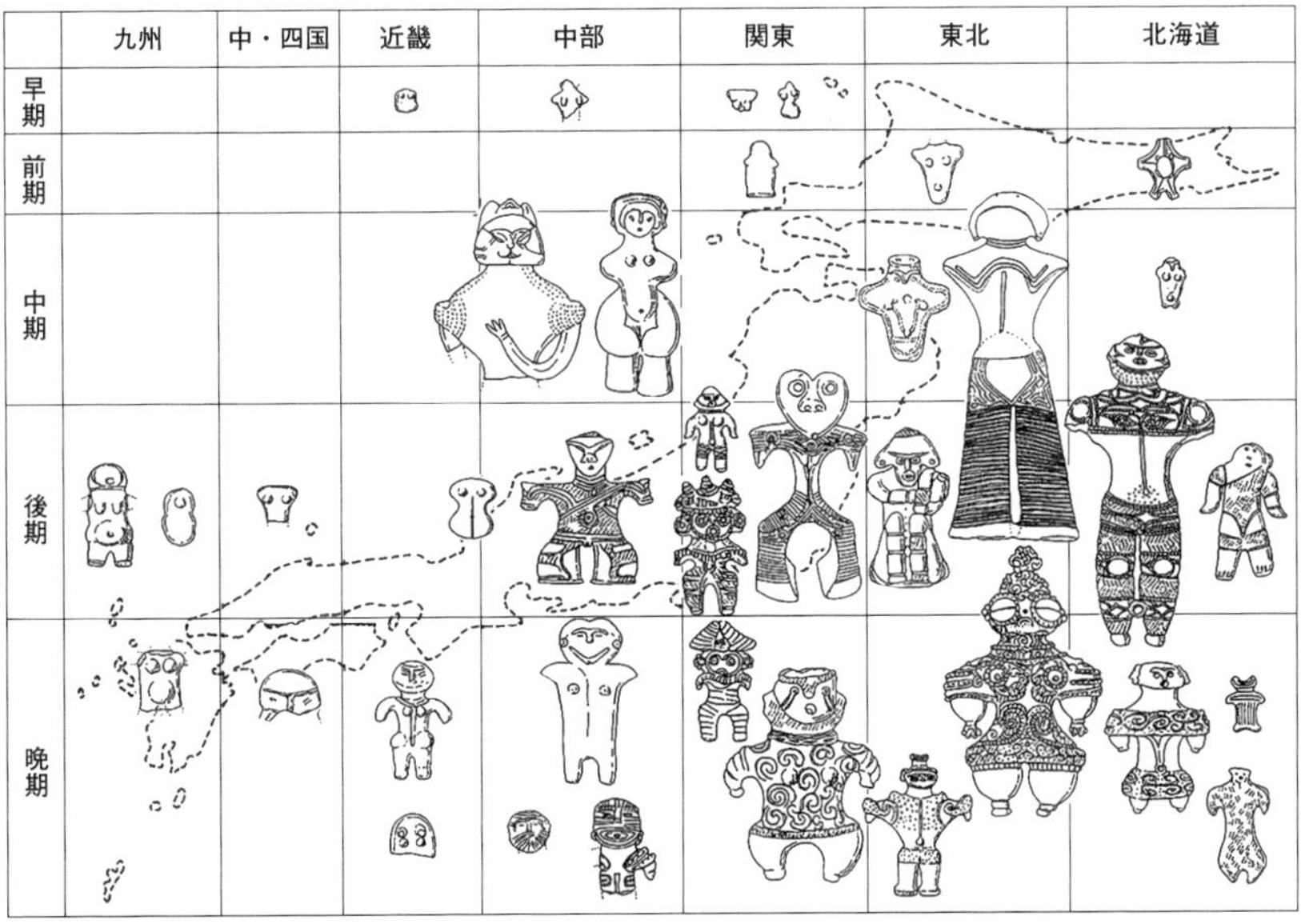

図54　土偶の変遷

祀具説（神像、女神像、精霊像など）、護符説、呪具説などが唱えられてきている。大量に出土する小型の土偶は、その大半が身体を欠損していることから、人の病気や傷害などのある部位を土偶の同じ部位を破損することで快復を祈ったとか、あるいは妊娠を思わせる表現が多いことから安産を祈願したなどという呪具説が有力視されているが、三上徹也は、土偶がある特定の遺跡に大量に出土し、それが大量の土器の廃棄をともなうことから、縄文土器の完成を願う形代として作られたという興味ある指摘をしている（『縄文土偶ガイドブック』新泉社、二〇一四年）。

一方、棚畑遺跡の「縄文のビーナス」や中ッ原遺跡の「仮面の女神」などの大型土偶のように、集落の中央広場に安置されたような状態で、ほとんど無傷のまま出土したものなどは、集団の安寧や繁栄、豊饒な

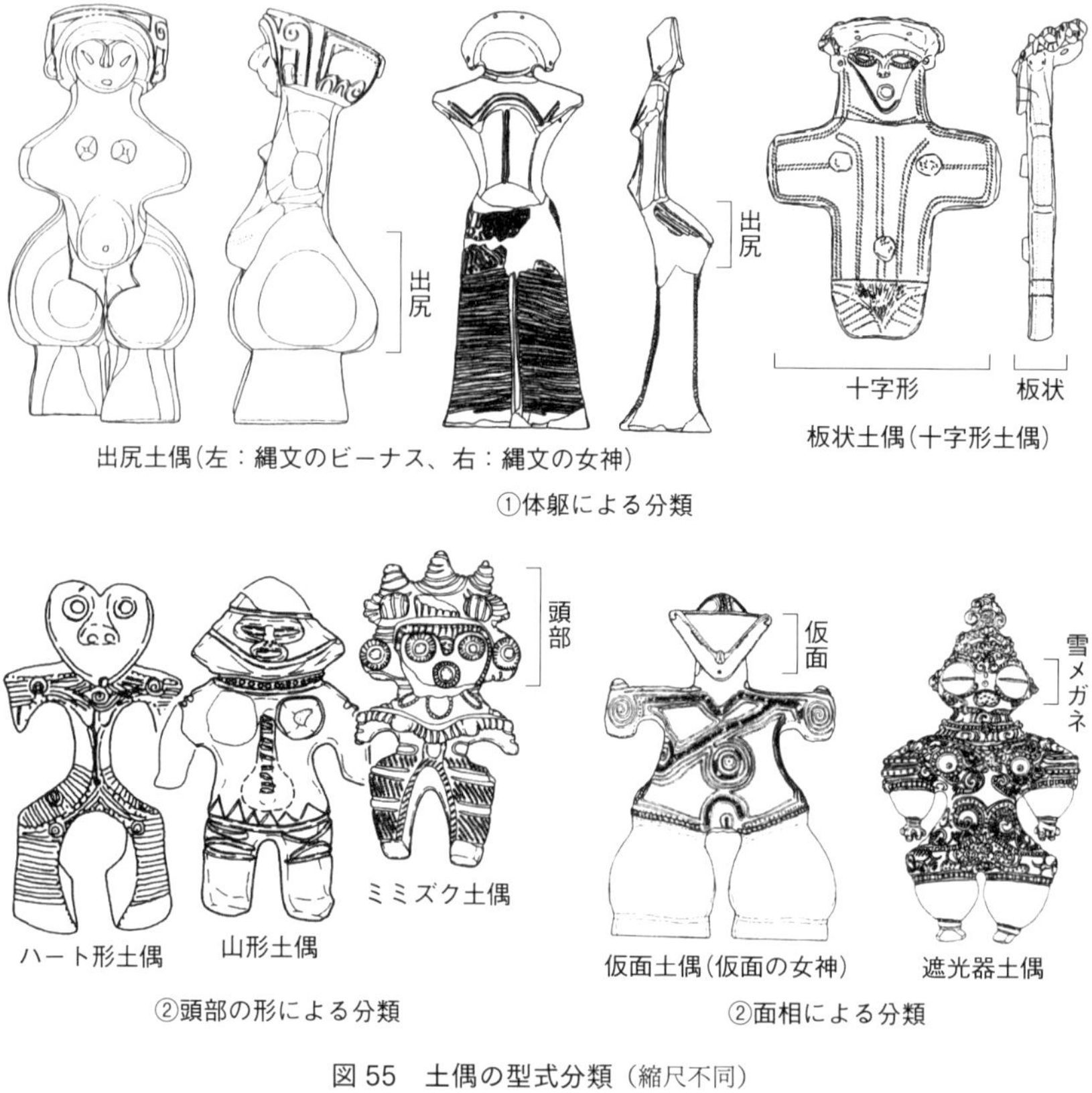

図55　土偶の型式分類（縮尺不同）

どの祭祀に使われ、その祭祀を掌ったシャーマンの死や集落の廃絶にともなって埋納されたとする祭祀具説が想定されている（守矢昌文『国宝土偶「仮面の女神」の復元 中ッ原遺跡』新泉社、二〇一七年）。

ところで、これまで述べてきた土偶は、頭、胴、手、足など抽象的な表現が目立つので抽象土偶と呼ぶとすると、ごく少数ではあるが具象土偶と呼ぶべき、身体が人間に近くバランスがとれていて、顔の表現なども人間らしく描かれている土偶がある（図56）。中期では、東京都八王子市の宮田《みやた》遺跡から出土した「子を抱く土偶」が有名であるが、後期になると、青森県八戸市の風張《かざはり》1遺跡や福島市の上岡《かみおか》遺跡出土の「蹲踞《そんきょ》姿勢の土偶」、北海道函館市の著保内野《ちょぼないの》遺跡出土の「中空大土偶」など類例が多くなる。とくに後期以降の具象土偶は、女性を強調する表現はなく、むしろ男性的であるのを特徴とすることから、抽象土偶とは違った使われ方、たとえば前述した三上は、集団の英雄と思しき特定個人や祖先を崇拝するための像ではないかと想定しているが、それ以上のことは今のところ不明である。

いずれにしても、土偶の用途は一義的なものではなく、縄文社会の呪術や信仰、祭祀などにかかわる道具であったことは間違いない。

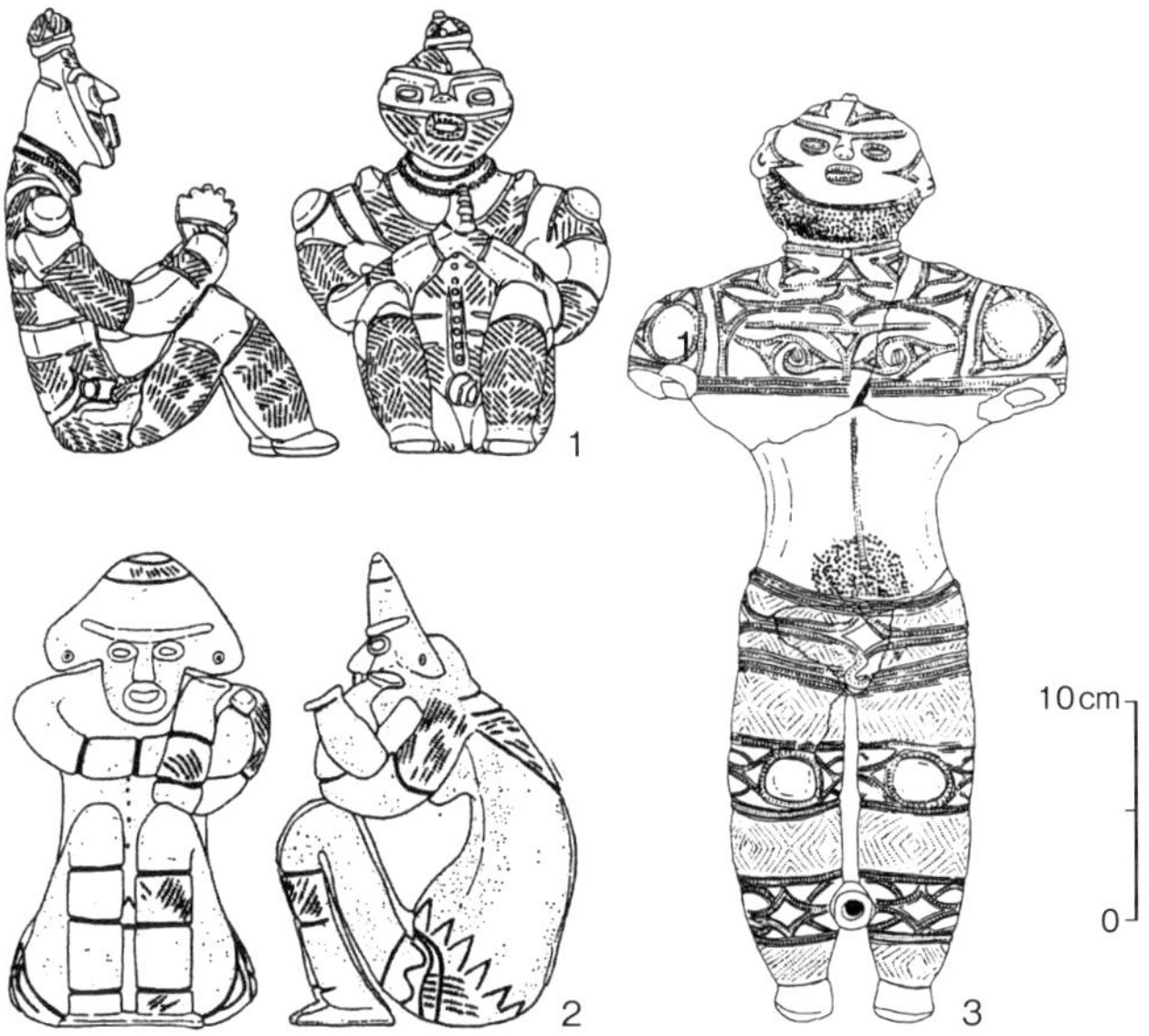

図56　人間らしい土偶
1・2 蹲踞姿勢の土偶（1 風張1遺跡、2 上岡遺跡）、
3 中空大土偶（著保内野遺跡）

第57問　岩偶とは何か

凝灰岩や砂岩、軽石などの軟らかい石材を加工・彫刻して、人体の形を表現した小像のことである。土偶と比べて出土量が圧倒的に少ないことと、時期や地域が限定されるという特徴などから、二〇世紀に入ってから注目されるようになる。岩偶《がんぐう》という用語は、一九〇一年（明治三四）の大野雲外《うんがい》・松村瞭《あきら》「陸奥地方旅行見聞録」（『東京人類学会雑誌』一八七号）が初出である。

岩偶は、前期の東北地方北部から北海道南部の円筒《えんとう》下層式土器の分布圏を中心にみられ、下が長いダイヤ形で、顔面や乳房の表現はなく、わずかに腕や肩がわかる程度で抽象化がいちじるしい（図57の1・2）。その後いったん途切れ、晩期になり遮光器《しゃこうき》土偶を基本的なモチーフとして、これと多くの共通点をもつ岩偶と呼ぶにふさわしいものが東北地方北部を中心に分布する（図57の3・4）。

一方、南九州の後・晩期には、軽石製の板状で平面が楕円形を呈し、沈線《ちんせん》で頭部や腕、脚を表現したものが分布する（図57の5・6）。

いずれにしても、東北地方北部の晩期の岩偶を除いて、人体表現の抽象化がいちじるしく、今のところその系譜や用途など不明なことが多い。

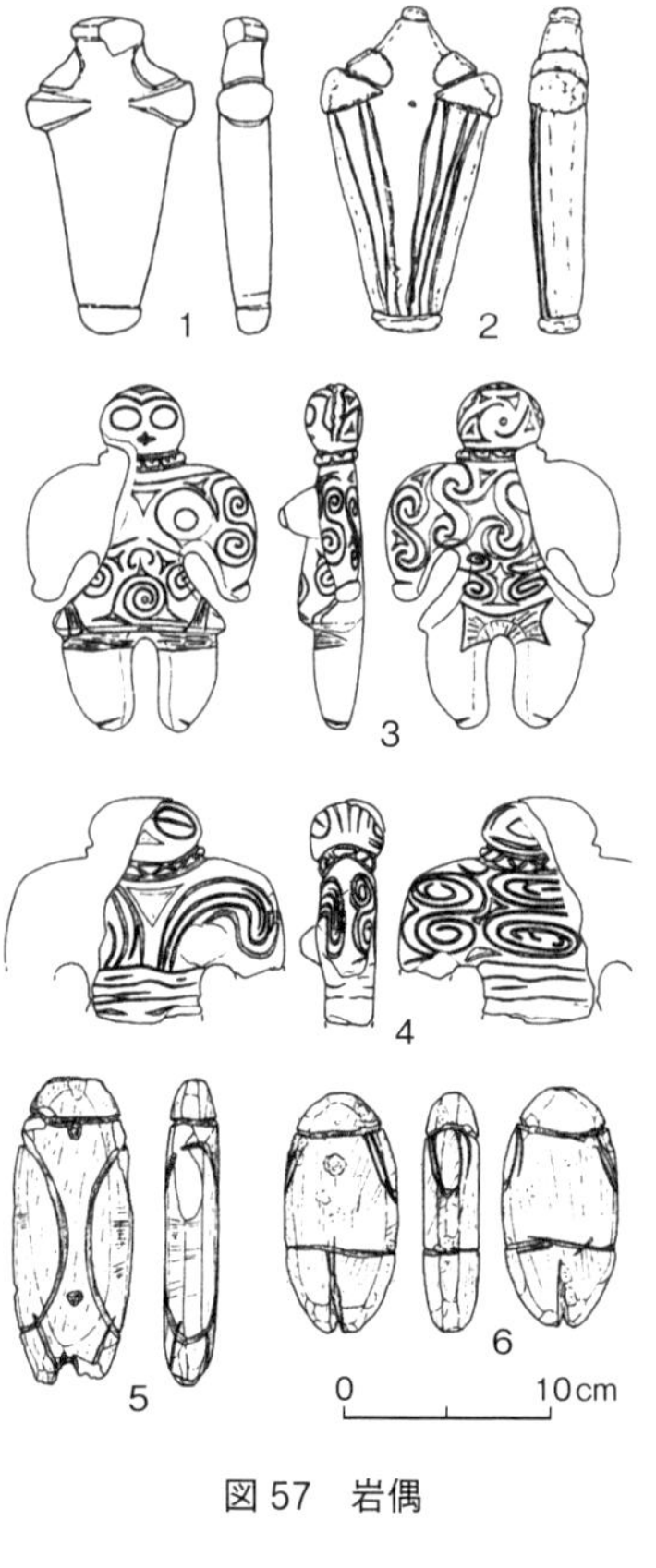

図57　岩偶

第58問　岩版・土版とは何か

楕円形や方形を基調とする板状の表裏に文様を施したもので、石製を岩版《がんばん》、土製を土版《どばん》と呼ぶ。土版にはじめて注目したのは東京都品川区の大森貝塚を発掘したモース（Edward Sylvester Morse　設問１を参照）で、報告書でタブレット（Tablet）と名づけて、その用途に玩具、権威のしるし、護符の三つを考えた（"Shell Mounds of Omori", Memoirs of the Science Department, Vol.1, Part1, 1879.）。

岩版は、凝灰岩や砂岩などの軟らかい石材を楕円形や方形に成形して、その表裏に精巧な文様を施している（図58の１～４）。文様は、土器と同様なことから、これによって時期が判別でき、その初源は晩期初頭の東北地方北部で作られ、その後に関東地方などへ分布を広げるが、関東地方の岩版は、その素材から多くは東北地方からの搬入品と考えられている。

土版は、楕円形や方形を基調とする板状の土製品のことで、東北地方を起源とする楕円形や隅丸方形で無孔のもの（図58の５・６）と、関東地方に主体的に分布する方形で上辺の両隅に孔をあけたものに大きく分けられる（図58の７・８）。東北地方

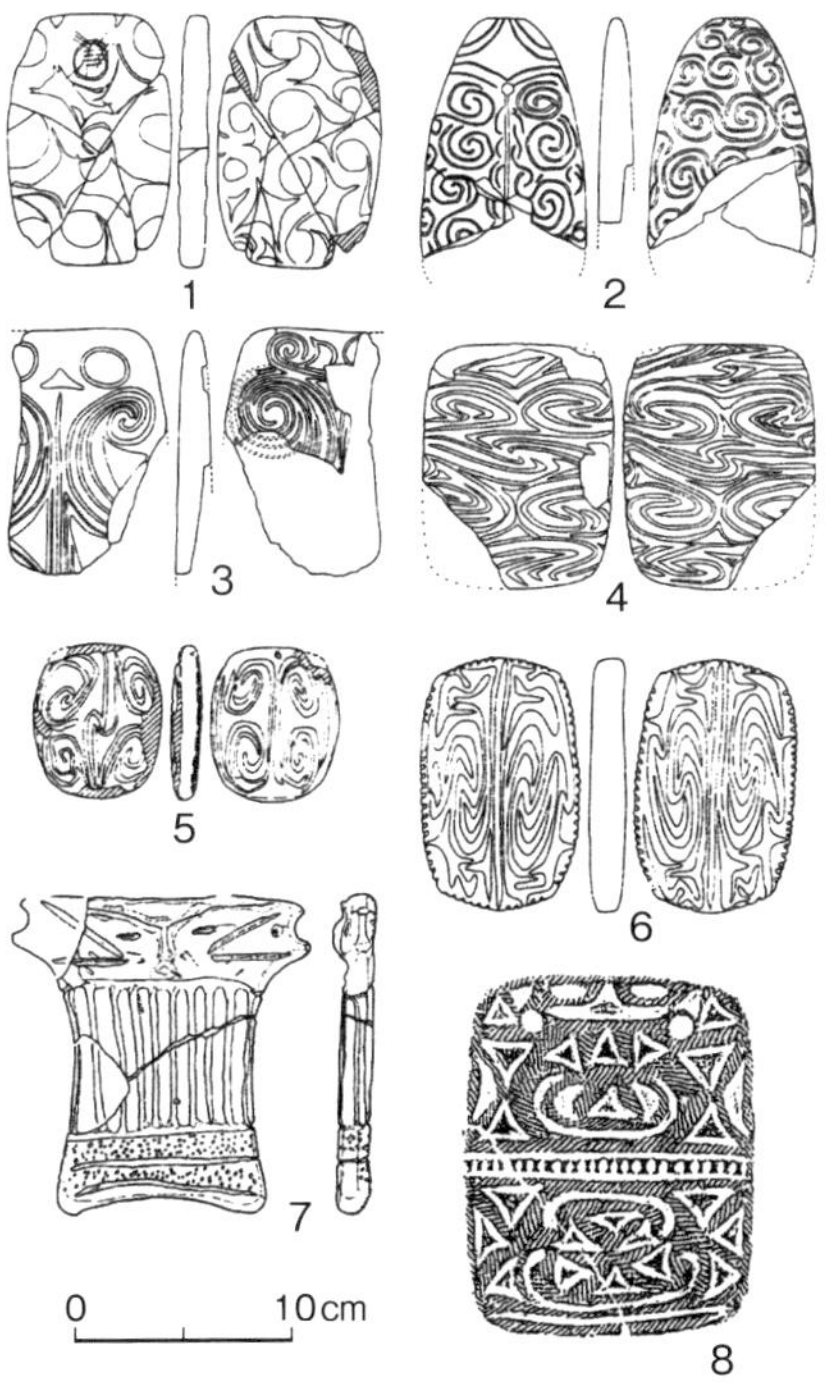

図 58　岩版と土版
１～４ 岩版、５～８ 土版

の土版は、岩版から分化して、素材を粘土としたと考えられている。一方、関東地方の土版には、表面の顔を表現したと思われる部分の上に「山」に似た沈線が刻まれたものなどがあって、上辺の両隅の小孔から、土版が紐でつるされた護符であるとの根拠の一つにされている。しかし、土版のなかには、意図的に割られた例も多く、土版が後期の土偶から分化したとの起源の問題も含めて、今後の課題である。

ところで、三角形岩版と三角形土版という用語もある。たんなる岩版・土版という場合には、この三角形岩版・三角形土版は含めないが、ここで簡単に紹介しておくことにする。

三角形岩版は、角が丸みをもった三角形やY字形を呈し、大きさは五センチ前後の小型の石製品である（図59の1～4）。中期から後期を主体に、一部は晩期まで存続し、東北地方から北陸地方の一部に分布する。打製で無文のものを除くと、文様は、表面に刺突文《しとつもん》と沈線文が施されるが、裏面は無文である。三角形土版と形態や文様構成を同じにすることから、素材による違いと考えられている。

三角形土版は、角が丸みをもった内湾気味の三角形やY字形を呈し、大きさは五センチ前後の小型の土製品である（図59の5～9）。中期を主体に、後期から一部は晩期まで存続し、東北地方から北陸地方の一部に分布する。文様は、表面に刺突文と沈線文が施されるが、裏面は無文である。また、乳房や臍《へそ》、生殖器を表現したものもあることから、土偶が変形したとの説がある。用途については、何らかの祭祀に使われた遺物とされるが、実態は不明である。

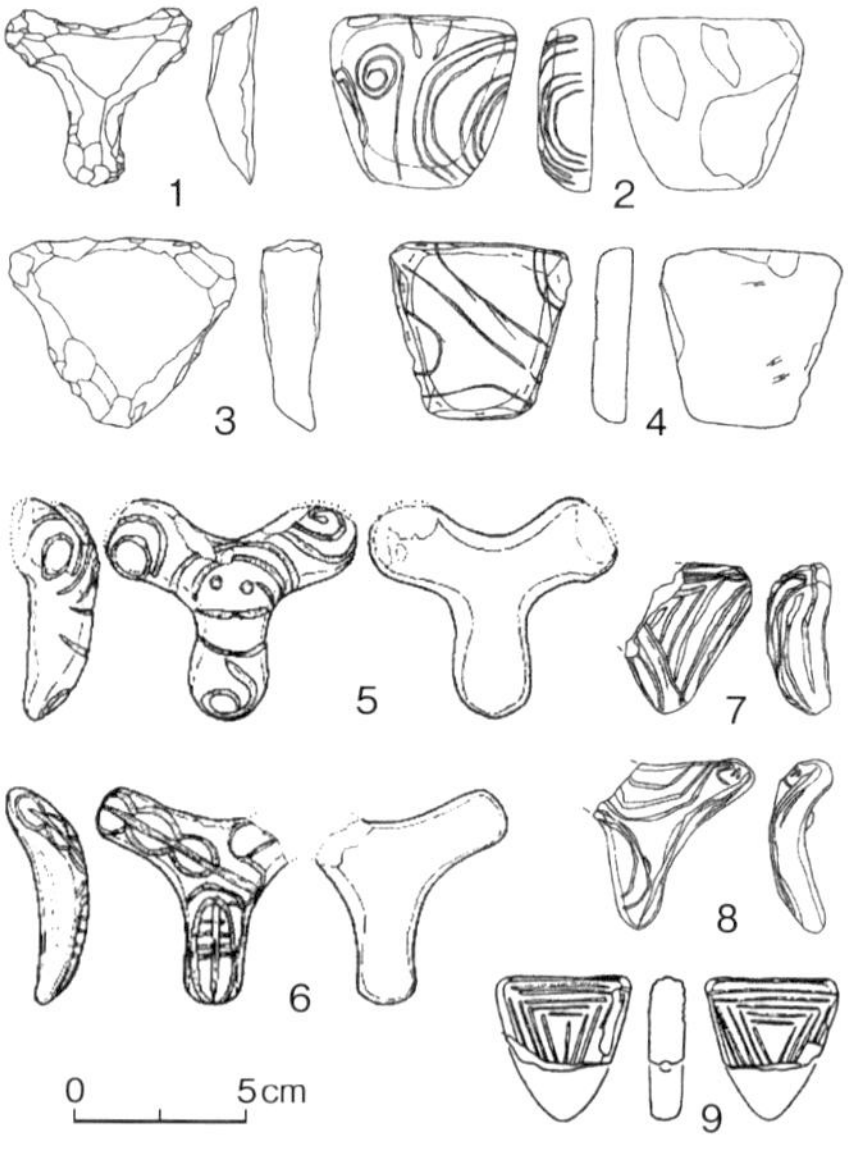

図59　三角形岩版と三角形土版

1～4 三角形岩版、5～9 三角形土版

第59問

動物形土製品とは何か

粘土で動物の形を表現した素焼きの小像のことである。縄文時代前・中期には、イノシシやヘビなどの動物を模した土器の把手などが知られているが、独立した小像としての動物形土製品が現れるのは、後期になってからである（図60）。

動物形土製品としてもっとも多く作られたのがイノシシで、とくに青森県弘前市の十腰内《とこしない》遺跡から出土した後期のイノシシ形土製品は、鼻や耳、口などの細部から姿形に至るまで写実的に表現され、体部には後期土器に特徴的な磨消《すりけし》縄文が施されている（図60の1）。晩期もイノシシが主体的なのは変わらないが、イヌやサル、クマなどの哺乳類のほかにも、カメなどの爬虫類、サザエなどの貝類がある。また、北海道千歳市の美々《びび》4遺跡から出土した晩期の動物形土製品は、アザラシ、ムササビ、カメ、水鳥にもみえる不思議な姿をしているが、体部には晩期土器に特徴的な充填《じゅうてん》縄文による三叉文《さんさもん》が施されている（図60の4）。なお、まれにキノコなどの植物形土製品もみられる。これらの土製品は、何らかの祭祀や儀式に用いられた遺物と考えられている。

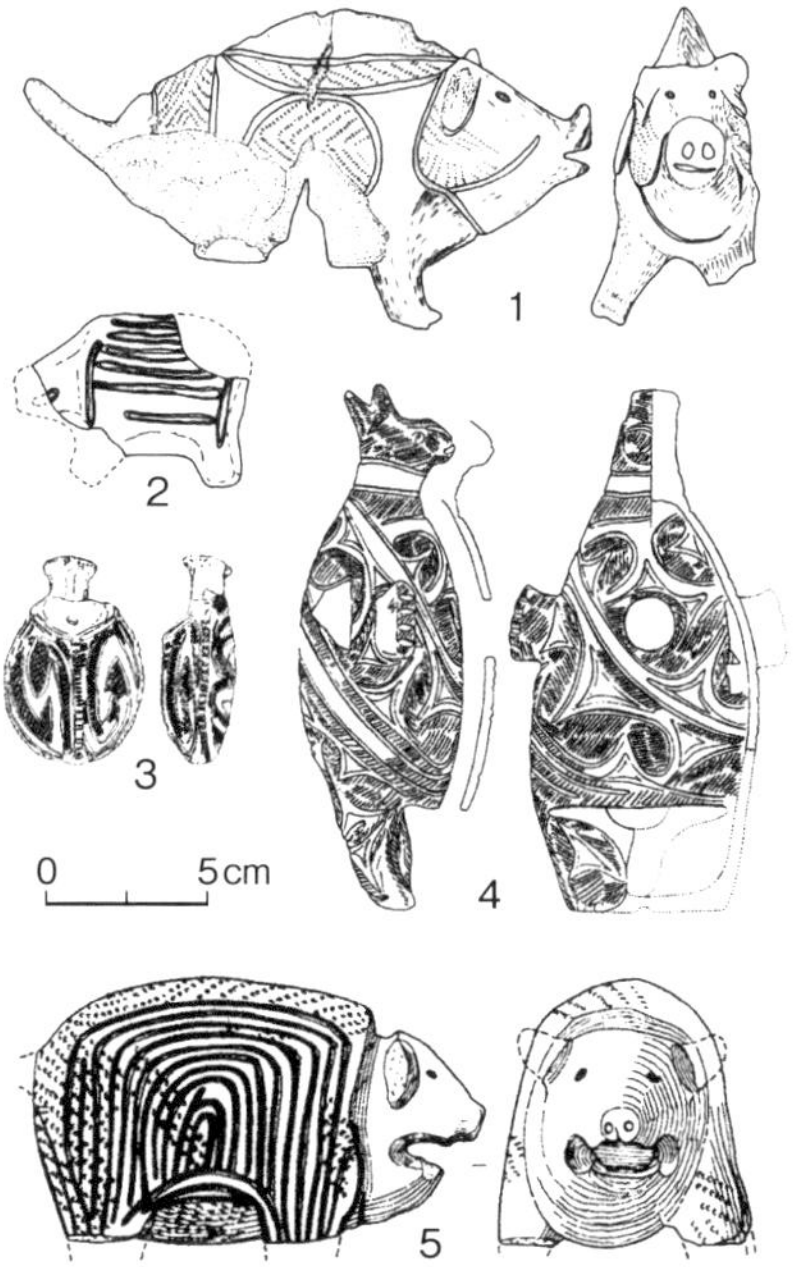

図60　動物形土製品

1・2 イノシシ、3 カメ、4 アザラシ（?）、5 クマ

第60問　石棒とは何か

棒状の磨製の石製品で、一端あるいは両端が瘤状にふくらみ、そのなかには明らかに男根を模したものがある。これら有頭石棒《せきぼう》に対して、端がふくらまないものを無頭石棒と呼び、単頭石棒、両頭石棒、無頭石棒と区別することもある。

木内石亭《せきてい》の『雲根志《うんこんし》』（三編巻五、一八〇一年）では、「異志都々伊」の項で両頭石棒の図とともに、これを「『日本紀神武紀』にいへる異志都々伊の類か」と紹介している。異志都々伊《いしつつい》とは、柄頭を石で作った石椎《いしつつ》（石槌《いしづち》）のことであるので、石亭は石剣の類と考えたようである。また、一八八六年（明治一九）の神田孝平《たかひら》の『日本大古石器考』では、「雷槌」を「争闘ヲナシ又ハ武威ヲ示スノ具」として、二八点の石棒を紹介している。なお、石棒という名称をはじめて使用したのは若林勝邦《かつくに》の「石棒ノ比較研究」（『東京人類学会報告』一巻八号）で、これ以降、石棒が考古学用語として定着していくことになる。

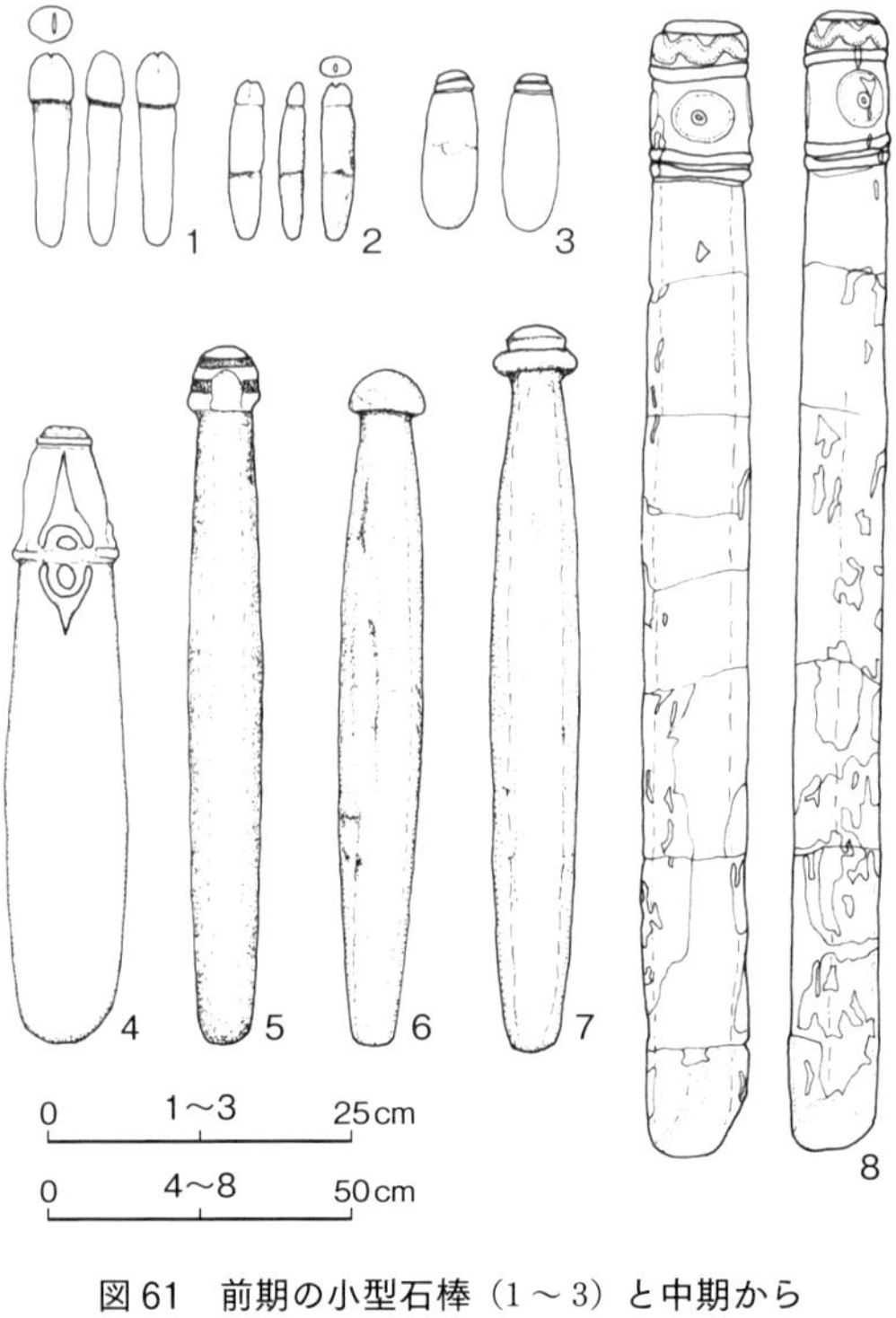

図61　前期の小型石棒（1〜3）と中期から後期前半の大型石棒（4〜8）

石棒は、前期の東日本に、その先行になると想定される形態のものが出現する（図61の1〜3）が、いずれも手のひらサイズの小型のもので、男根を模したという共通性から石棒に含めているが、中期以降の大型石棒とは系統を異にする可能性がある。石棒は、中期になると大型になるばかりか、男根の表現もリアルとなり、なかには一メートルを超える大型品も作られるようになる（図61の4〜8）。その石棒が後期になって、しだいに小型化するようになると、頭部の表現も抽象化され、晩期に入ると、断面が円形から扁平となって、やがて刀や剣を模したようにみえることから、石刀や石剣とよばれる精巧なものへと分化していく（図62）。

土偶《どぐう》が主に女性を形象したのに対して、石棒が男性器である男根を模していることから、生殖を象徴したものであることは大方の支持をえてきている。そして、大型石棒の出現と発達は、東日本に環状集落が盛行したことと重なることから、大型石棒が集落を構成する集団が祖先を共通にするという統合のシンボルとなるような祖先祭祀に使われたと考えられる（谷口康浩「石棒の象徴的意味」『國學院大學考古学資料館紀要』二一輯、二〇〇五年）。それに対して、後期以降の小型品になると、墓坑などに副葬される例が多くなることから、そこに祭祀から儀式へという社会的変化を読みとろうとする考えもあるが、今後の課題である。

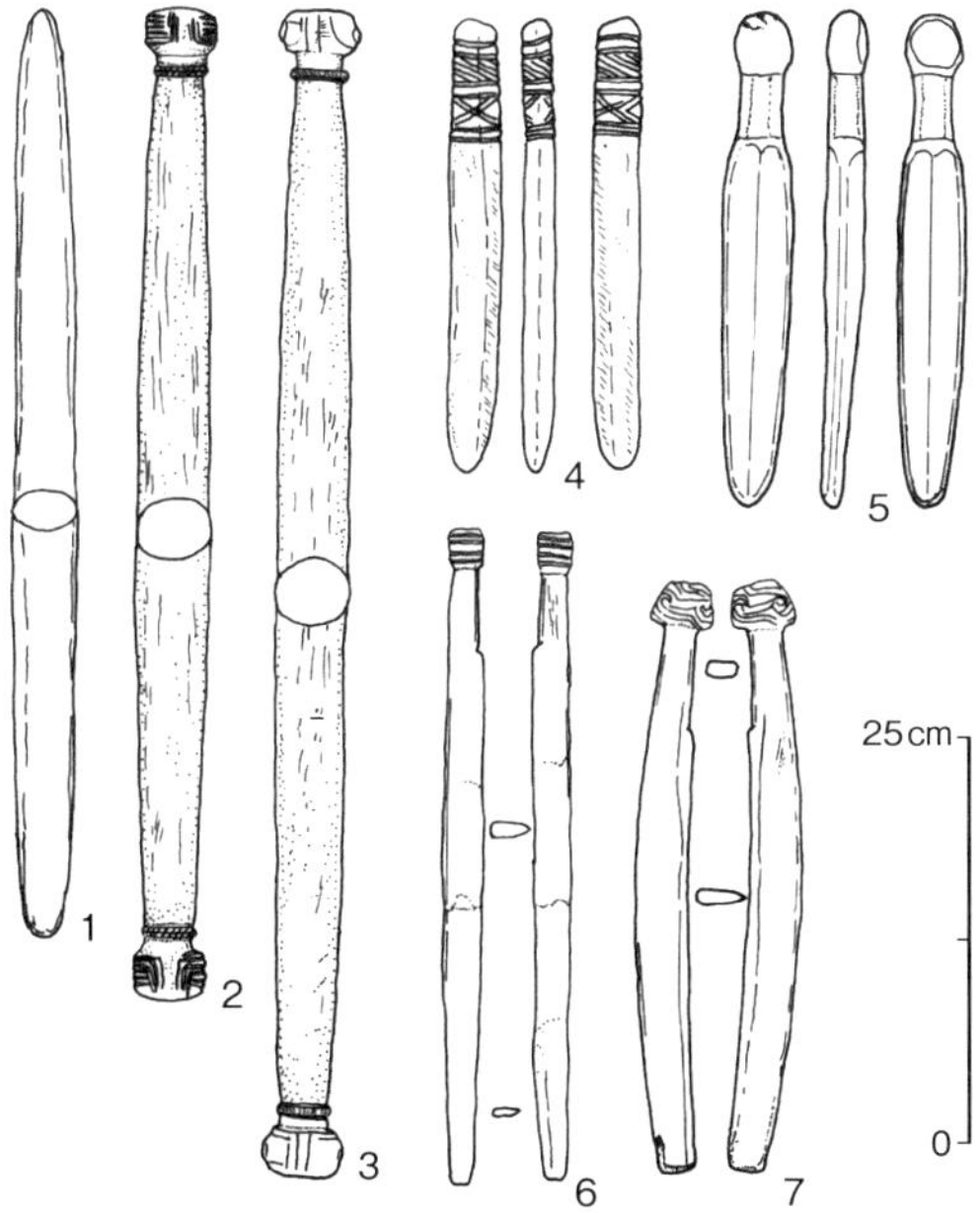

図62　後期後半から晩期の石棒類
1〜3 石棒、4・5 石剣、6・7 石刀

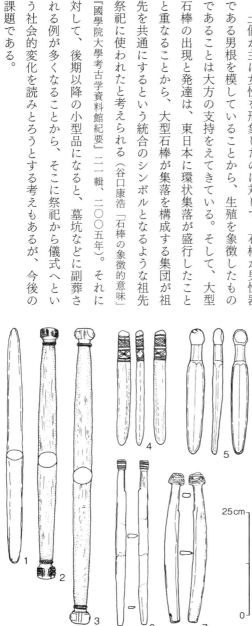

第61問　御物石器とは何か

縄文人の道具箱のなかには、「これは何なの」と首をかしげてしまうような名称の遺物があるが、御《ぎょ》物《ぶつ》石器などは、その最たるものであろう。長さが二〇から三〇センチ、断面が三角形、あるいは方形をしていて、中央よりやや片寄った位置に抉《えぐ》りを入れた磨製の石器で、晩期に岐阜県を中心に北陸から東海地方にかけて分布する（図63の1）。御物石器の名称は、一八七七年（明治一〇）に石川県鳳珠郡穴水町比良から出土した二点の石器が皇室に献上されて、「御物となった石器」として展示されたことに由来する。その後も御物石器と呼ばれつづけてきたのは、具体的な用途が不明であったからで、名称の由来を知らなければ、何の石器やら皆目不明ということである。

このほかにも、後期から晩期の東日本に盛行し、形状が仏具の独鈷《どっこ》に似ているところから独鈷石と呼ばれる、長さが一〇から二〇センチ、全体がバナナ状を呈して、中央部に一対のタガ状の高まりを作り出した磨製の石器がある（図63の6）。また、晩期の中部地方に盛行し、側面の断面形が凸状を呈して、冠状に成形されていることから、石冠《せっかん》と呼ばれる磨製の石器もある（図63の2〜4）。冠状の頭部は、球状に突出するものや斧状になるもののほか、基部と一体の作りのものなどがあって、石冠と一括してよいか迷うものすらある。なお、前期から中期の北海道の中央部以南に分布し、本州の石冠に類似するが、粉砕具としての用途をもつものは、北海道式石冠と呼んで区別している。さらに、中期末から後期の東北地方北部から北海道南西部に盛行し、丸棒状の先端が扁平な半月形に成形された磨製の石器で、中国の青龍刀《せいりゅうとう》に形が似ていることから、青龍刀形石器と呼ばれる磨製の石器がある（図63の5）。

一方、早期後半に出現し、後・晩期の東日本に盛行する円盤形で、中央に貫通穴を穿ち、周縁に斧状の刃部をもつ、その名を環状石斧《かんじょうせきふ》と呼ぶ磨製の石器がある（図63の7）。また、環状石斧の周縁からいくつか深い切り込みを入れて、複数の頭部を作り出したような形をした多頭石斧と呼ばれる磨製の石器は、縄文後期から弥生時代にわたる東日本に分布の中心がある（図63の8）。中央の穴に棒を差し込んで、斧や土掘り具として用いられたとか、民族誌を事例に棍棒頭として武器に使用されたとの説もあるが、いずれも憶測の域をでるものではない。

これらの道具類は、用途が不明であることから、私たちは、ともすると祭祀用や儀式用、あるいは威信財などと想定しがちであるが、さまざまな生業活動に用いられたものもあるはずで、今後とも、用途の解明を進めていく必要がある。

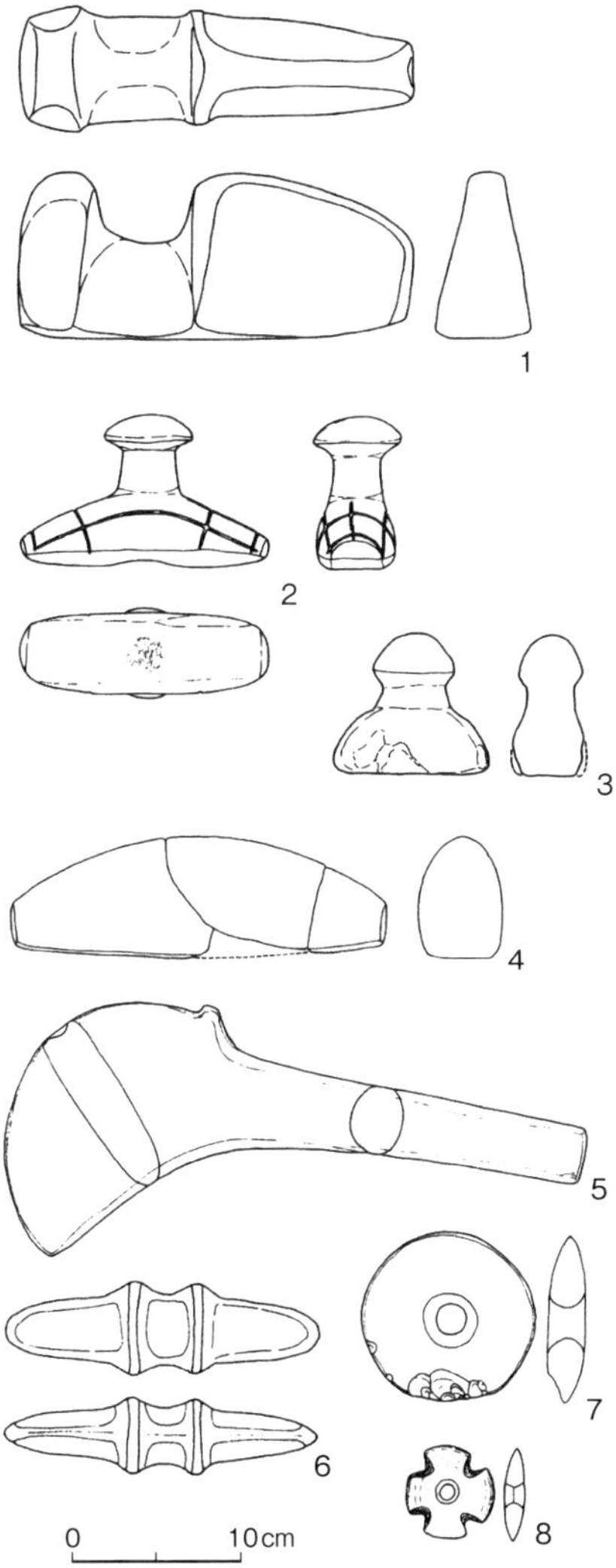

図63　用途不明な道具
1 御物石器、2〜4 石冠、5 青龍刀形石器、6 独鈷石、7 環状石斧、8 多頭石斧

第62問　装身具にはどのようなものがあるか

装身具は、旧石器時代人も身に着けたであろうが、その出土例はわずかで、種類と量がいっきに増えるのは縄文時代からである。耳飾り、髪飾り、胸飾り（首飾りを含む）、腕飾り、腰飾り、足首飾りというように、金属やガラスなどの材質を除けば、今日みられる装身具の大半は、すでに縄文人が身に着けていた（図64）。

なかでも軟らかい石や粘土で作った耳飾りは、縄文時代を代表する装身具である。中国の玉器《ぎょっき》である玦《けつ》に似た玦状耳飾りは、早期末から前期に列島の全域に広まるが、前期末から中期初頭に衰退してしまう（図64の1・2）。これにかわるように、土製耳飾りが中期から晩期の東日本に盛行する（図64の3～8）。とくに群馬県桐生市の千網谷戸《ちあみがいど》遺跡から出土した晩期の滑車形耳飾りは、精緻な透かし彫り文様を施し、赤や黒の漆で彩色するなど原始工芸の極致ともいえる逸品である（図64の8）。なお、南九州では、東日本で中期からみられる耳栓《じせん》と呼ばれる土製耳飾りが、すでに早期後半に出現している。しかし、南九州の縄文遺跡は、早期末の鬼界カルデラの大噴火によって壊滅的な被害をうけて、いったんは断絶していることから、東日本の土製耳飾りとは別の独自の系譜の可能性が高い。

髪飾りには、櫛と髪刺であるかんざしとがある。櫛では、前期の福井県三方上中郡若狭町の鳥浜《とりはま》貝塚出土の赤漆塗りの木製櫛が有名である（第3章扉の図。図64の10）。この櫛は、一枚の板材から歯を削りだしたもので、骨角製品の技法である挽歯《ひきば》式（図64の9）で作られている。ただし、縄文時代の木製櫛の技法は、十本前後の歯を束ねて固定する結歯《ゆいば》式が一般的である（図64の11）。早期末の佐賀市の東名《ひがしみょう》遺跡出土の木製櫛は、歯を繊維紐で編み込んで結束しただけの素朴な作りであるが、前期以降になると歯に細い横木などを渡して糸を結び、そのうえを塑型材の下地で固めて、赤漆を塗って仕上げており、なかには頭部に文様を施したものまである（図64の11）。かんざしは、骨角製と木製とがある。骨角製かんざしは、早期のものは針状で装飾のないものが目立つが、前期になると頭部に彫刻が施されるようになり、とくに後期以降は彫刻だけでなく、丹《に》などが塗布されるなどの装飾加工されるものが多くなる。木製かんざしは、どれをかんざしとするか特定が難しく、後・晩期で漆塗りされたものがいくつか報告されているだけであるが、とくに晩期の東京都東村山市の下宅部《しもやけべ》遺跡出土のものは、黒漆を下地に二種類の赤漆で繊細な文様を描いている。

胸飾りには、硬玉（翡翠《ひすい》）、琥珀《こはく》、滑石《かっせき》、真珠、骨角牙、貝殻、粘土などの各種の材料を用いて、勾玉《まがたま》、丸玉《まるだま》、管玉《くだたま》、大珠《たいしゅ》などの形に作り、それら

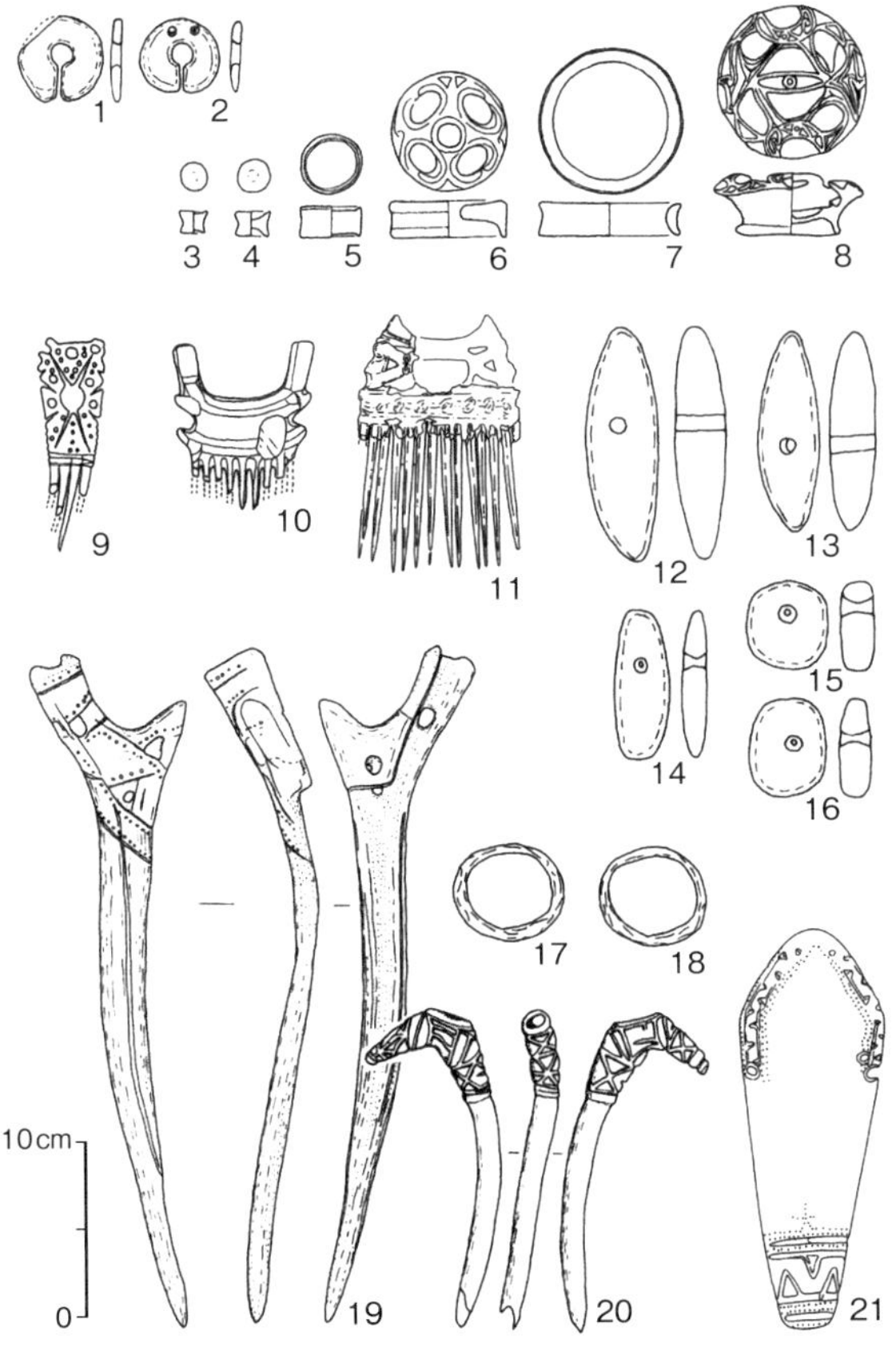

図64　装身具

1・2 玦状耳飾り、3〜8 土製耳飾り、9 鹿角製櫛、10・11 木製櫛、12〜16 硬玉製胸飾り（大珠）、17・18 貝製腕輪（貝輪）、19・20 鹿角製腰飾り、21 鯨骨製腰飾り

を単品で、あるいは複数を組み合わせて使った。石製や琥珀製の玉は、北海道瀬棚郡今金町のピリカ遺跡や千歳市の柏台《かしわだい》1遺跡などで旧石器時代のものが出土しているが、縄文時代になると骨角牙や貝殻製などの種類だけでなく、量も格段に増加する。とくに前期後半には、硬玉である翡翠の利用が始まり、中期以降の東日本に盛行した硬玉製大珠と呼ばれる玉類には、その形といい、色といい、縄文の玉を代表する逸品が多い（図64の12〜16）。

腕飾りには、貝殻製（貝輪）、骨角牙製、木製があり、当然、石製の玉類も使われたが、胸飾りなどと区別がつかないので、ここでは除いておく。貝輪は、多くはサルボウやベンケイガイなど大型の二枚貝の頂部に穴をあけて研磨して輪状に仕上げたもので、早期の神奈川県横須賀市の夏島《なつしま》貝塚ですでに使用がみられ、縄文時代をつうじて全国的に認められているように、縄文時代を代表する装身具の一つである（図64の17・18）。骨角牙製は、雄イノシシの牙や鹿角、鯨骨などの弧状を呈したものを利用して、単品で、あるいは複数を組み合わせて腕輪にしている。中期の千葉県鎌ケ谷市の根郷《ねごう》貝塚でイノシシの牙製腕輪がみられるが、後期以降に類例が増えてくる。木製腕輪は、輪切りにした木材を輪状に刳り抜き、彫刻を施したり、漆で彩色されたものが晩期にみられる。なお、足首飾りと腕飾りは区別が困難であるので、大阪府藤井寺市の国府《こう》遺跡で人骨の足首にイノシシの牙製足輪が装着された状態で出土した例など、それと明確に判断されるもの以外は、腕飾りと紹介されることが多い。

腰飾りは、鹿角《ろっかく》の分枝部を素材として、さまざまな装飾を施し、漆で彩色されたものが中期からみられ、とくに後・晩期に優品が多くみられる（図64の19・20）。また、今のところ中期の東京湾東岸地域に出土が限られているが、鯨類の下顎骨をヘラ状に加工した腰飾りがある（図64の21）。なお、腰飾りの多くは、壮年男子にともなうことから、数少ない男性用装身具として理解されている。

第5章　縄文人の生業と技術を探る

分谷地A遺跡出土の木胎漆器

第63問　縄文人の主食は何か

植物質食料、なかでもドングリ、クリ、クルミ、トチなどの堅果類を主食としていた（表４）。約一万一五〇〇年前にはじまる完新世の日本列島は、その大部分が落葉広葉樹林と照葉樹林でおおわれ、そこにはドングリ、クリ、クルミ、トチなどの堅果類が豊富な実をつける。堅果類の主成分は、コメなどの穀類にたいへん近く、栄養価もそれに劣らず高いだけでなく、貯蔵するのにも適するという利点がある（松山利夫『木の実』法政大学出版局、一九八二年）。また、クズ、ワラビ、ヤマノイモなどの根茎類も、エネルギー源となる炭水化物を多く含んでおり、堅果類とともに主要な食料資源になっていた。

縄文時代の食料資源については、かつて貝塚研究がその主たる役割を担っていた（設問70を参照）。それは日本列島の土壌が酸性なために、有機質の資料を腐朽してしまうことから、縄文遺跡を発掘しても、出土する遺物は無機質の土器や石器に限られてしまう。ところが、貝塚では、大量の貝殻が土壌をアルカリ性に保つとともに、水に溶けた炭酸石灰が保護の作用をして、有機質で本来なら腐朽してしまうはずの豊富な種類の魚骨や獣骨が残されることから、とかく魚介類や獣類などに焦点が当てられがちであった。

ところが、一九六〇年代からの大規模な国土開発によって、低湿地の遺跡が本格的に発掘されるようになった。低湿地では、地下水が資料を水漬け状態にして酸素の供給を断つ役目をすることから、有機質の植物質資料を豊富に残す。とりわけ一九六二年から発掘が開始された福井県三方上中郡若狭町の鳥《とり》浜《はま》貝塚は、低湿地でかつ貝塚（低湿地性貝塚遺跡）という好条件を備えていた。この鳥浜貝塚の前期の食料残滓をもとにカロリー量比を分析した結果は、ドングリ、クリ、クルミなどの植物が約四二パーセント、魚介類が約四〇パーセント、獣類が約一八パーセントというように、植物質食料が半数近くを占めていることが明らかとなった（西田正規「縄文時代の食料資源と生業活動—鳥浜貝塚の自然遺物を中心として—」『季刊人類学』一一巻三号、一九八〇年）。これも低湿地性貝塚遺跡として知られる滋賀県大津市の粟津湖《あわづこ》底《てい》遺跡の中期でも、植物が約五二パーセント、魚介類が約三七パーセント、獣類が約一一パーセントと、植物質食料が半数以上を占めていた（瀬口眞司『湖底に眠る縄文文化 粟津湖底遺跡』新泉社、二〇一六年）。また、クズやワラビなどの根茎類、タラノキなどの木の芽、キノコなどは食料残滓がほとんど無いことから、これらを加えるとカロリー量における植物質食料の比重は、もっと大きくなるものと考えられる。

一方、炭素・窒素安定同位体比分析法（設問35を参照）からみた縄文人の食性でも、本州島の内陸部の集団では植物質食料が占める割合が圧倒的に高いが、沿岸部の集団といえども、もっとも安定した食料は、堅果類などの植物質食料であったことが明らかになっている。ただし、海獣類に恵まれた北海道やサンゴ礁で魚介類が豊富な南西諸島では、それぞれ海獣類と魚介類への依存度が高かったということである。いずれにしても、たんぱく質と脂肪は、本州島の集団でも魚介類と獣類に大きく依存していた。

一口に堅果類といっても、時期や地域によって、その利用に違いがある。ドングリとは、ブナ、イヌブナ、クリを除くブナ科の果実の総称（表4）で、照葉樹林が主体となる西日本では渋みが少ないシイとカシ類、とくに生でも食べられるイチイガシが縄文時代をとおして利用された。一方、東日本の落葉広葉樹林のドングリは、アク抜きの必要があるコナラやクヌギだからか、クリやクルミを好む傾向があり、とくに前・中期の遺跡ではクリの出土例が多い。また、東日本の後・晩期には、アクが強いトチの利用が盛んとなり、そのために水場遺構と呼ばれるアク抜きのための施設がつくられた（佐々木由香「縄文人の植物利用—新しい研究法からみえてきたこと—」『ここまでわかった！縄文人の植物利用』新泉社、二〇一四年）。

表４　縄文人が利用した主な堅果類の分類表

ブナ科	ブナ属		ブナ	落葉樹	風媒花	１年成
			イヌブナ			
	コナラ属	コナラ亜属	コナラ			
			ミズナラ			
			ナラガシワ			
			カシワ			
			クヌギ			２年成
			アベマキ			
			ウバメガシ	常緑樹		
		アカガシ亜属	シラカシ			１年成
			アラカシ			
			イチイガシ			
			ウラジロガシ			２年成
			オキナワウラジロガシ			
			アカガシ			
			ツクバネガシ			
			ハナガガシ			
	マテバシイ属		マテバシイ		虫媒花	
			シリブカガシ			
	シイ属		スダジイ			
			ツブラジイ			
	クリ属		クリ	落葉樹		１年成
ムクロジ科	トチノキ属		トチノキ			
クルミ科	クルミ属		オニグルミ		風媒花	
			ヒメグルミ			

アミかけ部がドングリ

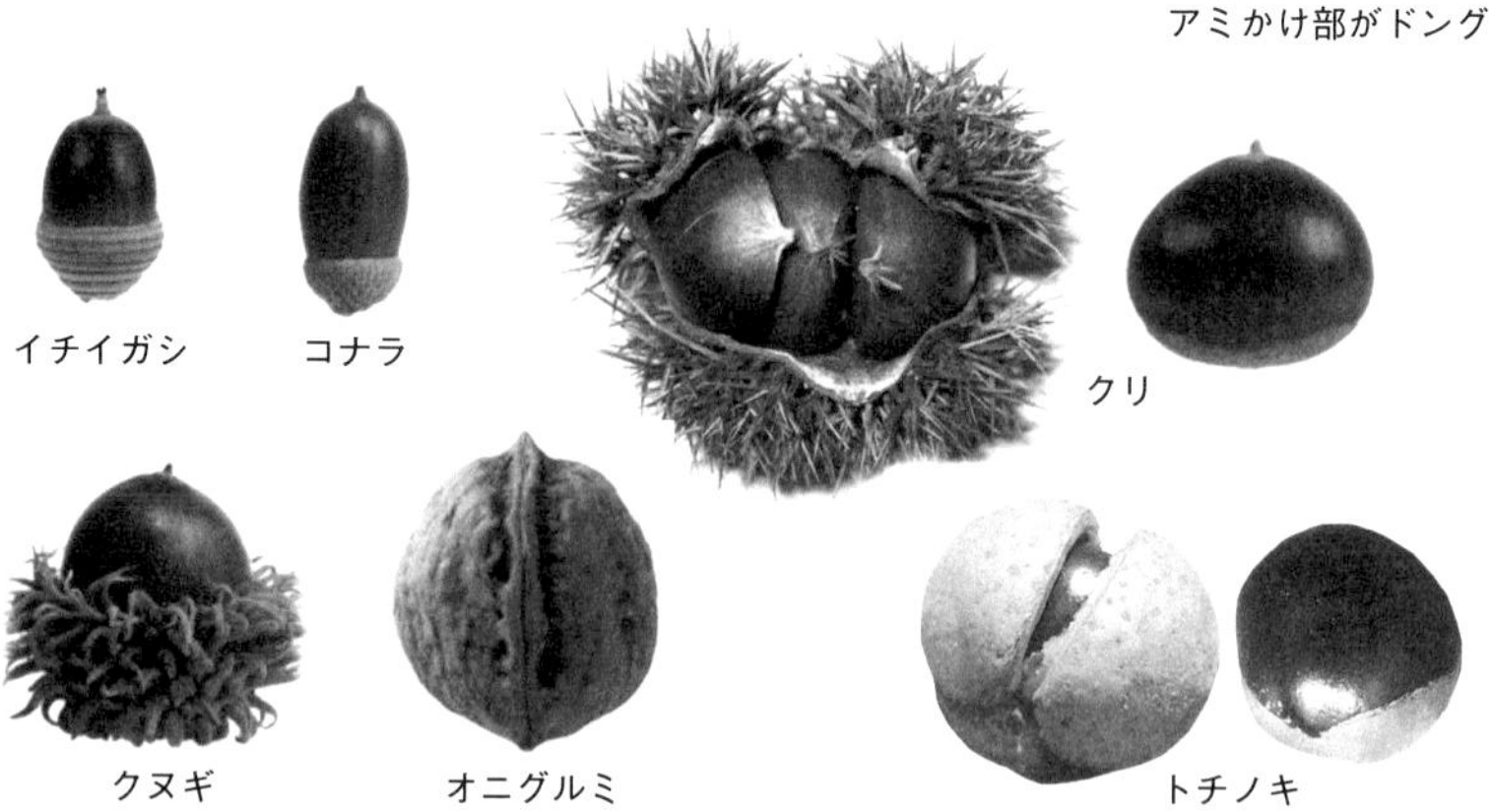

第64問　縄文人はクリを栽培していたか

縄文集落の周辺にクリの多い人為的な林をつくり、クリを育成・管理していたことは、すでに前期から始められていた。それを栽培とみなすかは、議論が分かれるところであるが、クリを安定的に確保するために、縄文人が積極的に集落の周辺の環境管理をおこなっていたことは間違いない。

縄文人が食料とした植物の多くは、生のままでは食べられない。しかし、クリは、実が生で食べられ、美味であるばかりか、木材としても耐久性があって、薪にしても火力があるというように、資源として非常に優れている。このクリの縄文人の利用に早くから注目したのが酒詰《さかづめ》仲男で、今から六〇年以上も前に、各地の縄文遺跡から出土する植物遺存体の分析をとおして、クリの栽培の可能性とともに、縄文集落がクリ林の畠に囲まれていたことを予測した（「日本原始農業試論」『考古学雑誌』四二巻二号、一九五七年）。

近年、花粉分析（設問33を参照）が各地の縄文遺跡で実施され、集落が成立していたところでは周辺からクリの花粉が非常に多く検出されるだけでなく、青森市の三内丸山《さんないまるやま》遺跡などでは集落の周辺に発達したクリ林の存在が明らかにされ、石川県金沢市の米泉《よないずみ》遺跡では集落を囲むようにクリの株根が多数発掘されている。また、佐藤洋一郎によれば、ＤＮＡ分析でも縄文時代にクリが栽培されていたことが強く示唆できるという（『縄文農耕の世界―ＤＮＡ分析で何がわかったか―』ＰＨＰ研究所、二〇〇〇年）。

クリは、縄文人が主食とした堅果類の多くと同じように陽性植物である。陽性植物は、日当たりの良い環境をつくってやらないと繁茂できない。縄文集落の周辺にクリ林が広がっていたということは、そこが人為的に管理された環境であったことになる。

第65問　縄文人は栽培植物を利用していたか

小畑弘己《ひろき》が「タネをまく縄文人」と評価したように、縄文人は栽培植物を利用していた（図65。『タネをまく縄文人―最新科学が覆す農耕の起源―』吉川弘文館、二〇一六年）。

設問22の「縄文農耕論とは何か」で紹介したように、縄文時代にも何らかの農耕があったとする学説は、長い間にわたって、栽培植物が未発見という難題をかかえていた。一九六二年に発掘が開始され、七二年から学際的な発掘が本格化した福井県三方上中郡若狭町の鳥浜《とりはま》貝塚でヒョウタンやリョクトウ（現在では、ササゲの野生種の可能性が指摘されている）、エゴマ、ゴボウなどの栽培植物が発見されると、堰を切ったように各地の縄文遺跡から栽培植物の発見がつづいた。しかも、鳥浜貝塚では、それら栽培植物の多くが前期の層から検出され、さらにヒョウタンは早期の層から検出されるというように、縄文時代の栽培植物は、かなり古いところまでさかのぼる可能性が高くなってきた。しかし、一方で、いくつかの問題も残していた。その最大の問題は、後世の混入や試料の汚染（コンタミネーション）という、栽培植物の信頼性にかかわる問題で、とくに主食となりえる穀物の種子は、いずれも小粒でミミズやアリ、あるいは草木の根などの活動でも入り込みやすく、それだけに後世の混入の可能性が高くなる。

この後世の混入という問題を解決するのに役立つ研究が一九九〇年代に入って開発された。放射性炭素年代測定法のＡＭＳ法（設問32を参照）とレプリカ法（設問34を参照）である。ＡＭＳ法では、千葉県館山市の沖ノ島《おきのしま》遺跡のアサや滋賀県大津市の粟津湖底《あわづこてい》遺跡のヒョウタンが早期前半、山梨県大月市の原平《はらだいら》遺跡のエゴマが早期末、青森県上北郡六ヶ所村の富ノ沢《とみのさわ》遺跡のヒエや東京都東村山市の下宅部《しもやけべ》遺跡のダ

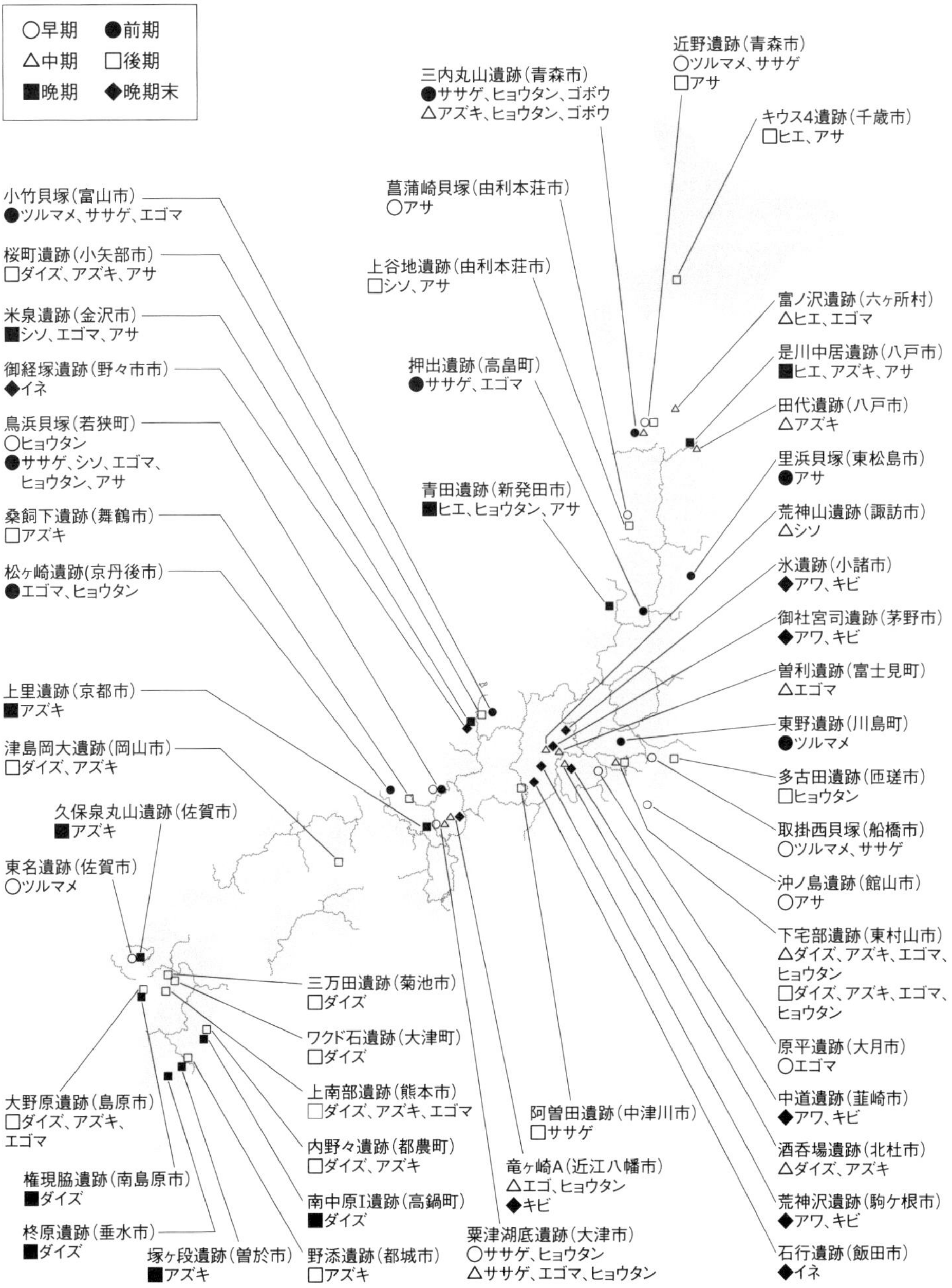

図65　縄文時代の栽培植物出土遺跡の分布

イズが中期、京都市の上里《かみさと》遺跡のアズキが晩期に属することが明確となった。レプリカ法では、シソ属が千葉県船橋市の取掛西《とりかけにし》貝塚から早期前半のものが確認され、前期から晩期まで継続的に検出されている。マメ科のダイズとアズキは、下宅部遺跡や山梨県北杜市の酒呑場《さけのみば》遺跡などで中期に属するものが検出され、後・晩期と継続的に検出されているが、アズキは東日本に検出例が多いのに対して、ダイズは後・晩期になると九州を中心に検出例が増加する。また、ダイズの野生種であるツルマメは、宮崎県都城市の王子山《おうじやま》遺跡で「草創期」にさかのぼるものが検出されているが、アズキの野生種であるヤブツルアズキとともに、早期から前期へと検出例が増加し、中期以降も安定的に検出されている（中山誠二『植物考古学と日本の農耕の起源』同成社、二〇一〇年。小畑弘己『東北アジア古民族植物学と縄文農耕』同成社、二〇一一年）。

このように、縄文時代の栽培植物としては、早期にアサ、ヒョウタン、エゴマなどが縄の繊維や容器、調味料などの用途に利用され、前期に入るとダイズの野生種であるツルマメやアズキの野生種であるヤブツルアズキ、それにヒエ属も利用され、それが中期になると栽培ダイズやアズキ、ヒエに相当する大きさの穀物が利用されるまでになってきている（那須浩郎「縄文時代の植物のドメスティケーション」『第四紀研究』五七巻四号、二〇一八年）。

ところで、ダイズやアズキの栽培というと、畠にきれいに並んだ一本立ちしたマメ畠を想像しがちである。しかし、遺跡から出土した種子や圧痕からでは、それらが縄文人の関与によって、栽培種の大きさとなったことまではわかるが、畠のような管理された場所で栽培されていたのか、集落の周辺の開けた場所で粗放的に栽培されていたのかまではわからない。しかし、縄文時代の遺跡から畠作の痕跡が確認されていないばかりか、畠作に不適な日本列島の土地を考えると（設問69を参照）、縄文人のダイズやアズキは、集落の周辺の開けた場所での粗放的な栽培と考えるのが、今のところもっとも妥当な解釈といえる。

第66問　縄文人はソバを栽培していたか

縄文人は、ソバを栽培していなかったというのが、最新研究からの結論である（小畑弘己『東北アジア古民族植物学と縄文農耕』同成社、二〇一一年）。

タデ科のソバは、寒くてやせた土地でも栽培できるだけでなく、短期間で生育できるので雑草をおさえてしまうほどの成長力があることから、縄文人が利用する栽培植物として早くから注目されてきた。すでに戦前に埼玉県さいたま市の真福寺《しんぷくじ》貝塚の晩期の泥炭層からヒョウタンやゴマ、ウリ類などとともにソバの種子が発見されていたが、当時は、新しい時代の混入物として扱われていた。一九七〇年代から日本でも花粉分析法（設問33を参照）による研究が本格的に開始され、各地の縄文遺跡からソバ花粉の検出例が報告されるようになると、にわかに真福寺貝塚出土のソバが注目されるようになった。そして、一九八三年に北海道函館市のハマナス野遺跡の前期末の竪穴住居跡の覆土からソバの種子が検出されたことによって、縄文人によるソバの栽培の可能性が強く主張されるようになった（山田悟郎「古代のソバ」『月刊考古学ジャーナル』三五五号、一九九二年）。

ところが、最近のAMS法による年代測定の結果、ハマナス野遺跡出土のソバは年代が新しく、後世の混入であることが判明した（今村峯雄編『縄文時代・弥生時代の高精度年代体系の構築』国立歴史民俗博物館、二〇〇四年）。また、日本列島でのソバの出土例は、古墳時代以前が極めて少ないことや、朝鮮半島や沿海州などでも古代以降しか出土例がないことから、現在では、縄文時代のソバは、後世の混入かコンタミネーションの可能性が高いとして、縄文時代にソバは栽培されていなかったと結論づけられている。

第67問　縄文人はイネを栽培していたか

縄文人のイネの栽培は、水田を利用するような栽培、つまり水田稲作はなかった。また、評価が分かれていた畠作、それには当然、焼畑によるイネの栽培も含まれるが、ほかのアワやオオムギなどイネ科の穀物とともに、縄文時代に栽培されていた可能性は低いというのが、最新研究からの結論である（小畑弘己『タネをまく縄文人—最新科学が覆す農耕の起源—』吉川弘文館、二〇一六年）。

イネ科の穀物については、青森県八戸市の風張《かざはり》遺跡で後期のイネ、新潟市の御井戸《おいど》遺跡で後期と北海道小樽市の塩谷《しおや》3遺跡で晩期のオオムギ、熊本県天草市の一尾《ふとお》貝塚で後期のコムギの種子など検出されて、縄文時代にもイネ科の穀物の栽培があったのではないかと注目されてきた。しかし、ＡＭＳ法による年代測定の結果は、それらがことごとく年代が新しく、後世の混入であることが判明し、今のところ縄文時代までさかのぼるものは確認できていないということになる。

レプリカ法ではどうかというと、九州の後・晩期の穀物については、これまで評価が分かれていた。まず、熊本市の後期の石《いし》の本《もと》遺跡の種子圧痕については、調査者の山崎純男はイネと報告しているが、中沢道彦はイネと同定するだけの根拠はないとする。また、長崎県南島原市の権現脇《ごんげんわき》遺跡の種子圧痕については、イネの圧痕ということでは問題ないとされているが、その土器型式が小畑弘己《ひろき》らは晩期の古閑《こが》式や黒川《くろかわ》新《しん》式土器としているのに対して、中沢は弥生時代早期の刻目突帯文《きざみめとったいもん》土器の時期の可能性が高いと考えている（中沢道彦「縄文農耕論をめぐって—栽培種植物種子の検証を中心に—」『弥生時代の考古学』5、同成社、二〇〇九年）。

このイネの事例のように、九州の後・晩期のイネ科のイネ、アワ、オオムギなどの穀物については、土器の型式認定や圧痕を残した種子の同定という点で、研究者間で共通した理解がえられていなかったが、その後の研究でも、弥生早期の刻目突帯文土器をさかのぼる確実な資料が検出されていないことから、イネ科の穀物の栽培は、縄文時代まではさかのぼる可能性は低いということになる。

そこで問題となるのは、植物珪酸体の化石であるプラント・オパールである。プラント・オパール分析法（設問33を参照）を開発した藤原宏志《ひろし》らによれば、熊本市の上ノ原《うえのはる》遺跡や上南部《かみなべ》遺跡などで晩期の土器の胎土中と遺跡の土壌中のいずれからもイネのプラント・オパールが検出されたという。しかも、その多くが熱帯ジャポニカであることから、藤原は弥生時代の水田稲作に先行して、縄文時代に畠作系のイネ、それも焼畑での栽培があったことは疑いないとしている（『稲作の起源を探る』岩波書店、一九九八年）。ただし、プラント・オパールは微化石であるだけに、後世の混入やコンタミネーションという問題は依然として拭いえない。というのも、岡山市の朝寝鼻《あさねばな》貝塚の前期の土壌中からイネのプラント・オパールが検出され、列島の稲作の起源に一石を投じたが、今日ではコンタミネーションの可能性が高いと指摘されている。いずれにしても、今のところ縄文時代にさかのぼるイネは、プラント・オパールしか資料がないので、これだけで縄文時代にイネが栽培されていたと証拠づけることはできないのが現状である。

ところで、縄文時代にイネなどイネ科の穀物の栽培はなかったとしても、それらの種子が縄文時代に渡来していなかったということではない。縄文時代をつうじて交流があった朝鮮半島では、少なくとも縄文中期に並行する時期にアワやキビ、縄文後期の時期にイネが栽培されていたことからすれば、何らかの機会にそれらの種子が列島にもたらされていた可能性を完全に否定することはできない。しかし、種子の渡来と栽培とは歴史的な役割が異なるので、前者に拘泥することは生産的でない。イネに限れば、縄文時代に水稲はもちろんのこと、陸稲のイネも栽培されていなかったと考えるのが妥当な解釈であろう。

第68問 縄文時代に農耕はあったか

縄文時代の少なくとも中期には、栽培ダイズやアズキに相当する大きさの穀物が利用されるまでになっていた。ということは、縄文時代に農耕があったかというと、ことはそう簡単ではない。というのは、縄文時代に植物栽培はあっても、その役割こそが歴史学では問題となるからである。

農耕にいたる過程は、採集、管理、栽培、農耕という段階をたどる。採集（Gathering）は、野生種をそのまま利用する段階である。管理（Management）は、野生種が育ちやすいように管理するが、形態や生理的形質の変化を生じない段階である。栽培（Cultivation）は、野生種やその管理の過程で形態や生理的形質の変化が生じた栽培種の種子を植えつけるために、土壌の管理などの作業をともなうが、食料の主体をいまだ採集が占めている段階である。農耕（Agriculture）は、採集がつづいていたとしても、食料の主体を栽培に頼るようになる段階のことである。経済でいえば、採集・管理・栽培は採集（獲得）経済の段階、農耕が生産経済の段階ということになる。

縄文時代の栽培は、栽培植物の資料が増え、その内容が充実するにしたがって、皮肉にも、弥生時代の水田稲作との差がますますはっきりとしてきている。というのは、それらの植物栽培は、長い縄文時代をつうじて大きな発展をみせることなく、ついに一時たりとも、彼らの生産や社会を恒常的に支える経済基盤とはなりえなかったからある。その意味で、縄文時代の植物栽培は、あくまでも採集経済の枠のなかでの利用の段階にとどまっていた、つまり農耕ではなかったということである。

このことに関連して、レプリカ法（設問34を参照）による土器の種子圧痕の観察を精力的に進めている山崎純男は、その圧痕資料をもとに九州の栽培植物の展開について、第一段階（「草創期」から中期前半）は、堅果類が圧倒的に多く、明瞭な栽培植物の種子圧痕がない、第二段階（中期後半から後期前半）は、植物の種子圧痕が増加し、不明確ながら栽培植物の圧痕が出現する、第三段階（後期後半から晩期）は、堅果類の圧痕が少なくなり、植物種子の圧痕が急増し、それにともなって栽培植物の数と種類が増加する、第四段階（刻目突帯文土器《きざみめとったいもん》以降）は、縄文時代の圧痕とは一変し、イネの圧痕が圧倒的に増加し、本格的な農耕の開始期として位置づけられるという、四つの段階に整理・分類している。そして、山崎は、第三段階に焼畑農耕を想定し、第四段階に水田農耕に切り替わったと考えているが、第三段階ではイネ、オオムギ、アワ（これら大陸系穀物については、可能性が低いことは前述した）、ヒエ属、ダイズ、ハトムギ、シソ・エゴマなど種類が多いのに対して、第四段階ではイネが主体でわずかにマメ類、アワがともない、ほとんどイネに集約されるだけでなく、その検出率もおおむね一対二〇と弥生時代が圧倒しているというように、種子圧痕からも縄文時代の栽培植物の利用と弥生時代の農耕との質的な差異を明らかにしている（「縄文時代の農耕―焼畑農耕の可能性―」『椎葉民俗芸能博物館開館一〇周年記念講演会・第四回九州古代種子研究会予稿集』二〇〇七年）。

ダイズが「畠の肉」と呼ばれるのは、植物質食料のなかでは唯一、肉に匹敵するほどのタンパク質と脂質を含んでいるからで、アズキなどとともに古くから人類が食料として利用してきた。それなのになぜ、縄文人は、ダイズなどのマメ類を農耕段階まで発展させることはできなかったのか。それは一つには、マメ類が食用にするには種子の果皮が厚く、熟すると石のように固くなり、煮るのに時間がかかるだけでなく、消化も悪いという難点があることである。それともう一つは、これが重要なことなのだが、マメ類は畠作物であって、日本列島が畠作に不適な土地だからである（設問69を参照）。

第69問 なぜ、畠作に不適な土地なのか

日本列島の土壌というのが、火山灰が風化した火山灰土壌だからである。火山は、地下にあったマグマが急な爆発によって噴出したもので、この噴火によって生じた比較的粒の小さい破砕物が地上高くまいあげられる。これが火山灰であって、日本列島のいたるところに、大小の火山がある(設問106を参照)ことから、雨水で土壌が流されやすい山地帯を除く丘陵や台地の大半は、この火山灰がおおっている。そして、堆積したばかりの火山灰は、有機質をまったく含まないが、やがて風化作用をうけるとともに、そこに侵入してきた草本や木本類が微生物の働きで分解されて腐植化する。こうしてできた火山灰土壌は、大きく褐色森林土と黒ボク土に分けられるが、森林褐色土に微粒炭が加わることで黒味が増して、黒ボク土になるということなので、両者は、火山灰を母材としていることに変わりがない。

黒ボク土は、腐植含有量が多いことから、見た目は肥沃な土地のように思われる。しかし、黒ボク土は、畠作には不適な土地なのである。ロシア語で黒土というチェルノジョーム(чернозём)が肥沃な土地であったのとは、似て非なるものであるからこそ、黒土と呼ぶのをさけたということである。

では、なぜ、黒ボク土などの火山灰土壌が畠作に不適な土地なのかというと、火山灰土壌は、作物の生育にとって重要なリン酸が少ないばかりか、そのリン酸も火山灰に多く含まれる活性アルミニムと固定して、非常に溶けにくくなってしまうために、肥沃度が極端に低い、農民の言葉でいえば痩せた土地となってしまうのである。そのために、作物をつくるには、多量のリン酸の補給が必要だったために、リン酸肥料が発達するまでは、開墾が困難な土地とされてきた。また、火山灰土壌は、塩基の保持力が

たいへん弱いうえに、日本列島の場合は雨量が多い温帯モンスーン地域に位置していることから、一番溶けやすい塩基が雨水で流失してしまうために、たとえ武蔵野台地のように比較的厚い黒ボク土が形成されているところでも、作物に不向きな酸性土壌となってしまう。その改良のためには、多量の石灰が必要となる（山根一郎『日本の自然と農業』農山漁村文化協会、一九七四年）。

この畠作に不適な土地は、堆肥などの肥料がなかった時代には、焼畑による灰によって一応の改善はできる。しかし、それとても多量の雨によって流失してしまうために、十分な効果が期待できない。それ以上に厄介なのは、雑草の問題である。雨量が多い温帯モンスーン地域に位置している日本列島は、火入れをした当初はともかくとしても、樹木がない環境では、数年をまたずに雑草が繁茂して、その処理には、たいへんな手間がかかるようになってしまう。しかも、熱帯林の東南アジアでは、森林の回復は一〇年といわれているが、温帯林が主体の日本列島では、森林の回復は二〇から三〇年もかかるというように、焼畑が生産の主体となるためには、東南アジアよりも二から三倍もの土地が必要となる。それよりも、日本列島の環境の多様性による豊かな自然の恵みを享受していた縄文人が、手間がかかるだけで、十分な生産が期待できないばかりか、豊かな自然の恵みを破壊しかねない焼畑に、経済基盤を移しかえたとは考えられない。また、畠作に不適な土地では、焼畑から常畠による畠作へとスムーズに発展することもままならなかったのである。

このように、畠作に不適な日本列島の土地では、在来のダイズやアズキなどのマメ類、ヒエなどの穀類が栽培され、あるいは仮に大陸系のイネやオオムギ、アワなどが焼畑で栽培されていたとしても、縄文時代の植物栽培は、あくまでも採集経済の枠のなかでの利用の段階にとどまらざるをえなかったということである（勅使河原彰『縄文時代史』新泉社、二〇一六年）。

第70問　貝塚とは何か

貝塚とは、人類が食料として採集した貝類を食べたあと、不要となった貝殻を投棄したのが「塚」のように堆積したものである。貝塚を残すほど貝類が大量に食用とされたのは、バルト海沿岸のエルテベレ文化の貝塚に代表されるように、世界史的にみても今から約一万一五〇〇年前の完新世以降のことで、日本列島では縄文時代早期初頭の神奈川県横須賀市の夏島《なつしま》貝塚と千葉県香取郡神崎町の西之城《にしのじょう》貝塚で最古の貝塚が形成されている（鈴木公雄『貝塚の考古学』東京大学出版会、一九八九年）。縄文時代の貝塚数は、全国で約二三〇〇カ所、そのうち約六五パーセントが関東地方に分布している（図66、表5）。

貝塚からは、貝類だけでなく、当時の人びとが食用としていた魚類や獣類、それに埋葬された人骨までもがよく保存されている。それは日本列島の土壌が酸性なために、有機質の資料を腐朽してしまうことから、縄文遺跡を発掘しても、出土する遺物は無機質の土器や石器に限られてしまう。ところが、貝塚では、大量の貝殻が土壌をアルカリ性に保つとともに、水に溶けた炭酸石灰が保護の作用をして、有機質で本来なら腐朽してしまうはずの豊富な種類の魚骨や獣骨、人骨が残されるからである。また、貝塚からは、破損した土器や石器、骨角器などの道具類、生活のなかで生じた焼土や灰なども一緒に廃棄されていることから、縄文人の生業や生活を復元する格好の資料を提供してきた。さらに、それらが貝類などとともに累積して堆積し、層序がとらえやすいことから、縄文土器の編年研究に大いに貢献してきた。貝塚が考古学研究の宝庫といわれるゆえんである。

貝塚は、その平面形態や立地などによって、馬蹄形貝塚、環状貝塚、地点貝塚、斜面貝塚に分けられ、鹹水《かんすい》（海水）産と淡水（真水）産の貝類の比率によって、純鹹貝塚、主鹹貝塚、淡鹹貝塚、主淡貝塚、純淡貝塚に分けられる。また、立地する地形によって、外洋系貝塚、内湾系貝塚、内水面（湖沼）系貝塚に分けられ、それは当然、縄文人の漁業形態にも表れることになる（表5）。

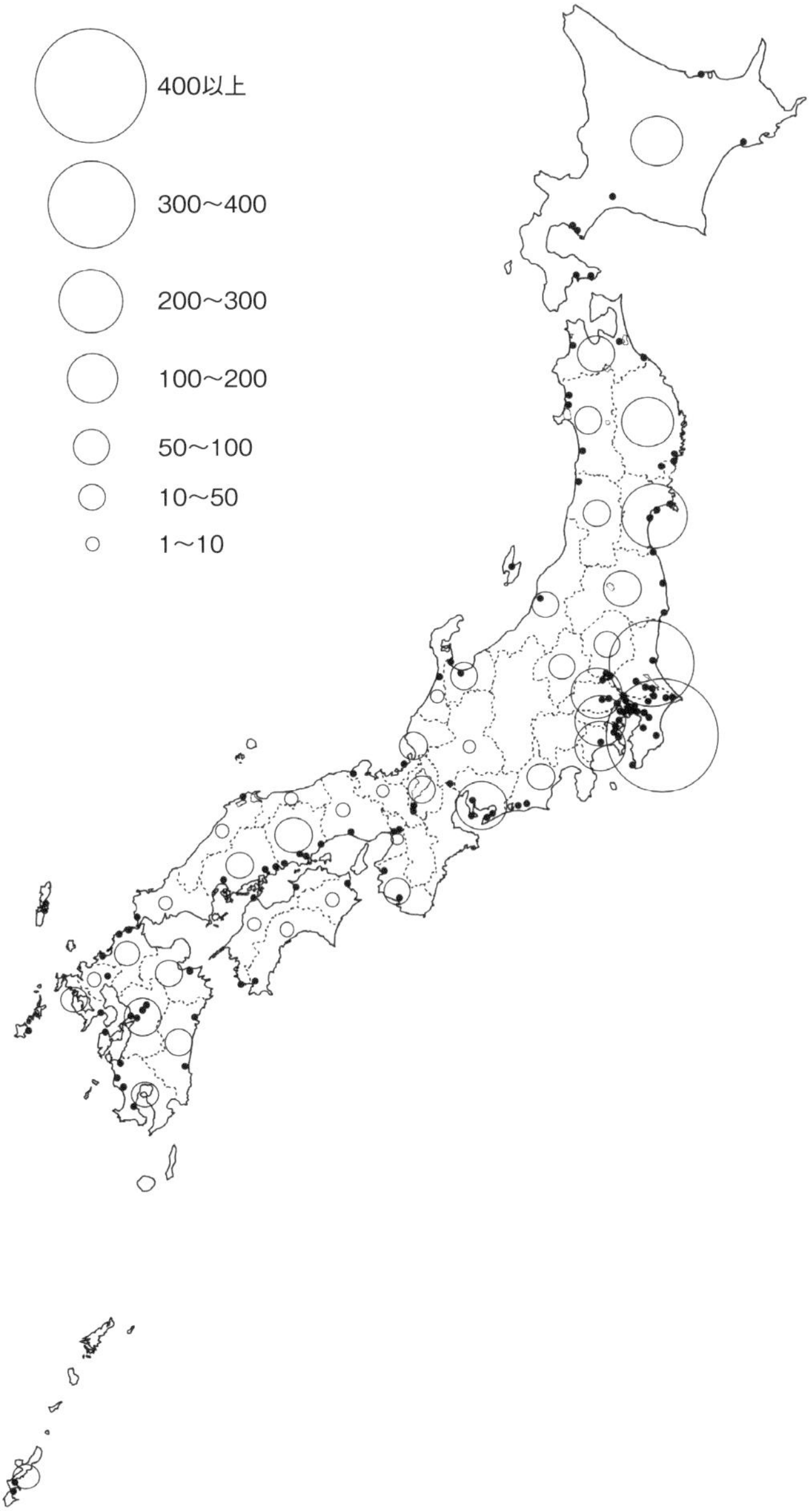

図 66　縄文時代の都道府県別の貝塚分布
●：表５に掲載した貝塚の位置を示す

表5　縄文貝塚地名表

都道府県	遺跡名	所在地	時期	種類	形態
北海道	朝日トコロ貝塚	常呂町	中	主鹹	外洋
	東釧路貝塚	釧路市	早・前	純鹹	外洋
	美々貝塚	千歳市	前	主淡	内湾
	入江貝塚	洞爺湖町	中・後	純鹹	外洋
	北黄金貝塚	伊達市	前	純鹹	外洋
	サイベ沢遺跡	函館市	前・中	純鹹	内湾
	戸井貝塚		後	純鹹	外洋
青森県	田小谷野貝塚	つがる市	前・中	主淡	内湾
	二ツ森貝塚	七戸町	前・中	主鹹	内湾
	長七谷貝塚	八戸市	早	主鹹	内湾
岩手県	大洞貝塚	大船渡市	晩	純鹹	内湾
	中沢浜貝塚	陸前高田市	前〜晩	純鹹	外洋
	貝鳥貝塚	一関市	中〜晩	主淡	内湾
秋田県	柏子所貝塚	能代市	晩	主鹹	内湾
	萱刈沢貝塚	三種町	中	主淡	内水面
	菖蒲崎貝塚	由利本荘市	早	主淡	内湾
宮城県	沼津貝塚	石巻市	中〜晩	純鹹	外洋
	里浜貝塚	東松島市	前〜晩	純鹹	外洋
	大木囲貝塚	七ヶ浜町	前・中	純鹹	外洋
山形県	吹浦遺跡	遊佐町	前	主淡	内湾
福島県	新地貝塚	新地町	後・晩	主鹹	内湾
	浦尻貝塚	南相馬市	前〜晩	主鹹	内湾
	寺脇貝塚	いわき市	後・晩	純鹹	外洋
新潟県	堂ノ貝塚	佐渡市	中	純淡	内水面
	刈羽貝塚	刈羽村	前	純淡	内水面
富山県	小竹貝塚	富山市	前	純淡	内水面
	朝日貝塚	氷見市	前・中	主鹹	内湾
石川県	上山田貝塚	かほく市	中	主淡	内水面
福井県	鳥浜貝塚	若狭町	前	主淡	内水面
茨城県	大串貝塚	水戸市	前	主淡	内湾
	上高津貝塚	土浦市	後・晩	主淡	内湾
	陸平貝塚	美浦村	早〜後	純鹹	内湾
	広畑貝塚	稲敷市	後・晩	純鹹	内湾
栃木県	篠山貝塚	栃木市	前	主淡	内湾
	野渡貝塚	野木町	前	主淡	内湾
群馬県	寺西貝塚	板倉町	早	主淡	内湾
千葉県	山崎貝塚	野田市	中〜晩	主鹹	内湾
	幸田貝塚	松戸市	前	純鹹	内湾
	堀之内貝塚	市川市	後・晩	純鹹	内湾
	曽谷貝塚		中・後	純鹹	内湾
	姥山貝塚		中・後	純鹹	内湾
	加曽利貝塚	千葉市	中〜晩	純鹹	内湾
	誉田高田貝塚		後	主鹹	内湾
	西広貝塚	市原市	後・晩	主鹹	内湾
	鉈切洞窟遺跡	館山市	後	純鹹	外洋
	余山貝塚	銚子市	後・晩	純鹹	内湾
	阿玉台貝塚	香取市	中	純鹹	内湾
	西之城貝塚	神崎町	早	主淡	内湾
	荒海貝塚	成田市	後・晩	鹹淡	内湾
	新田野貝塚	いすみ市	前・中	主淡	内湾
埼玉県	水子貝塚	富士見市	前	主淡	内湾
	真福寺貝塚	さいたま市	後・晩	主淡	内湾
	石神貝塚	川口市	後・晩	主淡	内湾
東京都	西ヶ原貝塚	北区	中・後	主鹹	内湾
	中里貝塚		中・後	純鹹	内湾

都道府県	遺跡名	所在地	時期	種類	形態
東京都	大森貝塚	品川区	後・晩	純鹹	内湾
神奈川県	南堀貝塚	横浜市	前	主鹹	内湾
	称名寺貝塚		後	主鹹	内湾
	夏島貝塚	横須賀市	早	主鹹	内湾
	五領ヶ台貝塚	平塚市	中	主鹹	内湾
静岡県	蜆塚貝塚	浜松市	後・晩	主淡	内水面
	西貝塚	磐田市	後・晩	主淡	内湾
愛知県	吉胡貝塚	田原市	後・晩	主鹹	内湾
	伊川津貝塚		後・晩	主鹹	内湾
	入海貝塚	東浦町	早	主鹹	内湾
	先苅貝塚	南知多町	早	主鹹	内湾
岐阜県	庭田貝塚	海津市	中	主鹹	内湾
滋賀県	粟津湖底遺跡	大津市	早〜中	純淡	内水面
	石山貝塚		早	純淡	内水面
京都府	浜詰遺跡	京丹後市	後	主鹹	内湾
大阪府	日下貝塚	東大阪市	後・晩	主淡	内水面
	森の宮遺跡	大阪市	後	主鹹	内湾
兵庫県	日笠山貝塚	高砂市	後・晩	純鹹	内湾
和歌山県	鳴神貝塚	和歌山市	早〜晩	主鹹	内湾
	高山寺貝塚	田辺市	早	純鹹	外洋
島根県	佐太講武貝塚	松江市	前	主淡	内水面
岡山県	黄島貝塚	瀬戸内市	早	主淡	内湾
	彦崎貝塚	岡山市	前・後	主鹹	内湾
	里木貝塚	倉敷市	中	主鹹	内湾
	津雲貝塚	笠岡市	後・晩	主鹹	内湾
広島県	洗谷貝塚	福山市	後	主鹹	内湾
	大田貝塚	尾道市	中・後	主鹹	内湾
	比治山貝塚	広島市	後	主鹹	内湾
山口県	潮待貝塚	下関市	後	主鹹	外洋
徳島県	城山貝塚	徳島市	後・晩	純鹹	外洋
香川県	小蔦島貝塚	三豊市	早	主鹹	内湾
愛媛県	江口貝塚	今治市	前〜晩	主鹹	内湾
	平城貝塚	愛南町	後	純鹹	外洋
高知県	宿毛貝塚	宿毛市	後	純鹹	外洋
福岡県	山鹿貝塚	芦屋町	前〜晩	主鹹	内湾
	鐘崎貝塚	宗像市	後	主鹹	外洋
	元岡瓜尾貝塚	福岡市	後	主鹹	内湾
大分県	横尾貝塚	大分市	前・中	淡鹹	内湾
佐賀県	東名遺跡	佐賀市	早	主鹹	内湾
長崎県	佐賀貝塚	対馬市	後	純鹹	外洋
	白浜貝塚	五島市	晩	純鹹	外洋
	有喜貝塚	諫早市	中・後	純鹹	外洋
熊本県	轟貝塚	宇土市	早・前	主鹹	内湾
	曽畑貝塚		前	主鹹	内湾
	御領貝塚	熊本市	後	主淡	内湾
	阿高・黒橋貝塚		中・後	主鹹	内湾
	沖ノ原貝塚	天草市	中・後	純鹹	外洋
宮崎県	大貫貝塚	延岡市	早・前	主鹹	内湾
	跡江貝塚	宮崎市	早・前	淡鹹	内湾
鹿児島県	出水貝塚	出水市	後	主鹹	内湾
	麦之浦貝塚	薩摩川内市	後	主淡	内湾
	市来貝塚	いちき串木野市	後	主鹹	内湾
	草野貝塚	鹿児島市	後	主鹹	外洋
沖縄県	伊波貝塚	うるま市	後	純鹹	外洋
	荻堂貝塚	北中城村	後	純鹹	外洋

第71問　縄文時代の漁業にはどのようなものがあるか

縄文時代の主要な生業は、植物採集・狩猟・漁労活動であるが、とくに海洋資源を本格的に開発したのが縄文人であったので、漁業が縄文文化を特色づける重要な指標となる。縄文時代の漁業には、大きく内湾性漁業、外洋性漁業、内水面漁業に分けることができ、それぞれの水域の特性と生息する魚介類の種類に適応した漁網（設問52を参照）を用いた網漁、釣針（設問50を参照）を用いた釣漁、銛やヤス（設問51を参照）を用いた刺突漁、筌《うけ》や魞《えり》などを用いた仕掛け漁（設問72を参照）が発達した。また、縄文人は、約二〇パーセントと高い比率で外耳道骨腫が確認でき、これは慢性的な冷水刺激により外耳道の骨増殖が発生し、外耳道がすぼまって狭くなる病気で、素潜りを専門とする海女や潜水士がかかることで知られる。この外耳道骨腫の罹患率の高さから、縄文人が素潜り漁を盛んにおこなっていたことがわかる。

内湾性漁業　内湾を漁場とする漁業で、網漁と刺突漁を主な漁法とする。縄文海進によって、列島の各地に遠浅の砂泥質の深い入り江をもつ内湾が発達し、とくに関東地方にその典型がみられ、多くの内湾系貝塚が残されている。内湾の砂泥質には、鹹水《かんすい》性のハマグリ、アサリ、シオフキ、汽水性のヤマトシジミなどが生息し、豊富な貝類を採集することができる。なかには特定の貝種を採集・加工する、いわゆる「縄文の水産加工場」と呼ばれる大規模な貝塚もあって、有名な東京都北区の中里《なかざと》貝塚では、カキの「養殖」を想起させる杭列まで検出されている。海の表層に現れるイワシ、キス、マアジなどの小型魚は、主に網漁で捕獲した。産卵や索餌のときに内湾の浅場によりつくマダイ、クロダイ、スズキなどの中型魚は刺突漁や網漁、深場にいるときは釣漁で捕獲した。神奈川県横須賀市の夏島《なつしま》貝塚や平坂《ひらさか》貝塚など早期の遺跡から、すでに釣針や漁網錘、ヤス頭などが出土していることから、内湾性漁業は、縄文時代の早い段階から開発され、中期から後期に発達した。

外洋性漁業　湾口から外洋を漁場とする漁業で、釣漁と刺突漁を主な漁法とする。とくにリアス式海岸が発達し、親潮と黒潮がぶつかる潮目の豊かな漁場が広がる東北地方の太平洋沿岸にその典型がみられ、外洋系貝塚が残されている。岩礁や砂泥底には、サザエ、アワビ、クボガイなどが生息し、沿岸には、カツオ、マグロなどの大型魚、イルカ、トド、アザラシなどの海獣類が回遊してきた。これら大型の回遊魚獣などは、主に釣漁と刺突漁で捕獲したが、そのための各種の釣針や銛頭《もりがしら》が開発された。銛頭では、燕形《えんけい》銛頭などのような獲物に突き刺さった銛頭が回転して、索縄とT字形となって獲物を捕獲できる回転式銛頭が発達した。地域的には、北海道から東北北部の沿岸では、トド、アザラシ、オットセイなどの寒流域の海獣類を回転式離頭銛で捕獲する外洋性漁業、九州の沿岸では、朝鮮半島と強い結びつきをみせる独特な大型の結合釣針と石鋸《いしのこ》と呼ばれる石器を装着した銛による外洋性漁業を発達させた。

内水面漁業　内陸部の湖沼や河川を漁場とする漁業で、網漁やヤス（固定銛）による刺突漁を主な漁法に、釣漁や筌などの仕掛け漁、ときには魞などを用いた大型の仕掛け漁（設問72を参照）がおこなわれた。湖沼や河川には、淡水系のマシジミ、セタシジミ、カワニナなどが生息し、内水面（湖沼）系貝塚が残されている。コイ、フナ、ウグイなどは網漁やヤスによる刺突漁、ウナギ、ギギなどは筌による仕掛け漁で捕獲した。長野県南佐久郡北相木村の栃原岩陰《とちばらいわかげ》遺跡からは、早期初頭の釣針、それも製作過程のものまでが発見され、内水面漁労でも縄文時代のはじめから釣漁がおこなわれていたことを明らかにした（図79。藤森英二『信州の縄文早期の世界　栃原岩陰遺跡』新泉社、二〇一一年）。また、東日本の河川では、産卵期にサケとマスが遡上することから、それらを大量捕獲するために魞などの仕掛け漁がおこなわれた。

第72問　縄文人はサケをどのように捕獲していたか

サケといっても、日本列島ではシロザケのことであるが、産卵時に水温が低い東日本の河川で、川底から湧水があるような水清らかな礫床《れきしょう》に産卵する。卵は二カ月ほどで孵化《ふか》し、翌春に海に降りて、オホーツク海を経由して北西太平洋へ向かい、四年ほどを海で過ごした後に、生まれた川に群れをなして回帰する。一〇月まで沿岸にいて、一一月過ぎに産卵のために川を遡上する。こうした習性のサケを捕獲するには、魞《えり》と呼ばれる木や竹で杭を立て並べ、垣網を張って誘導する仕掛け漁が効果的である。

北海道石狩市の紅葉山《もみじやま》49号遺跡からは、中期の河川を横切るように設置された杭列が一一カ所と、それに付設する細い枝やブドウ蔓で編んだ簀《すのこ》がセットで検出されている。これはアイヌの民俗例にあるサケの捕獲用のテシと同じ構造で、魚叩き棒やヤス、タモなどの漁具、それにサケ骨が一緒に出土したことから、サケを捕獲する魞と考えて間違いない（図67）。また、杭に使われた木に残る樹皮や簀に使われた小枝などは、早春と晩春の二時期に伐採されたことも明らかとなった。この結果は、魞を設置した時期が早春と晩秋の二時期であることになり、晩秋のシロザケだけでなく、春には、サクラマスなども捕獲していたものと推定される（石狩市教育委員会『石狩紅葉山49号遺跡発掘調査報告書』二〇〇五年）。なお、縄文時代の魞は、岩手県盛岡市の萪内《しだない》遺跡だけでなく、奈良県橿原市の観音寺本馬《かんのんじほんま》遺跡、福岡県北九州市の貫川《ぬきがわ》遺跡など西日本各地でも発見されていることから、サケに限らず内水面漁業の仕掛け漁に活躍した。

縄文人のサケ漁は、河川に仕掛けた魞で誘導し、魚叩き棒でたたき、タモですくい、ヤスで突いて捕獲した。また、松明《たいまつ》や燃えさしの存在からは、夜間漁もおこなわれていたと考えられている。

魞に使われた杭列の全景

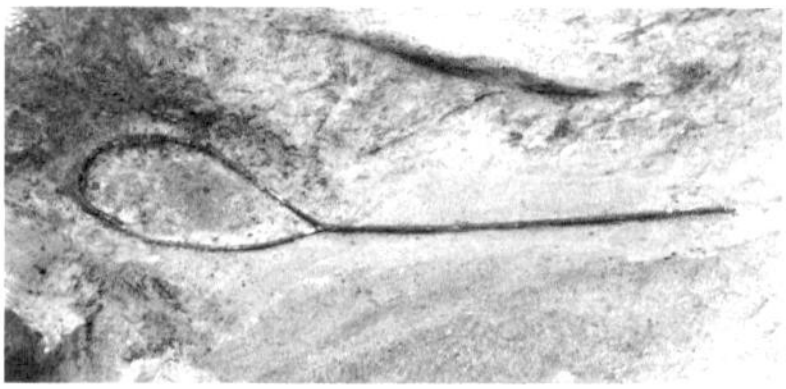

タモの出土状況

魚叩き棒の出土状況

図 67　サケ漁の遺跡（紅葉山 49 号遺跡）

空から見た真脇遺跡

イルカ層の発掘風景

イルカの椎骨の出土状況

図 68　イルカ漁の集落（真脇遺跡）

第73問　縄文人はイルカをどのように捕獲していたか

縄文時代のイルカ漁を知る格好の遺跡は、石川県鳳珠郡能登町の真脇《まわき》遺跡である。真脇遺跡のある能登地方は、江戸時代から昭和のはじめまで、イルカの追い込み漁が盛んであった。その漁村の一つである能登町字真脇で、一九八二・八三年に圃場《ほじょう》整備にともなう発掘調査を実施したところ、縄文時代の土器や石器などとともに多量のイルカの骨が発見された。とくに圧巻だったのは、地下三メートルほど掘り進んだ前期末から中期初頭の層で、ここだけで三〇〇頭近いイルカの骨が検出されたのである。しかも、遺跡の広がりから考えると、何千頭分が埋まっているか見当もつかないという。真脇は、縄文時代からイルカ漁の集落であったのだ（図68。石川県立埋蔵文化財センター『真脇遺跡』一九八六年）。

イルカ骨の廃棄の状態は、平均で五から六頭、多い場合で九頭が一度に棄てられていた。また、同じ層から多量の石槍《せきそう》が出土しており、一頭のイルカの肩甲骨に石槍の先端が突き刺さった状態で出土したことから、槍がイルカ漁に使われていたことがわかる。出土したイルカ骨は、カマイルカが五六パーセント、マイルカが三五パーセント、ほかにバンドウイルカやゴンドウクジラである。マイルカは、湾に追い込んで素手でも抱きかかえるように捕獲できるが、カマイルカは、素手では無理で、銛でついて捕獲するという。真脇遺跡では、カマイルカが六〇パーセント近くを占めているということは、槍が銛の役割をはたしていたことになる。

これらのことから、真脇遺跡では、数人から十数人でイルカの群れを湾奥に追い込み、丸木舟の上から槍で突きとる、いわゆる突きん棒という方法で捕獲していたと考えられる。

第74問　縄文人はどのような動物を狩猟していたか

縄文時代の遺跡からは、イノシシ、ニホンジカ、ニホンカモシカ、エゾジカ、ニホンザル、ノウサギ、イヌ、タヌキ、キツネ、アナグマ、ムササビ、イタチ、テン、ホンドオオカミ、ツキノワグマ、ヒグマなど七〇種を超える陸生哺乳類が検出されている。そのうちイノシシとシカ類が主体を占めるが、北陸や東北地方北部の積雪量が多い地帯では、短足であるイノシシが生息しにくいことから、それだけシカ類の比重が高くなる。イノシシやシカ類は、狩猟具としては主に弓矢（設問43を参照）、クマ類などは、槍（設問44を参照）を使い、罠（設問75を参照）などを駆使して捕獲した。これら陸生哺乳類は、食用としてだけでなく、毛皮は衣服、骨や角は道具類の材料にも使われたが、とくにシカ類の利用率が高い。また、伊豆大島や八丈島、北海道などは、イノシシが本来生息していないので、縄文人が運んだものと考えられている。なお、イヌは、狩猟犬として、特別に扱われていた（設問76を参照）。

鳥類は、ガン、カモ、ウミウ、ハクチョウ、カイツブリ、ミズナギドリ、キジ、ヤマドリ、ワシ類、タカ類など三五種以上が検出されている。肉量が多いガン、カモ、ウ、キジなどが多く捕獲され、狩猟具として弓矢が使われた。また、ワシ・タカ類やキジの翼の羽や尾羽は、弓矢の矢羽根に使用されたと考えられており、事実、北海道恵庭市のユカンボシE11遺跡からは、炭化して鳥の種類はわからないが、矢柄《やがら》の基部に矢羽根が取りつけられていた。

カエルなどの両生類、カメなどの爬虫類も数は多くはないが、各地の貝塚から出土しており、これらは手づかみで捕獲されたものと考えられている。

第75問　縄文人が罠猟をしていたのは本当か

縄文人は、陸生哺乳類を捕獲するために、罠猟をおこなっていた。大型ないし中型を対象とした罠猟を代表するのが落とし穴（陥し穴）猟で、時期的・地域的に盛衰はあるものの、縄文時代の全期間にわたって活用された。落とし穴は、地面に一から二メートル前後の穴を掘るが、捕獲対象の違いによって、平面が円形から長楕円形まであって、底に棒杭を立てたり、底を狭めたりしたつくりとなっている（図69。今村啓爾「陥穴〈おとし穴〉」『縄文文化の研究』二巻、雄山閣、一九八三年）。また、北海道から東北地方北部では、上部が広く、下部を狭く、かつ深くつくったTピットと呼ばれるものが後期を中心につくられるが、これなどはエゾジカなどシカ用の落とし穴と考えられている。

落とし穴がつくられた場所は、哺乳類が湿地へ下りてくる道筋に多いが、それは水を飲んだり、ヌタを打ち（イノシシやシカなどが水場で体温を冷やす行為）にくる哺乳類が落ちるのをまつには格好の場所だからである（図70）。また、大地の縁辺などに沿って、落とし穴が並列してつくられる場合があるが、これなどは落とし穴と落とし穴の間に垣をつくり、そこに巻狩りのように追い込んだものと想定されている。そこには猟犬を用いた集団猟も考えられている。

北海道千歳市のキウス5遺跡では、キウス川の右岸の段丘上に、後期の並行する長い杭列が検出された。杭と杭の間に網や小枝をめぐらせて、エゾジカを追い込むための誘導柵と想定されている（図71）。

縄文人は、落とし穴のほかにも、はね罠、くくり罠、仕掛け弓などのさまざまな罠を仕掛けたことは間違いないが、遺構として確認された例はないし、今後も発見される可能性は非常に少ない。

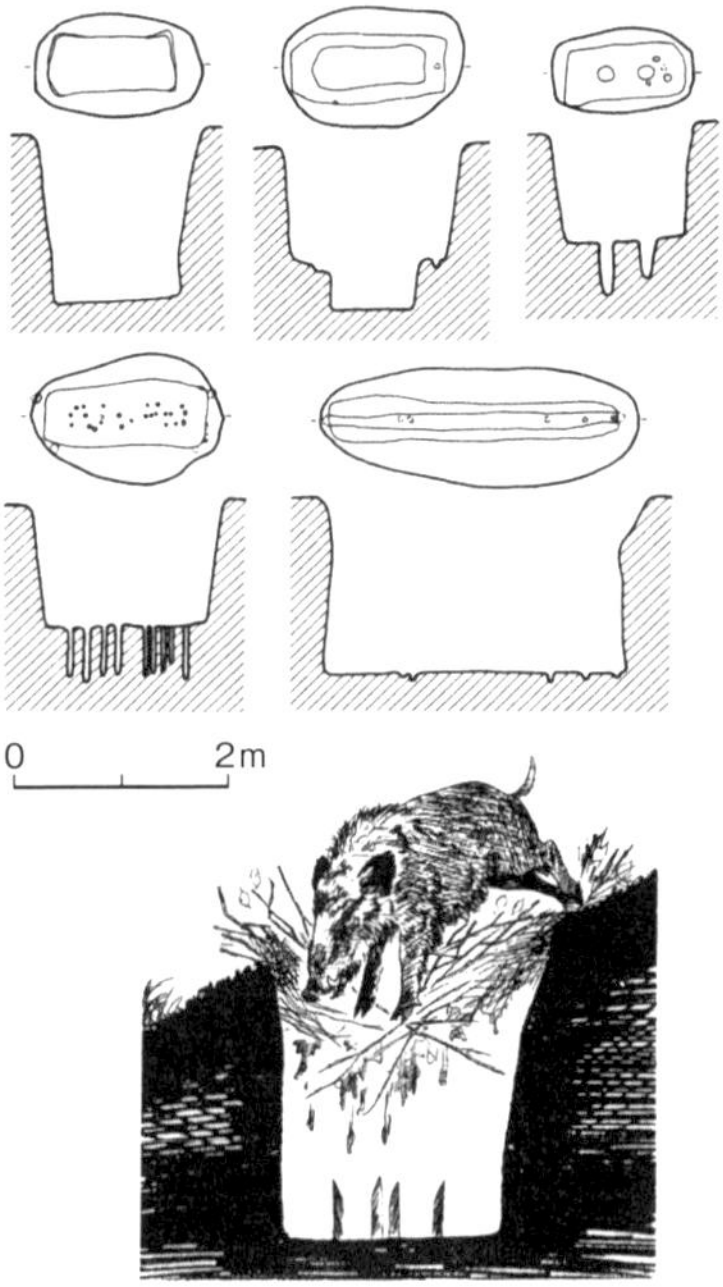

図 69　落とし穴とその使用模式図

図 70　落とし穴の遺跡（霧ヶ丘遺跡）

図 71　エゾシカを捕獲するための誘導柵（キウス 5 遺跡）

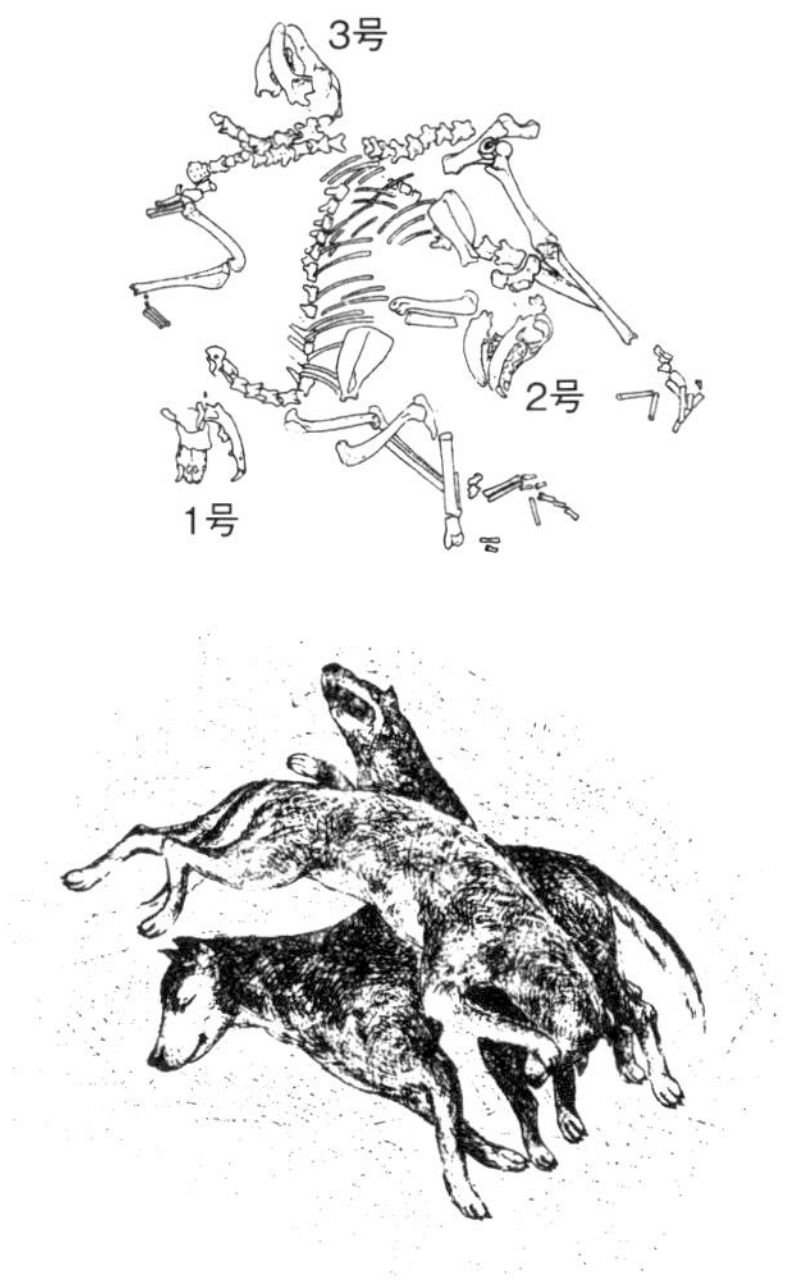

1 高根木戸遺跡（下：復元図）

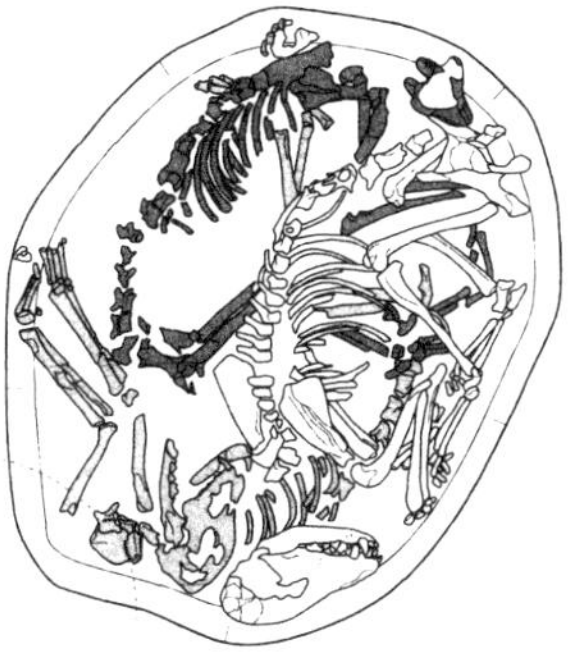

2 北小松遺跡

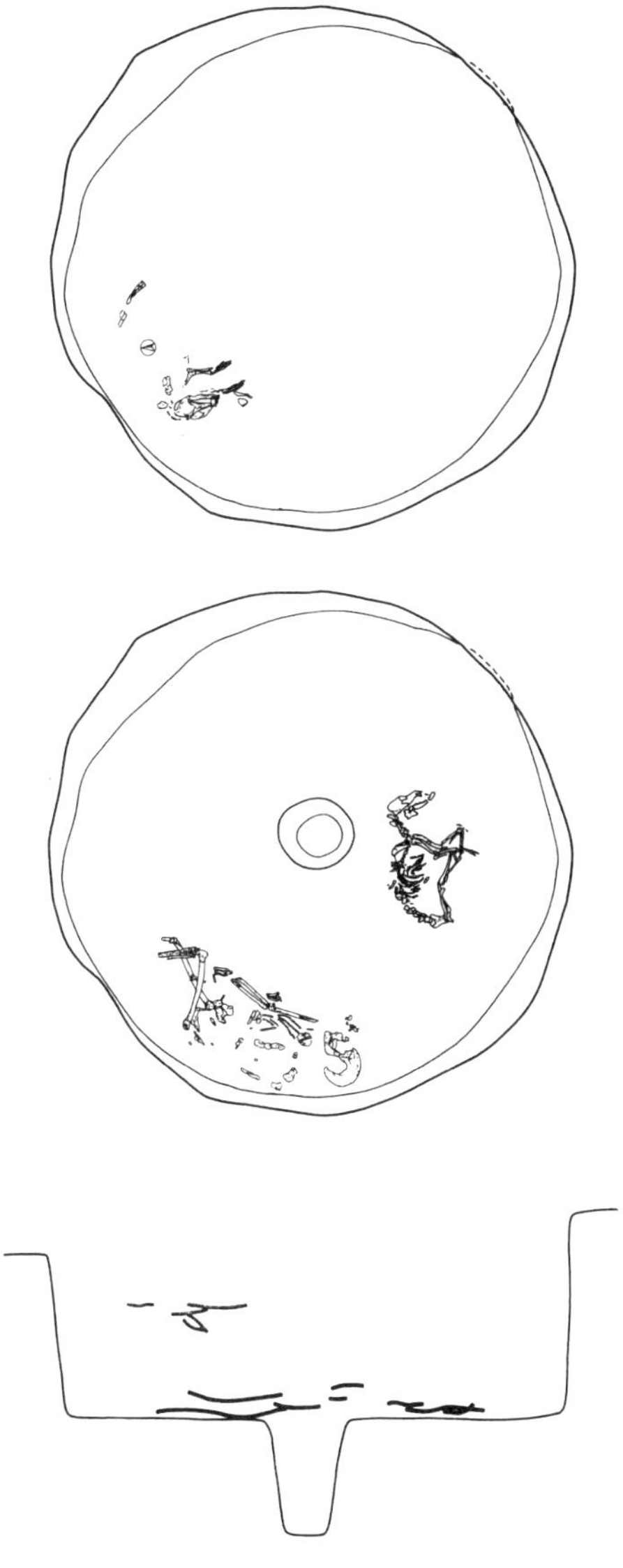

3 白井大宮貝塚（上：イノシシ
中：ヒトとイヌ　下：断面図）

0　30cm　0　60cm

図72　縄文時代のイヌの埋葬例

第76問　縄文人が猟犬を飼っていたとどうしてわかるか

縄文時代の遺跡から出土するイヌの埋葬例から、イヌが猟犬として飼われていたことがわかる（図72）。愛媛県上浮穴郡久万高原町の上黒岩岩陰《かみくろいわいわかげ》遺跡では、早期の層から二体の埋葬されたイヌが検出されているが、時代を経るにしたがって、イヌの埋葬例が全国各地から報告されている（内山幸子『イヌの考古学』同成社、二〇一四年）。イヌが縄文人と同様に丁重に埋葬されているだけでなく、千葉県船橋市の高根木戸《たかねきど》遺跡第2号住居跡（中期）の床面に同時に埋葬された三体のイヌのうちの一体（1号犬）は、左の前足が不自由な一二歳以上の老犬である（図72の1）。このように骨折して歩行困難なのにもかかわらず天寿を全うしたイヌの埋葬例があることは、狩猟をともにしたイヌを大切にしていた証である。また、千葉県香取市の白井大宮台《しらいおおみやだい》貝塚の中期の土坑からは、成人男性とイヌが合葬され、その覆土にイノシシの幼獣が添えられるように埋葬されていたことは、狩猟者であった縄文人男性とイヌ、それと狩猟対象獣であったイノシシとの関係がうかがえる好例である（図72の3）。

一方、高根木戸遺跡のようにイヌが三体合葬されている例は、宮城県大崎市の北小松《きたこまつ》遺跡（晩期）などでも検出されている（図72の2）。つまり、一時期に複数のイヌが飼われていたことになり、巻狩りにイヌを使うだけでなく、複数のイヌを使ったイヌヤマと呼ばれる狩猟がおこなわれたことが考えられる。また、イヌが同時に複数体埋葬されていたということは、祭祀などの際に犠牲獣として用いられた可能性も考えられる。イヌが縄文人と合葬されていたというのも、イヌと縄文人との関係の深さだけでなく、飼い主の死に際して、愛玩していたイヌが犠牲獣として一緒に葬られたということでもある。

第77問　縄文人はイノシシを飼育していたか

伊豆諸島の島々は、いずれも火山島のうえに、本州と陸つづきになったことがないことから、もともとイノシシは生息していない。その伊豆諸島では、本州から約二五キロ離れた伊豆大島の下高洞《しもたかぼら》遺跡で早期前半、はるか二八七キロも離れた八丈島の倉輪《くらわ》遺跡で前期末のイノシシの骨が出土している。これも有名な生物分布の一つであるブラキストン線を隔ててイノシシが自然分布しない北海道の縄文遺跡からも、約六〇カ所の遺跡からイノシシの骨が出土している。また、北海道函館市の晩期の日ノ浜《ひのはま》遺跡からは、イノシシの幼獣（ウリボウ）をかたどった動物形土製品（図60の2。設問59を参照）が出土している。

このように自然分布していない伊豆諸島と北海道の縄文遺跡からイノシシが出土するのは、それを縄文人が丸木舟で運んだからである。本州と伊豆諸島には黒潮が、北海道のそれには津軽海峡が立ちはだかっており、丸木舟で成獣のイノシシを運ぶのは困難なので、ウリボウが乗せられて、島々で飼育されていたことは間違いない（山崎京美「イノシシ飼育」『縄文時代の考古学』4、同成社、二〇一〇年）。これは本州の縄文人が飼育していたからこそ可能であった。また、山梨県北杜市の金生《きんせい》遺跡の晩期の一つの土坑から一一五体のウリボウの骨が出土したことも、縄文集落でのイノシシ飼育の傍証となろう。

ところで、ブタは、イノシシを家畜化したものである。ところが、縄文時代のイノシシはというと、ブタほど家畜化してはいない。ということは、縄文時代のイノシシの飼育は、縄文人の生活に役立てるために野生動物を手なずける訓化（Acclimatization）程度のかなり粗放的な飼育であったと考えられる（西本豊弘「縄文時代のブタ飼育について」『国立歴史民俗博物館研究報告』一〇八集、二〇〇三年）。

第78問　縄文クッキーとは何か

　縄文時代の加工食品の一つで、クッキー状に炭化したものである。一九六一年に長野県諏訪郡富士見町の曽利《そり》遺跡から中期のパン状に炭化した、いわゆるパン状炭化物が発見されて、縄文時代の加工食品として注目された。その後、一九八五年の山形県東置賜郡高畠町の押出《おんだし》遺跡から前期のクッキー状の炭化物が発見されたが、縄文食の再現メニューに格好の題材となったことから、「縄文クッキー」と呼ばれるようになった（中村耕作「クッキー状・パン状食品」『縄文時代の考古学』5、同成社、二〇〇七年）。

　クッキー状やパン状の炭化物は、曽利遺跡や山梨県大月市の原平《はらだいら》遺跡の出土例の観察結果では、前者からシソとエゴマ、後者からはエゴマが確認されている。さらに、炭素・窒素安定同位体比分析法（設問35を参照）を用いた分析結果によれば、堅果類のデンプンを主成分としている可能性が高いという。このことからクッキー状やパン状の炭化物は、植物質の加工食品だということである（中村耕作・國木田大「クッキー状・パン状炭化物の炭素・窒素同位体分析とその出土状況」『縄文時代中期の植物利用を探る予稿集』長野県考古学会中期部会、二〇一二年）。

　ところで、クッキー状やパン状の炭化物は、焼けて炭化したものであるので焼き物と思いがちである。しかし、それは遺存状態を示しているものであって、クッキーやパンといった焼き物であったということでは決してない。縄文時代の食事法を考えれば、団子状にして、汁物として食べた方が理にかなっているとの考えもある。いずれにしても、「縄文クッキー」という呼び方は正確性を欠くので、クッキー状炭化物とか、パン状炭化物と呼ぶのが正解であろう。

第79問　縄文人が製塩をしていたというのは本当か

縄文人は、土器に海水を入れて煮沸を繰り返すことで塩の結晶を採取する（煎熬《せんごう》という）、土器製塩という方法で製塩をおこなっていた。煎熬に使用する縄文土器には、専用の製塩土器を使った（図73）。製塩土器は、海水を長時間にわたって、しかも水分がなくなるまで煎熬するためにひび割れて破損しやすいことから、消耗品的な土器として、ほかの縄文土器よりも大量に製作され、使用され、廃棄された。したがって、遺跡から出土する製塩土器は、出土量がきわめて大量であって、粗製で薄手の無文様の小破片で、かつ器壁が剥がれるなどして、飴色や灰白色の炭酸石灰がこびりついているという特徴がある。

縄文時代の土器製塩は、一九六〇年に茨城県稲敷市の広畑《ひろはた》貝塚を発掘した近藤義郎によって最初に明らかにされた（近藤義郎「縄文時代における土器製塩の研究」『岡山大学法文学部学術紀要』一五、一九六二年）。その後、戸沢充則《みつのり》らが茨城県稲敷郡美浦村の法堂《ほうどう》遺跡を調査し、そこで製塩をおこなっていた遺構を確認し、縄文時代に製塩がおこなわれていたことが確実となった（戸沢充則・半田純子「茨城県法堂遺跡の調査—「製塩址」をもつ縄文時代晩期の遺跡—」『駿台史学』一八号、一九六六年）。

土器製塩は、後期後半の関東地方の霞ケ浦周辺に出現し、晩期になると仙台湾沿岸など東北地方の太平洋沿岸に広がっていった。

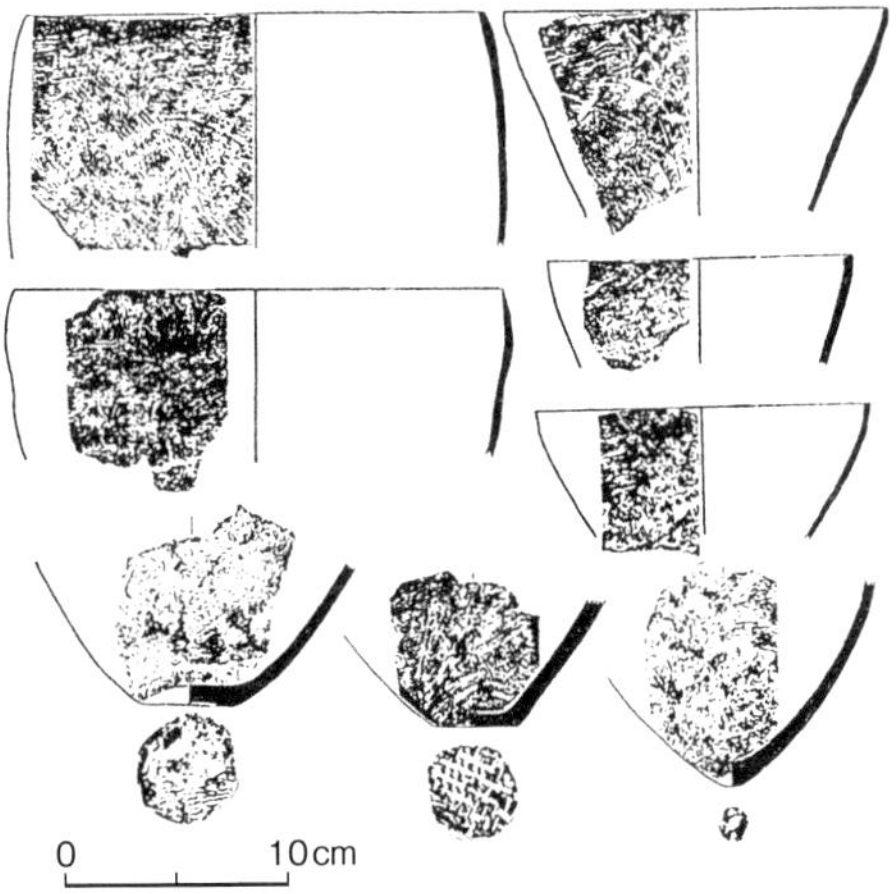

図73　法堂遺跡出土の製塩土器

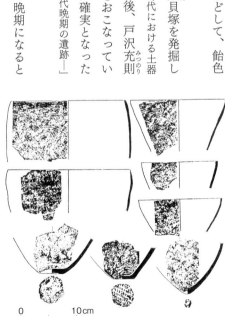

第80問 縄文人は土器をどのように作っていたか

縄文人の土器作りを考える基本は、縄文土器を観察することである。縄文土器破片の断面を観察すると、植物繊維、砂、滑石《かっせき》片、雲母片、貝殻片などが混ざっている（図74）。これは天然の粘土を焼物作りに適するように、縄文人が混和材を混ぜていたからで、この混和材を混ぜた粘土を素地土《きじつち》という。また、土器破片の割れ目や割れ方を観察すると、土器の割れ目が水平方向で、その割れ口がしばしば口縁に似た、いわゆる疑似口縁がみられることから、成形法は、粘土紐を環状に積み上げていく紐作りが基本であったことがわかる（図75）。これには粘土紐を連続的に積み上げる巻き上げ法と、粘土紐を輪のようにして積み上げていく輪積み法があるが、大型の土器には輪積み法が採用されることが多い。また、小型の土器などは、粘土の塊から直接に形を作る、いわゆる手づくね土器もあるし、九州地方などでは、後・晩期の浅鉢形の丸底土器のなかには、あらかじめ籠などで形を用意して、そこに粘土を押しつける型押し技法（型取り技法ともいう）などもみられるが、縄文土器作りの基本が紐作りにあることは間違いない。さらに、土器の内面は、きれいに磨き上げられ、外面には、文様が施されている。なお、土器の底には、網代《あじろ》などの編み物や木の葉、あるいは鯨の脊椎骨の圧痕が残されているが、これは土器を製作しやすいように下敷きを用いたからである。

一方、縄文土器の色調は、酸素が十分に供給された状態で焼かれた赤褐色をしていて、色見も均一でなく、焼きむらがあるとともに、その仕上がりが軟質であることから、摂氏一〇〇〇度以下の酸化焔で焼成されていたことになる。これは縄文土器の焼成法が野焼きであったことを示す。

こうした観察から、縄文土器作りの工程は、①粘土の採集、②素地土作り、③成形（土器の形を作る）、④整形（土器の削りと内面の磨き）、⑤施文、⑥乾燥、⑦焼成（野焼き）であったことがわかる。なお、土器作りの実験からは、素地土作りでは十分な練りと寝かせ、整形後の日陰での十分な乾燥（二週間から一カ月程度）、野焼きをするための地面の空焚きというように、土器作りには、たいへんな手間と時間がかかることがわかる（新井司郎『縄文土器の技術—その実験的研究序説—』中央公論美術出版、一九七三年。後藤和民『縄文土器をつくる』中央公論社、一九八〇年）。

図74　縄文土器破片の断面

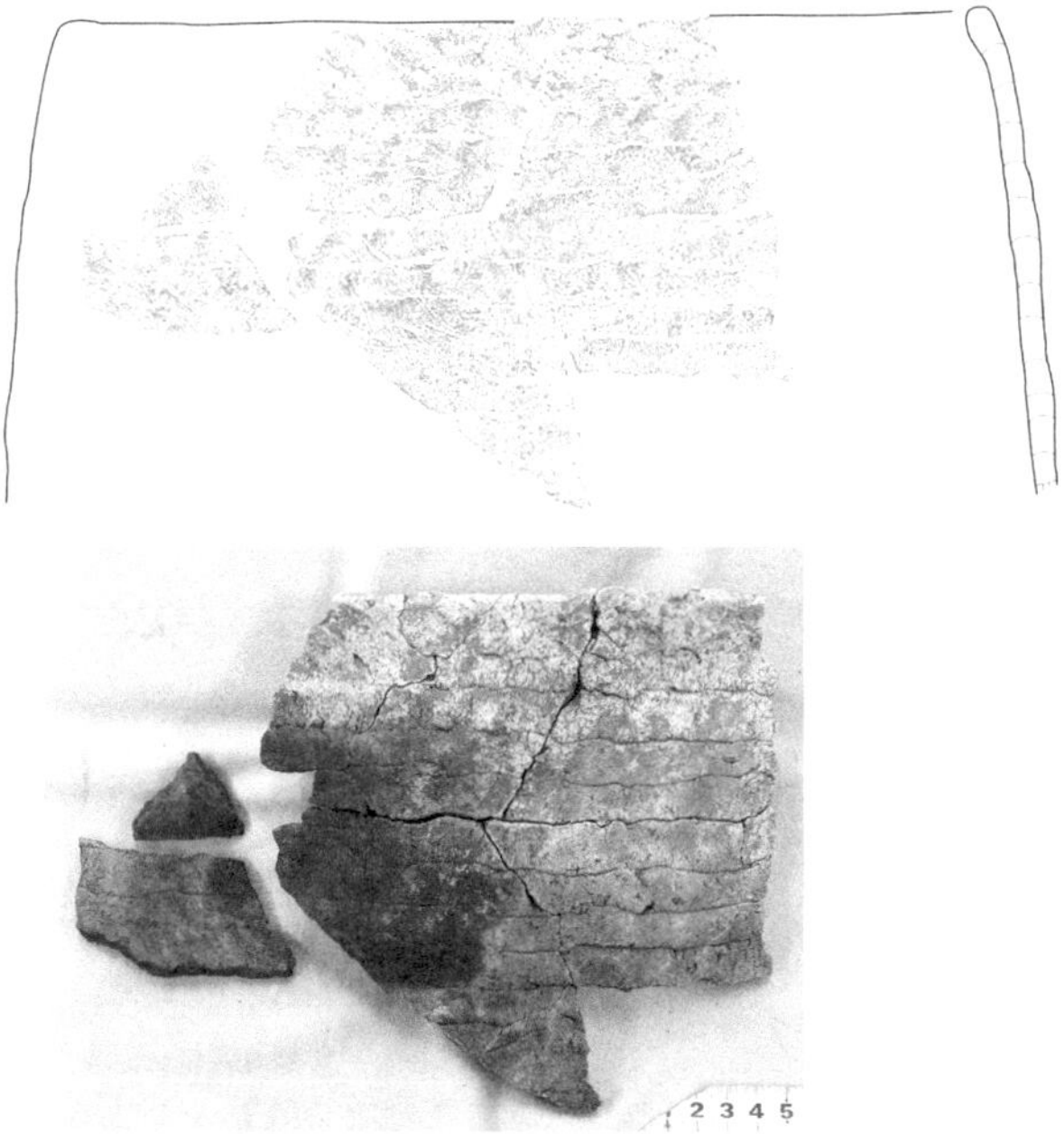

図75　粘土紐の痕跡を明瞭に残す縄文晩期の土器
（上：拓本、下：写真）

第81問　縄文人は石器をどのように作っていたか

縄文人が石器を作る技術には、大きく「打製」と「磨製」の二つがある。打製には石材をハンマーなどの打撃具で打ち割る打撃と、石材をハンマーで敲《たた》き潰していく敲打《こうだ》という方法がある。さらに、打撃には石材を直接ハンマーで打ち割る直接打撃と、骨や木などの軟らかい打撃具で石材を押しつぶすように剝いでいく、いわゆる押圧剝離《おうあつはくり》という方法がある（図76）。一方の磨製は、砥石にかけて研磨し、文字どおり磨きあげることである。そして、磨製には、その前に多くは形状を整えていく敲打が不可欠である。

こうした技術的特徴をもとに、大工原《だいくはら》豊にならって縄文石器を分類すると、打撃系列、敲打・研磨系列、複合技術系列（打撃＋敲打・研磨）の大きく三つからなる（『縄文石器研究序論』六一書房、二〇〇八年）。

打撃系列の石器　石鏃《せきぞく》（設問43を参照）、石槍《せきそう》（設問44を参照）、石匙《いしさじ》（設問48を参照）、石錐《せきすい》（設問49を参照）、打製石斧《せきふ》（設問46を参照）などがある。このうち打製石斧は、素材加工から成形、仕上げまで一貫して直接打撃によって製作されている。そのほかの石鏃や石匙などのいわゆる利器は、素材加工を直接打撃でおこない、成形は直接打撃と押圧剝離、整形と仕上げは押圧剝離がおこなわれている。たとえば東京都東久留米市の新明山南《しんめいやまみなみ》遺跡では、前期の集落から石鏃の製作工程を推定できる資料が出土している（図77）。石鏃を作るための石の原材料（原石＝石核）、石鏃の素材となる大きさに加工された素材剝片、

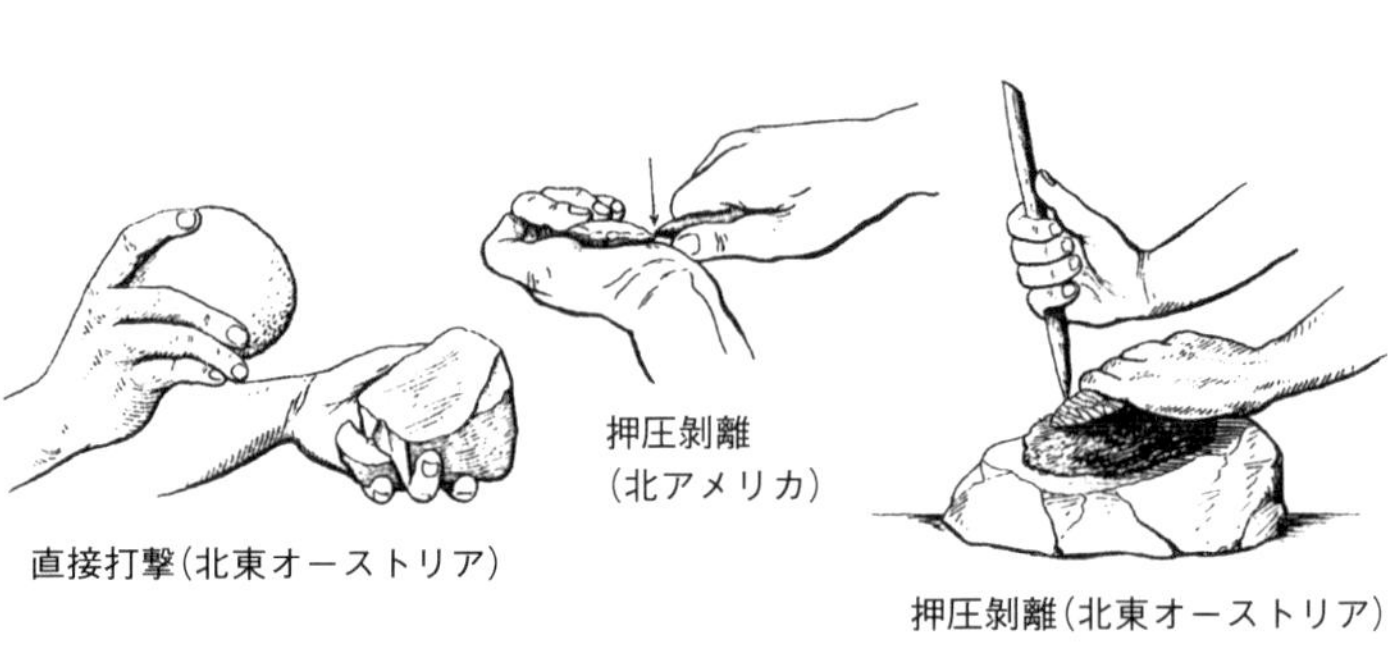

図76　民族誌にみる打撃の方法

石鏃の成形の過程を示す未完成品、石鏃の整形の過程を示す半完成品、石鏃の完形品である。このうち素材剝片は直接打撃、未完成品は直接打撃と押圧剝離、半完成品と完成品は押圧剝離がおこなわれている。

敲打・研磨系列の石器　石皿《いしざら》（設問45を参照）、磨石《すりいし》、敲石《たたきいし》、凹石《くぼみいし》などがある。この系列の石器は、石器の製作と使用とが直接に結びついていて、それらが使用されながら、しだいにその形態が整えられるという、それは定住生活にともなう石器のあり方として、「旧石器」にない大きな特徴である。たとえば石皿は、三〇から四〇センチ前後の平たい面をもつ礫《れき》（川原石）を素材として使うが、早期の石皿は、無加工のまま使用することで平らな面に凹みが作られるが、前期以降の定型化した石皿は、縁と中央の浅い凹みをあらかじめ敲打と研磨によって作り出してから使用される。また、脚をつけたり、長方形の硯のように縁を高く作ったものなどは、そのイメージした形を敲打と研磨で丁寧に作り出したものであるが、いずれの石皿も作業面の凹みは、使い込まれた最終の姿が遺物として残される。凹石は、拳大の礫の片面あるいは両面の中央部分に一から二個の凹をもつが、この凹は、礫の尖った角で敲打して作業面としての凹みが作られている。一方、磨石や敲石は、作業に見合う手ごろな形と大きさの自然の礫をそのまま用いることが多いが、なかには敲打によって加工されたものもある。しかし、磨石や敲石は、使用されていくうちに形状が変化していくので、使い込まれた石器ほど加工の痕跡が不明となり、使用痕のみが残されることになる。

こうした特徴から大工原は、この系列を「使用痕系列」と呼ぶが、「打製系列」と「複

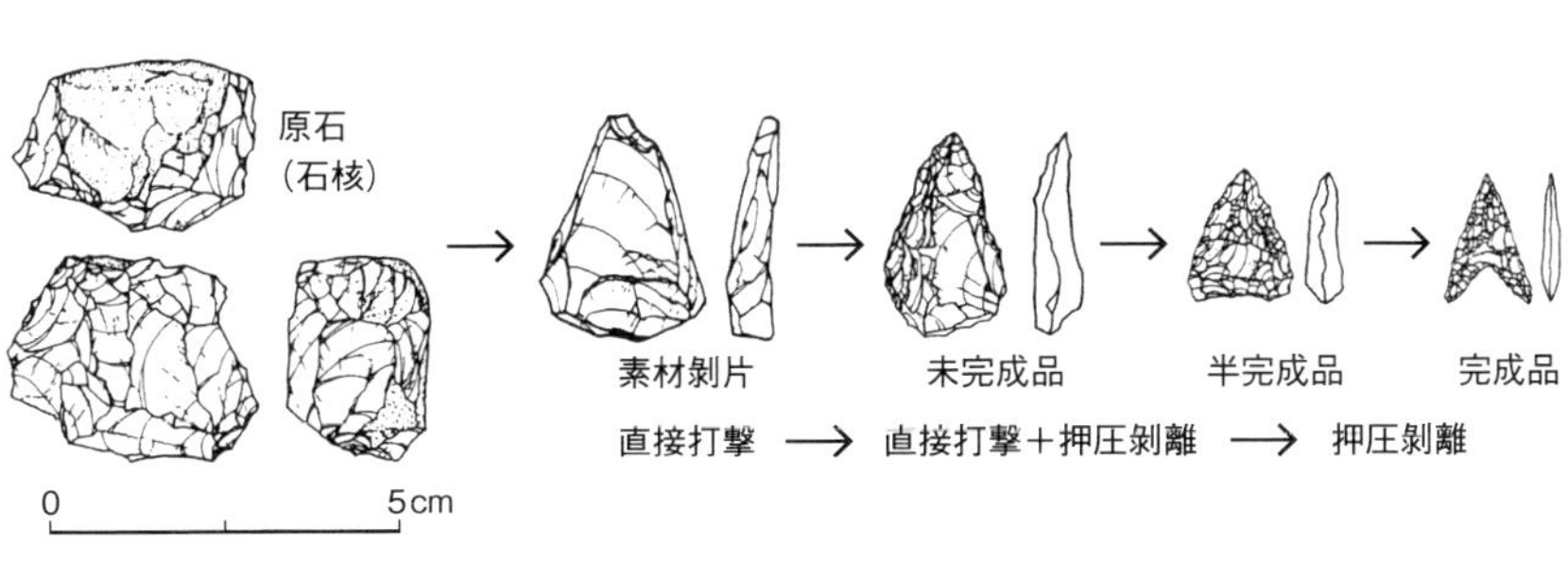

図77　石鏃の製作工程

合技術系列」は製作技術の特徴で分類しながら、「使用痕系列」は使用痕で分類することは、分類概念を異にするので、本書では「敲打・研磨系列」と呼ぶことにする。

複合技術系列の石器　磨製石斧（設問47を参照）、石棒《せきぼう》（設問60を参照）、岩偶《がんぐう》（設問57を参照）、岩版《がんばん》（設問58を参照）などがある。この系列の石器は、原石から直接打撃で素材となる剥片を打ち割るが、磨製石斧などの大型の素材を獲得する場合には、原石を台石に打ちつけて剥片を割りとる方法もとられた。つづいて素材加工を直接打撃でおこない、成形は直接打撃と敲打でおこない、整形は敲打でおこない、最後に砥石で全体を研磨して完形品となる。たとえば神奈川県足柄上郡山北町の尾崎《おざき》遺跡では、中期の集落から磨製石斧の製作工程が推定できる資料が出土している（図78の上段）。磨製石斧を作るための石の原材料（原石）、磨製石斧の素材となる大きさに加工された素材剥片、磨製石斧の成形の過程を示す未完成品、磨製石斧の整形の過程を示す半完成品、磨製石斧の完形品である。このうち素材剥片は直接打撃、未完成品は直接打撃と敲打、半完成品は敲打、完成品は研磨がおこなわれているが、尾崎遺跡では、直接打撃と敲打のためのハンマー（敲石）、研磨のための砥石などの加工具も出土している（図78の下段）。

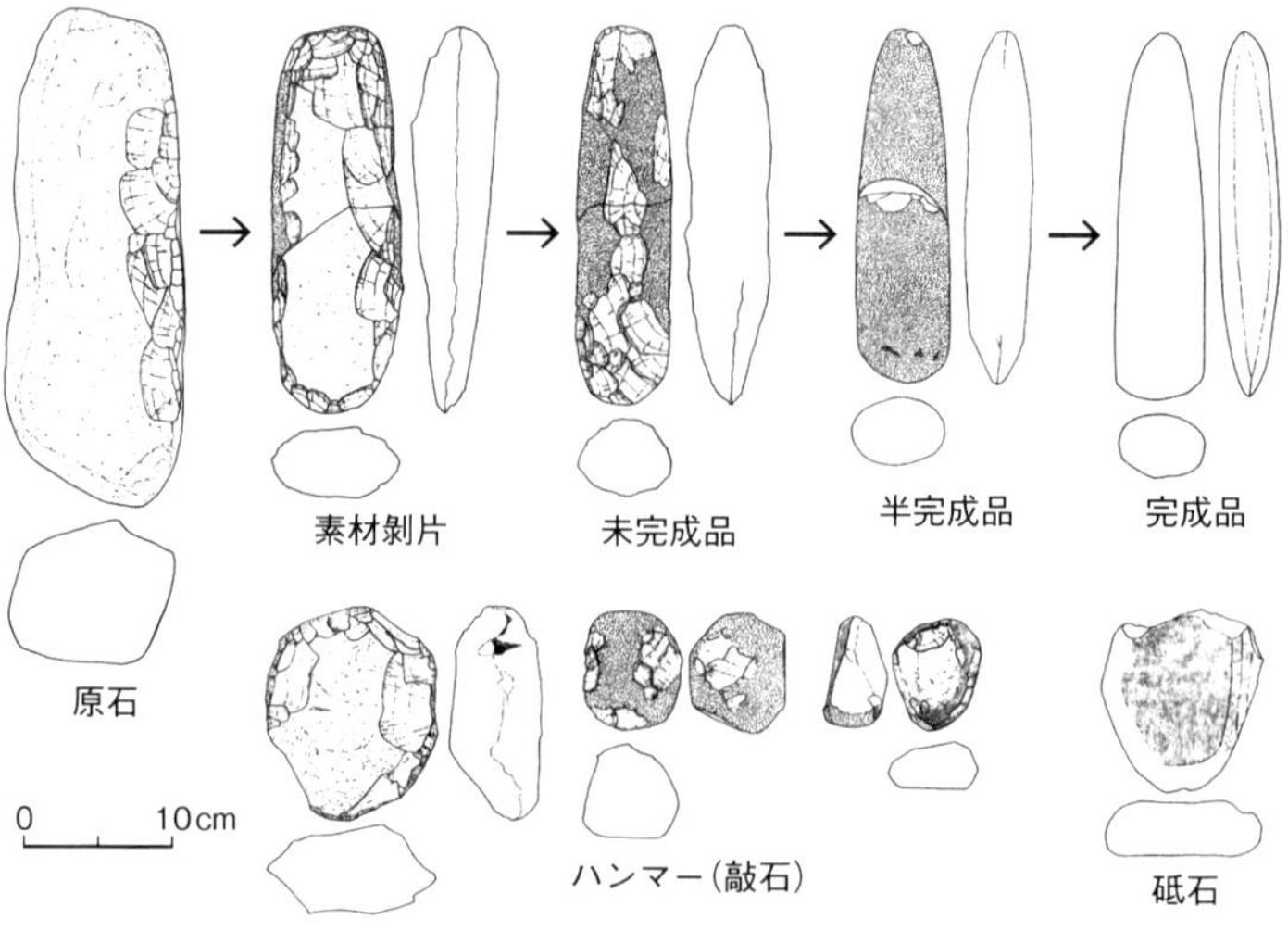

図 78　磨製石斧の製作工程

第82問　縄文人は骨角器をどのように作っていたか

骨角器とは、動物の骨、角、牙などを素材として製作されたもので、釣針（設問50を参照）、銛頭《もりがしら》（設問51を参照）、骨針《こっしん》（設問53を参照）などの道具類、髪飾り、腰飾り、胸飾りなどの装身具類（設問62を参照）、彫像などがある。縄文人がもっとも多く素材としたのがシカとイノシシで、とくにシカの角と中手骨《ちゅうしゅこつ》および中足骨《ちゅうそくこつ》が多目的に活用された。

鹿角《ろっかく》とシカやイノシシなどの骨は、剝片石器をもちいて擦切りによって輪切りと軸に沿って分割し、砥石で分割面と裏面を平滑にした後に、剝片石器と砥石で目的にかなった切込みや抉《えぐ》り、穿孔などを施して、最後に砥石で仕上げて完成品となる。たとえば長野県南佐久郡北相木村の栃原岩陰《とちばらいわかげ》遺跡では、早期初頭の包含層から釣針の製作工程を推定できる資料が出土している（図79）。図79の1のように哺乳類の四肢骨に剝片石器で袋状の抉りを入れ、2と3のように剝片石器と砥石で形状を整え、4のように砥石で下部を切断して、最後に砥石で入念に仕上げて5の完成品となる。栃原岩陰遺跡では、ほかにも今日の金属製の縫い針と遜色ない形態の骨針や全体が磨きこまれて光沢を放つ刺突具なども出土していることから、骨角器の製作技術は、縄文時代の早い段階で確立していたことがわかる。

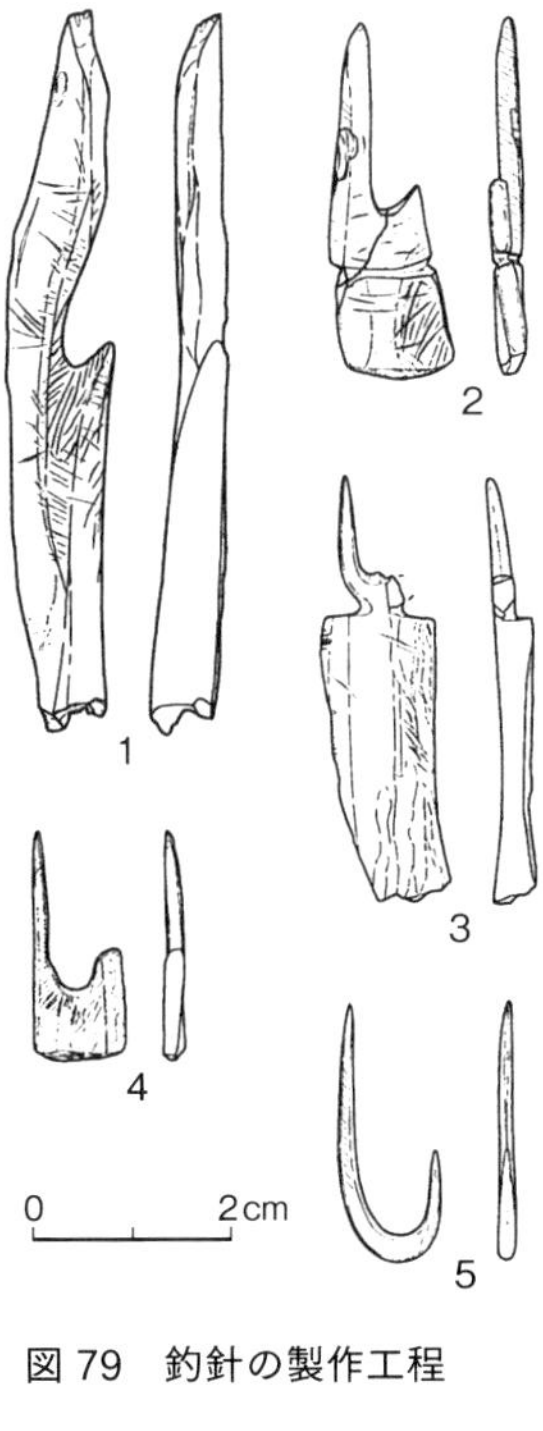

図79　釣針の製作工程

第83問 縄文人は木製容器をどのように作っていたか

縄文時代の木製容器は、石器という道具の限界から、材を刳りぬいて作る刳物《くりもの》に限られた（設問54を参照）。これらの木製容器を観察してみると、横木取りされたものがほとんどであるのも、刳物である皿や鉢が多くを占めていたからである。そして、原木の幹の太さや長さはもちろんのこと、横木取りで芯を残すか、残さないかの位置取りは、当然、容器の大きさや形、深さなどによって決まるが、木製容器をよく観察してみると、年輪の残り方から木取りの位置がわかる（図80）。また、横木取りで半截した材を、さらに小割した場合には、小口が輪切りしたミカンの房の断面に似ていることから、ミカン割と呼んでいる。このミカン割を横木取りすることで、皿や鉢も作られたと思われるが、実際の遺物でミカン割を利用したかを確認するのは難しい。

この木取りから、両端や底部などの外形の粗削り、内部の刳りぬき、細部調整による整形、内外面の仕上げという手順で、容器の木地が完成する。そして、容器の用途に応じて、仕上げの最後に漆が塗られるものもあるが、これは木胎漆器《もくたいしっき》と呼ばれる（本章扉の図）。たとえば新潟市の御井戸《おいど》遺跡では、八点の製作途中の把手付の片口容器や水差形容器が出土した。どの個体も加工痕が生々しく残っていて、それらの資料からは、大まかな木取りから外形の粗削りを経て、内部を刳りぬき、最後に内外面を入念に仕上げるという製作工程が明らかにされた。しかも、完成品はといえば、把手の精巧さといい、赤く塗られた漆の鮮やかさといい、発見当初は本当に縄文人の製品かと驚嘆されたほどである（前山精明「縄文時代の木の文化」『巻町史』通史編上巻、一九九七年）。

一方、縄文人は、木製容器を製作するにあたって、皿や鉢には加工がしやすく表面がきれいに仕上がるトチノキ、盤状や船状の大型の皿には耐久性のあるケヤキ、杓子には強度のあるイヌガヤ、木胎漆器の木地には耐久性があって、かつ加工がしやすいヤマザクラなどというように、樹木の特性を考えた用材の選択をおこなっていた。つまり縄文人の木製容器の製作は、樹木の選択から始まるということである。

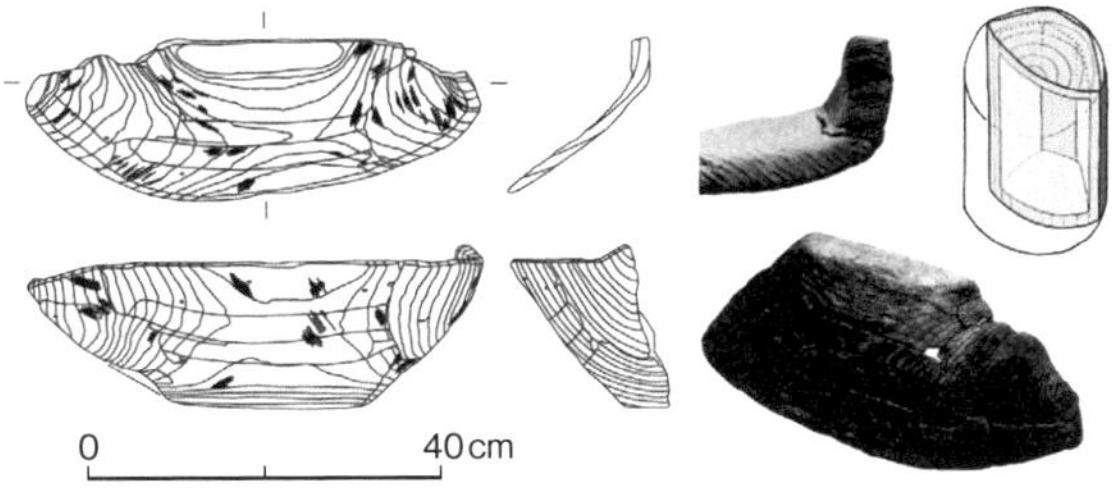

方形鉢とその木取り概念図

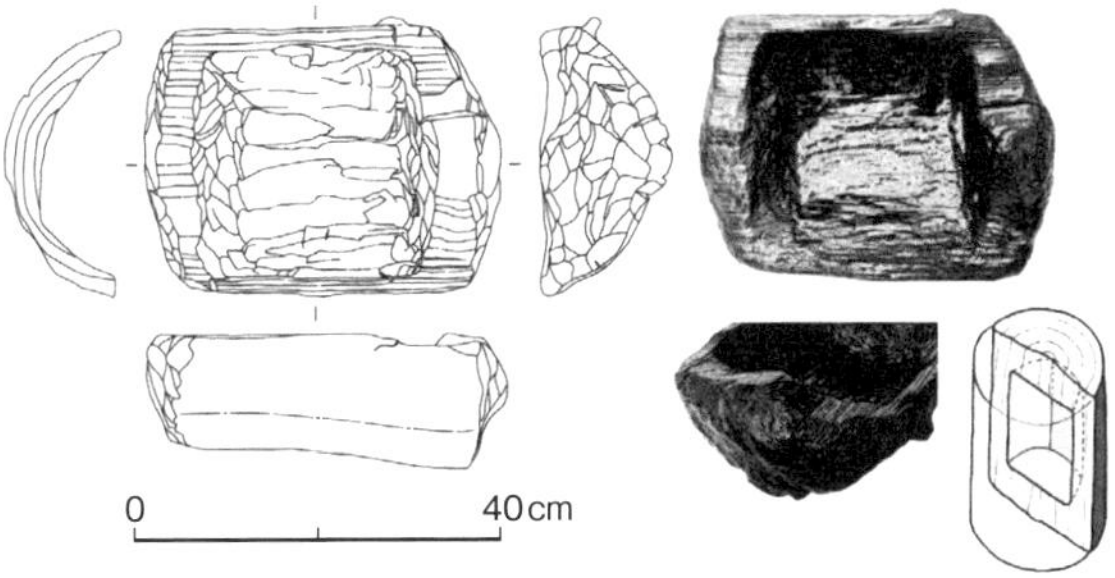

容器未成品とその木取り概念図

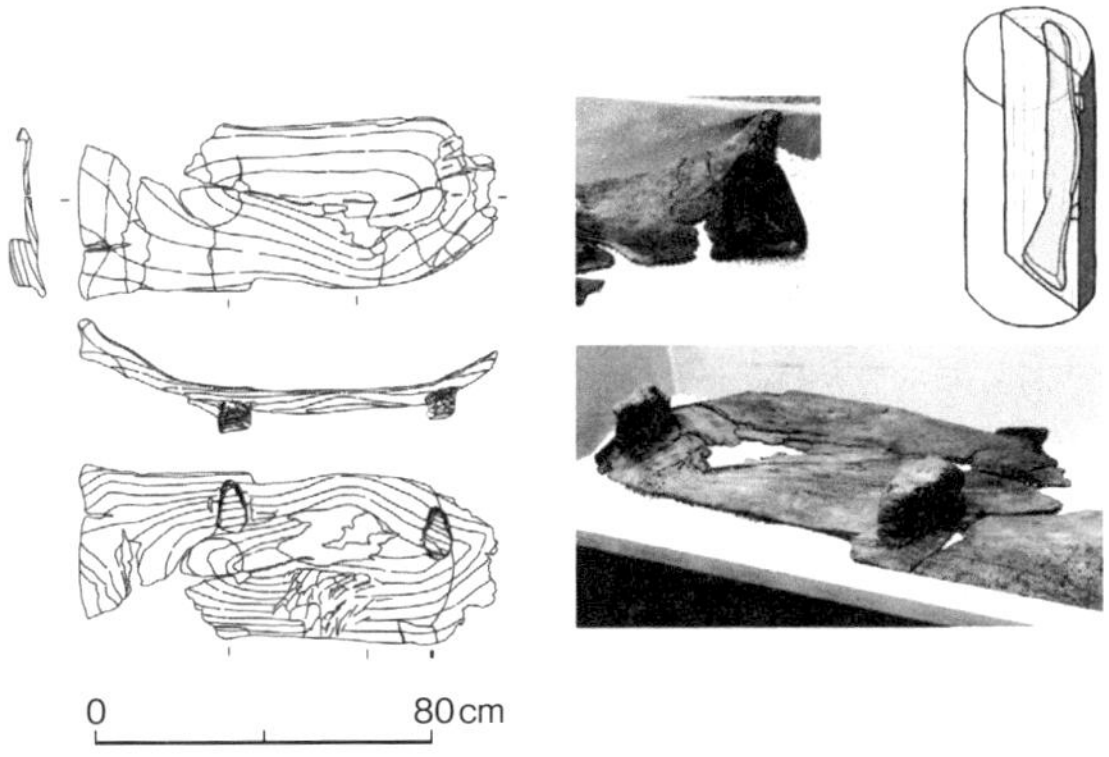

脚付大皿とその木取り概念図

図 80　木製容器とその木取り概念図

第84問 縄文人はカゴ類をどのように作っていたか

縄文時代のカゴ類は、縦材と横材を交互に潜らせて編む網代《あじろ》編みと、縦（横）材に複数の横（縦）材を絡ませながら編む捩《もじ》り編みとが基本となる。網代編みは、縦材と横材が同幅のものを使うが、縦材に太め、横材に細めのものを使って編むと、編み上がりが蓙《ござ》のようにみえることから、これをゴザ目編みと呼び分けている。また、網代編みのうち、縦材と横材を一本ずつ交互に編むもっとも単純な編み方では、編み目が市松模様になるが、それを一定の隙間をあけて編むと四つ目編みとなる。また、左右斜めと横の三本を組んで交互に編むと、編み目が六角形にみえる六つ目編みとなる。

縄文時代のカゴ類を観察してみると、網代編み、捩り編み、ゴザ目編み、四つ目編み、六つ目編みを主な技法として、材の幅や本数、交互の潜らせ方や間隔などを組み合わせることによって、用途に応じた多様な容器が編まれている（図81。佐々木由香「編組製品の技法と素材植物」『さらにわかった！ 縄文人の植物利用』新泉社、二〇一七年）。たとえば浅い笊《ざる》状のものは、網代編みやゴザ編みですべて仕上げることもあるが、深い籠《かご》状のものは、底部を網代編み、体部をゴザ編みで編んで、途中で補強のため捩り編みを入れるなどして仕上げたものもある。また、四つ目編みと六つ目編みは、深い籠状のものでも、それぞれの編み方ですべて仕上げている。なお、最後に縁の始末をするわけであるが、これを縁仕舞《ふちじまい》といい、余分の材を利用して、横添え巻きつけの方法で始末をする。この横添え巻きつけは、底部と体部の移行部分とか、体部の編み替え部分で用いられることもある。

こうしたカゴ類は、早期末の佐賀市の東名《ひがしみょう》遺跡から七〇〇点をこす製品が出土しているが、それらの編む技術や種類をみると、現在の私たちが使っているカゴ類のほとんどは、すでに縄文時代の早い段階で用いられていたことがわかる（設問54を参照。佐賀市教育委員会編『縄文の奇跡！ 東名遺跡』雄山閣、二〇一七年）。ただし、東名遺跡のカゴ類の材料をみると、全体の八〇パーセント以上が木本植物を割り裂いたヒゴ、残りがツル植物で、タケ・ササ類は一切使われていない。カゴ類の材料にタケ・ササ類が使われるようになるのは前期以降で、後期になると東京都東村山市の下宅部《しもやけべ》遺跡の事例では、タケ・ササ類が多用されるようになるが、そのタケ・ササ類もせいぜい径二〇ミリ程度のササ類と考えられている。なお、前記した佐々木由香の研究によれば、九州地方から出土したカゴ類は早期以降も木本植物やツル植物で、それも照葉樹林のなかに普通にある植物が使われており、山陰から北陸地方は針葉樹林の木本植物やツル植物、東北地方北部は落葉広葉樹林の木本植物やツル植物が多用される傾向がみられるのに対して、タケ・ササ類を好んで使うようになるのは、関東地方から東北地方南部の縄文人の特性であるという。

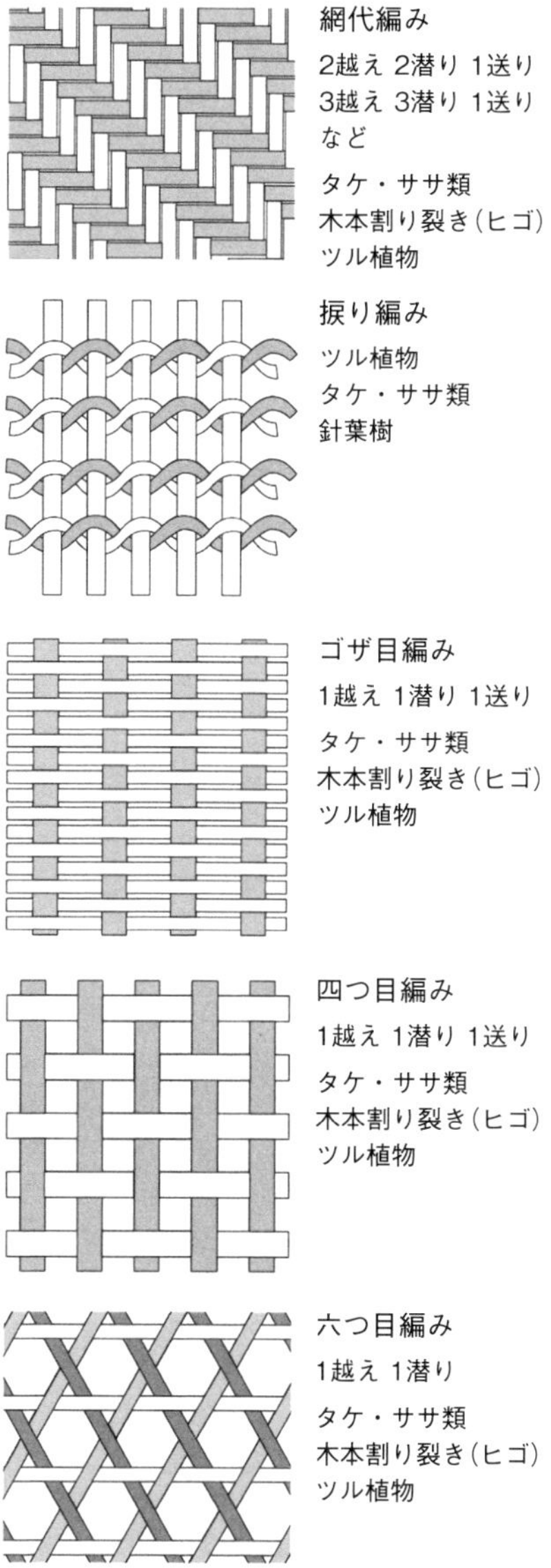

図81　縄文カゴの編組技法（模式図）

第85問　縄文時代に漆工技術が完成していたというのは本当か

現代にもつうじる漆工の基本的な技術は、すでに縄文時代に出揃っていたので、縄文時代に漆工技術が完成の域に達していたことは間違いない（図82。四柳嘉章『漆の文化史』岩波書店、二〇〇九年）。

山形県東置賜郡高畠町の押出《おんだし》遺跡からは、縄文前期前半の土器の下地に赤漆を塗り、その上に黒漆で繊細な幾何学文様を描いた彩漆《さいしつ》土器が出土している（口絵5の1・2）。また、木器に彩漆土器と同じような文様を描いた木胎《もくたい》漆器も、破片ではあるがかなりの数が出土しているだけでなく、スガイと思われる巻貝の蓋の痕跡が漆塗膜にはっきりと転写されている螺鈿《らでん》状の破片などを含むさまざまな漆製品が出土している（水戸部秀樹『縄文漆工芸のアトリエ　押出遺跡』新泉社、二〇一九年）。螺鈿状の漆器といえば、前期の青森県上北郡野辺地町の向田《むかいだ》（18）遺跡では、これもスガイと思われる巻貝の蓋が木鉢の把手に現状で八個埋め込まれていたものがある（口絵5の3）。漆器といえば、有名な前期の福井県三方上中郡若狭町の鳥浜《とりはま》貝塚からは、赤漆塗りの櫛などさまざまな種類のものが出土していることから、この時期に、すでに漆工技術がほぼ完成していたことがわかる（田中祐二『縄文のタイムカプセル　鳥浜貝塚』新泉社、二〇一六年）。しかも、北海道函館市の垣ノ島《かきのしま》B遺跡から縄文早期前半にさかのぼる漆製品が発見されていることから、日本列島での漆利用の起源は、さらに古くさかのぼることが明らかとなっている。

漆利用の最初の工程は、ウルシの樹液の採取である。ウルシの樹液の採取は、当然、ウルシの木に傷をつけて、そこから分泌される樹液を採取するが、これを漆掻《うるしか》きという。漆掻きの季節は、ウルシの木の生長が活発な初夏から秋にかけてが最適期で、事実、東京都東村山市の下宅部《しもやけべ》遺跡から出土した縄文

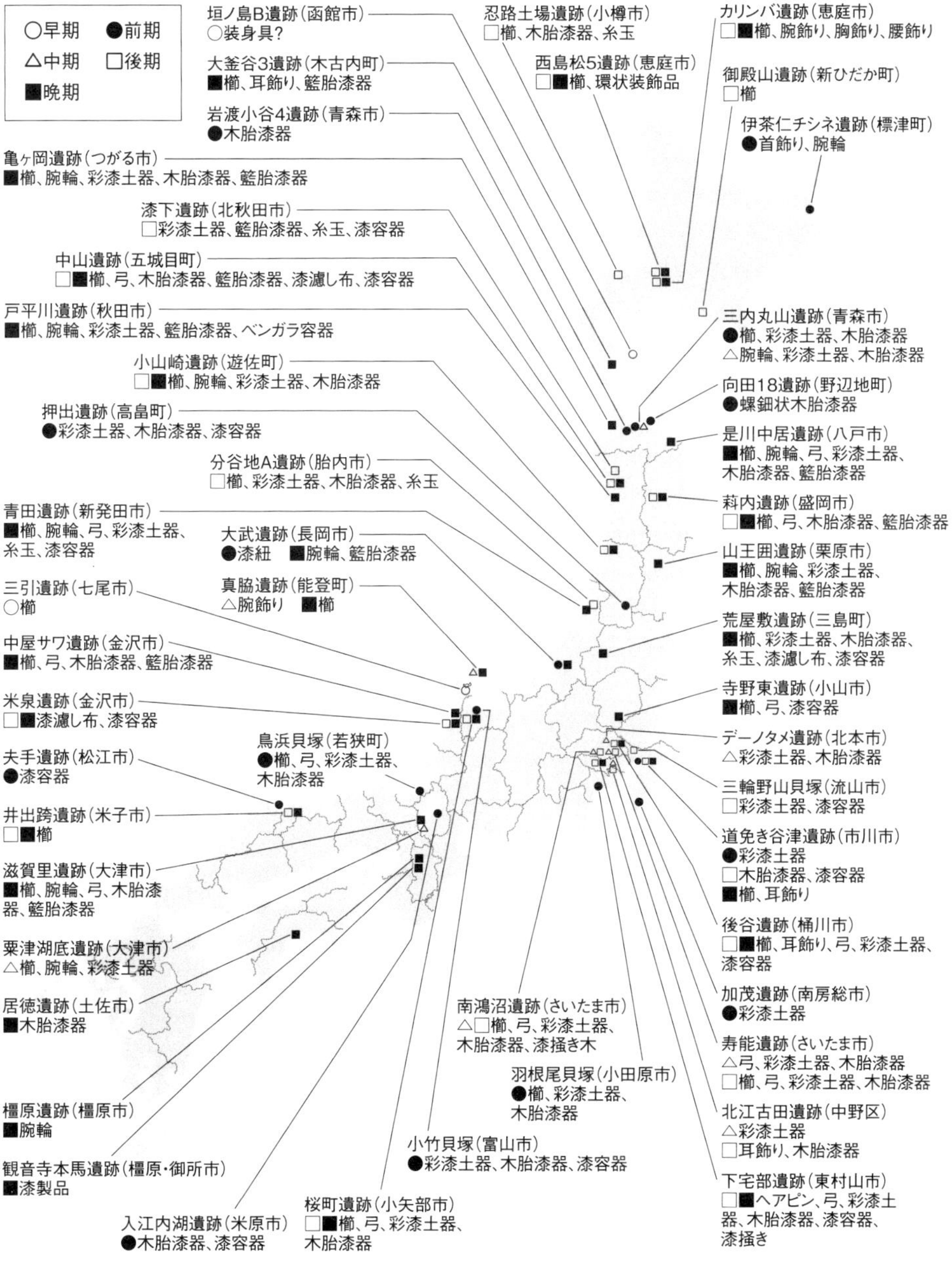
○早期　●前期
△中期　□後期
■晩期
垣ノ島B遺跡（函館市）
○装身具?
大釜谷3遺跡（木古内町）
■櫛、耳飾り、籃胎漆器
岩渡小谷4遺跡（青森市）
●木胎漆器
亀ヶ岡遺跡（つがる市）
■櫛、腕輪、彩漆土器、木胎漆器、籃胎漆器
漆下遺跡（北秋田市）
□彩漆土器、籃胎漆器、糸玉、漆容器
中山遺跡（五城目町）
□■櫛、弓、木胎漆器、籃胎漆器、漆濾し布、漆容器
戸平川遺跡（秋田市）
■櫛、腕輪、彩漆土器、籃胎漆器、ベンガラ容器
小山崎遺跡（遊佐町）
□■櫛、腕輪、彩漆土器、木胎漆器
押出遺跡（高畠町）
●彩漆土器、木胎漆器、漆容器
分谷地A遺跡（胎内市）
□櫛、彩漆土器、木胎漆器、糸玉
青田遺跡（新発田市）
■櫛、腕輪、弓、彩漆土器、
糸玉、漆容器
大武遺跡（長岡市）
●漆紐　■腕輪、籃胎漆器
三引遺跡（七尾市）
○櫛
真脇遺跡（能登町）
△腕飾り　■櫛
中屋サワ遺跡（金沢市）
■櫛、弓、木胎漆器、籃胎漆器
米泉遺跡（金沢市）
□■漆濾し布、漆容器
鳥浜貝塚（若狭町）
●櫛、弓、彩漆土器、
木胎漆器
夫手遺跡（松江市）
●漆容器
井出跨遺跡（米子市）
□■櫛
滋賀里遺跡（大津市）
■櫛、腕輪、弓、木胎漆
器、籃胎漆器
粟津湖底遺跡（大津市）
△櫛、腕輪、彩漆土器
居徳遺跡（土佐市）
■木胎漆器
橿原遺跡（橿原市）
■腕輪
観音寺本馬遺跡（橿原・御所市）
■漆製品
入江内湖遺跡（米原市）
●木胎漆器、漆容器
桜町遺跡（小矢部市）
□■櫛、弓、彩漆土器、
木胎漆器
小竹貝塚（富山市）
●彩漆土器、木胎漆器、漆容器
羽根尾貝塚（小田原市）
●櫛、彩漆土器、
木胎漆器
南鴻沼遺跡（さいたま市）
△□櫛、弓、彩漆土器、
木胎漆器、漆掻き木
忍路土場遺跡（小樽市）
□櫛、木胎漆器、糸玉
西島松5遺跡（恵庭市）
□■櫛、環状装飾品
カリンバ遺跡（恵庭市）
□■櫛、腕飾り、胸飾り、腰飾り
御殿山遺跡（新ひだか町）
□櫛
伊茶仁チシネ遺跡（標津町）
●首飾り、腕輪
三内丸山遺跡（青森市）
●櫛、彩漆土器、木胎漆器
△腕輪、彩漆土器、木胎漆器
向田18遺跡（野辺地町）
●螺鈿状木胎漆器
是川中居遺跡（八戸市）
■櫛、腕輪、弓、彩漆土器、
木胎漆器、籃胎漆器
萪内遺跡（盛岡市）
□■櫛、弓、木胎漆器、籃胎漆器
山王囲遺跡（栗原市）
■櫛、腕輪、彩漆土器、
木胎漆器、籃胎漆器
荒屋敷遺跡（三島町）
■櫛、彩漆土器、木胎漆器、
糸玉、漆濾し布、漆容器
寺野東遺跡（小山市）
■櫛、弓、漆容器
デーノタメ遺跡（北本市）
△彩漆土器、木胎漆器
三輪野山貝塚（流山市）
□彩漆土器、漆容器
道免き谷津遺跡（市川市）
●彩漆土器
□木胎漆器、漆容器
■櫛、耳飾り
後谷遺跡（桶川市）
□■櫛、耳飾り、弓、彩漆土器、
漆容器
加茂遺跡（南房総市）
●彩漆土器
寿能遺跡（さいたま市）
△弓、彩漆土器、木胎漆器
□櫛、弓、彩漆土器、木胎漆器
北江古田遺跡（中野区）
△彩漆土器
□耳飾り、木胎漆器
下宅部遺跡（東村山市）
□■ヘアピン、弓、彩漆土
器、木胎漆器、漆容器、
漆掻き

図 82　縄文時代の漆関連遺物出土遺跡の分布

後期の杭に転用された漆掻きの痕跡があるウルシの木（図83の1）の伐採時期を検討してみると、それらが秋に集中していることがわかっている。

漆工の工程で欠かせないのが、生漆中の水分を二パーセントぐらいまでに蒸発させる「くろめ」と、

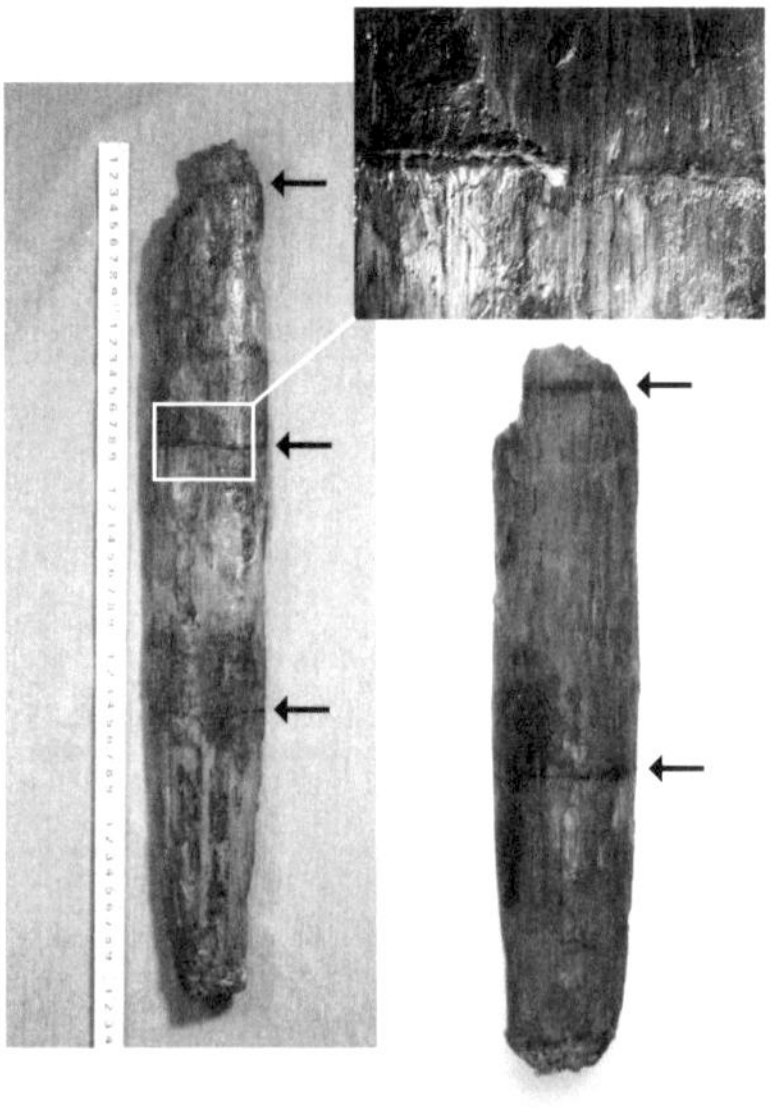

1 漆樹液を採取した痕跡のある杭（矢印が傷）

2 漆容器（上：外面、下：内面）

3 作業の中断がわかる漆容器

4 パレットに使われた容器
（上：外面、下：外面）

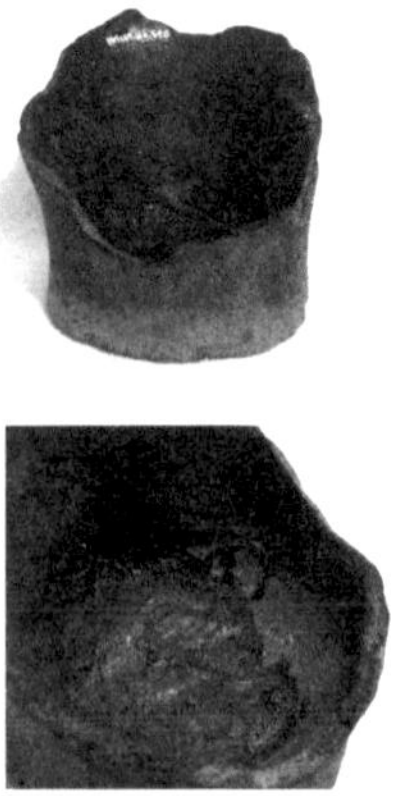

5 パレットに使われた容器
（上：外面、下：内面）

6 顔料粉砕に使われた磨石と石皿

図83 下宅部遺跡出土の漆工関係資料

漆液の不純物を取り除くための濾過である。これらを怠ると、漆塗膜の光沢やきめ細やかさ、赤色顔料を混ぜた時の鮮やかな色合いはだせない。そして、縄文遺跡から出土する漆製品の光沢や鮮やかな色合いをみると、縄文前期には、すでに「くろめ」や濾過などの工程が考えだされていたと想定できる。なお、今のところ後・晩期のものであるが、「くろめ」に使った土器が下宅部遺跡や石川県金沢市の米泉《よないずみ》遺跡などから、濾過の布も福島県大沼郡三島町の荒屋敷《あらやしき》遺跡や青森県八戸市の是川《これかわ》遺跡などから発見されている。

そしてもう一つ、これが肝心なことなのだが、漆を乾燥させるためには、一定の湿度と温度が必要である。その条件とは、湿度が七〇から八五パーセント、温度が摂氏二五度前後、つまり高温多湿という環境条件下で乾燥する。しかも、漆を塗ってから乾燥させ、それが使用に耐えうるまでには、数週間から一カ月程度は必要である。このように、漆製品は、たいへんな手間と時間がかかるが、これも縄文人が定住生活をはじめたことによって、はじめて手にすることができるようになったのである。

ところで、現在の伝統漆工技術が長い修業を経た者によって維持されていることから、それと遜色ない縄文時代の高度な漆工技術をみると、漆工を専門におこなっていた専業集団の存在を想定する研究者もいる。しかし、縄文の漆製品は、低湿地など保存の条件さえよければ、どこの遺跡からでも出土する。しかも、そうした好条件の遺跡では、たとえば下宅部遺跡のように、土器、木製容器、飾り弓、装身具など多種類におよんでいる(口絵5の5)ことから、縄文集落での漆の利用は、当然、季節性はあるものの、日常的・恒常的であったことがわかる(千葉敏朗『縄文の漆の里 下宅部遺跡』新泉社、二〇〇九年)。ということは、縄文時代の漆工技術に専業集団は介在しておらず、少なくとも前期以降になると、どこの集落でも実用できるほどに普及していたのである。

第86問　縄文人はどのような衣服を身につけていたか

衣食住とは、人類の生活の基本を簡潔に表現した言葉である。これはいうまでもなく、衣服、食物、住居のことであるが、縄文時代の研究でもっともよくわかっていないのが、実は衣服なのである。それは日本列島の土壌が酸性で、かつ高温多湿の気候のもとでは、衣服に使われたと考えられる植物繊維や毛皮などの有機質の資料が腐朽してしまうためである。しかし、衣服を考える手掛かりとなる資料は、意外と多く残されている。

布の残片としては、北海道斜里町の朱円《しゅえん》遺跡で後期、宮城県栗原市の山王囲《さんのうがこい》遺跡で晩期のものが出土している。また、漆濾しの布としては、石川県金沢市の米泉《よないずみ》遺跡で後期のものをはじめとして、石川県以東の後・晩期の遺跡から一〇例ほどが出土している。こうした布は、すべて捩《もじ》り編み（設問84を参照）による編布《あんぎん》である。一方、土器の底などの布の圧痕資料は、縄文時代の全時期をとおして、全国各地から八〇〇を超える事例が発見されている。

こうした圧痕資料を集成、観察、記録した尾関清子《きよこ》によれば、数点の平織りの可能性のあるものを除いては、その大半が編布であったという。しかし、編布といっても、織布と見間違うほど編み目の密度が高いものからゴザのように粗いものまであって、それは列島各地の風土や季節に合わせた各種の編布が使われていたことを示していて、縄文人の衣生活に必要な素材であったことを明らかにしている（『縄文の布―日本列島布文化の起源と特質―』雄山閣、二〇一二年）。

編布の素材は、アサやカラムシ、アカソなどの植物の繊維をとりだして撚《よ》りをかけたものであるが、編布以外にも、当然、シカやイノシシなどの動物の毛皮が利用されたことはいうまでもない。また、縫い針としての骨針《こっしん》（設問53を参照）も、すでに早期初頭の長野県南佐久郡北相木村の栃原岩陰《とちばらいわかげ》遺跡から出土していることから、縄文人が早くから裁縫をおこなっていたことがわかる。

一方、土偶（設問56を参照）にも縄文人の衣服を考える手掛かりが隠されている。土偶といえば、裸姿と思われがちであるが、衣服を表現した文様も数多くみられる。たとえば図56の「人間らしい土偶」には、袖のある上着やズボンをはいたような表現がみられることから、縄文人は、貫頭衣《かんとうい》と呼ばれる頭と両手をとおす穴を残して縫い上げるような簡単な衣服だけではなく、もっと機能性のあるものを着こなしていたと考えられる。

こうした資料から縄文人は、夏には暑い日差しとか、蚊やアブといった虫から身を守るために、薄手の編布で作った衣服を身にまとい、冬には厚手の編布の衣服だけでなく、動物の毛皮を防寒用の衣服としていた。また、春や秋になると、袖のある編布の衣服を身にまとうというように、縄文人は、日本列島の四季と風土に応じて衣服を替えていったものと考えられている。ただし、衣服の形をしたものは、いまだ出土例がないので、あくまでも推定の域をでるものではない。なお、冬の衣服といえば、ヨーロッパのアルプス山中で発見された「アイスマン」が参考となる。縄文時代と同時代のおよそ五三〇〇年前の新石器時代人のミイラで、植物で編んだ衣服の上に毛皮の外套をはおって、革のベルトで締めて、頭にはクマの毛皮で作られたフードをかぶっていた。足には靴底が丈夫なクマの毛皮の靴を履き、中に防寒のための藁が詰めてあったという。ヨーロッパの「アイスマン」と縄文人を一緒にすることはできないが、五三〇〇年前といえば縄文時代の前期末にあたり、北国の冬の縄文人の衣服を復元するうえで参考となる。

第6章　縄文人の生活と社会を考える

津金御所前遺跡出土の顔面把手付土器

第87問　縄文人はどのような住居に住んでいたか

日本列島で本格的に定住生活を始めたのが縄文人なので、縄文時代に居住施設である住居は不可欠の要素である。住居は、その構造から竪穴《たてあな》住居、平地住居、高床《たかゆか》住居の三つに大別されるが、縄文時代の遺跡から検出される住居でもっとも一般的なのが竪穴住居である。

竪穴住居は、地面を掘りくぼめて床とし、そこへ屋根をかけた半地下式の住居のことで、夏は涼しく、冬は保温に富み暖かであることから、北半球の温帯から寒帯にかけての地域で広く使われた住居である。発掘された縄文時代の竪穴住居は、時期や地域ごとで多様性に富んでいることから、一口に説明することは容易でないが、竪穴住居の構造を理解するうえで必要な情報を地面にうがたれた痕跡から考察してみよう（図84。笹森健一「竪穴住居の構造」『講座　日本の考古学』四巻、青木書店、二〇一四年）。

平面形　地面にうがたれた竪穴は、円形と方形を基本に、楕円形、長方形、多角形、不整形などがある（図85）。早期の住居は、全国的には不整形で、規模も一〇平方メートル前後と小型である（図85の1・2）が、なかには関東地方の撚糸文《よりいともん》系土器の時期のように方形で大型の住居もみられる（図85の3）。なお、早期の小型の住居の多くは、屋内に炉をもたない。前期の住居は、方形を基調とし、柱が四本、六本と偶数で配置される（図85の4・5）。また、前期の東北・北陸地方から北関東地方にかけて、大きいもので長さが三〇メートルを超えるような長方形の超大型住居、いわゆるロングハウスが顕著な広がりをみせる（図85の6）。中期の住居は、全国的に円形を基調とするが、中期後半の東北・北陸地方の大木《だいぎ》式土器の時期に特徴的にみられる複式炉をともなう住居は、円形から楕円形を呈する例が多くなる（図85の7・8）。

また、中期末の関東・中部地方では、円形や隅丸方形の竪穴に長方形の張り出し部をもつ柄鏡《えかがみ》形住居が後期前半まで盛行する（図85の9・10）。後・晩期の住居は、円形と方形がみられるが、北海道南部から東北地方は円形（図85の11）、関東地方などは方形を基調とする（図85の12・13）。

床面　住居の床面は、貼り床といって、荒掘りをおこなった後に、土を埋めて踏み固めて平らにした土間床《どまゆか》（三和土《たたき》という）が一般的である。その土間床のなかには、千葉市の大膳野南《だいぜんのみなみ》貝塚の後期の住居で貝殻粉を焼成した消石灰を用いた漆喰塗りの床が検出されていて、千葉県内ではほかにも類例があるとのことである。また、中期後半から後期前半の関東・中部地方を中心に敷石《しきいし》住居といって、平たい石を敷いて床としたものもある（図85の10）。その敷石も、床の全面に敷きつめたものと、炉の周辺などの一部にのみ敷かれたものがある。千葉県佐倉市の井野長割《いのながわり》遺跡の後期の土間床にはシノ竹を編んだ敷物、群馬県北群馬郡榛東村の茅野《かやの》遺跡の晩期の土間床には網代《あじろ》状の敷物の痕跡が明瞭に残っており、また、長野県諏訪郡原村の大横《おおよこ》道上《みちうえ》遺跡の後期の敷石床には一人が座れる範囲に割材を用いた敷物が確認されていることから、土間床や敷石床には敷物が用いられていたことは間違いない。

柱穴　住居の上屋を支えた柱を立てた穴は、主柱穴《しゅちゅうけつ》と呼ばれる太い柱をもつものと、主柱穴をもたないものがある。早期の小型の住居は、主柱穴をもたないことから、主柱を必要としない扠首《さす》構造による円錐形や方錐形の上屋と想定されている。

主柱となる柱の穴は、少し大きめの穴を掘って、柱を立てて隙間を埋めるという方

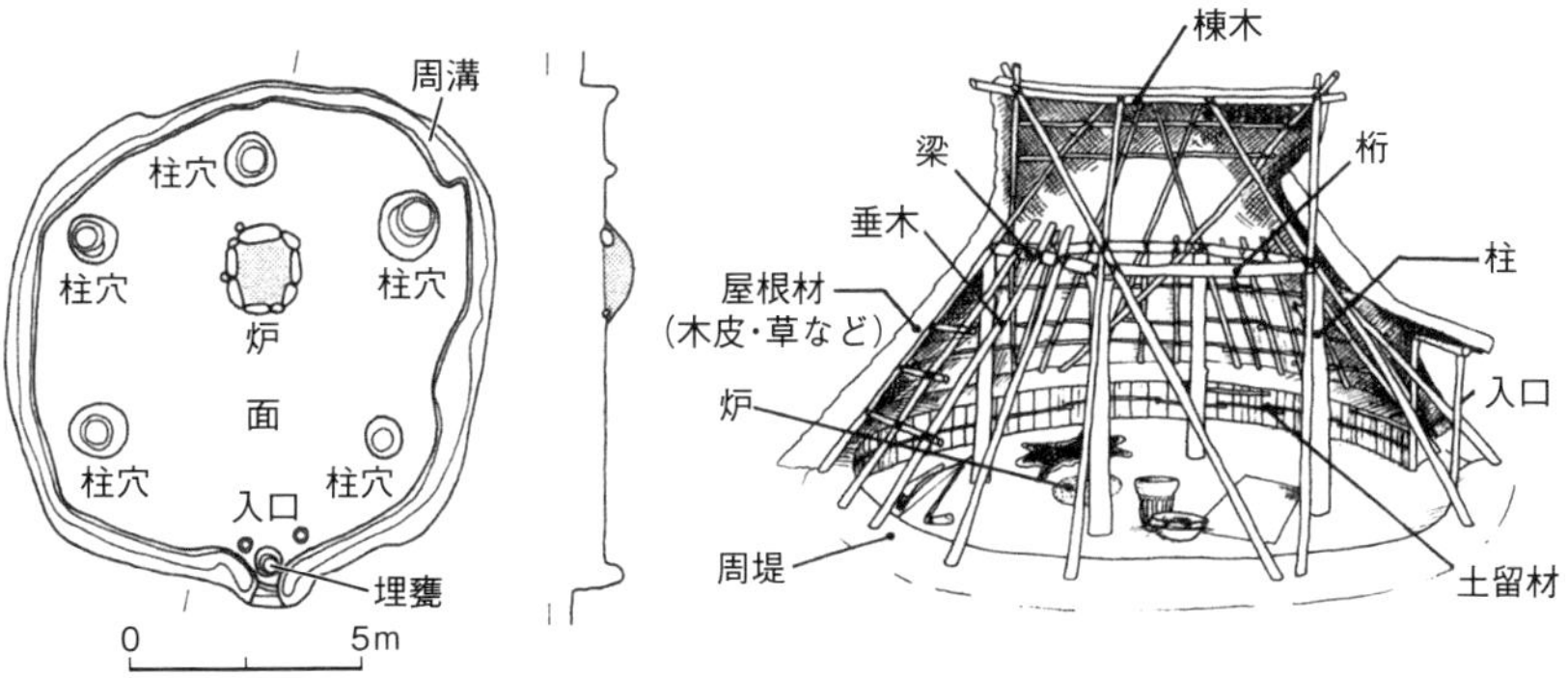

図84　竪穴住居の構造（左：神奈川県原東遺跡、中期）

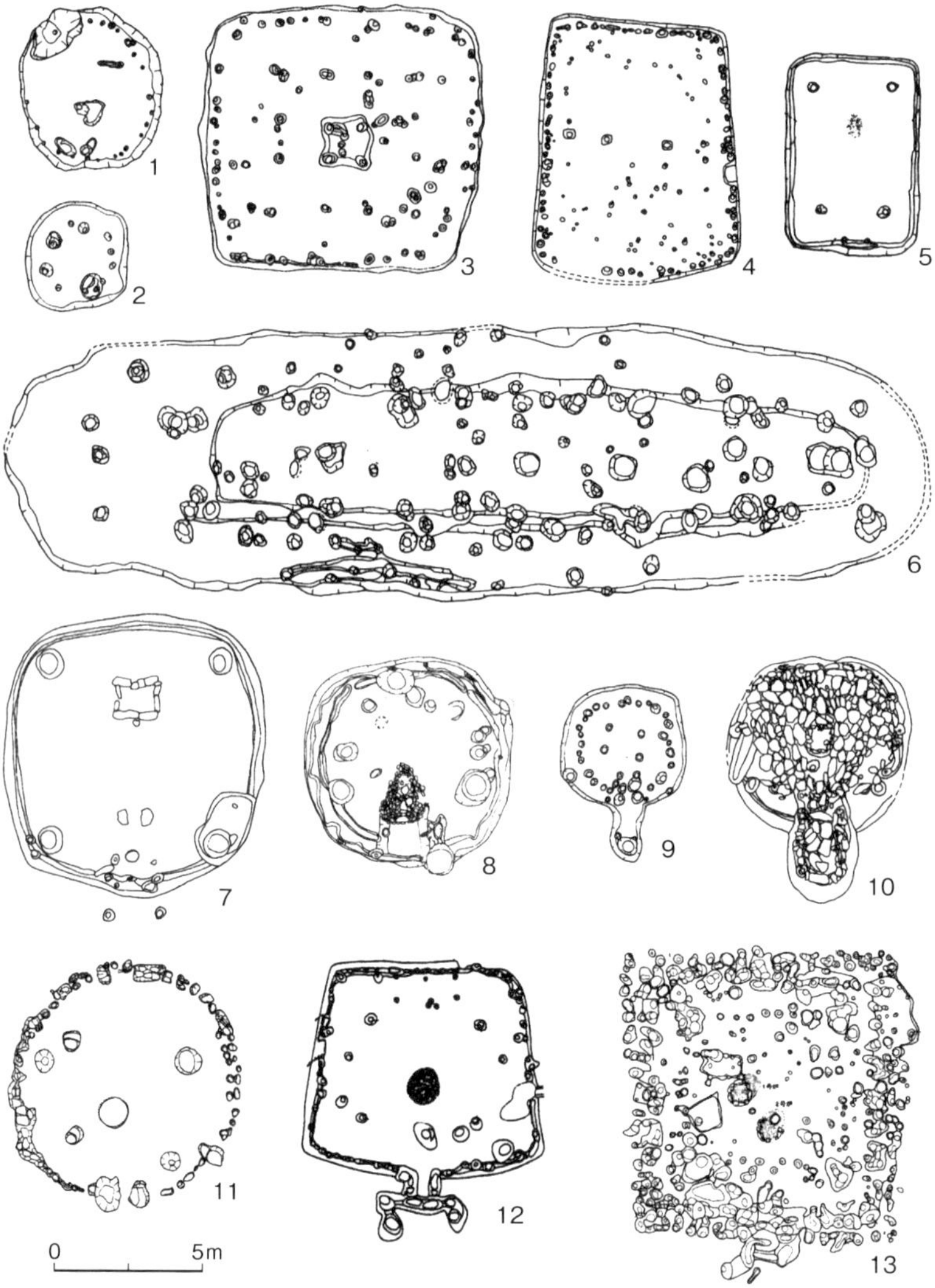

図 85　住居の平面形

1 早期:青森県売場遺跡、2 早期:東京都大和田遺跡、3 早期:神奈川県山田大塚遺跡、4 前期:埼玉県関山貝塚、5 前期:長野県阿久遺跡、6 前期:秋田県杉沢台遺跡、7 中期:長野県棚畑遺跡、8 中期:福島県愛宕原遺跡、9 中期:東京都前原遺跡、10 後期:埼玉県坂東山遺跡、11 後期:秋田県藤株遺跡、12 後期:千葉県祇園原遺跡、13 晩期:神奈川県下原遺跡

法をとるので、柱穴の大きさがそのまま柱の太さとはならないことに注意する必要がある。円形の住居は、四本柱が基本となって、住居の大きさによって柱を一本ずつ増やしていくが、長方形の住居は、二本ずつ増やしていくのが一般的である。なお、前期の北海道南部から東北地方北部の円筒《えんとう》下層《かそう》式土器の時期の長方形の住居には、長軸の中心線に柱が一本のものがあって、二本、三本と増やしていくなどの地方色の強いものもある。

炉　炉とは、床の一部で火を燃やして、食料を調理したり、暖をとったり、明かりとした施設のことである。縄文時代の住居は、早期の一時期や関東地方の中期の阿玉台《あたまだい》式土器の時期などの一部を除けば、屋内に炉をもつのが一般的である。炉には、地床炉《じしょうろ》、石囲炉《いしがこいろ》、埋甕炉《まいようろ》、土器片囲炉《どきへんかこいろ》、複式炉などがある（図86）。地床炉（図86の1）は、床面を掘りくぼめて炉としたもので、縄文時代でもっとも一般的な炉の形態である。石囲炉（図86の2）は、四から一〇個ほどの河原石を方形あるいは円形に囲んで炉としてもので、

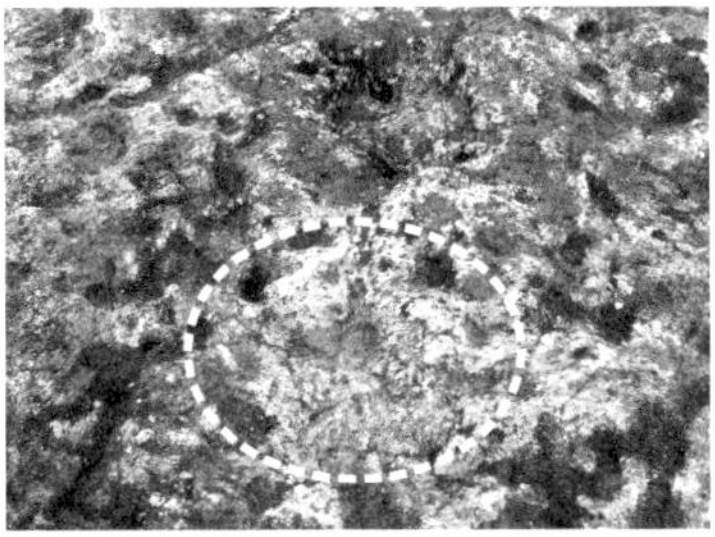
1 地床炉（破線）

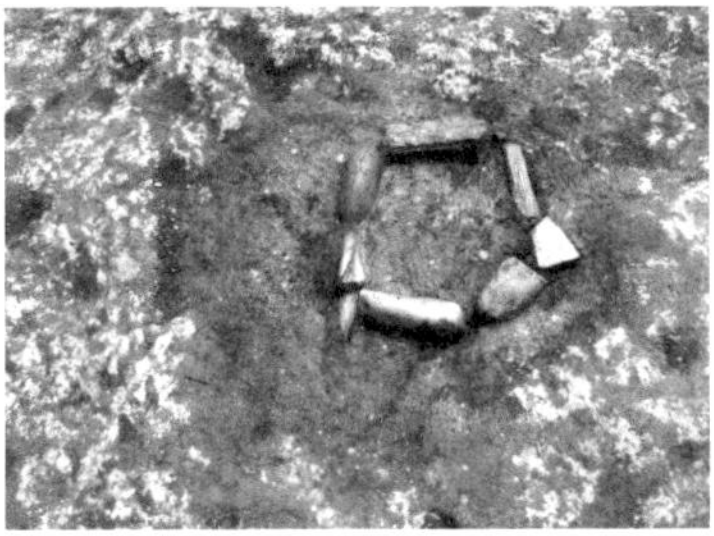
2 石囲炉

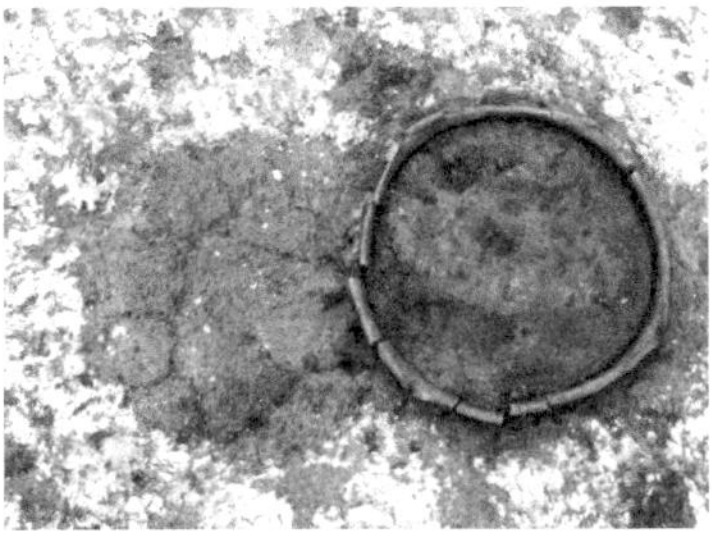
3 埋甕炉

4 石囲埋甕炉

図86　炉の形態
（長野県梨ノ木遺跡、中期）

早期に北海道と中部地方の一部、前期に北関東から東北地方の一部にみられるが、中期になると炉の主要な形態の一つとなる。埋甕炉（図86の3）は、土器の底部などが破損した深鉢を床に埋め込んで炉としたもので、なかには石囲炉のなかに組み込まれた石囲埋甕炉（図86の4）もあって、中期に使用率が高くなるが、石囲炉ほどは普及しない。なお、深鉢のかわりに土器片を埋め込んだものは、土器片囲炉と呼んでいる。特異な炉の形態としては、早期の撚糸文系土器の時期の方形住居に木枠で囲んで灰床《はいゆか》とした灰床炉、あるいは中期の大木式土器の時期に石囲炉と埋甕炉が複合した複式炉がある。

周溝　竪穴の壁面に沿って巡らされた幅一〇から二〇センチほどの浅い溝で、雨水が竪穴の床面に侵入するのを防ぐための排水溝と考えられている。事実、周溝から外部に小溝を延ばして、竪穴内の水を排水する機能をもったものがある。一方、周壁から土留材と考えられ割板などが検出されている例や、周溝内に等間隔に小穴が掘られていて、ちょうど土留材を支えた杭穴と考えられる例は、壁の土留材を埋めるための溝と考えられる。いずれにしても、発掘調査での周溝の覆土の堆積状態を観察することが用途を考察する必須の条件である。

入口　竪穴の内部に二対の小穴などがあって、門柱や梯子《はしご》などを設置していたと考えられるものは、そこが住居の入口と想定できる（図85の5・7・11〜13）。そうした好例がなくても、柱穴の配置と炉の位置関係、あるいは埋甕《うめがめ》の位置などから入口を想定することは可能である。また、中期末から後期前半の柄鏡形住居は、柄の部分が入口にあたり、そのつけ根や先端に埋甕がすえつけられていることが多い（図85の9・10）。

一方、縄文時代にも平地住居や高床住居はあったが、それらは掘立柱《ほったてばしら》建物といって、地面に柱穴を掘って、そこに柱を立てて建物としたものである。掘立柱建物は、かつては弥生時代から始まる建物形式と考えられてきたが、近年、縄文時代にも出現していたことが判明した（石井寛「縄文時代の掘立柱建物跡」『講座 日本の考古学』四巻、青木書店、二〇一四年）。しかし、掘立柱建物は、その多くが柱穴だけから判断しなければならないので、それが住居なのか、倉庫なのか、あるいは祭祀や儀礼などの特別な用途の建物なのかを特定するのが困難である。それでも中期の新潟県上越市の和泉《いずみ》A遺跡をはじめとして、後・晩期になると青森市の上野尻《かみのじり》遺跡、新潟県村上市の元屋敷《もとやしき》遺跡、三条市の藤平《ふじだいら》遺跡A地点、上越市の籠峰《かごみね》遺跡など東北地方から北陸地方を中心に、掘立柱建物が主体となる集落のようなまとまりをみせるものがあることから、掘立柱建物の住居の存在を強く示唆していた。一九九九年から二〇〇一年の新潟県新発田市の青田《あおた》遺跡の発掘調査で、晩期の木柱四二五本が検出され、それらが六本柱の亀甲形を基本とする五八棟の住居に分類されたことで、掘立柱建物の住居としての存在が確定的となった（図87。新潟県埋蔵文化財調査事業団『青田遺跡』二〇〇四年）。しかも、青田遺跡では、木枠に茅や葦などのイネ科の草本を葺いた壁が出土しており、低湿地に好適な高床住居と考えられる。なお、掘立柱建物は、竪穴住居を主体とする集落に付随すると高床式倉庫、墓群や環状列石などに付随すると祭祀・儀礼施設に復元される傾向にあるが、これは掘立柱建物の機能の一面を表現したものにすぎない。

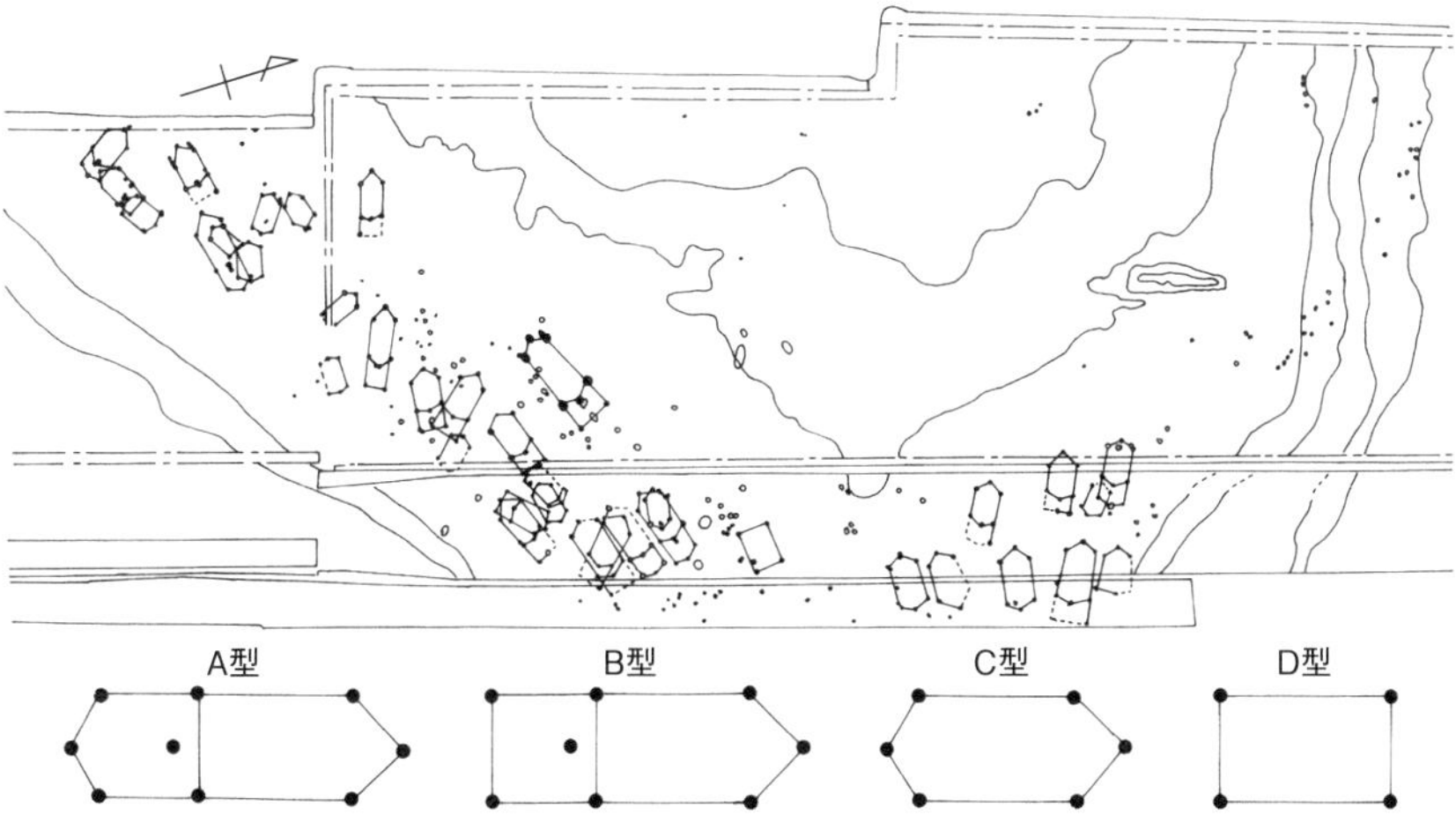

図87　青田遺跡の遺構配置図と掘立柱住居平面類型

第88問　縄文住居が土屋根だったというのは本当か

復元した縄文時代の竪穴《たてあな》住居は、茅葺《かやぶき》屋根というのが相場であった。一九四九年に長野県茅野市の与《よ》助《すけ》尾根《おね》遺跡第七号住居跡の復元家屋を設計した堀口捨己《すてみ》は、奈良県北葛城郡河合町の佐味《さみ》田宝塚《たからづか》古墳出土の家屋文鏡に鋳出された四棟のうちの寄棟屋根の竪穴住居、あるいは奈良県で最古とされる大和郡山市の慈光院の農家風の外観をもつ書院の茅葺屋根などを参考にして、寄棟構造の茅葺屋根をもつ竪穴住居を設計した。この堀内の設計案は、日本の建築様式の伝統を踏まえ、その風土にも合致していたことから、その後、全国各地での縄文住居の復元の模範とされ、復元住居といえば茅葺屋根が一般的となった（図88の1）。

一方、一九九六年、岩手県二戸郡一戸町の御所野《ごしょの》遺跡で中期の焼けた竪穴住居跡の発掘調査がおこなわれたが、そのうち炭化した木材などが良好に残っていた竪穴住居跡からは、茅が確認できず、焼けた木材の上に大量の焼土が確認された。この発掘調査の成果をもとに、御所野遺跡では、土屋根の竪穴住居が復元された（図88の2。高田和徳『縄文のイエとムラの風景　御所野遺跡』新泉社、二〇〇五年）。その後、新潟県上越市の和泉《いずみ》A遺跡や富山市の北代《きただい》遺跡などでも、土屋根の可能性がある竪穴住居が検出されたことから、今では、縄文住居の復元を土屋根でおこなうところも増えてきている。

ところで、縄文住居の土屋根の参考とされたのが北アメリカなどの竪穴住居の民族事例で、その多くが土屋根だったことにある。ただし、これらの民族では、土で屋根をおおう目的が冬季の防寒用で、あくまでも冬の家屋ということである。しかも、これら土屋根の竪穴住居は、その出入口の多くが天井に開けられているという。また、群馬県渋川市の黒井峯《くろいみね》遺跡などでは、古墳時代の竪穴住居が土屋根で発見されているが、ここでも竪穴住居はあくまでも冬季用で、夏季用は平地住居が使われて、竪穴住居と平地住居の住み分けがおこなわれていたことを発掘調査で明らかにしている。

高温多湿の日本列島の気候を考えると、土屋根の竪穴住居は、冬季用と考えるのが自然である。しかし、全国の縄文遺跡で冬季用と夏季用の住居の住み分けが確認されていない現状では、やはり茅葺屋根が一般的だったと考えるのが妥当ではないかと思う。なお、山梨県北杜市の梅之木《うめのき》遺跡では、夏の高温多湿を考えて、常時、屋根に土を被せるのではなく、春に屋根土を下し、寒さが厳しくなる前に、再び屋根土をのせるという復元方法がとられているのも一考であろう。

このように、縄文住居が土屋根だったか、茅葺屋根だったかは、今後の発掘調査などの成果をまつとして、現状では、通年用の住居としては茅葺屋根が一般的で、冬季用として土屋根が、とくに寒冷地を中心に用いられていたと考えている。

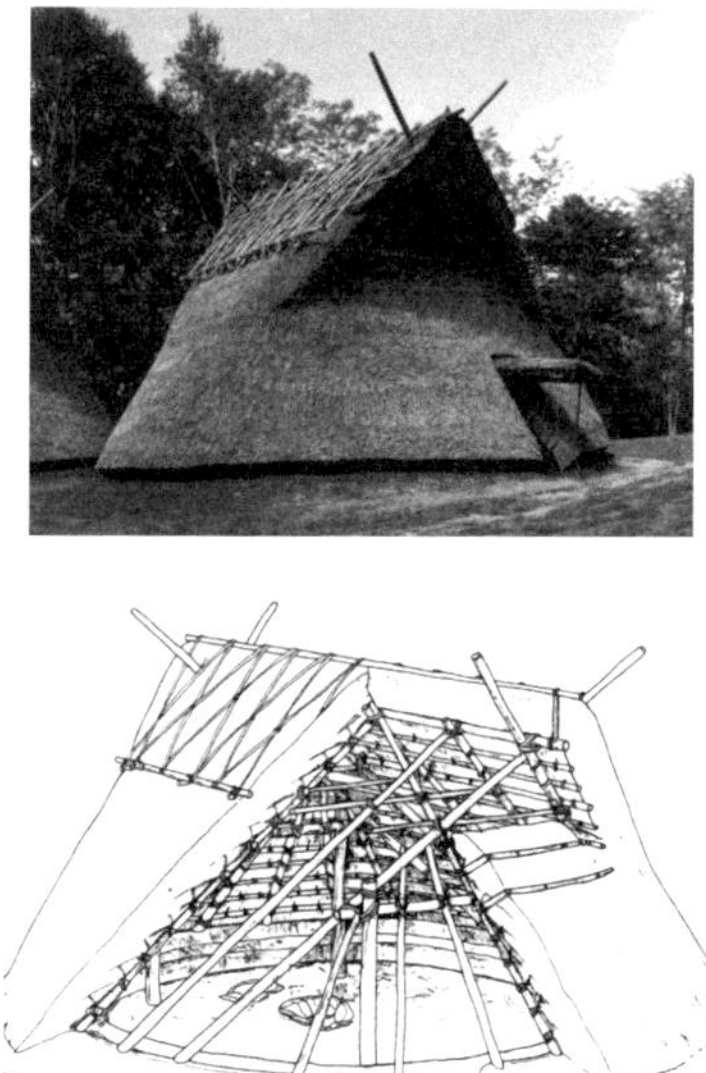

1 茅葺屋根（長野県与助尾根遺跡）

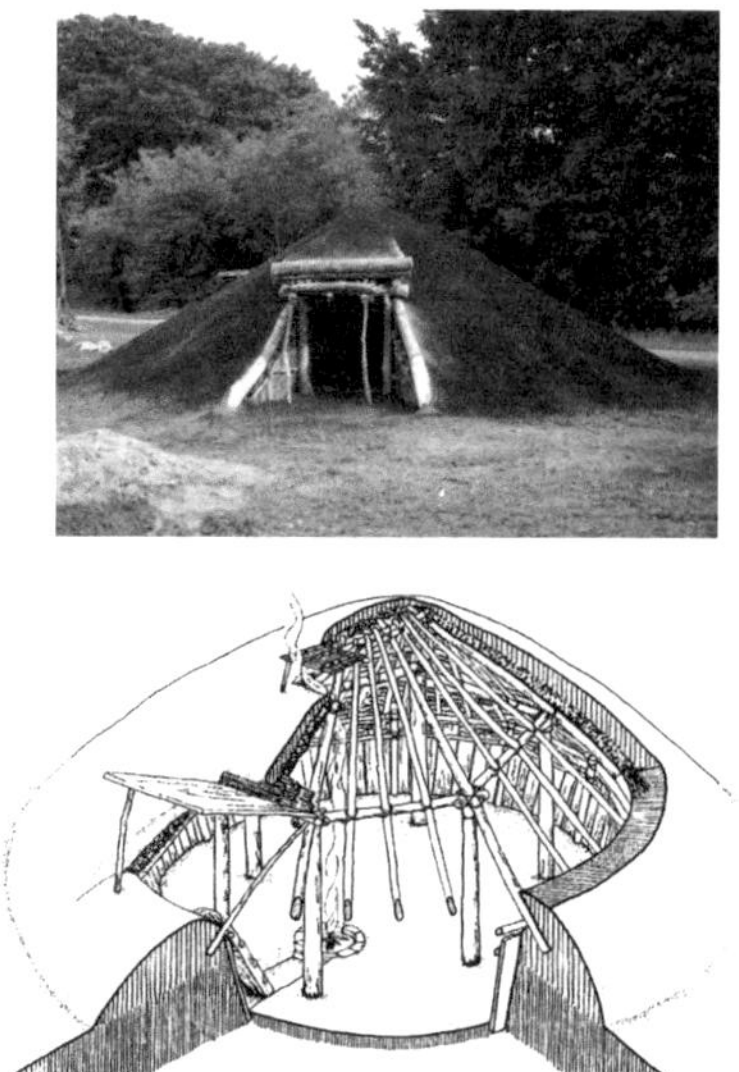

2 土屋根（岩手県御所野遺跡）

図 88　竪穴住居の復元例

第89問　縄文住居にはどのような家族が住んでいたか

社会生活の基礎単位となるのが家族であるが、縄文時代の住居の家族構成を証明するのは、正直にいってたいへん難しい。それでも、縄文時代に一般的な居住施設である竪穴《たてあな》住居から考察するのが正道であろう。

縄文時代の竪穴住居は、火災による急激な上屋の倒壊によって、すべての生活用具が日常生活していた状態のまま埋没していた長野県諏訪郡富士見町の藤内《とうない》遺跡第九号住居跡などの事例（図89）によって、少なくとも消費生活では独立した機能をもっていたことは間違いない。また、設問90で解説するように、縄文時代の集落には住居が一棟だけというのも決して珍しくないことから、一棟が世帯として独立していたものと考えられる。しかも、竪穴住居の床面積は、平均で早期が約一〇平方メートル、前・中期が約二〇平方メートル、後・晩期でも約三〇平方メートルで、全体平均で約二〇平方メートルであることから、複数の成人の男女が集合するような家族構成をとることは難しく、単婚家族的な小世帯の可能性が高いと思われる。では、時期を追って床面積が拡大していくのはなぜかというと、縄文人の生活が豊かになって身のまわりの物質的材が豊富になっていくとともに、食生活などの改善によって乳幼児の死亡率や老人の生存率が改善され、居住人数が相対的に増加していったことで説明できると思う。

ところで、前期の東北・北陸地方から北関東地方には、床面積が八〇平方メートル、ときには一〇〇平方メートルをこえるような長方形の特大型住居がある（図85の6）。また、後・晩期になると東日本を中心に、これも床面積が長方形の特大型住居と同様で、かつ円形の特大型住居がみられる。これらの特大型住居などは、とても小世帯とはいえないと疑問を感じる人は多いと思う。しかし、長方形の特大型住居は、複数の炉や間仕切りなどからみて、複数の小世帯が集住するロングハウスと考えられる（武藤康弘「縄文時代前・中期の長方形大型住居の研究」『住の考古学』同成社、一九九七年）。一方の円形の特大型住居については、日常の生活用具が出土しないことや、儀礼や祭祀に使われた道具の出土が目立つことから、通常の住居ではなく、集落の共同祭祀や集会施設ではないかと想定されている（図90。阿部芳郎「縄文時代後晩期における大形竪穴建物址の機能と遺跡群」『貝塚博物館紀要』二八号、二〇〇一年）。いずれにしても、今後に課

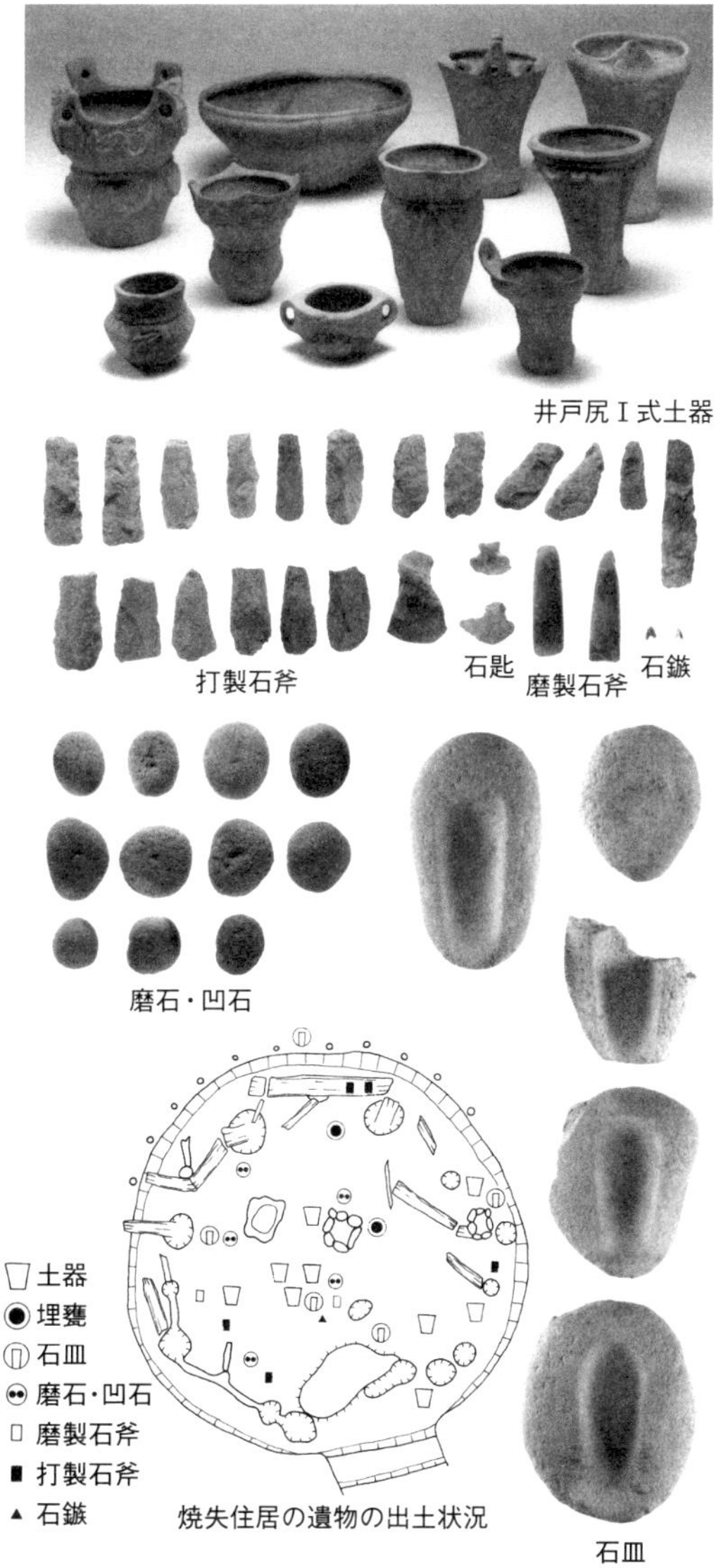

図89　藤内遺跡第9号住居跡から一括して出土した生活用具（中期、撮影：小川忠博）

題を残すとはいえ、縄文時代の住居の家族構成は、単婚家族的な小世帯を基本としていた蓋然性が高い。

そこで、人類行動の進化という別の視点から、人類の配偶システムを考えてみよう。動物一般では、一夫多妻の傾向が強いほど、配偶者の獲得をめぐる雄どうしの競争が強いため、雄の身体が雌よりも大きく、角や牙などの性的差も大きくなるという。それに対して、人類は、身体や犬歯の性差が小さいことから、典型的な一夫一妻の霊長類の範疇におさまり、極端な一夫多妻や完全に乱交的な配偶システムは排除されるということである（長谷川寿一・長谷川眞理子『進化と人間行動』東京大学出版会、二〇〇〇年）。また、人類の配偶システムを歴史的・民族誌的にみると、極端な形の一夫多妻は、農耕や牧畜が開始されて以降、富の蓄積と分配の不平等が生じるようになってからで、そうした一夫多妻の婚姻制度がある社会でも、それを実現しているのは富を蓄積したごく一部の男性だけで、大多数は一夫一妻だということである。

このようにみてくると、私は、縄文時代の家族構成というのは、一組の夫婦とその子どもからなる単婚家族を基本とし、それに祖父母や兄弟姉妹が結びつく、いわゆる拡大家族がせいぜいだったと考えている。ただし、誤解を招くといけないので、あえて強調しておくが、たとえ縄文時代の家族構成が単婚家族を基本としていたとしても、家族そのものが共同体の拘束から自立できなかったという点では、近代の単婚家族とは、その社会的役割が根本的に異なる。

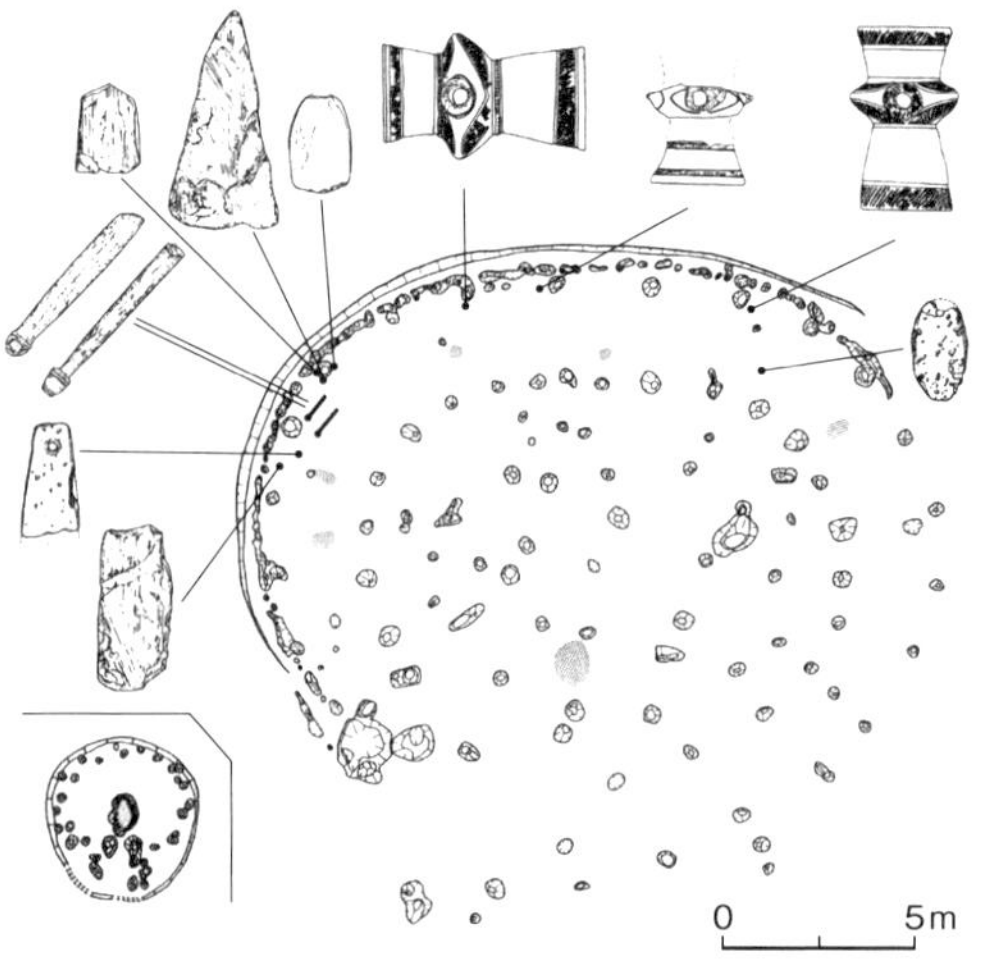

図 90　加曽利貝塚の特大型住居の遺物出土状況と一般的な竪穴住居跡（後期）

第90問　縄文集落とはどのようなものだったか

私たちが実際に目にする集落遺跡というのは、縄文人が生活をするなかで、住居を新築したり、改築したり、増設したり、あるいは廃棄したりするという、彼らの活動の痕跡が時間の経過とともにつぎつぎと重なり合ったものを、発掘という手段によって明らかにしたものである。ということは、たとえば一〇〇棟を超えるような住居跡が発見された大規模な集落遺跡でも、それらを詳細に分析してみると、時期によって大きな変化があって、ある時期には一棟だけということも珍しいことではない。

縄文時代の住居が一棟ごとに世帯として独立し、そこでの家族構成が一組の夫婦とその子どもからなる単婚家族を基本としていたこと（設問89を参照）からすれば、一棟の住居だけの集落というのも、決して不思議なことではない。事実、全国各地の開発にともなって、大小さまざまな集落遺跡が発掘調査されているが、そのなかには住居跡が一棟だけしか検出されないというのも、今では珍しくなくなっている。たとえば長野県諏訪郡原村の前沢《まえざわ》遺跡では、広範囲に発掘調査がおこなわれたにもかかわらず、早期の落とし穴二基が検出された以外には、中期後半の曽利《そり》Ⅱ式期の竪穴住居跡が一棟しか検出されなかった（図91の1）。その後も前沢遺跡がのる台地一帯がくまなく発掘調査されたが、一〇〇メートルほど離れた地点から中期前半の新道《あらみち》式期の竪穴住居跡が、これも一棟が検出されただけである。また、同じ原村の弓振日向《ゆみふりひなた》遺跡では、新道式期の九棟の環状にめぐる住居跡の一角に、曽利Ⅱ式期の住居跡が一棟だけ検出されている。

縄文時代の全般をとおしてみると、集落の一時期の住居数が三棟前後という例が数としては、実はも

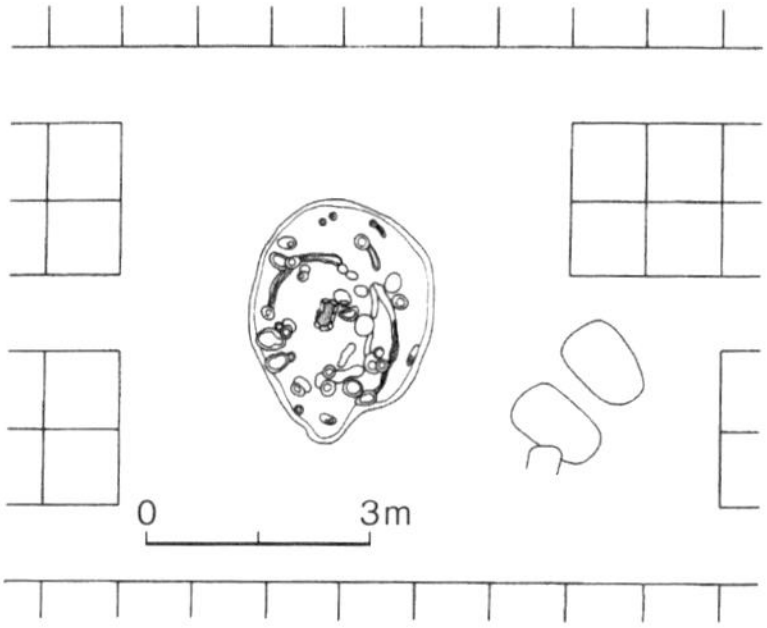

1 前沢遺跡　1棟の住居からなる集落

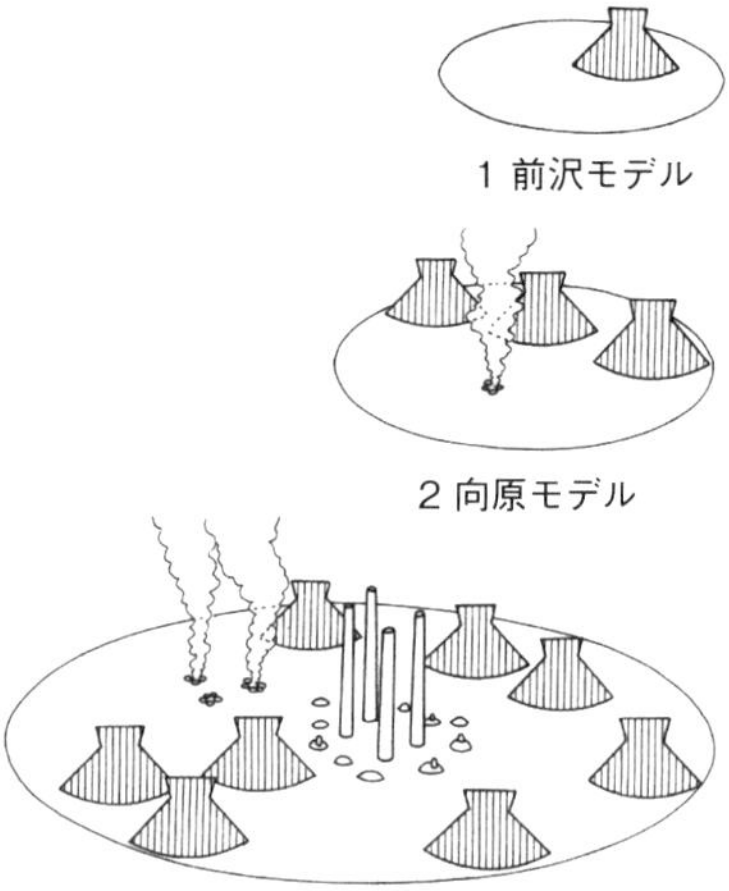

1 前沢モデル

2 向原モデル

3 爼原モデル

2 向原遺跡　3棟前後の住居の単独のグループからなる集落

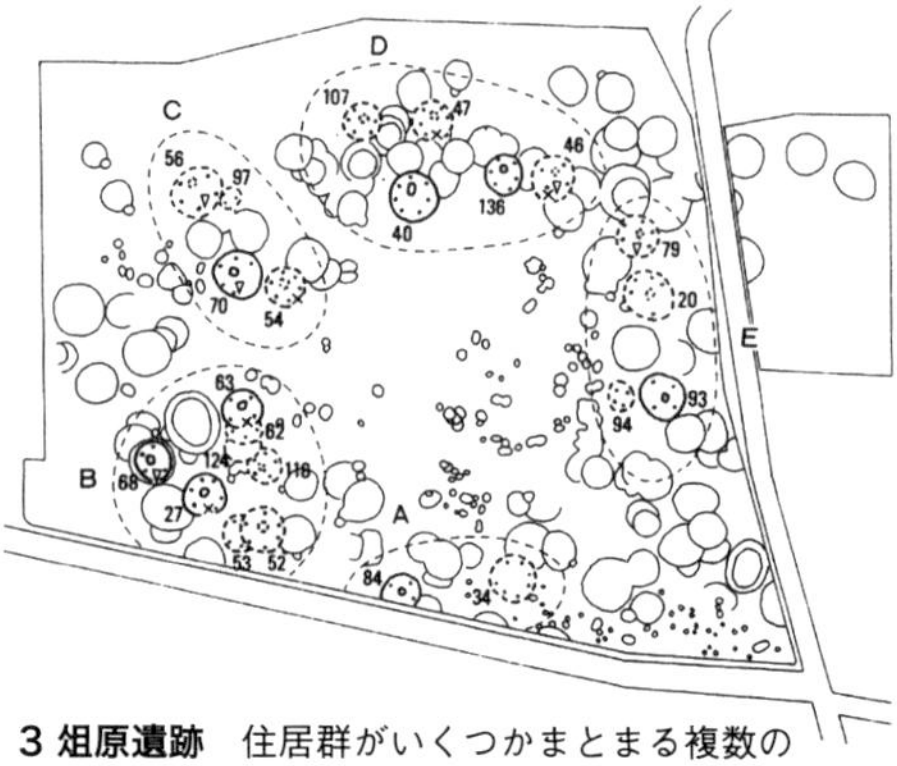

3 爼原遺跡　住居群がいくつかまとまる複数のグループからなる集落(住居番号がふってあるのが曽利Ⅱ式の住居跡で、そのうち破線は、炉石が抜かれた住居跡)

図91　縄文集落の三つのモデル

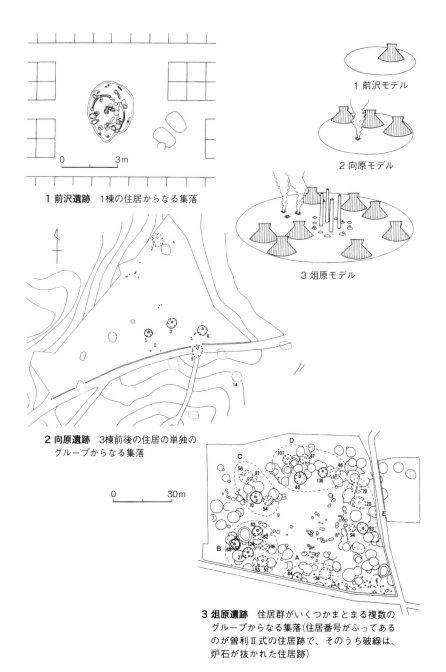

っとも多いのである。たとえば長野県諏訪郡富士見町の向原《むこうっぱら》遺跡では、前期の住居跡とともに、中期の曽利II式の住居跡六棟が検出されているが、それらは重複関係がなく、出土する土器からも新旧を確認することができなかったという（図91の2で住居番号がふってあるもの）。しかし、住居跡の石囲炉をみると、三炉石が完存するものと、住居を廃棄したときに炉石が抜かれたものがある。そして、炉石が完存する三棟の住居は、ほぼ等間隔に、しかも、同一の弧状に並ぶように配置されていることから、この三棟の住居で一時期の集落を形成していたものと考えられる。そこでは、親子二世代か、多くて祖父母や孫までの三世代の親族によって集落が構成されていたことになるが、それが親族群として、もっとも強い絆をもつとともに、日常の生業活動などでも支障がおこらない範囲での、いわば縄文集落の基礎的な集団のサイズであったと考えられる。

一方、拠点となるような規模の大きな集落になると、住居数は一時期に一〇棟から多いものでは数十棟にもなる。たとえば長野県塩尻市の俎原《まないたばら》遺跡では、中期の住居跡一四七棟が検出されているが、そのうち曽利II式期の住居跡は二三棟である（図91の3）。それら二三棟の住居跡をみると、AからEの五つのグループにまとまるとともに、それらのグループの住居跡の重複関係が頻繁にみられることから、グループごとに住居を建てる空間が定められていたことになる。それからもう一つは、それらグループ分けされた住居跡群が、全体として中央の広場を囲んで環状に配置される、いわゆる環状集落と呼ばれる定型的な集落形態をとるということである。そして、中央の広場には、埋葬施設、貯蔵施設、屋外の共同調理施設、祭祀的な施設とみられる遺構などがともなうので、この中央の広場が各種の共同作業や行事・祭祀の場として、集団が共同生活を営むためにはなくてはならない必須の場であったことがわかる。つまり中央の広場こそは、複数の親族からなる集落にあって、円滑な共同生活を送るための装置としての役割をはたしたことになる。とすれば、集落の規模が大きくなれば、当然、それらの装置も大きくなるわけで、青森市の三内丸山《さんないまるやま》遺跡の巨大な木柱遺構や大規模な盛土遺構も、そうした共同体を維持するための装置と考えることができる。

ところで、拠点となるような規模の大きな集落といっても、すべての時期が大きな集落になるわけではない。図92の1は、俎原遺跡の土器型式別にみた住居数であるが、中期という長い期間に同じ規模の集落を維持していたわけではなく、井戸尻式期のように、調査者の小林康男が「過疎化が一段と進む」と表現をした時期を含みながら、きわめて変化のある動きをしていることがわかる。それは縄文時代の集落が、離合集散を繰り返していたことにほかならない。しかし、そのなかにあって、中央の広場は、集落の形成された当初から一定の空間的な位置を占めていたことになる。また、図92の2は「縄文のビーナス」と愛称される国宝土偶の出土で知られる長野県茅野市の棚畑《たなばたけ》遺跡であるが、ここでは南北に二つの環状集落があるようにみえる。しかし、土器型式別に住居配置をみると、前半期（狢沢《むじなざわ》式期）には北の広場に分布の中心をおくのに対して、最盛期（曽利Ⅱ式期）には南の広場に分布の中心を移して、住居が遺跡全体に広がっていることがわかる。つまり棚畑遺跡の南北二つの環状集落は、あくまでも見かけ上のことで、実際には中央の広場が時期によって南北に移動しながらも、つねに一定の空間的位置を占めていたことになる。ということは、環状集落というのは、一定の場所が居住地として繰り返し利用された最終の姿として生まれたのではなく、中央の広場に規制された結果、必然的に形成されたことがわかる。だからこそ、この中央の広場に規制されて住居が環状に配置された集落形態こそが、縄文時代の集落をほかの時代の集落と区別する最大の特徴といえるのである。

縄文集落は、大規模か小規模かと、しばしば議論されてきている。しかし、そうした二者択一的な理解ではなく、自然環境が良好で食料資源に恵まれたような時期には、複数の親族が集まって大規模な集落を営み、それが不足するような事態になると、個々の親族に集落を分割するといった、大小を使い分ける集落構造の仕組みこそが、限りある自然物と環境の変化に巧みに対応し、縄文社会の長期の安定化を促したのである。

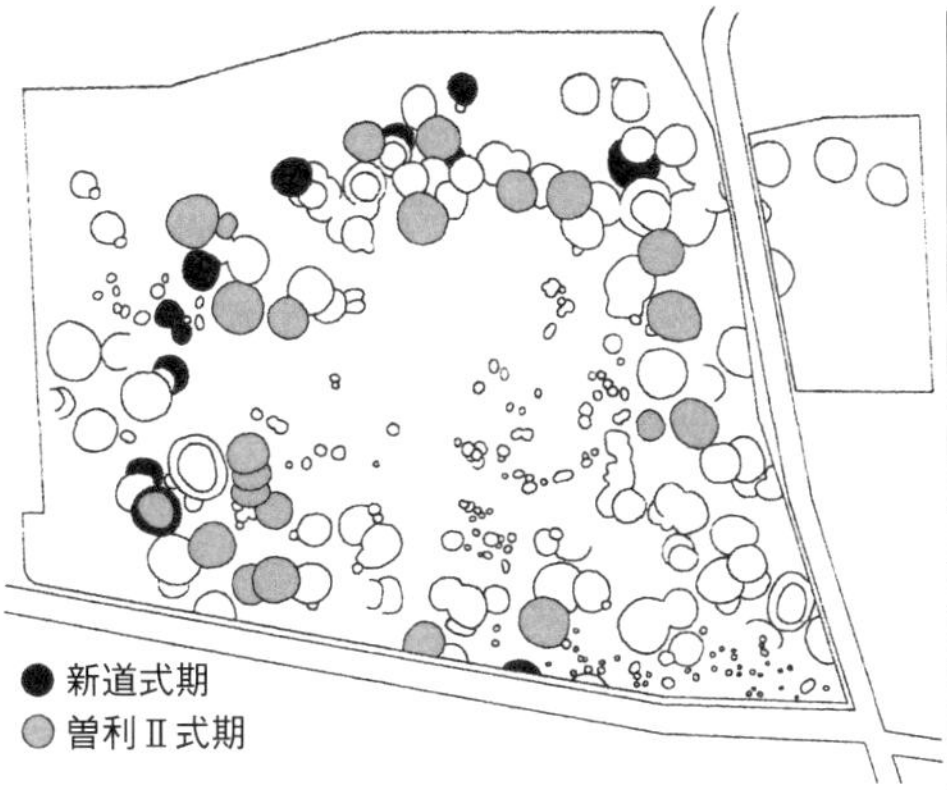

土器型式	住居数
梨久保	2
九兵衛尾根	2
狢沢	4
新道	12
藤内Ⅰ	11
藤内Ⅱ	7
井戸尻Ⅰ	4
井戸尻Ⅲ	4
曽利Ⅰ	14
曽利Ⅱ	23
曽利Ⅲ	27
曽利Ⅳ	6
曽利Ⅴ	2
不明	29
計	147

1　俎原遺跡の遺構分布と土器型式別の住居

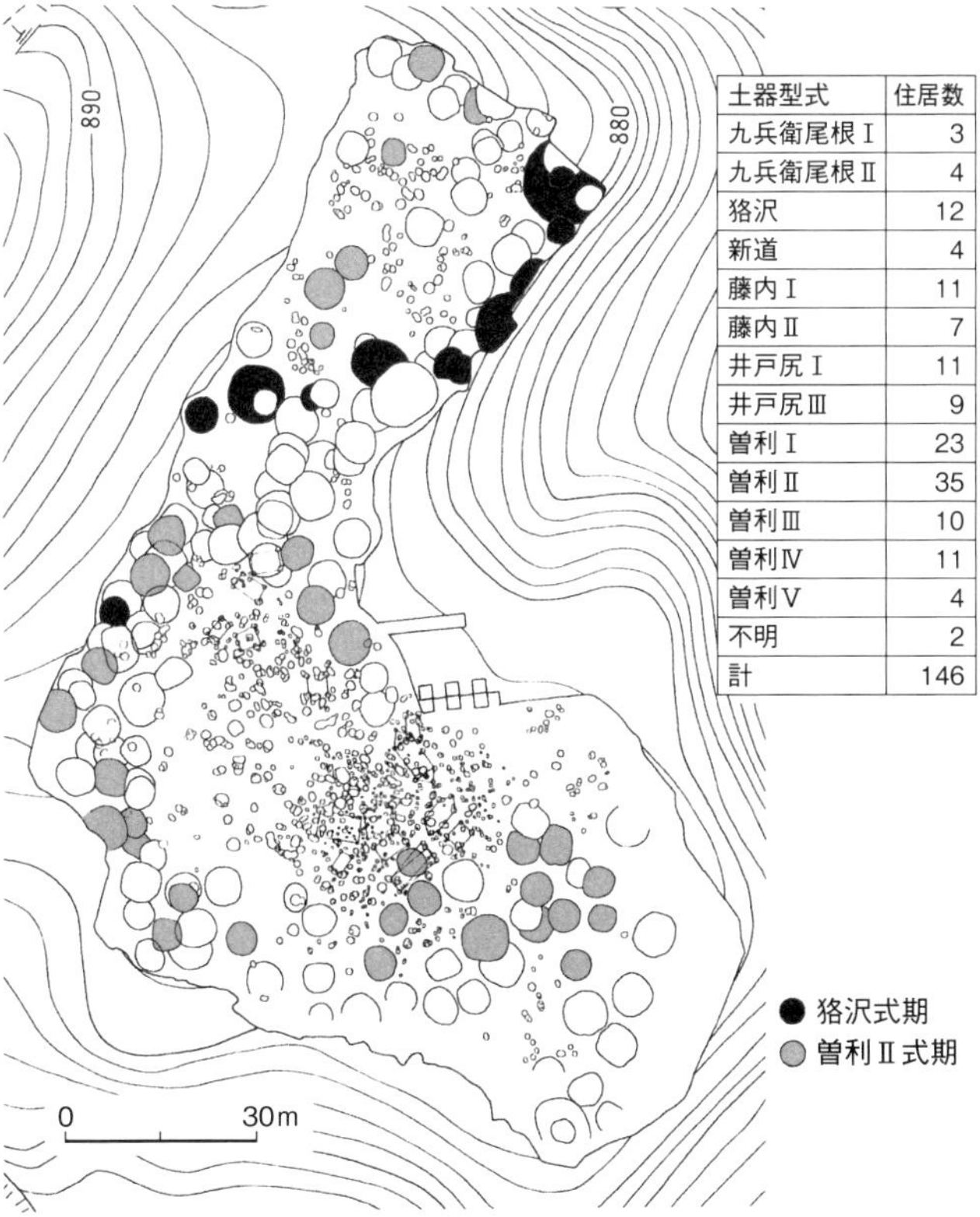

土器型式	住居数
九兵衛尾根Ⅰ	3
九兵衛尾根Ⅱ	4
狢沢	12
新道	4
藤内Ⅰ	11
藤内Ⅱ	7
井戸尻Ⅰ	11
井戸尻Ⅲ	9
曽利Ⅰ	23
曽利Ⅱ	35
曽利Ⅲ	10
曽利Ⅳ	11
曽利Ⅴ	4
不明	2
計	146

2　棚畑遺跡の遺構分布と土器型式別の住居数

図92　俎原遺跡と棚畑遺跡の集落構成

第91問　縄文時代に村落はあったか

縄文時代の社会は、一つの集落が独立した生業活動を営んでいるようにみえても、実際には、いくつかの集落が集まって共同体的な組織をつくっている。そうした集落を統合するような組織を「村落」という（勅使河原彰『縄文時代史』新泉社、二〇一六年）。

たとえば竪穴《たてあな》住居を一棟つくるにも、柱や梁《はり》、垂木《たるき》、屋根材などの建築資材を調達することから、竪穴の掘削、柱立て、小屋組、屋根葺き、土留め、炉と土間造成などの作業があって、これには複数の大人が従事する必要がある。また、シカやイノシシなどの狩猟活動やアザラシやイルカなどの海獣類を捕獲する漁労活動なども、多数の大人が従事する必要がある。東日本の河川のサケ漁などは、漁期がきわめて限定され、しかも一度に大量に捕獲したサケを保存食料とする必要があることから、ここでも大人数で各種の作業に従事する必要がある。

こうした労働は、一つの集落、とりわけ前沢《まえざわ》モデル（一棟の住居からなる。図91の1）や向原《むこうっぱら》モデル（三棟前後の住居の単独のグループからなる。図91の2）の集落だけではまかなうことができないわけで、俎原《まないたばら》モデル（住居群がいくつかまとまる複数のグループからなる。図91の3）の集落が核となって、複数の集落が集まった共同体的な組織である村落が担うことになる。そして、山野や狩場、漁場などの入会権が村落に帰属していれば、集落と村落の関係は、整合性をもつものとなる。それは景観的にいえば、住居のまとまりである集落景観とは別に、二〇から三〇平方キロのほどの範囲に集落が散在する村落景観（図93）が八ヶ岳西南麓などで復元されている。

集落を統合するような社会組織である村落は、縄文時代の婚姻からも説明できる。前沢モデルや向原モデルの集落では、当然、集落のなかから嫁や婿を探すことはできない。また、俎原モデルの集落でも、一見何十棟もあるようにみえて、同時期の住居の数は一〇棟から多くても二〇棟前後というのが大半である。たとえば二〇棟からなる集落であっても、その構成員のなかから夫婦や老人、未成年の子どもを差し引くと、それこそ結婚適齢者の数は限定されてしまうので、集落のなかだけで婚姻関係を維持することができないことになる。つまり縄文時代の婚姻は、集落外婚とならざるをえず、近親婚の忌避というインセスト・タブーからいっても、外婚制が当然ということになる。

では、外婚制をとったとして、隣接する集落の間だけで、婚姻関係がうまく成立できるだろうか。俎原モデルの集落といえども、婚姻適齢者は少数であり、ましてや前原モデルや向原モデルの集落の存在を考えると、隣接する集落間だけでは、恒常的な婚姻関係を維持することができず、複数の集落の間で婚姻関係の網の目をつくる必要がある。しかも、入会権などが村落に帰属していたとすれば、この村落という枠組みが一つの外婚の単位となると、婚姻関係が非常にうまく機能することになる。

このようにみてくると、縄文時代の村落というのは、一つの必然的な社会的要請のもとにつくられた血縁社会だということになる。それは民俗学でいう、氏族と呼ばれる祖先を共通にするという血縁的な結びつき（それは親族的な系譜関係が直接にたどれるとは限らず、一連の系譜関係が記憶され、共通の関係がたどれる伝統的な結びつきが認識される集団関係をも含む）のもとで組織された氏族共同体を想定してほぼ間違いない。

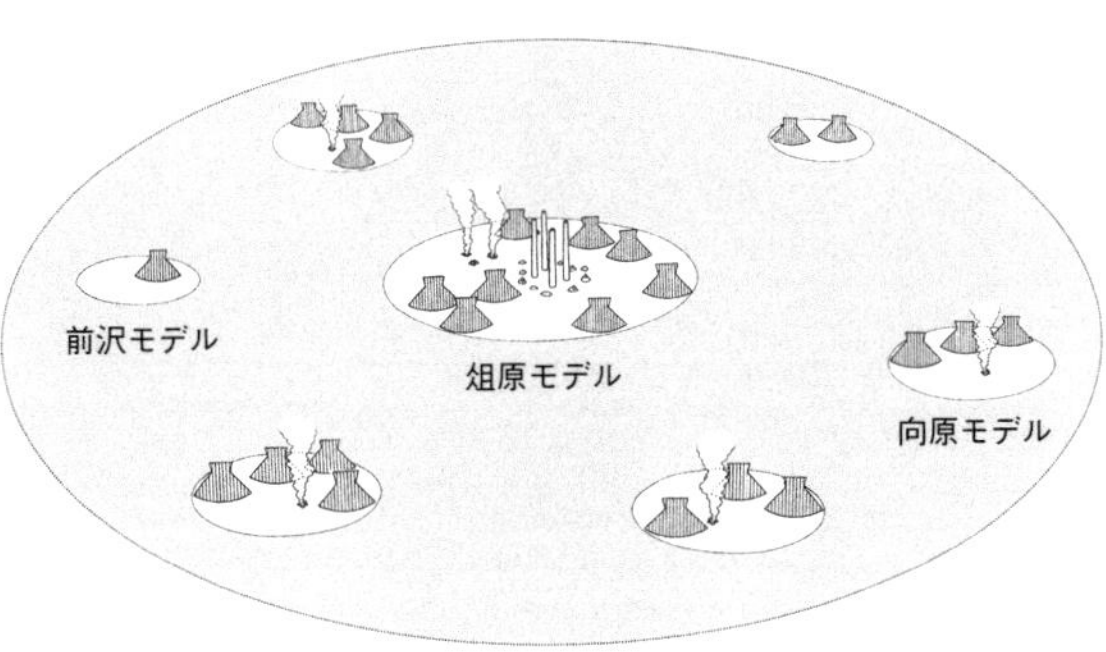

図93　集落景観と村落景観（模式図）

第92問　縄文人はどのように埋葬されたか

埋葬とは、遺体を土中に埋めることで、当然、旧石器時代から埋葬はあったが、さまざまな埋葬を執りおこなうようになるのは縄文時代からである。縄文時代の埋葬には、遺体を土中に埋める、いわゆる葬儀が一回で終わる単葬と、いったん埋葬した遺体や遺骨を掘り出して再埋葬する再葬（二回で終わらない場合があるので複葬ともいう）がある。遺体の数では、一体のみを埋葬する単独葬と複数の遺体を同じ墓に埋葬する合葬がある。また、遺体を埋葬する施設や埋葬姿勢もさまざまある。

単葬単独墓　縄文時代の埋葬の基本は、一回の葬儀で一体を埋葬する単葬単独墓であるが、そのうち時代をとおしてもっとも一般的な墓は、地面に遺体を埋めるための穴を掘っただけで、穴以外に特別な施設をともなわない土坑墓《どこうぼ》である（図94の1〜4）。土壙墓《どこう》とも書くが、壙は墓穴の意であるので、壙を用いる場合は、土壙が適切である。埋葬姿勢は、身体をまっすぐ伸ばした伸展葬《しんてんそう》と手足を折り曲げて腹部に密着させる屈葬《くっそう》があって、身体の向きによって、仰向《あおむ》けが仰臥《ぎょうが》、腹ばいが伏臥《ふくが》、横向きが側臥《そくが》で、仰臥伸展葬とか、側臥屈葬と呼び分ける（図94の1〜4）。この埋葬姿勢によって、土坑墓の大きさと形が決まってくる。なお、縄文時代には屈葬が盛んにおこなわれたが、その要因ついては、場所や労力の節約説、胎児位説、休息姿勢説、死霊再起防止説などの諸説があるが、前期に伸展葬が出現し、両者が同一墓地に併存することを考えると、一つの説に絞ることは難しい。なお、遺体に石をだかせる抱石葬《だきいしそう》や遺体の頭部や顔面に土器をかぶせる甕被葬《かめかぶりそう》などは、死者の霊をしずめるためと考えられている。

石組石棺墓は、墓坑の壁面を板状や扁平の石で囲んだもので、中期末から後期に東北地方北部でつくられ、後期に入ると関東・中部・北陸地方に広がり、晩期まで用いられる（図94の7・8）。大きさは長軸が一〇〇から二〇〇センチ、短軸が三〇から五〇センチほどであるので、主に単葬単独墓として使われたと考えられる。なお、まれに底石や蓋石をともなうものがある。

土器棺墓は、日常容器を転用したものと、棺用に特別に作られた土器を使う場合があるが、弥生時代の成人用の甕棺《かめかん》の大きさはないので、単葬単独墓の場合は、もっぱら子ども（幼児・小児）用として使われたと考えられている。青森県八戸市の蟹沢《かにさわ》遺跡からは、前期の土器から幼児骨が発見された例があり、青森市の三内丸山《さんないまるやま》遺跡では、人骨こそ発見されていないが、前期から中期の八〇〇基を超える埋設土器が確認され、子ども用の墓と報告されている（岡田康博『三内丸山遺跡』同成社、二〇一四年）。

そのほか、山形県村山市の西海渕《せいかいぶち》遺跡や山口県下関市の御堂《みどう》遺跡などで墓坑に木棺を設置した痕跡が検出されているので、木棺墓もあったことは間違いないが、木棺そのものが出土した事例はない。

単葬合葬墓　一つの墓から二体以上の人骨が、それも骨格がほぼそろった状態で出土した墓をいう（図94の5）。成人の二人がもっとも多く、成人と子どもの例がつづくが、子ども同士の例は少ない。胎児・新生児は、成人女性と合葬される例がほとんどなのは、妊産期の母子の死亡によると考えられるが、それ以外は食中毒など不慮の事故で同時に死亡した場合が想定されている。単葬合葬墓には、一般的に土坑墓が使われる。石組石棺墓については、合葬した根拠となる人骨の出土例がないので、今のところ何ともいえないが、石組石棺墓の大きさからみて、あってもまれだったと考えられている。

再葬単独墓　一体の遺体をいったん埋葬して骨にして、再び埋葬する墓のことで、棺に土器を使用する土器棺墓が多い。土器は、日常容器を転用したものもあるが、後期の東北地方のように、特別に棺用に作られた土器を用いることもある。同じく後期の青森県三戸郡五戸町の薬師前《やくしまえ》遺跡のように、まれに複数の人骨が納められることもあるが、これは再葬合葬墓ということになる（図94の9）。なお、青森市の山野峠《さんのとうげ》遺跡では、石組石棺墓と土器棺墓が近接して発見されていることから、石組石棺墓に初葬（一次葬）した後に、土器棺墓に再葬（二次葬）したと考えられている。

再葬合葬墓　複数の遺体を再葬する再葬合葬墓は、中期から本格的にみられるが、関東地方常総地域の後期前葉に多数の遺体を再葬する多遺体合葬墓とか、多遺体埋葬土坑墓と呼ばれる特異な墓がつくられる（図94の10）。茨城県取手市の中妻《なかづま》貝塚、千葉県市川市の権現原《ごんげんばら》貝塚、同県船橋市の宮本台《みやもとだい》貝塚、同県市原市の祇園原《ぎおんばら》貝塚、同県茂原市の下太田《しもおおだ》貝塚などである。中妻貝塚では、一つの墓坑に一〇〇体以上、下太田貝塚では、三基の墓坑のうちの一つに四〇体近く、合計で八〇体以上の人骨が集積されていた。こうした多遺体合葬墓は、人骨の出土状態からみて、ほかの場所に埋葬されていた遺体が集められて再葬されたもので、その役割を山田康弘は、中期末から後期初頭に小規模集落に分散化した集団が、再び大規模集落に結集するにあたって、祖先の遺体を一つの墓坑に埋葬することで集団を結束させるための祖先崇拝のシンボリックとしたと考えた（「多数合葬例の意義―縄文時代の関東地方を中心に―」『考古学研究』四二巻二号、一九九五年）。なお、東京湾沿岸地域の中期の貝塚遺跡では、廃棄された竪穴住居を墓に利用して、複数の遺体を葬る廃屋墓《はいおくぼ》がある。貝塚遺跡以外にもあったと思われるが、人骨が出土する条件がないので、不明というほかない。

晩期の愛知県三河地域では、長管骨を方形に並べたなかに、そのほかの骨を集めた盤状集積墓が集中する（図94の6）。愛知県田原市の保美《ほび》貝塚では七体分、同市の吉胡《よしご》貝塚では四体分を二つに連結するなど、複数体を同時に集積する例が多い。なかには一体だけの再葬単独墓もあるが、その場合は、ほとんどが頭骨を故意に割ってある。

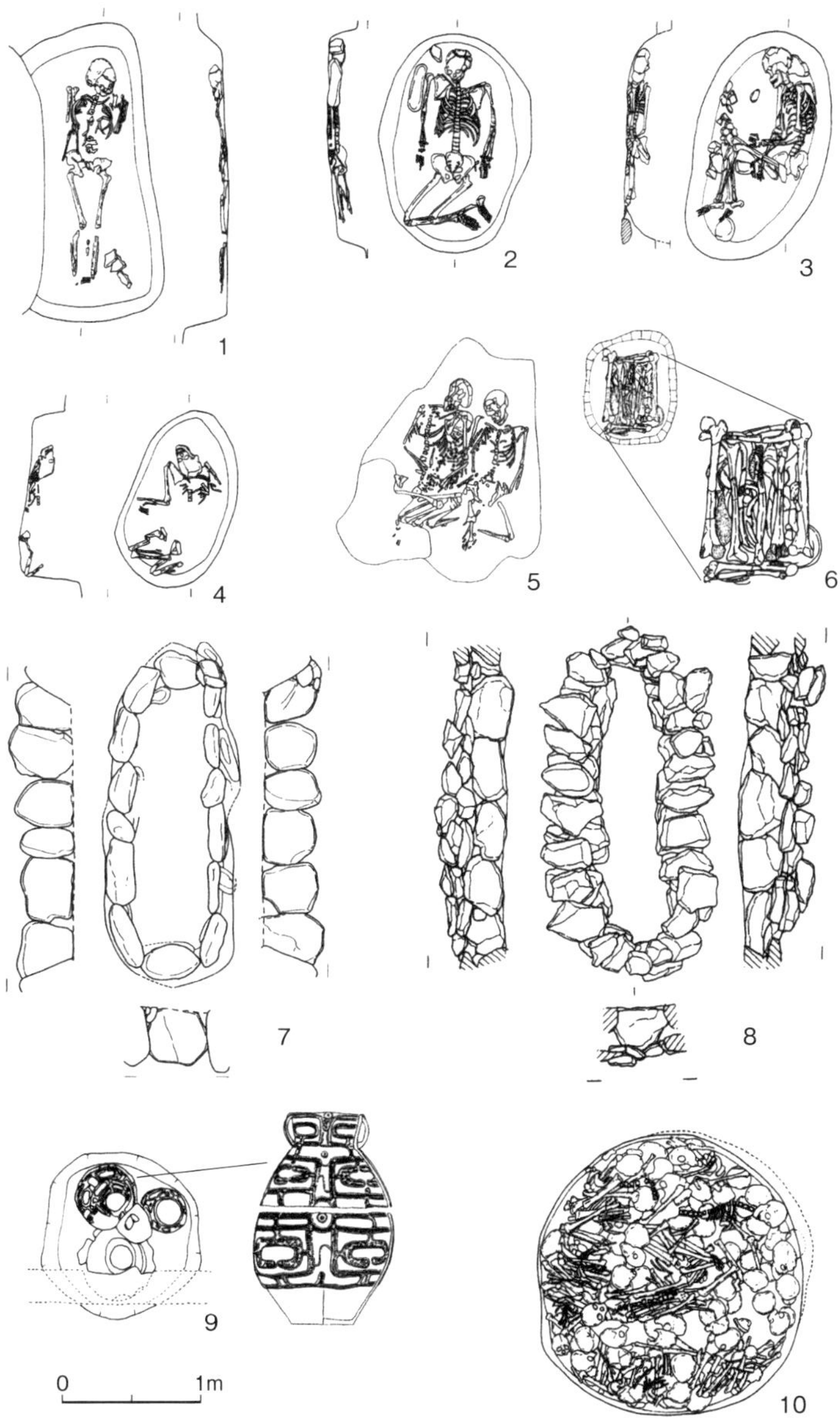

図 94　埋葬の方法

1～4 単葬土坑墓：長野県北村遺跡・後期（1 仰臥伸展葬、2 仰臥屈葬、3 側臥屈葬、4 伏臥屈葬)、5 単葬合葬墓：愛知県枯木宮貝塚・晩期　6 盤状集積墓：愛知県本刈谷貝塚・晩期、7・8 石組石棺墓（7 青森県水上(2)遺跡・中期末、8 山梨県青木遺跡・後期)、9 土器棺墓：青森県薬師前遺跡・後期、10 多遺体合葬墓：茨城県中妻貝塚・後期

第93問 縄文時代の墓地の特徴は何か

縄文時代の墓地は、集落のなかに営まれる共同墓地を基本として、生者と死者が接近した関係をもつのを特徴とする。

早期は、集落の規模が比較的小さいことから、墓地の規模も小さいだけでなく、副葬品（設問94を参照）を納めるという風習も盛んでなかった。このため土坑を墓と確定するのが非常に難しい。それでも北海道函館市の垣ノ島《かきのしま》B遺跡では、早期前半の集落内に土坑墓による墓地が営まれており、そのなかには列島で最古の漆製品が副葬された墓（P－97土坑墓。図97の1）も現れている。早期後半になると、墓地の営みも進むが、それが一気に拡大するのは前期に入ってからである。

前期に、縄文の定型集落といわれる環状集落や列状集落が本格的に形成されるようになると、環状集落の中央広場、あるいは列状集落の一角に土坑墓が群集して営まれるようになる。なかには青森市の三《さん》内丸山《ないまるやま》遺跡のように、大人用の土坑墓群とは別に、小児用の土器棺による墓地も営まれている。

拠点となる大型の環状集落が形成される中期には、中央広場の墓地の様相も大きく変容する。岩手県紫波郡紫波町の西田《にしだ》遺跡を例にとってみよう（図95）。西田遺跡は、中期後半の集落遺跡で、中央広場に土坑墓群とそれを取り囲んで掘立柱建物群、さらに竪穴住居群と貯蔵穴群が円形に配置されているが、墓の数に対して、住居の数が極端に少ないことに注意する必要がある。ということは、西田遺跡の墓地は、一つの集落で営まれたものではなく、周辺の集落を含んだ共同墓地であったことになる。そこで注目されるのが土坑墓を取り囲む掘立柱建物群であるが、これを殯屋《もがりや》など墓地に付随した葬送・儀礼にかかわる施設とするのが有力である。いずれにしても拠点となる大型の環状集落における共同墓地は、ただたんにその集落の構成員の葬送や儀礼の場となっただけでなく、村落の全構成員が結集する場の役割もあわせもっていたことになる。

中期末には、各地で大型の集落が衰退化の傾向をみせ、後期初頭に環状集落が解体して、集落の小型・分散化が進むと、東北地方や北海道では、大型の環状列石が構築される。有名な例としては、秋田県鹿角市の大湯《おおゆ》遺跡がある（図96の1）。ここでは約一三〇メートルの距離をおいて、東西に対峙する万座《まんざ》と野中堂《のなかどう》の二つ環状列石がある。墓坑をともなう列石は、内帯と外帯の二重の同心円状に配置され、その外側に掘立柱建物群が取り囲んでいる。これは西田遺跡などにみられる環状集落の中央広場の空間構成と酷似しており、大湯遺跡では、環状集落の内部にあった共同墓地が集落から独立するのにともなって、葬送・儀礼の場としての空間を明確にするために大規模なモニュメントを構築したのである（秋元信夫『石にこめた縄文人の祈り　大湯環状列石』新泉社、二〇〇五年）。環状列石とは、環状集落にかわって、村落が共同して葬送・儀礼を営むということをとおして、氏族としての結束を高め、村落の維持をはかったものである。なお、環状列石には、青森市の小牧野《こまきの》遺跡などのように墓坑をともなわないものもあるが、

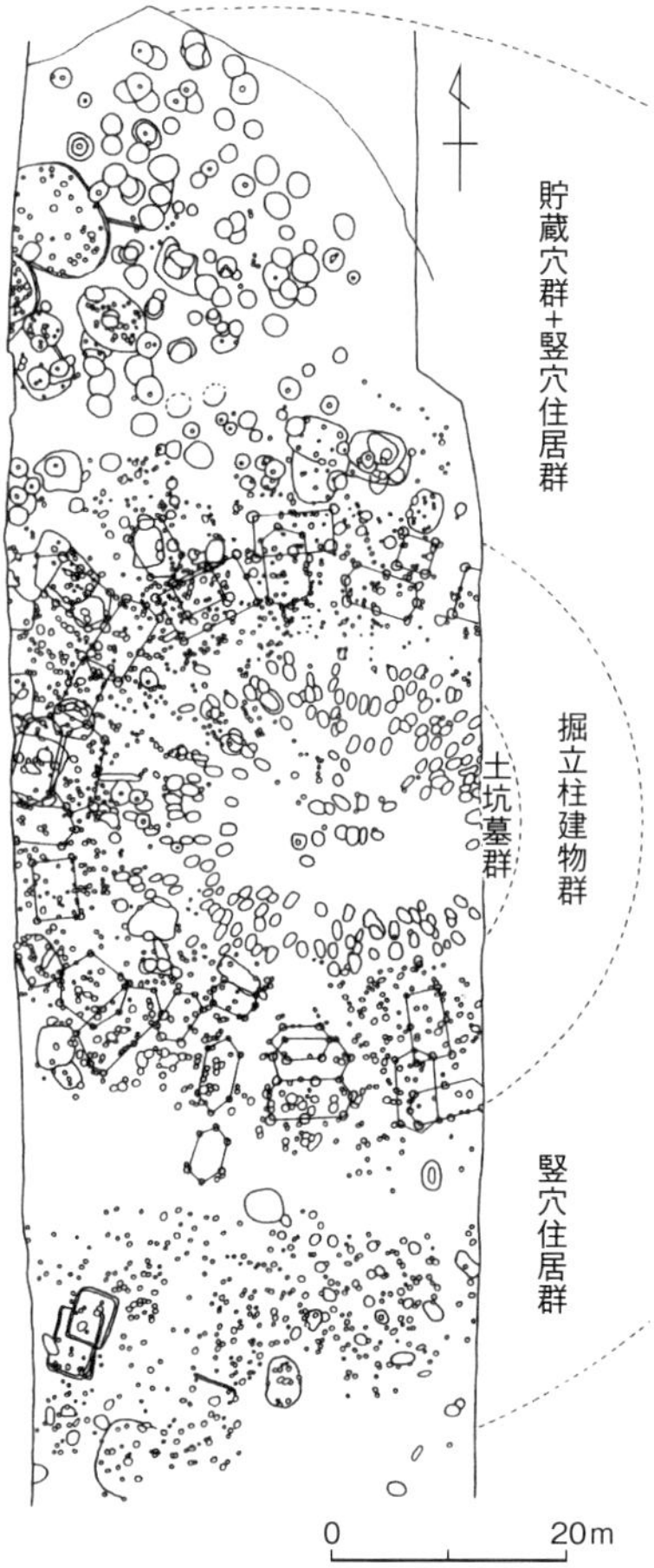

図95　西田遺跡の集落構成

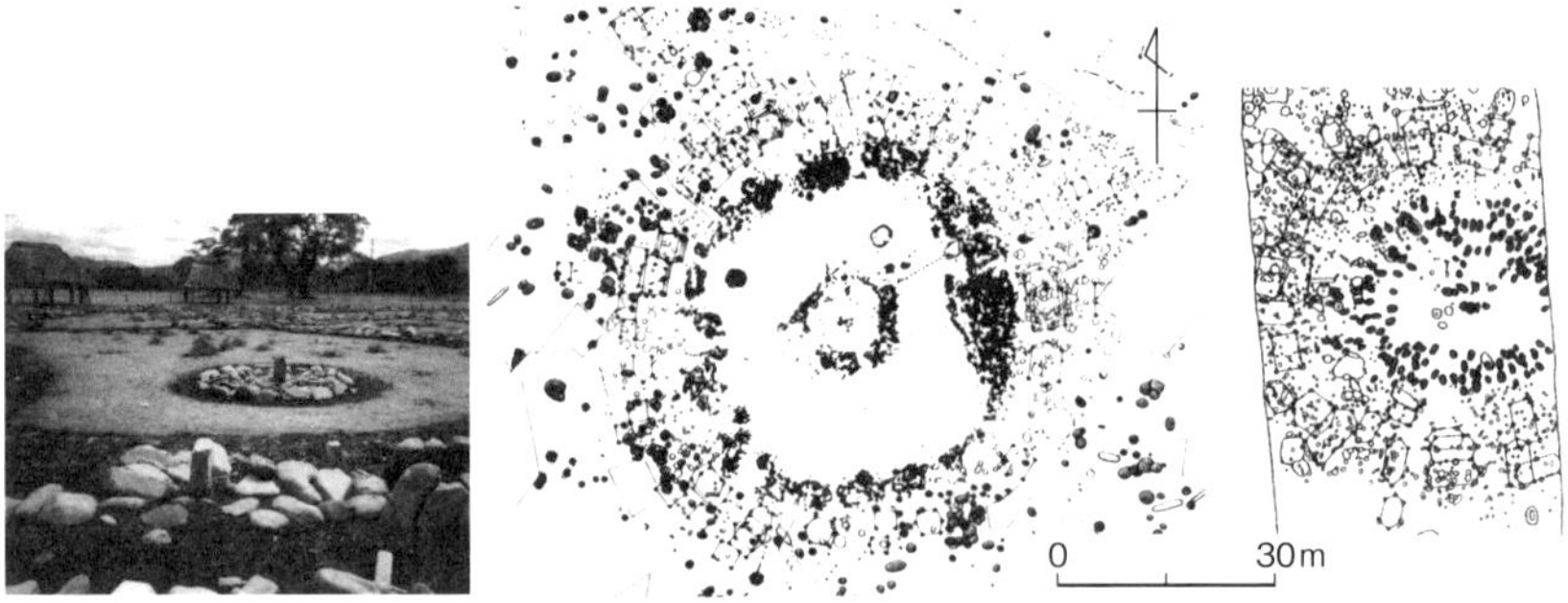

1 大湯遺跡の万座環状列石（右：西田遺跡の中央広場）

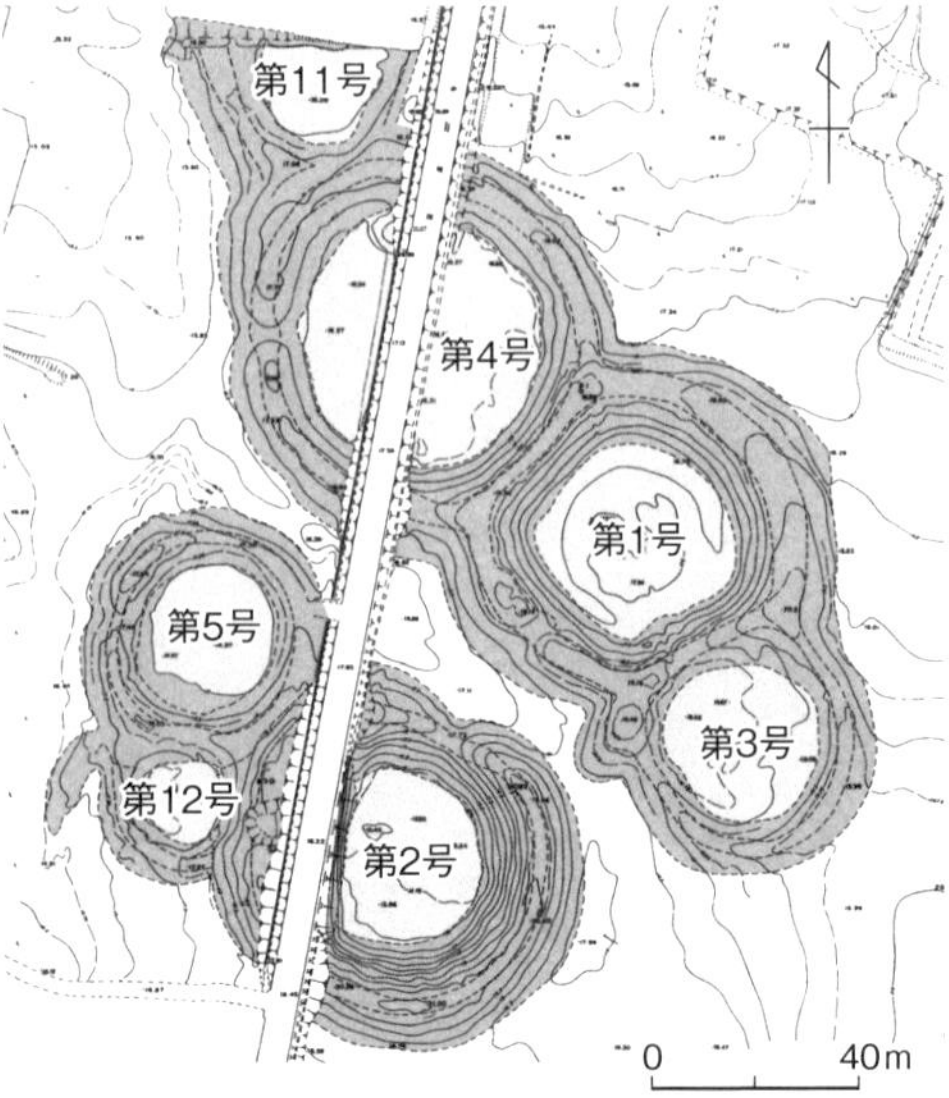

2 キウス周堤墓群と第1号墓の周堤に並んだ人列（右上写真）

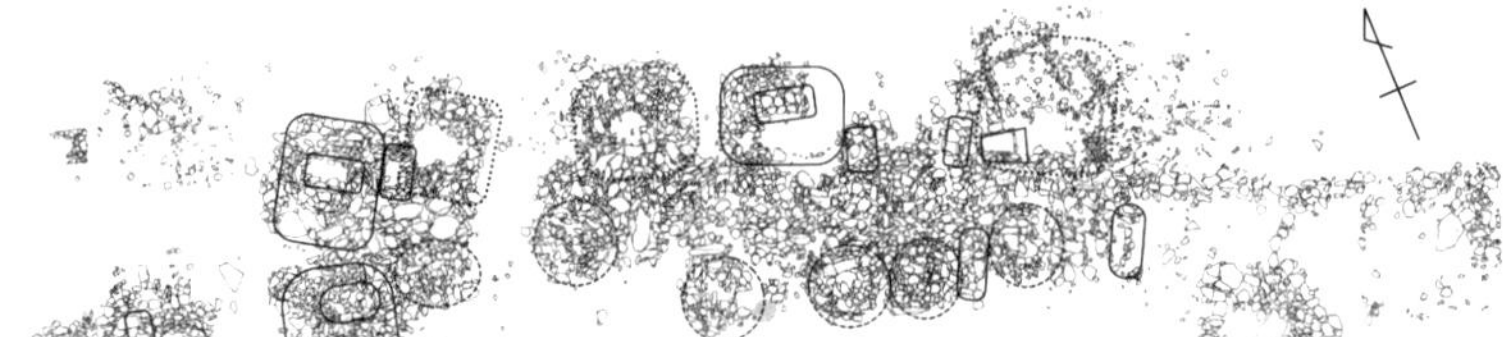

石棺状石組み　方形石組み　円形石組み

3 金生遺跡の配石遺構

図 96　墓地と大型記念物

これらは墓地ではなくて、村落の共同の儀礼や祭祀の場としての役割をはたしたものと考えられる。

後期後半の北海道では、環状列石がつくられなくなると、それにかわるように周堤墓《しゅうていぼ》が特異な発達をみせる。周堤墓とは、円形の竪穴を掘り、その排土を周囲に積み上げて土手とすることで、墓域を区画した共同墓地である。有名な千歳市のキウス周堤墓群は一四基からなるが、第二号墓は外径七四メートル、内径三五メートル、周堤の高さ五・四メートルと巨大である（図96の2。大谷敏三『北の縄文の祭儀場　キウス周堤墓群』新泉社、二〇一〇年）。第二号墓は、部分調査しかおこなわれていないので、恵庭市の柏木《かしわぎ》B遺跡などを参考にすると（図115）、一〇〇基をこえる土坑墓がともなうことが想定されている。

一方、関東・中部地方では、中期末から後期初頭にいったん衰退した環状集落が、後期前葉に再び復活をみせ、常総地域では、後期後半以降も一定の集落が維持される。それに対して、集落規模が縮小し、数も減少する常総地域以外の関東・中部地方では、後期後半に入ると、山梨県北杜市の金生《きんせい》遺跡や群馬県安中市の天神原《てんじんぱら》遺跡などのように、石組石棺墓と配石遺構を備えた拠点集落が形成され、そこでは村落での共同の葬送・儀礼が執りおこなわれた（図96の3）。

世界の初期国家の多くは、支配者が絶大な権力を体現するための記念物として、巨大な墓をつくっている。日本列島では古墳時代に該当し、列島社会が階級社会に入ったことを示している。また、各地で特色をもった墳丘墓がつくられ、環濠集落のなかに首長の居宅が出現する弥生時代の少なくとも中期以降は、階層社会に入っている。それに対して、縄文時代の墓地は、大湯環状列石やキウス周堤墓群などのような大規模な土木工事を想起させる大型遺構でも、たとえば古墳時代の前方後円墳や弥生時代の墳丘墓に代表されるように、特定の個人や集団の権力とは結びつかない、いわば共同体の記念物として営まれたところに特徴がある。

第94問 縄文時代の副葬品にはどういうものがあるか

副葬品とは、死者を埋葬するときに、遺体に副えて納めた品物をいう。遺体に装着する衣服や装身具をはじめとする生前におけるさまざまな所有物、葬送・儀礼にともなう各種の道具や供物《くもつ》などがある。副葬品の内容は、時代・民族・宗教などによるほか、年齢・性別・身分階級・貧富の差などによって多様である。墓制が時代名称となり、厚葬の風習が顕著な古墳時代、あるいは身分階層を厚葬で表現するようになる弥生時代ほどでないにしても、縄文時代にも副葬の風習はあった。

早期前半では、北海道函館市の垣ノ島《かきのしま》B遺跡のP−97土坑墓から、人骨の遺存状態が悪く、性別は不明であるが、成人の遺体の髪を赤漆塗りの糸で束ね、身体を包むように赤色漆塗りの繊維状の衣服か、あるいは装身具が出土している（図97の1）。年代測定結果は、約九〇〇〇年前という、現状では世界最古の漆製品が副葬されていたことで耳目を集めた。この垣ノ島B遺跡では、早期末のP−31土坑墓から石鏃《せきぞく》一九点、縦型石匙《いしさじ》一点、磨製石斧《せきふ》一点（図97の2）、P−49土坑墓から縦型石匙一一点などが副葬されていた。前期の道南から東北地方北部に分布する円筒《えんとう》下層《かそう》式土器の時期には、多数の石鏃を副葬する墓が特徴的に営まれる（図97の3）が、それが早期末には、すでに始まっていたことになる。

早期末には、美しい色彩で全体を磨かれて成形された玉類が副葬されるようになる。とくに中国の玉《ぎょっ》器《き》である玦《けつ》に似た玦状耳飾りは、福井県あわら市の桑野《くわの》遺跡の早期末から前期初頭の土坑墓（図97の4）を最古例に列島全域に広まるが、前期末から中期初頭には衰退する。これにかわるように、土製耳飾りが中期から晩期に副葬されるが、中期のそれは、無文の小型が大半である。

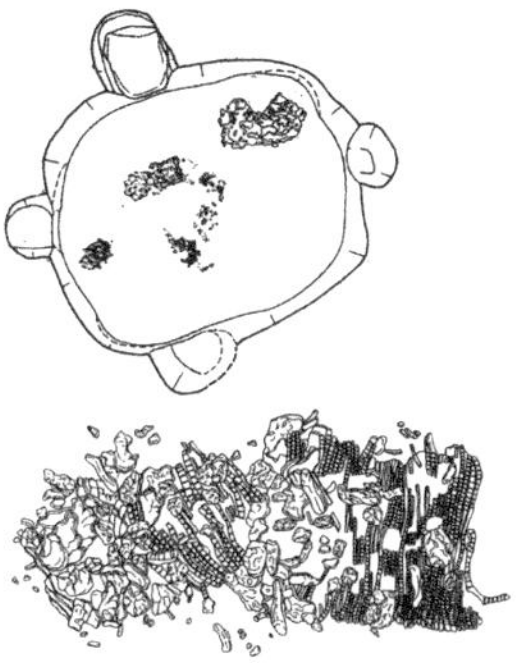

1 垣ノ島B遺跡 P-97土坑墓
（早期前半・北海道函館市）

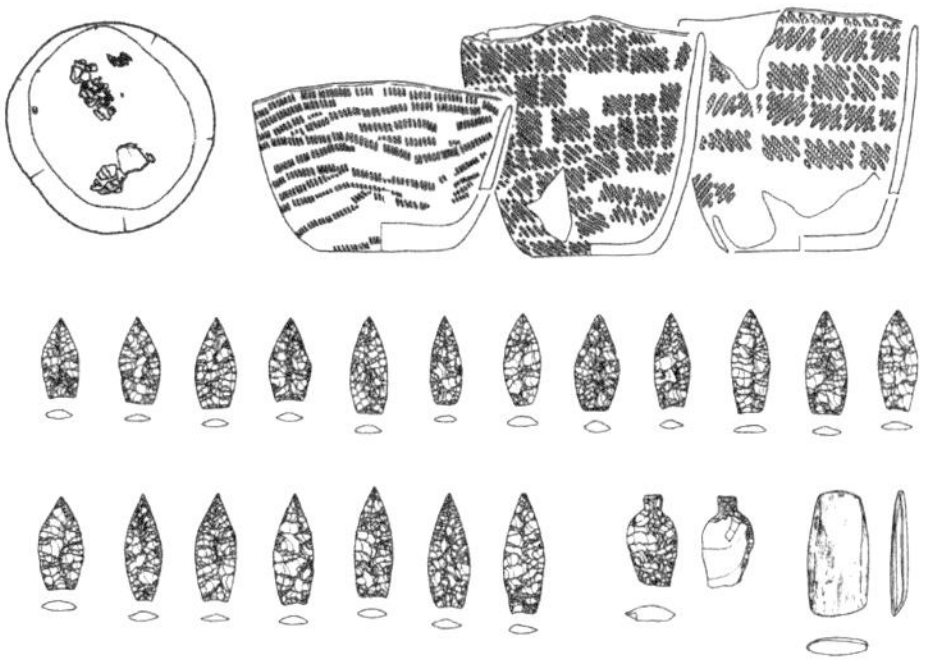

2 垣ノ島B遺跡 P-31土坑墓
（早期末・北海道函館市）

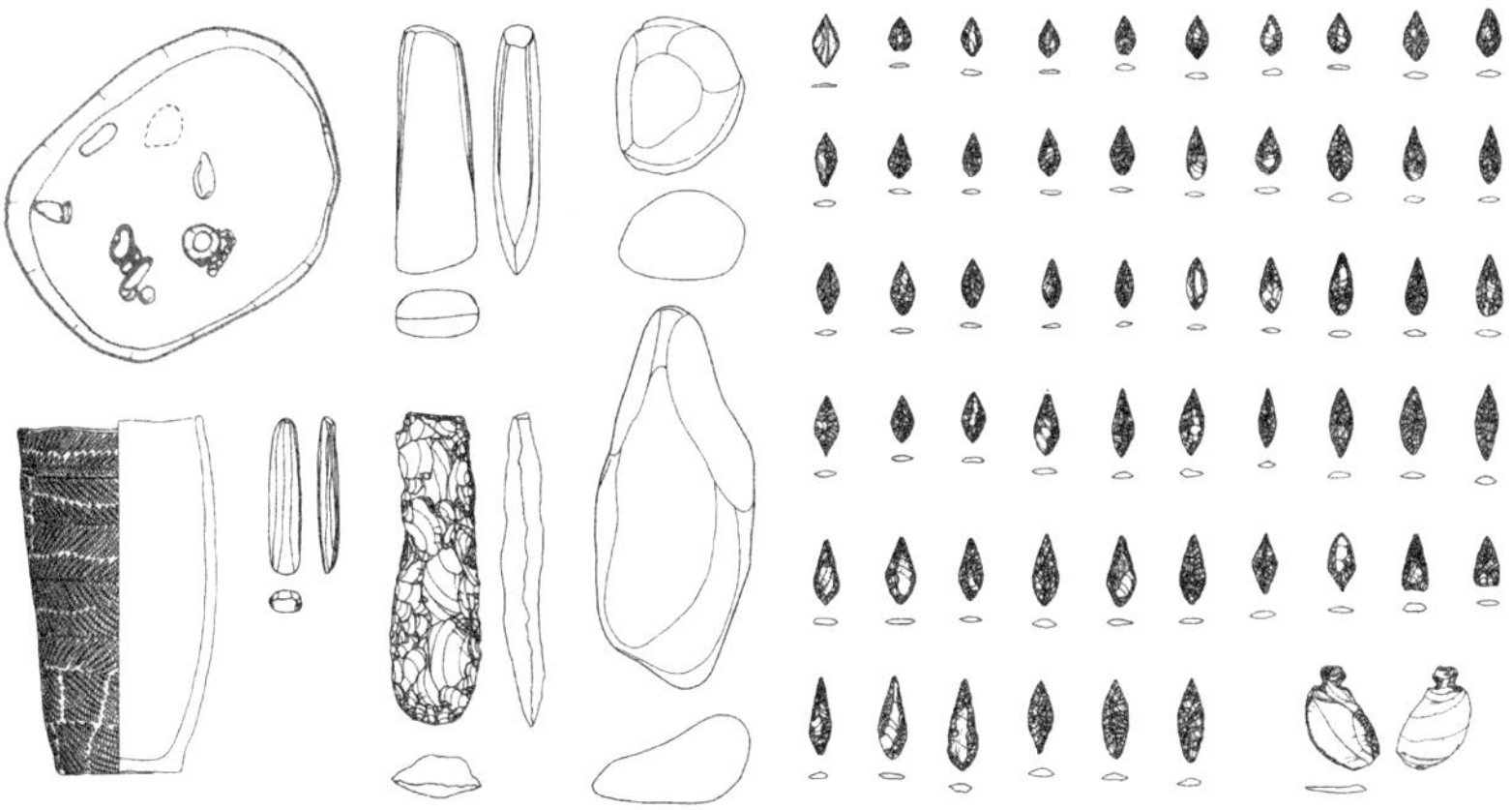

3 池内遺跡 SKA208土坑墓（前期後半・秋田市大館市）

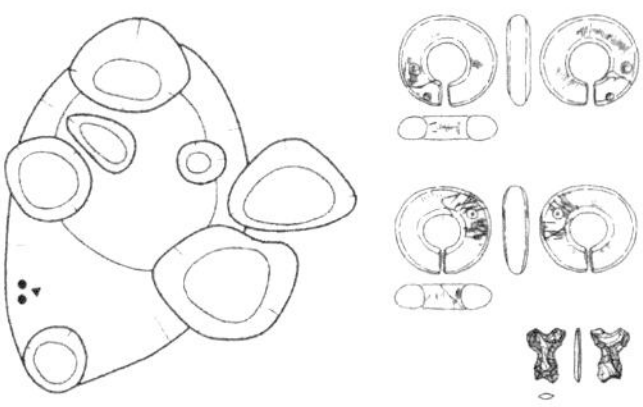

4 桑野遺跡 第13号土坑墓
（早期末から前期初頭・福井県あわら市）

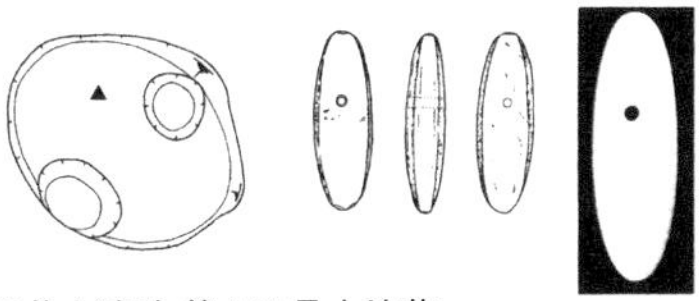

5 坪井上遺跡 第131号土坑墓
（中期・茨城県常陸大宮市、右：大珠の拡大写真）

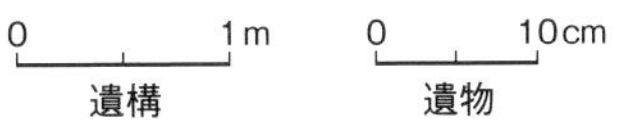

図97　早期から中期の副葬品の出土例

中期の副葬品で注目されるのは、翡翠《ひすい》と琥珀《こはく》による大珠《たいしゅ》と呼ばれる首飾りで、とくに大珠が副葬された土坑墓が地域の拠点集落である環状集落に限られるだけでなく、墓域の中心部に位置することから、栗島義明は、そこに集団内の地位の可視化が読み取れるという（図97の5。「大珠の佩用とその社会的意義を探る」『身を飾る縄文人―副葬品から見た縄文社会―』雄山閣、二〇一九年）。

中期には、縄文人が用いた副葬品のほとんどが出そろうことになるが、多種類の品物が副葬されるようになるのは、後期になってからである。とくに周堤墓などにみられる特異な墓制を発達させた北海道では、たとえば恵庭市のカリンバ遺跡の後期末から晩期初頭の合葬墓からは、朱・紅・臙脂《えんじ》色などの色鮮やかな漆製品である櫛やヘアーバンド、腕輪、腰飾り帯とともに、各種の玉類やサメ歯などの副葬品が出土している（図98の2）。また、福岡県遠賀郡芦屋町の山鹿《やまが》貝塚の後期の二号成年女性人骨では、サメ歯耳飾り一対、鹿角叉状垂飾品二点、蛇紋岩製大珠一点、貝輪一九点（右腕に五点、左腕に一四点）が身体に装着された状態で出土している（図98の1）。とくに主に男性用としては、文様を彫刻した鹿角製腰飾りが後・晩期に発達するが、大阪府藤井寺市の国府《こう》遺跡では、晩期の八九号熟年男性に鹿角製の腰飾りと首飾り各一点、それに着装例としては非常に貴重な猪牙製足輪が右足に一点、左足に二点出土している。

ところで、人骨、それも年齢階級が判明している人骨にともなう副葬品の全国集成をおこなった山田康弘によれば、年齢層が上がるほど副葬品は多くなり、青年期と熟年期に最多となるが、老年期に入ると逆に減少するという（『人骨出土例にみる縄文の墓制と社会』同成社、二〇〇八年）。ということは、縄文時代には、老人である長老層が傑出するほどには社会が複雑化していなかったということである。また、縄文時代の墓地は、すべて集団の共同墓地であるという特徴をもち、多数の副葬品をともなう人物といえども、ほかと区別されるような特別な墓を築いていないところが、弥生時代や古墳時代との根本的な違いである。ということは、縄文時代の副葬品は、すべて個人に帰属するものであって、特別に副葬品をともなう墓は、集団で指導的役割をはたしたり、狩猟や漁労などの技能、あるいは霊能にたけているなど、生前に集団の維持・発展に貢献した人物を敬ったものである。

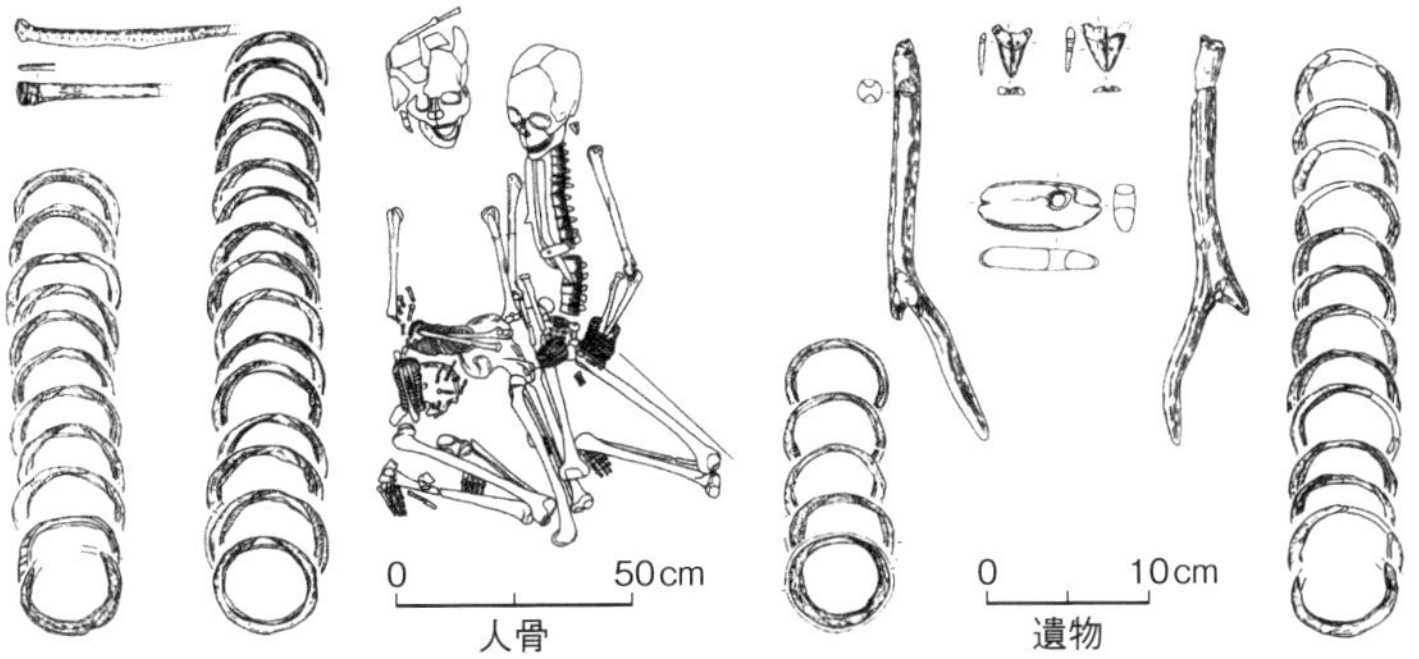

1 山鹿貝塚 2・3号人骨（後期・福岡県遠賀郡芦屋町、左：3号人骨、右：2号人骨）

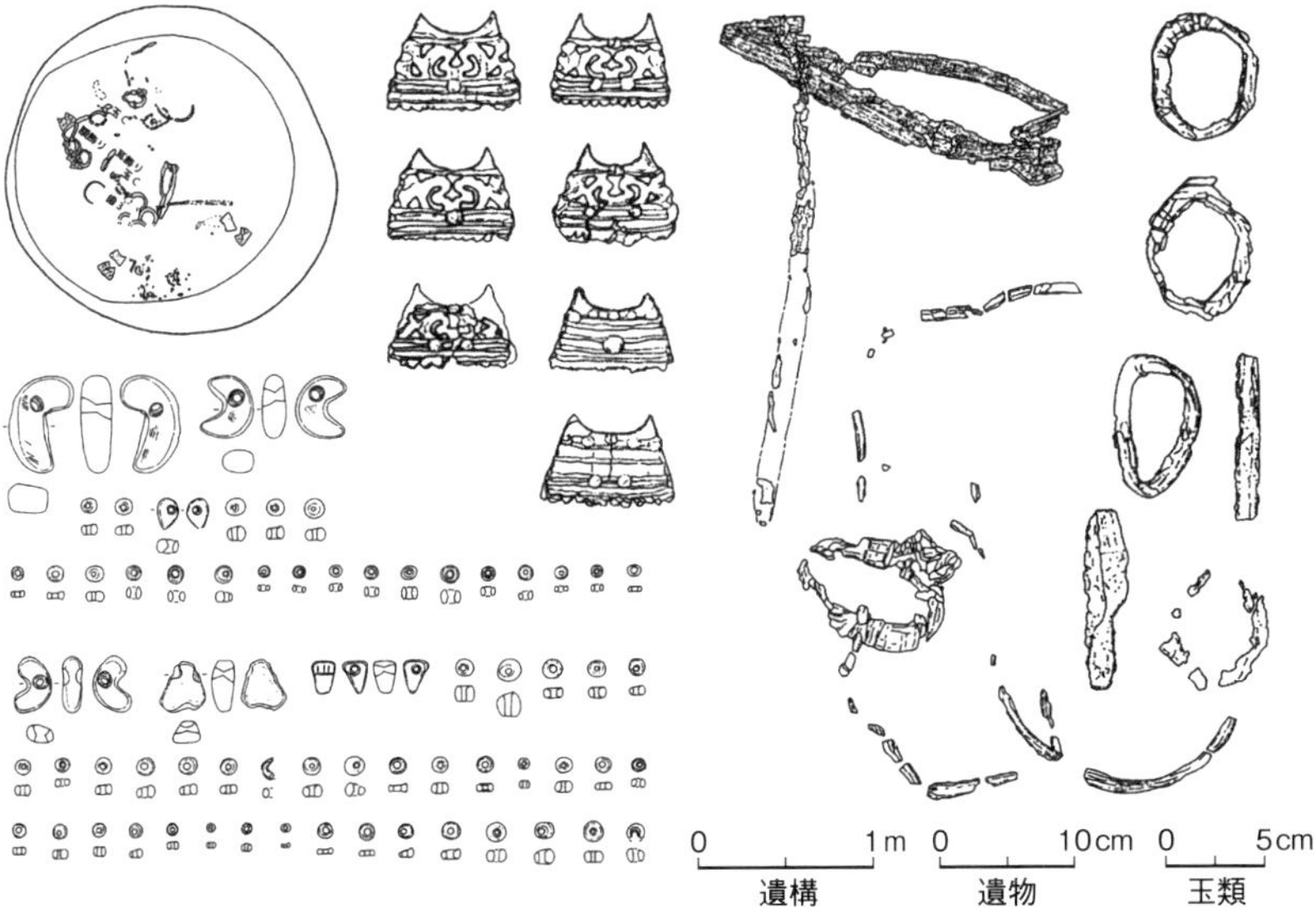

2 カリンバ遺跡 123号土坑墓（後期末から晩期初頭・北海道恵庭市）

図98　後・晩期の副葬品の出土例

第95問　縄文人の抜歯とは何か

抜歯とは、人体の一部に永続的な加工・変形を施す身体変形の一種である。身体変形には、頭蓋変形、歯牙加工、耳朶《じだ》伸長、入れ墨、割礼《かつれい》、去勢などがある。ミイラなど人体の軟体部を残す風習がまったくない縄文時代では、耳朶伸長と入れ墨が土偶の文様や耳飾りの大きさなどから推定されているが、六〇〇〇体以上発見されている人骨から、歯牙加工の一種である抜歯が数多く確認されている。

抜歯は、健康な永久歯を抜くために、抜歯時に激痛をともなうことと、口を開けたときにみえる範囲の歯（前歯である切歯と犬歯）を抜去することで、成人式や婚姻、服喪《ふくも》などのいわゆる通過儀礼とした風習である。縄文時代に抜歯風習が存在したとの報告は、一九一八年の小金井良精《よしきよ》の「日本石器時代人に上犬歯を抜き去る風習ありしことに就て」（『人類学雑誌』三三巻二号）を嚆矢とするが、それを縄文時代の親族組織の問題にまで研究を進展させたのが春成秀爾《はるなりひでじ》である（「抜歯の意義」『考古学研究』二〇巻二・三号、一九七三・七四年。「縄文社会論」『縄文文化の研究』八巻、雄山閣、一九八二年）。春成によれば、前期段階に下顎の門歯を抜く例がまれにみられるが、中期末に上顎の左右切歯を抜く型式が東北地方に出現し、後期前葉までには関東地方にまで広がりをみせる。後期中葉以降に上顎の犬歯二本を抜くO型（図99、以下同）が現れ、後期後葉には下顎の犬歯二本も抜く2C型になる。O型と2C型は、東北地方から中部地方の晩期まで継承されるが、とくに抜歯が盛んとなる東海から九州地方の晩期にはO型に下顎の切歯四本を抜く4I型が発達し、さらに4I型に下顎の犬歯二本を抜く4I2C型と2C型に下顎の切歯二本を抜く2C2I型が加わるという。

O型は、抜歯を施した全員に共通することから、成人式の際の成人抜歯である。つぎに2C型が晩期まで継承される東日本に対して、東海地方以西では、2C型と4I型に分かれる。そのうち4I型には、叉状研歯の施術例や装身具の着装例が多く、かつ埋葬場所も墓地内の中心域を占めていることから、4I型をその集団の出身者、2C型を婚姻による移入者であるとする。そして、岡山県笠岡市の津雲《つくも》貝塚では女性に4I型が多く、男性に2C型が多いことから、母系出自の妻方居住婚だったのに対して、愛知県田原市の吉《よし》胡《ご》貝塚では男女がそれぞれ半数を占めることから、双系出自の選択居住婚であるとした。そのうえで、縄文時代は、古い段階では母系出自の妻方居住婚が支配的であったのが、後期末から晩期の東日本では父系出自の夫方居住婚が優勢な社会に移行したのに対して、西日本では遅くまで母系出自の妻方居住婚が残り、その中間の東海地方では双系出自の選択居住婚であったと説いた。

春成の抜歯研究は、縄文時代の親族組織の問題について、従来まで考古資料から再構成することは困難であると考えられていたことに、一つの解決の糸口を提示したことに意味がある。ただし、O型を成人抜歯とすることは、研究者間で共通の理解をえられているが、下顎を婚姻抜歯とするには、抜歯頻度が低いだけでなく、施術年齢からも婚姻抜歯とするには無理があるという、形質人類学からの反論がある（藤田尚「縄文時代の抜歯の意義についての再検討」『史観』一四七冊、二〇〇二年。舟橋京子『抜歯風習と社会集団』すいれん舎、二〇一〇年）。また、春成が分析対象とした津雲貝塚などの発掘は、戦前に短期間で、それも人骨収集を目的としたものであって、考古資料として扱うには信頼性に欠けるとの根本的な指摘もあって、今後に課題を残している（山田康弘「縄文時代の親族組織」『講座 日本の考古学』四巻、青木書店、二〇一四年）。

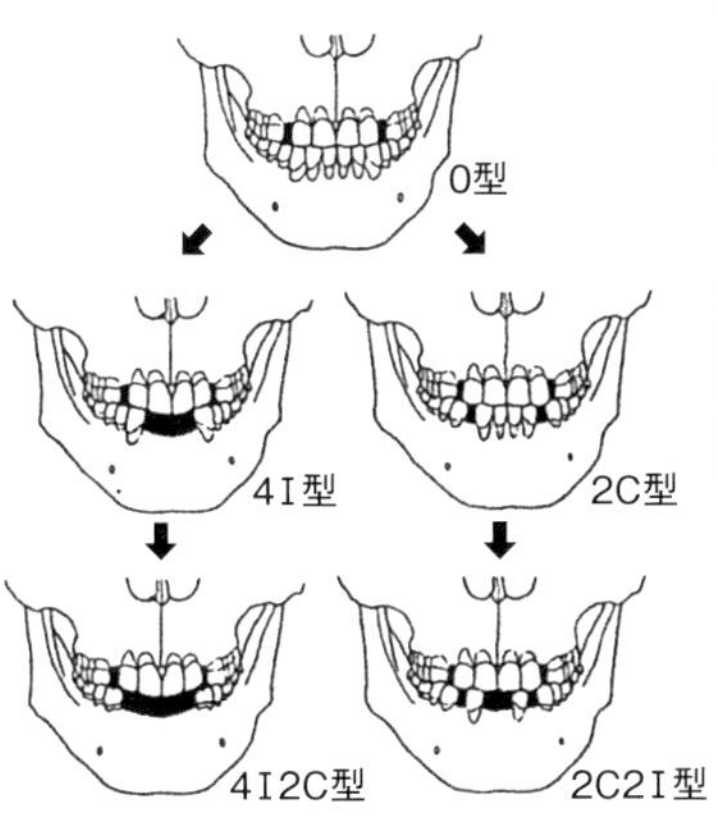

図99　抜歯の型式

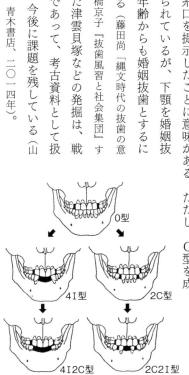

第96問　縄文時代の原産地とは何か

原産地とは、原料や原材料の産出する土地のことで、その原産地に人類がかかわると原産地遺跡となる。日本列島が自然環境に恵まれているとはいえ、どこでも等質な資源があるわけではない。たとえば縄文人の生産と消費活動に不可欠な石器であるが、一口に石器といっても、狩猟具である石鏃《せきぞく》や石槍《せきそう》などのように鋭利な刃先を必要とする道具には、黒曜石、サヌカイト、頁岩《けつがん》などの硬くて貝殻状の割れ口をもつ石材が、植物質食料を加工・製粉する道具である石皿《いしざら》、磨石《すりいし》、敲石《たたきいし》には、安山岩、砂岩などのザラザラした多孔質の石材が用いられた。また、木材などを伐採する石斧《せきふ》には、蛇紋岩、凝灰岩、粘板岩などの硬くて緻密な石材が用いられた。一方、装飾品の玉には、魅惑的な硬玉である翡翠《ひすい》が好まれた。このように、縄文人は、石器の用途に応じて多種類の石材を使い分けていたのである。とはいえ、縄文人に必要とされた多種類の石材は、集落の周辺からすべて供給することができたわけではなく、とくに利器の石材として最適な黒曜石、サヌカイト、頁岩などは、原産地が限られているだけに、その供給は広範囲にわたっていた。そこで、つぎに縄文時代の主要な原産地を概説する（図100）。

黒曜石　利器の石材としてもっとも優れた黒曜石は、流紋岩質の溶岩が急冷して固まってできた天然のガラスである。黒くかがやく石という意味から、黒耀石とも書く。また、岩石名は黒曜岩であるが、学術用語としては黒曜石が定着しているので、本書でも黒曜石を使用している。火山の多い日本列島で黒曜石の原産地は、七〇カ所以上が確認されているが、そのうち石材として利用されている原産地が一七カ所ほどで、とくに良質の黒曜石となると北海道の白滝《しらたき》、置戸《おけと》、十勝三股《とかちみつまた》、長野県の霧ケ峰から八ヶ岳の一帯、東京都伊豆諸島の神津島《こうづしま》、神奈川県箱根の畑宿《はたじゅく》、静岡県天城の柏峠《かしわとうげ》、島根県の隠岐島、大分県の姫島《ひめしま》、佐賀県の腰岳《こしだけ》などに限られる（図100上の1～17。杉原重夫・小林三郎「考古遺物の自然科学的分析に関する研究―黒耀石産出地データベース―」『明治大学人文科学研究所紀要』五五冊、二〇〇四年）。霧ケ峰産の黒曜石は、東北から近畿地方の広い範囲に供給され、最近では北海道松前郡福島町の館崎《たてさき》遺跡でも出土が確認され、その距離は約六二〇キロにおよぶ。また、白滝産の黒曜石ははるかシベリア、腰岳産の黒曜石は朝鮮半島にまで供給され、神津島産の黒曜石も関東・中部地方の各地に供給されている。

サヌカイト　安山岩質の溶岩が冷却して固まった黒色で緻密な岩石で、香川県の旧国名であるSanuki（讃岐）に、石の学名をつける際の接尾語ituから、Sanukituと名づけられた。奈良県と大阪府にまたがる二上山《にじょうさん》、香川県の五色台《ごしきだい》と金山《かなやま》、広島県の冠山《かんむりやま》など六カ所ほどが良質なサヌカイトの原産地として知られている（図100上の18～23）。とくに金山産のサヌカイトは、四国地方全域から山口県を除く中国地方、それに近畿地方というように、ちょうど西日本の黒曜石の空白地帯を埋めるような分布を示している（鎌木義昌・東村武信・三宅寛・藁科哲男「サヌカイト製石器石材の産地推定とそれによる西日本先史、原史時代の文化圏の研究」『考古学・美術史の自然科学的研究』日本学術振興会、一九八〇年）。

珪質頁岩　頁岩は、堆積岩である泥岩の一種で、珪酸鉱物と粘土鉱物が混ざってできた岩石であるが、本のページ（頁）をめくるように薄く剝がれることから名づけられた。そのうち珪酸鉱物を多く含み、通常の頁岩より硬いものを珪質頁岩と呼び、石器の石材として用いられた。良質の珪質頁岩は、北海道の渡島《おしま》半島から新潟県までの日本海側に分布するが、堆積岩のために蛍光X線分析法を利用できないことから、黒曜石やサヌカイトのような産地同定はできていない（図100上。設問36を参照）。それでも秋田県山本郡三種町の上岩川《かみいわかわ》遺跡群では、縄文時代前・中期に良質な珪質頁岩の原石採掘と石器製作跡が発掘された、珪質頁岩の原産地遺跡と判明している（吉川耕太郎『北の縄文鉱山 上岩川遺跡群』新泉社、二〇一二年）。

以上、黒曜石は北海道、中部・関東地方、九州地方に一大原産地がある。この黒曜石の一大原産地にはさまれた東北地方には珪質頁岩が豊富に産出し、近畿・中国・四国地方にはサヌカイトの原産地があって、これらが縄文時代の三大石器石材となっている。

翡翠　翡翠とは、深緑色の半透明な石のことで、鉱物学的には硬玉（ヒスイ輝石）と軟玉（ネフライト）に分かれるが、両者は全く別の鉱物である。日本列島で翡翠といえば、もっぱら硬玉を指す。硬玉であるヒスイ輝石は、低温高圧型の変成作用や変質作用によって形成された変成岩で、列島内での産地は、かつては姫川《ひめかわ》と青海川《おうみがわ》にしかない（当然、海岸部まで転石として流れだしている）と考えられていたが、質の良し悪しを別にすれば、現在では北海道から熊本県までの約一〇カ所で確認されている。しかし、縄文人が利用した翡翠は、すべて姫川と青海川産であることが蛍光X線分析法で確かめられている（図100下の1。藁科哲男「縄文時代出土玉類産地の科学分析成果」『季刊考古学』八九号、二〇〇四年）。その分布は、東日本を中心に北海道から九州までの広い範囲に供給され、最近では沖縄県中頭郡北谷町の伊礼原《いれいばる》遺跡でも出土が確認され、その距離は約一六〇〇キロにおよぶ。

琥珀　琥珀《こはく》は、鉱物でなく、松ヤニのような樹木の樹脂が地中に埋もれて化石化したもので、透明感のある黄褐色（飴色）をしていることから、装身具として用いられてきた。産出する地は、少量であれば北海道から九州まで散在しているが、縄文時代では、岩手県久慈市、福島県いわき市、千葉県銚子市に限られるという（図100下の2〜4）。そのために縄文時代の琥珀は、主に東日本に供給が限られている。なお、琥珀の産地同定は、赤外線分析法などがおこなわれているが、いまだ十分な成果がえられていない。

朱　縄文時代を代表する赤色顔料である朱には、水銀朱と呼ばれる硫化水銀とベンガラがある。硫化

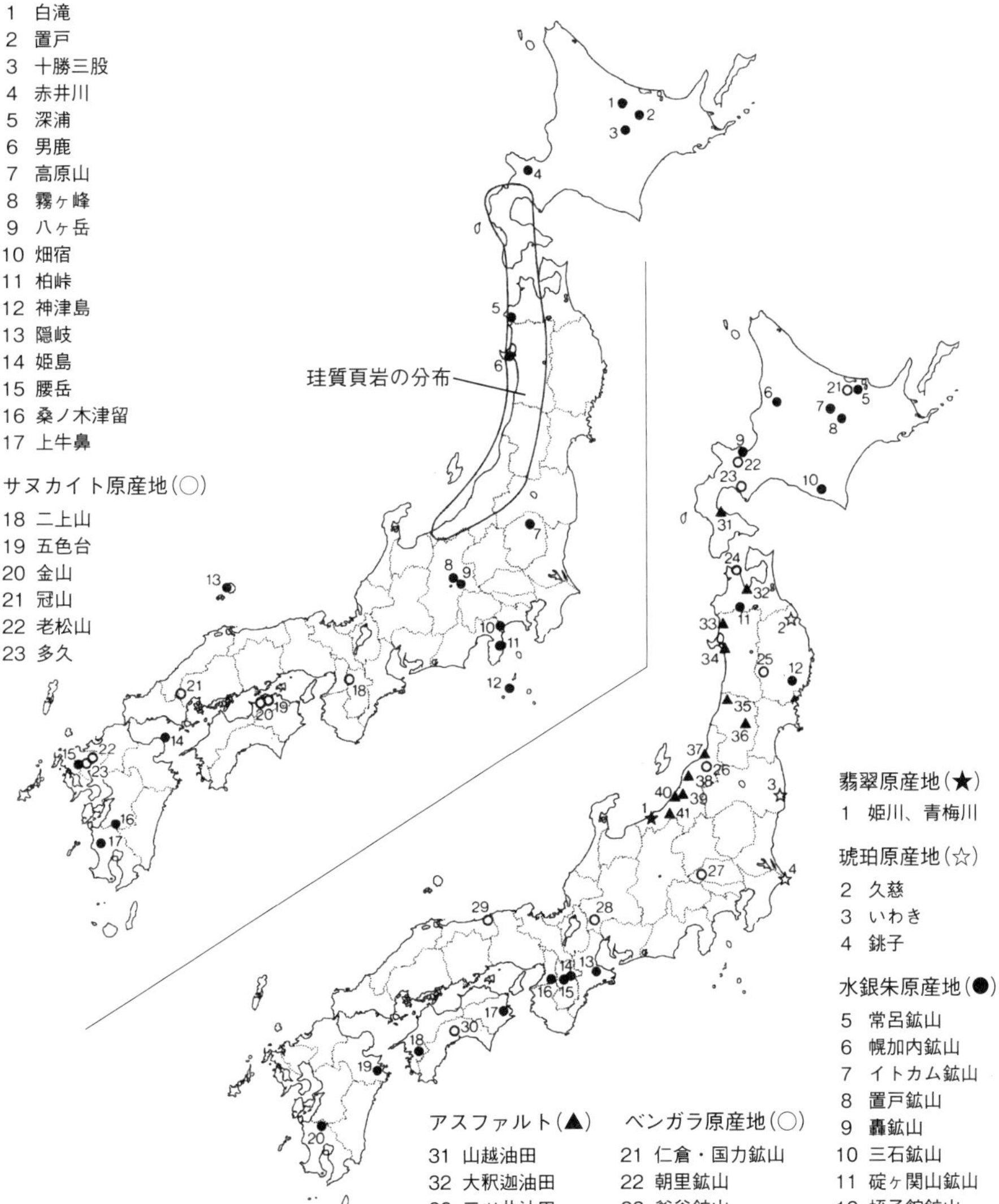
黒曜石原産地(●)
1 白滝
2 置戸
3 十勝三股
4 赤井川
5 深浦
6 男鹿
7 高原山
8 霧ヶ峰
9 八ヶ岳
10 畑宿
11 柏峠
12 神津島
13 隠岐
14 姫島
15 腰岳
16 桑ノ木津留
17 上牛鼻
サヌカイト原産地(○)
18 二上山
19 五色台
20 金山
21 冠山
22 老松山
23 多久
珪質頁岩の分布
翡翠原産地(★)
1 姫川、青梅川
琥珀原産地(☆)
2 久慈
3 いわき
4 銚子
水銀朱原産地(●)
5 常呂鉱山
6 幌加内鉱山
7 イトカム鉱山
8 置戸鉱山
9 轟鉱山
10 三石鉱山
11 碇ヶ関山鉱山
12 蛭子館鉱山
13 丹生鉱山
14 大和鉱山
15 多武峰鉱山
16 千早鉱山
17 水井鉱山
18 双葉鉱山
19 佐伯鉱山
20 大口鉱山
アスファルト(▲)
31 山越油田
32 大釈迦油田
33 三ツ井油田
34 豊川油田
35 湯ノ平油田
36 実栗屋油田
37 黒川油田
38 新津油田
39 東山油田
40 西山油田
41 頸城油田
ベンガラ原産地(○)
21 仁倉・国力鉱山
22 朝里鉱山
23 釜谷鉱山
24 赤根沢
25 和賀仙人鉱山
26 赤谷鉱山
27 秩父鉱山
28 金生山
29 岩美鉱山
30 国見山鉱山

図100　縄文時代の主要な原産地

水銀（HgS）は、鉱物である辰砂《しんしゃ》を砕いて粉末にし、加熱することで作られる。辰砂を産出する水銀鉱床は、北海道と中央構造線沿いの近畿から四国、九州に分布する。縄文時代に採掘されていたのが確認できているのは、三重県の丹生《にゅう》鉱山、奈良県の大和鉱山、徳島県の水井《すい》鉱山であるが、北海道と東北地方の各鉱山でも利用されていた可能性は高い（図100下の5〜20）。ベンガラは、赤鉄鉱を粉砕・加熱して作られた赤色酸化鉄（Fe_2O_3）と、植物の根や茎の周りに付着して固まったパイプ状ベンガラ（α-Fe_2O_3）がある。赤鉄鉱床は、北海道から本州島の各地に分布するが、縄文時代に利用が確認されているのは青森県の赤根沢《あかねざわ》、岩手県の和賀仙人《わがせんにん》鉱山、新潟県の赤谷《あかたに》鉱山であるが、そのほか東日本各地の鉱床も利用されていたと思われる（図100下の21〜30）。なお、パイプ状ベンガラは、量の多寡を別にすれば、身近で採取することができる。

アスファルト　炭素と水素からなる有機化合物である炭酸水素を主成分とする半固体または固体で、天然に産するものは、地表に流出した原油が長い年月の間に軽質分を失い、酸化したものである。縄文人が利用した可能性があるアスファルトの原産地は、原油を産出する北海道の渡島半島から新潟県までの日本海側に一一カ所ほどが確認されている（図100下の31〜41。御所野縄文博物館『えっ！縄文時代にアスファルト?』二〇一七年）。アスファルトは、接着剤として優れた性質をもっているが、膠《にかわ》、漆、松ヤニ（樹脂）などの代替品が多くあることから、供給の範囲はほぼ東日本に限られる。

オオツノハタ　貝輪の原材料として珍重されたオオツノハタは、伊豆諸島の御蔵島と大隅諸島の種子島のそれぞれ南の海域にしか生息していない。そのオオツノハタ製の貝輪は、東日本各地から遠くは北海道虻田郡洞爺湖町の入江《いりえ》貝塚で出土している。また、タカラガイやイモガイなども装身具として珍重されたが、いずれにしても海産物は、海浜地域が原産地だということである。

第97問　縄文時代に分業はあったか

縄文時代にも分業はあったが、その分業の内容が問題となってくる（勅使河原彰「縄文時代の分業の特質」『考古学論究―小笠原好彦先生退官記念論集』真陽社、二〇〇七年）。

分業とは、広い意味で労働が分割されることで、大きく分けて社会内分業と作業場内分業とがある。さらに社会内分業は、自然発生的分業と社会的分業に区分される。自然発生的分業は、「生理的」な男女間の労働の分割（分担）と「自然的」な条件における限定的・偶然的な余剰にもとづく分業で、分業そのものが食料を獲得する生業（生産）から自立する方向をとることができないのを特徴とする。それに対して、社会的分業は、恒常的な余剰生産物を背景に、分業が食料生産から自立して、生産者が互いに異なった生産部門や職業に専門化して生産することである。この自然発生的分業と社会的分業は、ある社会内における労働の分割＝社会内分業であるが、それに対して、作業場内分業は、工場などの一作業場内において、労働者がそれぞれに細分化された作業を分業し、それが全体として協業すること（分業にもとづく協業）である。そして、分業は、自然発生的分業→社会的分業→作業場内分業という継起的発展をたどる（カール・マルクス〈資本論翻訳委員会訳〉『資本論』第三分冊、新日本出版社、一九八三年）。

縄文時代において、特定の原産地しかなく、しかも、北は北海道から南は九州、さらには沖縄まで広範囲に分布するものとしてよく知られているのが翡翠《ひすい》である（設問96を参照）。その翡翠の原産地である姫川《ひめかわ》と青海川《おうみがわ》がある新潟県の西頸城地方には、縄文時代の翡翠の玉生産遺跡が分布するが、それは翡翠の製品や未成品、それから加工具などの出土遺物とその出土状態から、翡翠の玉生産と特定できたのである。しかし、翡翠の玉生産遺跡として古くから著名な新潟県糸魚川市の長者ヶ原《ちょうじゃがはら》遺跡にしろ、中期の玉作工房をともなう竪穴住居跡が検出されたことで知られる同市の寺地《てらじ》遺跡にしろ、翡翠の玉生産に関係した遺物をのぞけば、石鏃《せきぞく》、打製石斧《せきふ》、石皿《いしざら》、磨石《すりいし》、磨製石斧、石錘《せきすい》などの出土遺物は、ほかの遺跡とまったく共通しており、翡翠の玉生産をおこなっていた遺跡といえども、植物採集・狩猟・漁労活動という基本的な生業活動はおこなっていたのである（木島勉・寺﨑裕助・山岸洋一『長者ヶ原遺跡―縄文時代北陸の玉作集落―』同成社、二〇〇七年）。なお、西頸城地方は、蛇紋岩の豊富な産地でもあり、早期末から前期には玦状《けつじょう》耳飾り、中期から晩期には磨製石斧がさかんに製作されていた。長者ヶ原遺跡や寺地遺跡でも、磨製石斧が製作されていたが、その生産量は翡翠の玉をはるかにしのいでいたという。

一方、縄文時代の生産遺跡としてもっともよく知られているのが、土器を使い海水を煮沸（煎熬《せんごう》）して食塩の結晶を採取する土器製塩である（設問79を参照）。煎熬に使う土器（製塩土器。図73）は、大量消費と熱効率を高めるために、粗製で無文の薄手に作られるだけでなく、使用後の土器は、器壁がはがれ、飴色や灰白色の炭酸石灰（$CaCO_3$）が付着するなどの特徴がある。また、煎熬で長時間にわたって火を使うので、遺跡には大量の焼土や灰の層が残される。こうした大量の製塩土器の出土と、焼土や灰の層の出土状態などから、縄文時代にも土器製塩をおこなっていたことが明らかとなったのである。そして、製塩遺跡以外の遺跡から製塩土器が出土し、それが海からはるかに離れた内陸部の遺跡でも出土することから、製塩遺跡でえられた余剰生産物としての塩が、交換物として広い範囲に供給されていたことは間違いない。しかし、製塩遺跡として著名な茨城県稲敷郡美浦村の法堂《ほうどう》遺跡からは、製塩に関係した遺構・遺物以外にも、貝塚と獣骨が遺存し、打製石斧、石皿、磨石、敲石《たたきいし》、磨製石斧が出土するというように、製塩遺跡といえども植物採集・狩猟・漁労活動という基本的な生業活動はおこなっていたのである。

ということは、縄文時代の翡翠玉や塩などの生産活動は、たとえほかの集団に広範囲に供給するような余剰生産物を生みだしていたとしても、そこでの生産は、食料を獲得するための生業の片手間におこなわれていたことになる。つまり縄文時代の分業は、いまだ「自然的」な条件にもとづく、一時的・偶発的な自然発生的分業の段階にあって、その分業は、未分化・未発達であったことがわかる。すなわち縄文時代の分業は、食料生産から自立して、生産者が互いに異なった生産部門や職業に分化する社会的分業の段階には、いまだいたっていなかったことになる。

　その点で注目されるのは、山形県米沢市の一ノ坂《いちのさか》遺跡である。前期前半（関東地方の関山《せきやま》式土器に並行する時期）の遺跡で、長さ四三・五メートル、幅約四メートルの極端に細長い竪穴とともに、一辺が三から五メートル規模の八棟が軒を接して並ぶ、報告者がいう「連房型竪穴住居」が検出された（図101）。前者の竪穴からは、総数二〇〇万点もの石器と剝片などが床面だけでなく、その床に埋め込まれたりした状態で出土したことから、石鏃、石匙《いしさじ》、石槍（両尖匕首《りょうせんあいくち》）などの石器製作の工房であり、連房型竪穴住居は、それに従事した人びとの住居と考えられた。この一ノ坂遺跡だけをみれば、石器製作の専門集団が存在していたとみられてもおかしくない（菊地政信「石器製作のムラ——一ノ坂遺跡——」『縄文時代の考古学』６巻、同成社、二〇〇七年）。しかし、一ノ坂遺跡は、一土器型式という短期間で終了し、それが発展性どころか、継続性をももっていなかったということは、縄文社会がいまだ社会的分業が未成熟であったことを端的に示している。だからこそ、一ノ坂遺跡での一見して専業的な生産は、その後に継続することなく、一過性のものとして、いわば徒花で終わってしまうのである。

　では、長野県小県郡長和町の鷹山《たかやま》遺跡群での「縄文鉱山」を彷彿とさせる黒曜石採掘跡（図102）、東京都北区の中里《なかざと》貝塚での「水産加工場」を思わせる貝塚遺跡（図103）、東京都町田市の多摩ニュータウン№

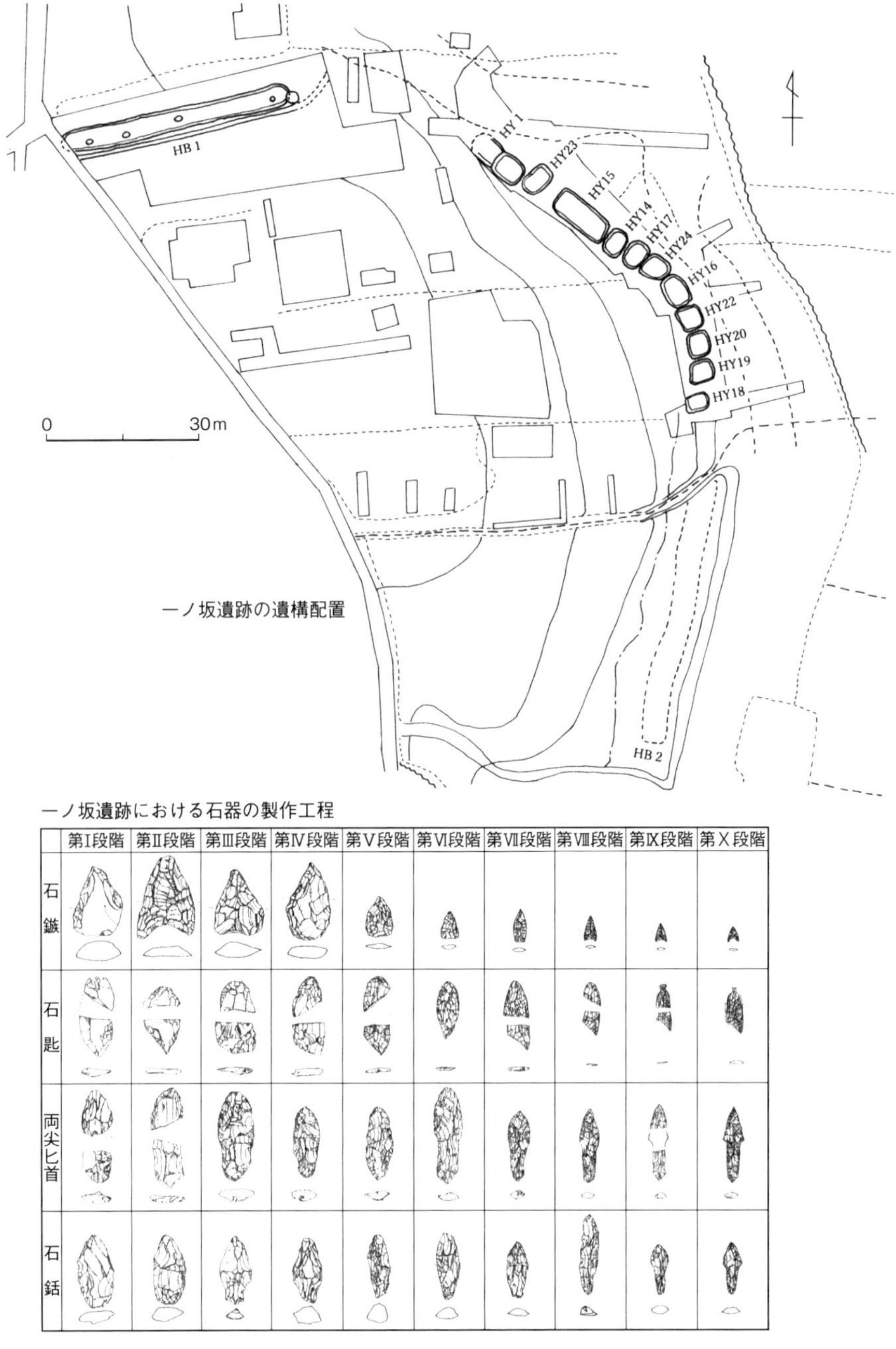

図 101　一ノ坂遺跡で検出された大規模な石器工房跡と石器の製作工程

二四八遺跡での国内最大規模の粘土採掘跡（図104）などのように、従来の縄文遺跡からは想像できないような大規模な生産遺跡は、どのように理解できるのであろうか。これらの遺跡に共通する特徴は、一つには、自家消費のためではなく、交換財をえるための生産の場であること。二つには、ここで生産に従事した人びとが生活した場所はなく、他所にあること。三つには、集落の上位組織である村落の共同管理のもとで、長期にわたって利用されてきたということである。こうした特徴からいえることは、縄文時代では、それぞれの地域での特産品を交換材とするために、その生産活動を生業の一環に組み込むことで、長期的、かつ安定的に交換材をえていたことになる。

　このように、地域ごとに資源の偏りがある縄文社会では、互いに不足する物資を、それが原料や原材料であるか、製品であるかを問わず、交換しあうことによって解消するという、自然発生的分業の段階にあったということである。

図102　鷹山遺跡群で検出された黒曜石採掘跡
最大で直径20mをこす採掘跡が200カ所以上確認されている

図103　中里貝塚で検出された厚さ5m近い貝層

図104　多摩ニュータウンNo.248遺跡で検出された粘土採掘跡

第7章　縄文時代の争点を考える

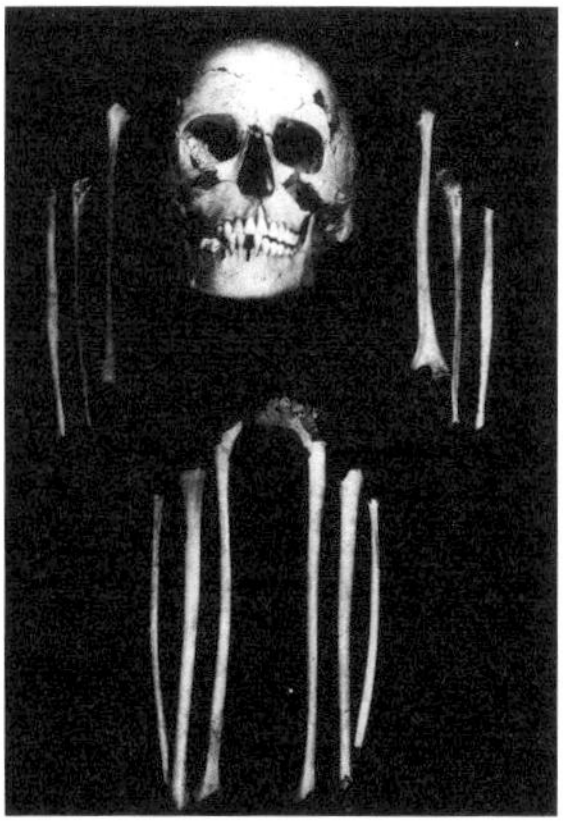

ポリオの麻痺がある入江貝塚
9号人骨

第98問　縄文時代はいつから始まるか

　これが実は悩ましい問題であって、旧石器時代と縄文時代の画期を何に求めるかによって、その始まりは違ってくるからである（図24、設問25を参照）。

　もっとも一般的な説は、日本列島における「土器」の出現をもって、縄文時代とするものである。これは土器が縄文時代において独自の発達をとげただけでなく、旧石器時代にはない煮炊き用の道具を列島の石器時代人が手に入れることによって、生活の仕方を根本から変えるような変革をもたらしたとの評価からである（近藤義郎「時代区分の諸問題」『考古学研究』三二巻二号、一九八五年。小林達雄『縄文の思考』筑摩書房、二〇〇八年）。その始まりは現在のところ青森県東津軽郡外ヶ浜町の大平山元《おおだいやまもと》I遺跡の土器が最古なので、約一万六〇〇〇年前ということになる。

　二つ目は、土器が列島に普及した時期をもって縄文時代とするものである。これは出現期の土器は、出土する遺跡が限られているだけでなく、その数量もきわめて少ないことから、土器が本格的に普及する隆起線文《りゅうきせんもん》系土器の時期を縄文時代の始まりとするもので、約一万四五〇〇年前ということになる（小林謙一・国立歴史民俗博物館編『縄文時代のはじまり―愛媛県上黒岩遺跡の研究成果―』六一書房、二〇〇八年）。

　三つ目は、植物質食料の加工技術や貝塚の出現などに象徴されるように、植物採集・狩猟・漁労活動における縄文的な利用の手段と技術が確立し、定住生活が本格化する早期初頭、関東地方の土器編年で撚糸文《よりいともん》系土器の時期を縄文時代の始まりとするもので、約一万一五〇〇年前ということになる（西田正規『定住革命―遊動と定住の人類史―』新曜社、一九八六年。谷口康浩『縄文文化起源論の再構築』同成社、二〇一一年）。

これらの説のいずれが正しいのかと問われれば、すべてが正解と答えざるをえない。それは個々の研究者が縄文時代の歴史をどうみるか、つまり歴史観によって正解が決まってくるからである。では、私はといえば、三つ目の早期初頭の撚糸文系土器の時期から縄文時代の始まりとする立場をとっているが（『縄文時代史』新泉社、二〇一六年）、その理由は主に三つある。

一つは、生産力の発展段階である経済構造の画期という問題である。日本考古学の時代区分は、旧石器時代、縄文時代、弥生時代、古墳時代の四期区分がおこなわれている。旧石器時代は、世界史の時代区分で、人類による石器の使用が始まった時代。縄文時代は、列島で縄目の文様という特徴ある土器を使った時代。弥生時代は、縄文土器と区別される一個の壺が発見された当時の東京府向ヶ丘弥生町の地名からつけられた時代。古墳時代は、列島で高塚古墳という特徴的な墳墓が築かれた時代ということである。その後の研究の進展によって、旧石器時代は、狩猟を主な生業とする時代。縄文時代は、植物採集・狩猟・漁労を主な生業とする時代。弥生時代は、水稲農耕と金属器の使用が開始された時代。古墳時代は、列島各地の首長間に墳墓の形と規模にもとづく身分秩序が生まれ、広範な政治体制が成立した時代というように、本来の名称の意味合いとは別に、それぞれ実態が付与されてきている（表6）。このように名称が一見、不統一のようにみえるが、小野昭も指摘するように、時代区分の基礎に経済構造の画期という共通認識があるので、こうした名称を考古学における歴史

表6　日本考古学の時代区分

<table>
<tr><td colspan="2">時代区分</td><td>旧石器時代</td><td>縄文時代</td><td>弥生時代</td><td>古墳時代</td></tr>
<tr><td rowspan="7">経済</td><td rowspan="3">基盤</td><td colspan="2">採集経済（獲得経済）</td><td colspan="2">生産経済</td></tr>
<tr><td>狩猟・採集</td><td>植物採集・狩猟・漁労</td><td colspan="2">水稲農耕</td></tr>
<tr><td>狩猟具の卓越</td><td>漁労具および植物採取・加工具がセットとして確立</td><td>農耕具および水田稲作技術がセットとして出現</td><td>鉄製農耕具の普及と畜力の利用による生産力の発展</td></tr>
<tr><td rowspan="2">分業</td><td>分業の未分化</td><td>自然発生的分業の発展</td><td>社会的分業の萌芽</td><td>社会的分業の発展</td></tr>
<tr><td>特定の労働対象に依存</td><td>1年の季節をつうじての多様な労働対象と家事労働の確立</td><td>金属器の生産などにみられる手工業的生産の発生</td><td>生産部門での専業集団の確立と王権による生産体制の統括</td></tr>
<tr><td rowspan="2">余剰</td><td rowspan="2"></td><td>一時的・偶発的な余剰</td><td colspan="2">恒常的な余剰</td></tr>
<tr><td>余剰が直接生産に結びつかない労働や共同体での生活を円滑にする活動にむけられる</td><td>余剰が拡大再生産にむけられる農耕具の鉄器化と水田造成技術の発展</td><td>王権への余剰の集中とその指揮・監督による各種の開発と生産の拡大</td></tr>
<tr><td colspan="2" rowspan="2">集落</td><td>移動（遊動）</td><td colspan="3">定住</td></tr>
<tr><td>ブロックとしてとらえられる石器群と礫群などのまとまり</td><td>住居と集落・墓地の成立</td><td>集落と墓地の分離、環濠集落など戦闘集落の出現・普及</td><td>首長居館の出現と環濠集落の解体、前方後円墳の築造</td></tr>
<tr><td colspan="2">経営形態</td><td>親族（バンド）</td><td>氏族・部族</td><td>世帯・氏族</td><td>家父長制家族・氏族</td></tr>
<tr><td colspan="2" rowspan="2">社会構成</td><td colspan="2">無階級</td><td>（階層化）</td><td>階級</td></tr>
<tr><td colspan="3">原始共同体</td><td>古代国家（初期国家段階）</td></tr>
</table>

叙述に使えているのである（『ビジュアル版 考古学ガイドブック』新泉社、二〇二〇年）。

ところで、縄文時代の基本的な生産体系は、植物採集・狩猟・漁労の三つの生業活動の複合と、それに必要な生産用具の製作にある。とすれば、そうした基本的な生産体系である植物採集・狩猟・漁労という生業活動における獲得手段と技術とを確立させた時点こそ、経済構造の画期として、もっともふさわしいということになる。つまり生産用具の三つの変革が出そろい、さらに貝塚の形成が始まる早期初頭こそが、縄文時代の成立の画期としてふさわしいということである（勅使河原彰「考古資料による時代区分―その前提的作業―」『考古学研究』三三巻四号、一九八七年）。

二つは、定住生活の問題である。狩猟を中心とした生業活動をおこなっていた日本列島の旧石器時代人は、移動生活を基本としていた。そうした移動民にとっては、もち運びできる最小限の道具類しかもたないことが合理的といえる。その最たるものが、礫《れき》（母岩という）一つをもっていれば、これから多様な種類の石器の素材となる石刃《せきじん》を量産できる、いわゆる石刃技法と呼ぶ石器製作技術である。一方で、定住生活を基本としていた縄文人は、土器をはじめとするさまざまな道具や生活用具を保有することになり、それは旧石器時代人のように身にもてるだけの限られたものだけではないということである。そして、定住生活で複数の石材を保有することもできるようになるので、縄文時代になると石刃技法が廃れてしまうことになる。また、移動民は、集団の構成員間で不和や争いなどが生じると、移動や分散で解消することができる。しかし、むやみに移動できない定住民は、社会の習慣や規制などを取り決めるなどして、構成員を一つの共同体という意識のもとに結びつける必要がある。そのために、縄文時代になると、旧石器時代にはない祭祀的な遺物や共同体の記念物ともいえる大規模な遺構が残されるのである。そうした定住生活が本格的に始められたのは、早期になってからだということは、衆目が認めていることである。

三つは、環境史や世界史との関係である。約一万一五〇〇年前は、最後の氷期である更新世が終わり、今日の温暖な気候となる完新世の初頭にあたる。西アジアの肥沃な三日月地帯を含むレヴァント地域ではコムギやオオムギ、東アジアの長江中・下流域ではイネ、黄河中・下流域ではアワやキビなどの穀物が栽培化され、初期農耕が開始される（ピーター・ベルウッド〈長田俊樹・佐藤洋一郎監訳〉『農耕起源の人類史』京都大学学術出版会、二〇〇八年）。その一方で、森林資源や海洋資源が豊富な地域では、それぞれの地域の自然資源を有効に管理し、特色ある地域文化を発展させる。こうした完新世の気候の温暖化のもとで、新しく形成された環境に適応した人類が、高度に集約化した採集経済や農耕・牧畜による生産経済を開始することによって、各地で特色ある地域文化を発展させたのが新石器時代である。この新石器時代に日本列島で開花した地域文化こそが、縄文時代の文化であるとすれば、完新世初頭にあたる早期の撚糸文系土器の時期こそが、環境史や世界史との比較からみて、時代の画期としてはもっともふさわしいということになる。

このように、縄文時代とは、約一万一五〇〇年前の完新世初頭に、植物採集・狩猟・漁労活動における利用の手段と技術とを確立させ、それら三つの生業部門を密接に組み合わせることによって、この列島の四季の変化に対応した食料獲得を容易にさせ、定住化をはかった、世界史の時代区分で新石器時代に相当する時代である。とすれば、縄文時代成立の画期は、早期初頭、関東地方の土器編年で撚糸系土器の時期こそふさわしいということになり、それ以前の「草創期」は、縄文時代の移行期として、時代区分上は旧石器時代に位置づけるべきだというのが、私の考えである（図105）。

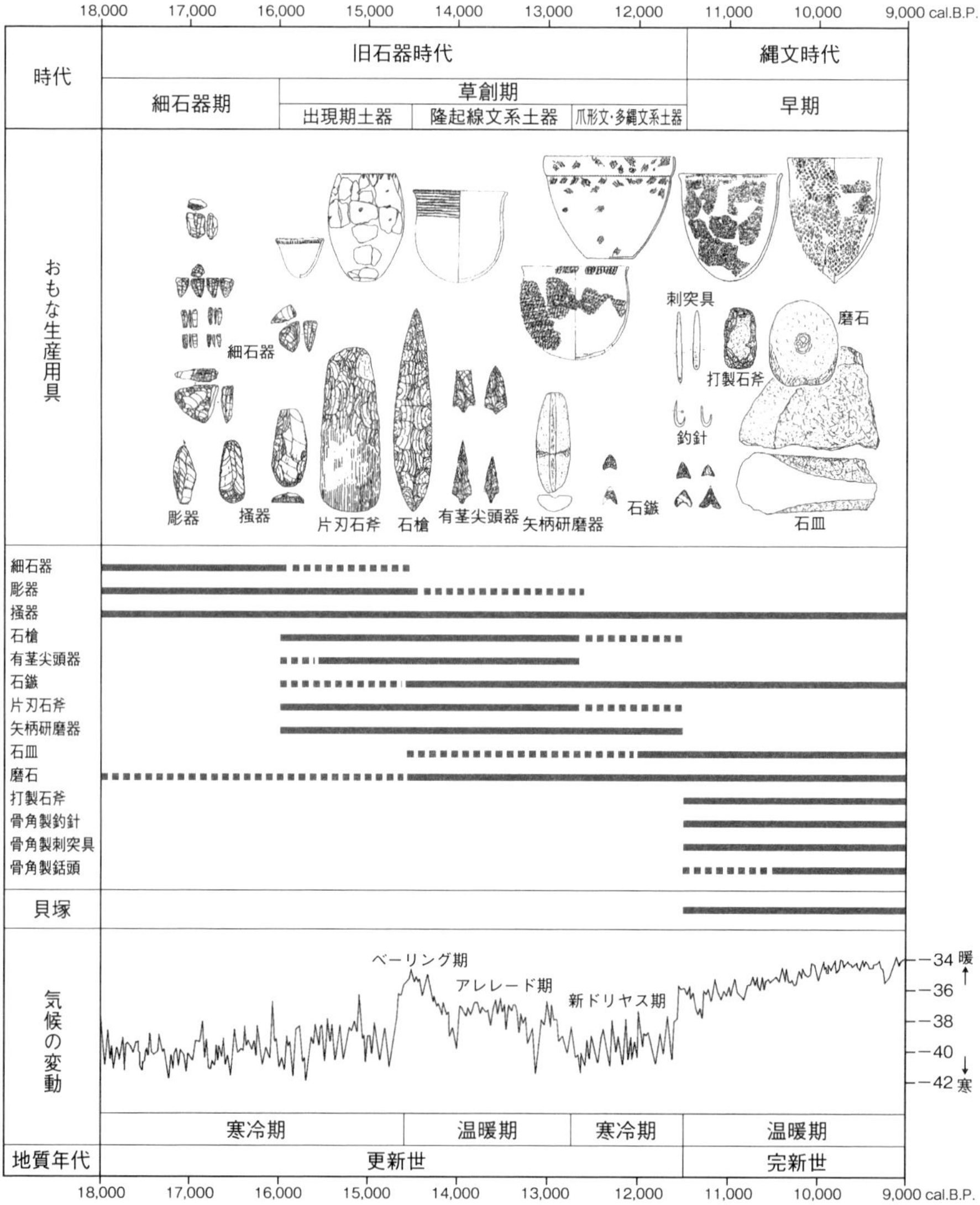

図 105　旧石器時代末から縄文時代初頭の発達の諸段階

縄文時代の始まりを早期としながらも、人類社会の文化変化のプロセスを重視する谷口康浩は、「草創期」を縄文時代への移行期として「旧石器―縄文移行期」と捉えているが、人類社会の発展の質的な変化を重視する筆者は、「草創期」を旧石器時代に位置づける。

第99問　縄文時代はいつ終わるか

縄文時代は、日本列島で水稲農耕が開始される弥生時代の開始をもって、その歴史を閉じることになる。ところで、縄文人は、早い時期から栽培植物を利用していながら（設問65を参照）、日本列島が畠作に不適な自然条件ということもあって、列島の環境の多様性を最大限に利用する採集経済の段階にとどまっていた（設問68を参照）。そうした縄文時代の採集経済を変革する技術革新が大陸からもたらされることになる。水稲農耕とやや遅れて金属器である。とりわけ水稲農耕は、畦畔《けいはん》や灌漑水路、堰をもち、木製農耕具や石製収穫具をともなう、すでに高度で集約的な農耕だったのである（図106・107）。

では、なぜ水稲農耕かというと、イネはもともと酸性に強いうえに、どんな酸性土壌でも、水さえあれば酸性でなくなってしまう。そして、水が運んでくる有機質などによって、土壌の肥沃度が自然に維持されることから、肥料をやらなくても連作が可能である。また、畠作では、前作の残り物から病原微生物が蓄積されるので、病害が増え、それが連作障害を起こすことになるが、水をはることによって、土中の好気的な微生物を死滅させることができるので、連作が可能となる。しかも、雑草も、水をはることによって、陸棲の雑草がはびこるのを抑えることができるばかりか、除草も陸棲から比べると格段に負担が少ないというように、雨量が多い温帯モンスーン地域に位置する日本列島では、水稲農耕ほど適した農耕はないということである（池橋宏『稲作の起源―イネ学から考古学への挑戦―』講談社、二〇〇五年。勅使河原彰「縄文農耕論の行方」『新尖石縄文考古館開館五周年記念考古論文集』二〇〇六年）。

ということは、一九七八年に福岡市の板付《いたづけ》遺跡、さらに一九八一年に佐賀県唐津市の菜畑《なばたけ》遺跡で発見

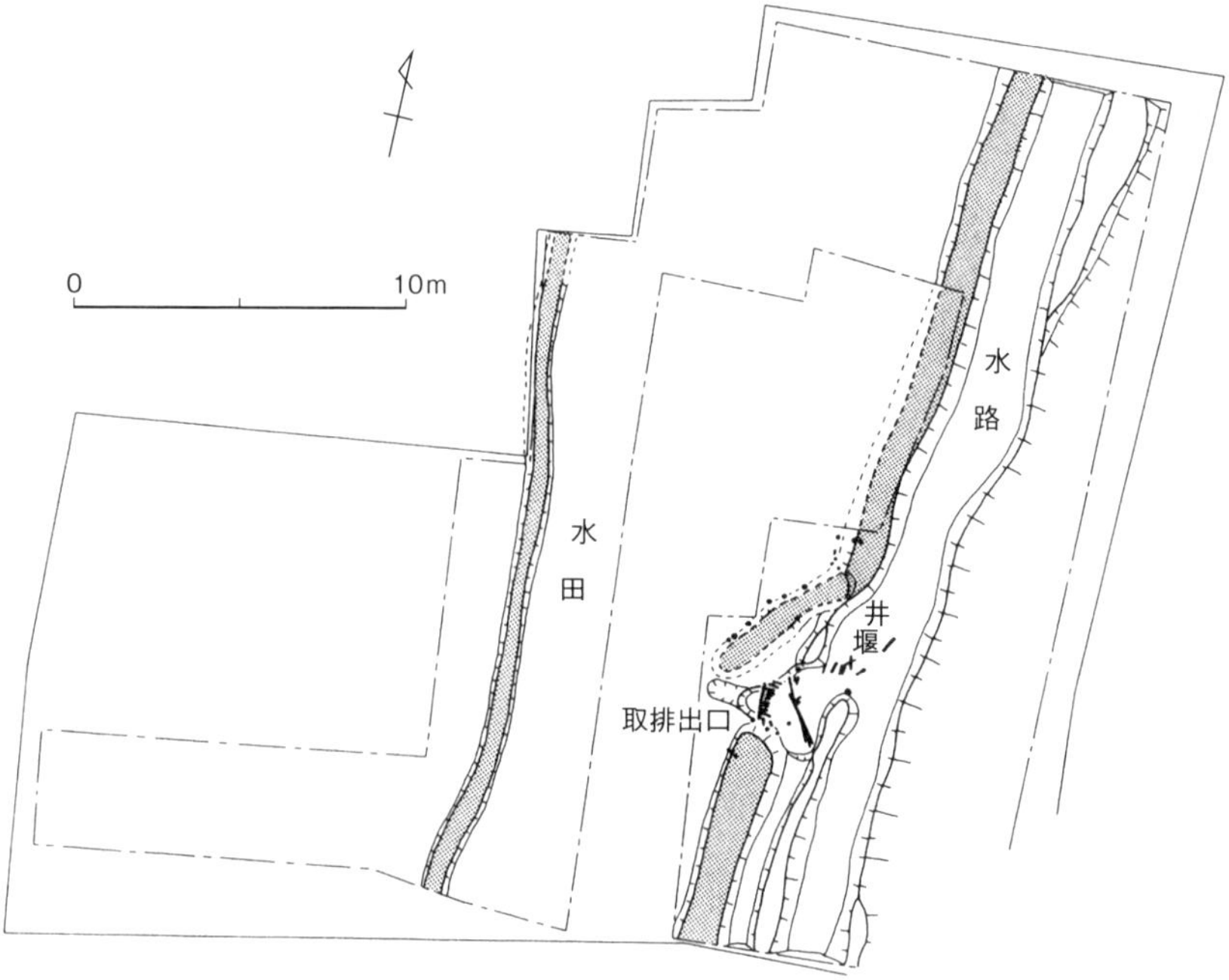

図 106　板付遺跡で発見された初期の水田跡

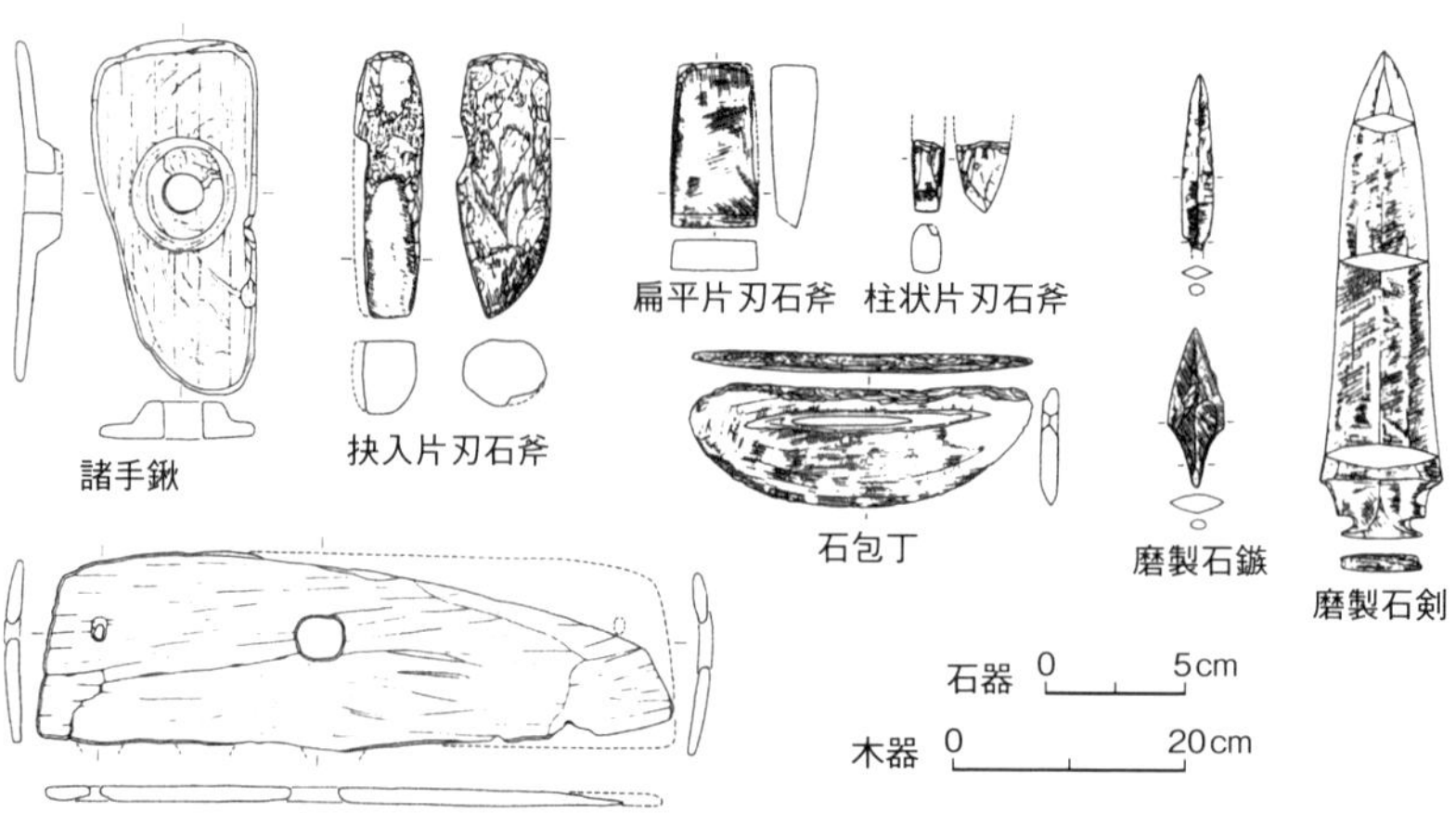

図 107　菜畑遺跡出土の大陸系磨製石器と木製農耕具

された、従来の土器の型式観からいえば縄文晩期に属する刻目突帯文《きざみめとったいもん》土器単純期の水田跡をもって、弥生時代の成立の画期とすることができる（図106）。というのは、板付遺跡にしろ、菜畑遺跡にしろ、刻目突帯文土器単純期の水田跡は、すでに水路や畦畔など水量調節が可能な構造をもっており、こうした構造の水田を経営するには、一定の労働力を、しかも、恒常的に投下する社会的・経済的基礎があってはじめて可能となるからである（唐津市教育委員会『菜畑』一九八二年。山崎純男『最古の農村　板付遺跡』新泉社、二〇〇八年）。

水田稲作ほど日本列島の環境に適した農耕はないことから、その技術の導入は、豊かな自然の恵みを享受していた縄文人をして、農耕という新しい経済生活に踏みきらせることになった。しかも、すでに四季の食料獲得の方法を熟知し、各地の環境にあわせた食物栽培の知識と経験をもっていた縄文人は、水稲農耕技術を導入するに際しても、従来の縄文地域文化を否定するのではなく、その伝統の上に、新たな稲作文化を複合していったのである（石川日出志『農耕社会の成立』岩波書店、二〇一〇年）。

しかし、それは日本列島における大きな歴史の転換点となった。北海道、本州、四国、九州の四つの島とその付属島、それから南西諸島からなる日本列島は、それぞれの地域の環境に応じた多様な地域文化を育みながら、独自の縄文文化を発展させてきた。しかも、もともと亜熱帯の植物であるイネが生育するには、北海道の気候は厳しすぎるし、灌漑に適する地形条件のない隆起サンゴ礁などからなる南西諸島では、水田を開く条件がなかったのである。そのために、水稲農耕を基盤とした弥生時代が開始されると、北海道と南西諸島では、弥生文化とは違う、個性豊かなもう二つの日本文化を生むことになる（藤本強『もう二つの日本文化―北海道と南島の文化―』東京大学出版会、一九八八年）。北海道では、縄文文化の伝統を引き継ぎながらも、海獣や大型の魚類を捕獲する海洋の民である続縄文《ぞくじょうもん》文化を生み、やがて北方の民とのつながりを強くもつアイヌ文化を育んでいく。南西諸島では、サンゴ礁の海の幸と貝の装身具を交換材として、後期貝塚文化を生み、やがて中国大陸や東南アジアとの関係を深めながら、琉球王国を形成することになる（表7）。

一方、旧石器時代も含めると、約四万年にもおよんだ採集経済の時代は、互恵と平等主義を基本とする社会であった。それがひとたび水稲農耕を基盤とする生産経済に移行すると、それが最初から高度で集約的であっただけに、それを指揮・監督する首長を必要とし、その首長と農民層という階級分化の進行とともに、土地と水をめぐっての争いが首長の権力の強化と政治的に統合した社会を生み出し、一〇〇〇年前後という短期間に、巨大な前方後円墳を造営するような古墳時代へと突き進んでいくことになる。

縄文時代までは、主に人間と自然との間にあった対立関係が、弥生時代には、人間と人間との新たな対立関係が生じ、それはやがて国家という機構をつくりだすという、そうした大きな歴史の転換点に、日本列島に居住する人びとが立たされることになった。

表7　日本列島の縄文時代以降の歴史年表

西暦	北海道	本州・四国・九州	南西諸島
1500			
1400			
1300			
1200			
1100		縄文時代	
1000	縄文時代		前期貝塚時代（縄文時代）
900			
800			
700			
600			
500			
400			
300			
200		弥生時代	
B.C.100			
0	続縄文時代		
A.C.100			
200			後期貝塚時代
300			
400			
500		古墳時代	
600	オホーツク時代		
700		奈良時代	
800			
900			
1000			
1100	擦文時代		（生産経済時代）
1200			
1300		鎌倉時代	グスク時代
1400		室町時代	
1500	アイヌ時代		
1600		安土・桃山時代	
1700		江戸時代	尚氏時代
1800			

第100問　縄文文化はどこまで広がるか

縄文文化は、北は択捉島《えとろふ》、西は対馬、南は沖縄本島までの広がりをみせるが（図108）、つぎにその広がりを少し詳しくみていきたい。

北辺の縄文文化　北海道の縄文文化は、石狩低地帯を境にして、大きくは南西部と北東部とに分けられる。道南西部は、東北地方北部とほぼ同一の文化圏を形成しており、北海道と本州を区切る津軽海峡は、縄文人にとって障害とはなっていなかったようある。一方の道北東部は、縄文早期に石刃鏃《せきじんぞく》文化―石刃鏃とは、連続的にはがした剝片である石刃を素材とした石鏃で、旧石器時代末から新石器時代初頭のユーラシア大陸東北部に広くみられるもので、この石刃鏃を特徴とする文化を石刃鏃文化と呼ぶ―に代表されるように、本州の縄文文化にはみられない様相が確実に存在しており、サハリンと千島列島を介した北方諸地域との関連がうかがえる（野村崇・宇田川洋編『新北海道の古代1　旧石器・縄文文化』北海道新聞社、二〇〇一年）。

ところで、サハリンと北海道の間にある宗谷海峡は、その距離が約四二キロ、晴れた日には対岸が望める。前述した石刃鏃は、大陸からもたらされたもので、北海道の白滝《しらたき》や置戸《おけと》産の黒曜石がサハリンで、白滝産は遠くシベリアのアムール川下流域で発見されているので、相互に何らかの交流があったことは間違いない。しかし、サハリンでは、縄文土器が散見されることはあっても、縄文文化の遺跡となると、今のところ確実なものは発見されていない。礼文島《れぶん》や利尻島《りしり》には、縄文文化の遺跡が濃密に分布しているので、北上する対馬暖流が到達するサハリンでも、縄文文化の遺跡があってもおかしくないと考えられているが、今日まで、縄文文化の遺跡は確認されていないので、宗谷海峡が境界ということになる。千島列島ではどうか。択捉島など南千島では、道北東部の縄文文化と軌を一にした文化的な様相をみせている。しかし、択捉海峡を挟んだ得撫《うるっぷ》島以北からは、今のところ縄文土器が発見されていないので、縄文文化の遺跡もないということになる。なお、本州で弥生時代に相当する続縄文《ぞくじょうもん》文化の土器は、中千島までは確実に分布し、北千島まで分布圏を拡大している可能性もあるということである。

このようにみてくると、北辺の縄文文化は、現状では択捉海峡と宗谷海峡に境界があったことになる（熊木俊朗「サハリン・千島列島」『講座 日本の考古学』三巻、青木書店、二〇一三年。野村崇・杉浦重信「北限の縄文文化」『季刊考古学』五〇号、一九九五年）。

西辺の縄文文化　朝鮮半島と対馬の間にある朝鮮海峡、対馬と壱岐の間にある対馬海峡は、それぞれ約五〇キロしかなく、晴れた日には、対岸が望める近さにある。縄文前期の曽畑《そばた》式土器が朝鮮半島の有《ゆう》文《もん》土器である櫛目文《くしめもん》土器と密接なつながりをもっていることは、古くから指摘されていた。近年の半島の有文土器と九州の縄文土器研究の進展によって、通説のとおり、半島の有文土器の影響のもとに曽畑式土器が成立したが、その影響については直接説と間接説とに意見が分かれている。いずれにしても、曽畑式土器の成立には、半島の有文土器が影響していたことは間違いない。そして、半島と九州の関係を土器や黒曜石の出土でみると、朝鮮半島南部の遺跡からは、前期の轟《とどろき》式や曽畑式をはじめとして、中期の船元《ふなもと》Ⅱ式や阿高《あだか》式、後期の坂《さか》の下《した》（南福寺《なんぷくじ》）式や北久根山《きたくねやま》式土器などとともに、佐賀県の腰岳《こしだけ》産の黒曜石が出土している。

一方、朝鮮の土器は、古くから有名な佐賀県の西唐津海底遺跡出土の有文土器をはじめとして、佐賀県と長崎県の一〇カ所をこえる遺跡から出土しており、半島と九州の間で、時期によって多寡はあると

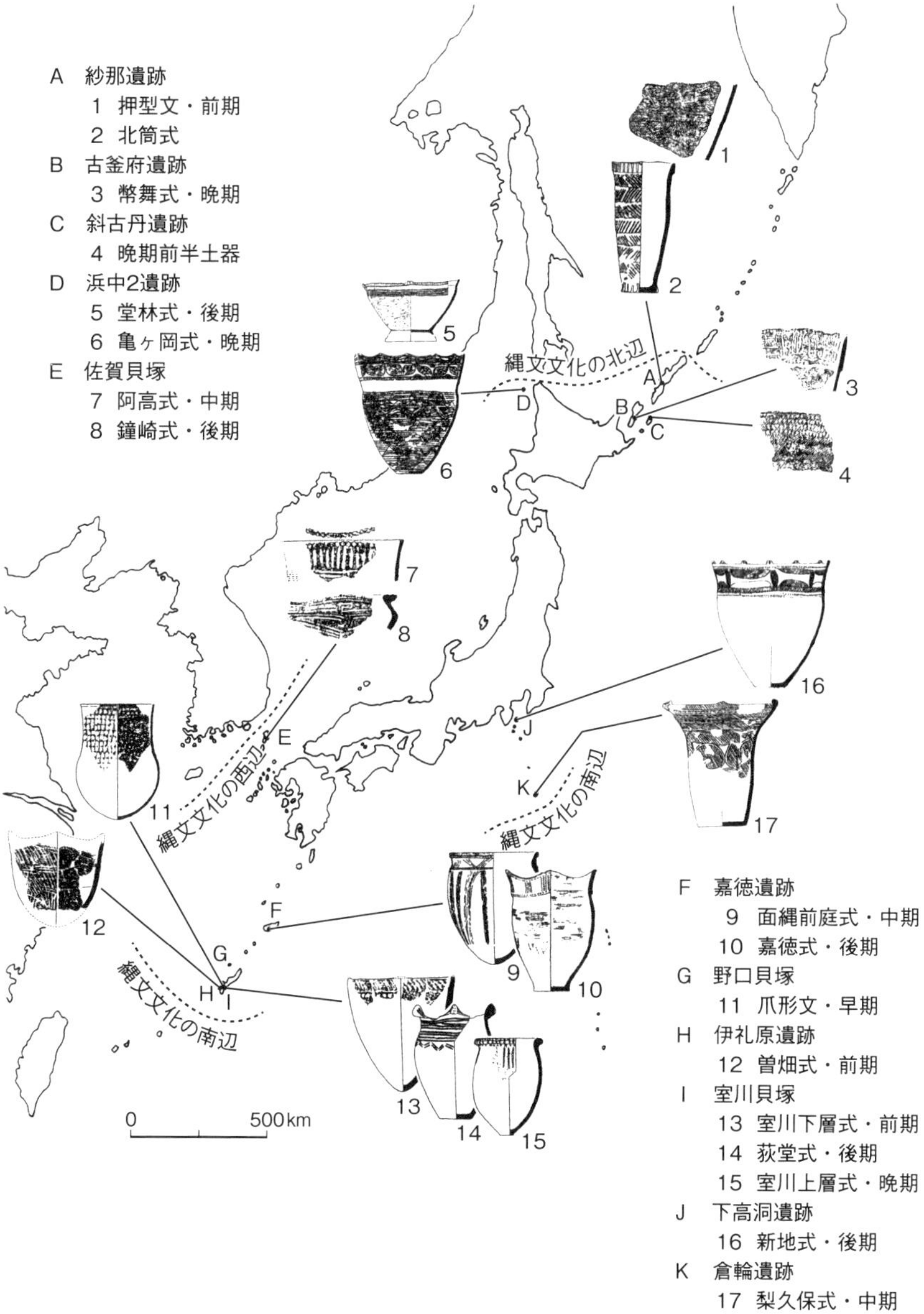
A　紗那遺跡
1　押型文・前期
2　北筒式
B　古釜府遺跡
3　幣舞式・晩期
C　斜古丹遺跡
4　晩期前半土器
D　浜中2遺跡
5　堂林式・後期
6　亀ヶ岡式・晩期
E　佐賀貝塚
7　阿高式・中期
8　鐘崎式・後期
縄文文化の北辺
縄文文化の西辺
縄文文化の南辺
縄文文化の南辺
0　500km
F　嘉徳遺跡
9　面縄前庭式・中期
10　嘉徳式・後期
G　野口貝塚
11　爪形文・早期
H　伊礼原遺跡
12　曽畑式・前期
I　室川貝塚
13　室川下層式・前期
14　荻堂式・後期
15　室川上層式・晩期
J　下高洞遺跡
16　新地式・後期
K　倉輪遺跡
17　梨久保式・中期

図108　縄文文化の広がり

しても、一定の交流があったことがうかがえる（木村幾多郎「日本出土の韓国系土器と縄文時代」『九州文化史施設研究発表要旨』一九九〇年）。しかし、縄文文化の遺跡となると、対馬までが範囲で、朝鮮海峡が境ということになる。

このようにみてくると、西辺の縄文文化は、朝鮮海峡に境界があったことになる（水ノ江和同「南島文化と縄文文化」『縄文時代の考古学』1、同成社、二〇一〇年）。

南辺の縄文文化　南西諸島はというと、九州から沖縄諸島まで、その距離は最大の横当《よこあて》島と奄美大島で五四キロ、屋久島と口之島で五三キロというように、晴れた日には、それぞれの島々の対岸が望める近さにある。しかし、沖縄諸島の久米島から先島諸島の宮古島との間は、約二二〇キロも離れており、どうあがいても対岸を望むことはできないことから、縄文文化の遺跡は、沖縄諸島までで、先島諸島までは広がらない。沖縄諸島と先島諸島の間隙は、縄文文化の広がりを阻害したようで、先島諸島は、むしろ台湾から中国大陸、ルソン島など南の文化の影響をうけている（安里嗣淳「奄美・沖縄の縄文時代―土器文化を中心に―」『講座　日本の考古学』三巻、青木書店、二〇一三年）。

このようにみてくると、南辺の縄文文化は、沖縄諸島と先島諸島の間に境界があったということになる（知念勇「縄文時代から平安時代の沖縄諸島」『新版　古代の日本』三巻、角川書店、一九九一年）。

一方、本州の南に広がる伊豆諸島から小笠原諸島では、伊豆諸島の八丈島まで縄文文化の遺跡が確認されている（橋口尚武『島の考古学―黒潮圏の伊豆諸島―』東京大学出版会、一九八八年）。しかし、そこから六五キロ離れた青ヶ島は、高さ五〇から二〇〇メートルほどの直立する海食崖からなっていることから、縄文文化の遺跡はみつかっていない。当然、もっと南にある小笠原諸島には、縄文文化の影響はまったく認められていない。

第101問　縄文人の祖先はどこから来たか

縄文人の祖先を語る前に、縄文人そのものについて、まず解説しておきたい（縄文人の特徴については、山口敏「縄文人骨」〈『縄文文化の研究』一巻、雄山閣、一九八二年〉および片山一道『骨が語る日本人の歴史』〈筑摩書房、二〇一五年〉を参照）。

縄文人の寿命は、小林和正が縄文人骨二三五体の推定死亡年齢をもとに、一五歳時での平均余命を求めたところ、男は一六・一歳、女は一六・三歳であったという（「出土人骨による日本縄文時代人の寿命の推定」『人口問題研究』一〇二号、一九六七年）。これは一五歳まで生きた縄文人は、男女とも平均三〇歳のはじめに寿命を全うしているということである。なぜ、平均寿命（〇歳児であと何年生きる）を求めないのかというと、子どもの骨がもろくて残りにくいために、比較的残りがよい一五歳以上の人骨を分析の対象としたからで、縄文人の平均寿命となると、もっと短く、一〇歳代前半ぐらいではないかと推定されている。ただし、人類の最大寿命は一二〇歳ぐらいであるので、当然、縄文人でも長寿の人はいる。

縄文人の身長は、一六〇センチ以下と低く、全体平均は男性で約一五九センチ、女性で約一四九センチである。骨格は、四肢骨の断面形が扁平であるが、全体として頑丈で、下半身が発達した体形で、筋肉がよく発達し、腕力・脚力とも優れていたことを示している。

頭は、やや丸みを帯びているが、これは頭骨の幅（頭骨最大幅）が大きいことによる。また、頭蓋骨の高さも大きいので、古墳時代など後の列島の住人と比較して、大頭であったといえる。

顔面はといえば、全体的に高さが低い、いわゆる低顔の割に横幅が広く、頬骨も左右に張り出し、顎のえらも発達していることから、顔全体が四角くごつい感じをうける。そして、低顔であることから、鼻の幅は、相対的に広くなっているが、鼻梁が高いので、いわゆる鼻ペチャではない。また、上顎骨と下顎骨は、よく発達していて頑丈である。歯は、後の列島の住人と比べてやや小さく、歯並びはU字形で、上下の歯がしっかりとかみ合っている。上下の歯のかみ合わせは、上下の前歯の先端が毛抜きのようにぴったり合うタイプで、これを鉗子状咬合《かんしじょうこうごう》（切端《せったん》咬合）という。虫歯は、北海道の人骨には少ないが、本州以南には比較的多くみられる。それは北海道の住人は、海獣類や大型魚類などを多く食べていたのに対して、本州以南の住人は、クリやクルミ、トチの実などデンプン質食料を多く食べていたという、食性の違いによるものである。また、歯のすり減り方が激しいことから、堅い食物を多くとっていただけでなく、歯そのものを皮なめしなどの道具として使っていたと考えられている。

このように、縄文人は、小ぶりだが、骨太で頑丈な体格、下半身が発達した体形、大頭・大顔で寸詰まりな顔だち、上顎骨・下顎骨ともよく発達して頑丈、歯は鉗子状咬合で損耗が激しいなどの身体的特徴をもっている。これは縄文人が植物採集・狩猟・漁労活動を主な生業として、山野や湖沼、海浜を縦横に動き回りながら食料などの生活物資を獲得し、堅い食物を多くとっていたという、彼らの日常生活を雄弁に物語っている。

そして、ここが肝心なことだが、縄文時代は、約九〇〇〇年間もつづき、その範囲も北海道（南千島を含む）から沖縄諸島におよんでいたにもかかわらず、こうした縄文人の身体的特徴は、少なくとも中期までには形成され、以後均一性が保たれて、あまり大きな時期差や地域差が生じていないということである。それは完新世の日本列島の環境に適応するなかで、列島の石器時代人が独自の縄文文化を育み、発展させたことを如実に示している。つまり縄文人とは、日本列島の縄文時代に生まれた人、つまり縄

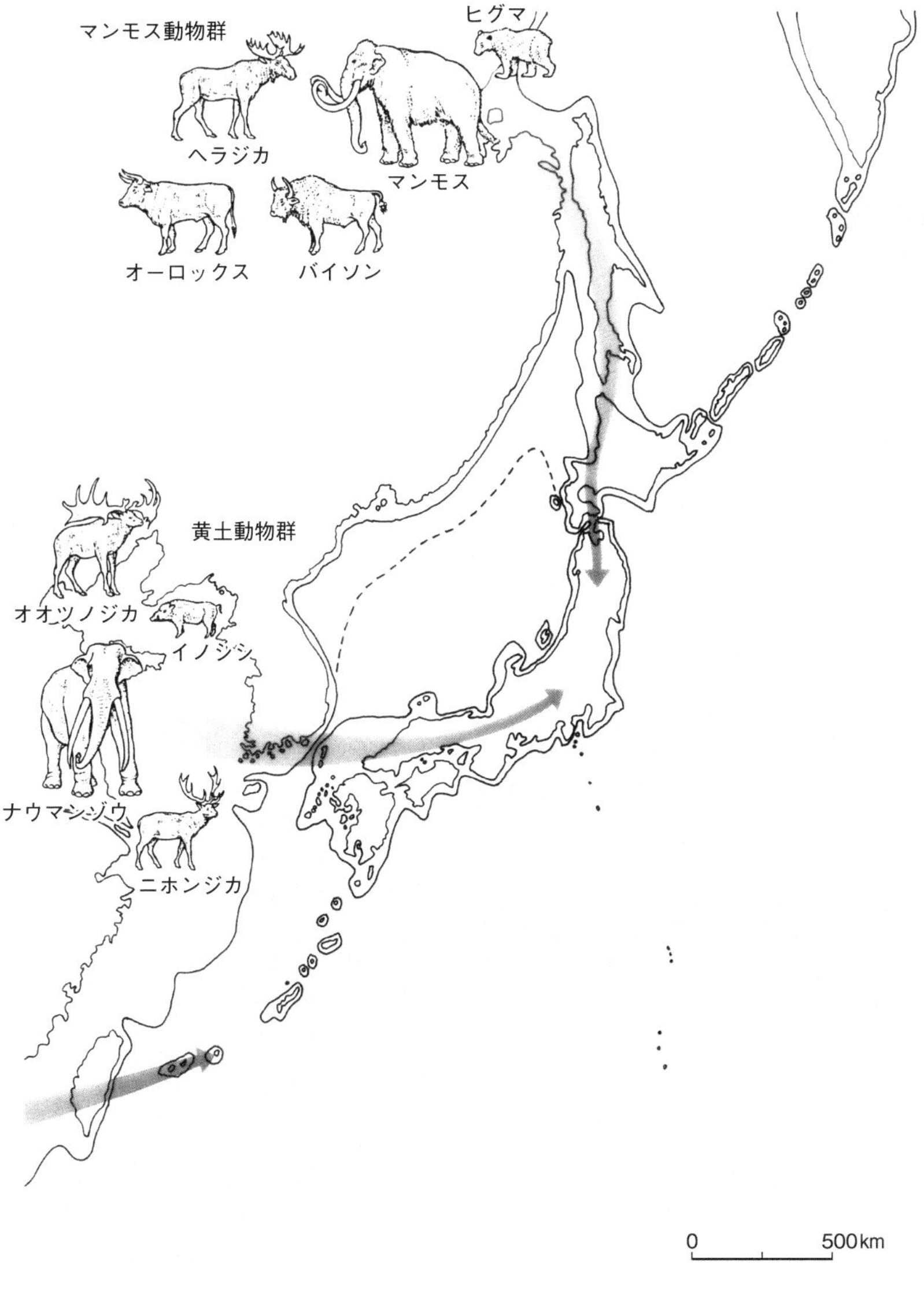

図109　最終氷期の日本列島における動物分布と人類の渡来ルート

文時代の住人ということになる（埴原和郎『日本人の誕生―人類はるかなる旅―』吉川弘文館、一九九六年）。

では、縄文人の祖先はというと、日本列島に居住した後期旧石器時代人ということになる。では、後期旧石器時代人はというと、人骨の発見例がきわめて少ないので、縄文人骨から逆にたどるという方法がとられているが、最新のミトコンドリアＤＮＡの分析では、朝鮮・中国・シベリアに縄文人と共通の遺伝子をもつ集団が多くいるとの見解が示されている（篠田謙一『日本人になった祖先たち―ＤＮＡから解明するその多元的構造―』ＮＨＫ出版、二〇〇七年）。それは後期旧石器時代人の列島への渡来が、朝鮮半島から古本州島（氷期の本州、四国、九州は陸でつながっていた）の西方のルートと、シベリアからサハリンをへて北海道までが半島となっていた古サハリン・北海道半島の北方のルートと考えられていることからも、蓋然性が高いといえる。また、日本列島の動物相の分布をみても、温帯系の黄土動物群と寒帯系のマンモス動物群は、それぞれ北方ルートと西方ルートから渡ってきており、人類の渡来のルートとも一致している（図109）。しかも、後期旧石器時代後半の細石器文化などでも、広く東アジアから人びとが渡来し、縄文時代に入ってからの文化的交流も、これら西方と北方のルートであったことからも間違いない。

一方、人類学では、最終氷期に東南アジアで広大な大陸棚が陸化した、いわゆるスンダランドと呼ばれる大陸から南西諸島を経由して、古本州島に渡来したとの南方（海洋）ルートが有力視されているが、先島諸島までは確実視できても、沖縄本島となるといまだ不明である（山崎真治『島に生きた旧石器人 沖縄の洞窟遺跡と人骨化石』新泉社、二〇一五年）。また、縄文時代の南西諸島と本州との交流にかかわる考古資料からみても、本州から南下する証拠は豊富にあるが、南西諸島を北上する証拠はきわめて乏しいことからも、南方ルートの可能性は極めて低いといわざるをえない。

第102問　縄文文化に東西の地域差はあるか

「文化は西から」と形容されるように、日本の歴史は、よく列島の冬の典型的な気圧配置をもじって「西高東低」といわれる。しかし、こと縄文時代に限ってみれば、「東高西低」だったのである。図110は、東北地方、関東・中部地方、近畿地方の三つの地域から、それぞれ三つの都県を選んで遺跡数をグラフ化したものである。都県ごとの面積だけでなく、時期ごとの年数、あるいは開発による発掘調査密度などにも違いがあるので、この数値が実態を正確に示しているとはいえないが、縄文文化の時期別・地域別にみた遺跡数の消長を理解するには、これでも十分に通用するので、ここではあえて数値の補正などはしていない。

この図をみると、西日本の近畿地方では、早期から晩期まで、大きな変動もなく、少しずつ遺跡数を増やしていっていることがわかる。それに対して、東日本では、前期から中期へと遺跡数を増加させ、「縄文文化の高揚期」と形容されている(勅使河原彰「縄文文化の高揚(前・中期)」『講座　日本の考古学』三巻、青木書店)。その東日本でも、中期に遺跡数を激増させた関東・中部地方では、後・晩期になると遺跡を減少させるが、とくに中期に爆発的とも形容されるほど遺跡数を増やした長野県では、その凋落ぶりが突出している。それに対して、東北地方はといえば、後・晩期と安定した遺跡数をたもっているが、これらの地域こそ、亀ヶ岡《かめがおか》文化の中心域であることは注目される。

このように、遺跡数は、東日本の方が圧倒的に多い。これが同じ日本列島、しかも同じ縄文時代とは想像できないほど、その差は歴然としている。また、環状集落と呼ばれるような定型的な大型の集落も、こうした遺跡の多寡に応じて形成されており、遺跡数が全体的に少ない西日本では、環状集落そのものもわずかしか発見されていない。

では、そうした東西日本の地域差というのは、どのようにして生じたのであろうか。一つには、東日本には河岸段丘や丘陵が発達していて、そこは緩やかな台地と湧水に恵まれていることから、縄文人が集落を営むのに好適な場所が多いということである。それに対して、西日本では、河岸段丘や丘陵があまり発達せず、ほとんどの地域が傾斜の強い山地が直接沖積地に接していることから、縄文人が集落を営むのに適した場所が少ないということである。

二つには、近畿・瀬戸内地方から北九州地方は、花崗岩《かこうがん》地帯であることによる。花崗岩は、長い年月の風化によって、厚さ数十メートルの真砂土《まさど》をつくる。この真砂土は、砂と礫が集まったようなもので、いったん表面をおおう森林を破壊してしまうと、表層の風化土壌が消失してしまい、森林の再生を妨げてしまう。そのために、花崗岩地帯が禿山《はげやま》地帯と重なるのである。ということは、西日本では、縄文人が下手に環境に関与すると、逆に環境破壊をおこしかねない危険があったということである。

三つには、これが重要なことなのだが、東日本の落葉広葉樹林と西日本の照葉樹林という植生の違いである。堅果類（表4）の生産量という

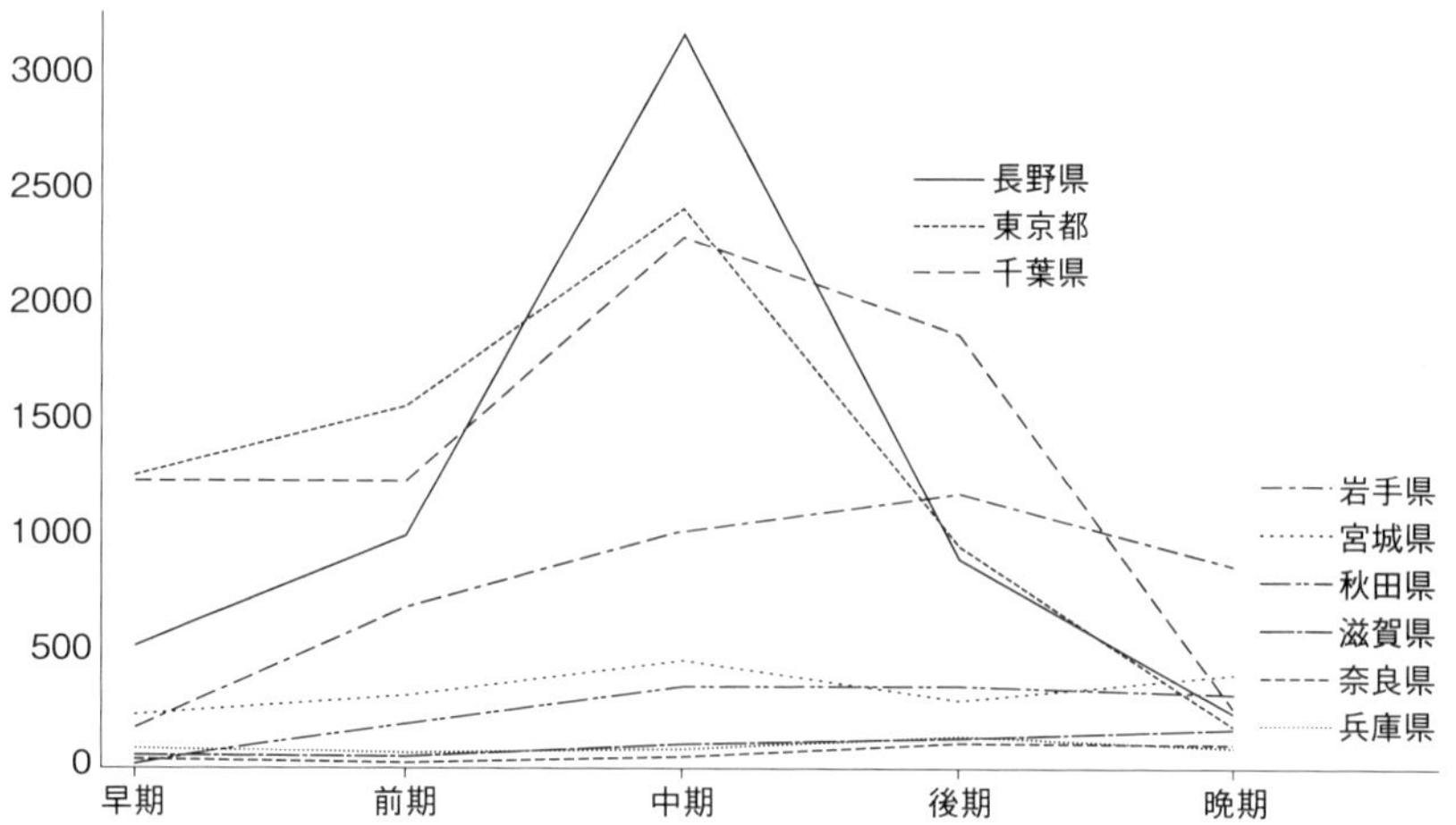

図110　縄文時代の時期別・地域別の遺跡数

ことでは、落葉広葉樹林と照葉樹林に著しい差は認められない。しかし、冬に葉をおとす落葉広葉樹林では、林床植物と呼ばれるワラビ、ゼンマイ、フキ、クズ、ヤマノイモ、キノコなど、縄文人が食料とした植物に恵まれているのに対して、一年中鬱蒼とした照葉樹林では、そうした林床植物に恵まれていないということである。そして、これらの林床植物の多くは、クリやクルミなどとともに陽性植物であることから、樹林地に人の手を加えて明るい開かれた環境にしてやると、生産量が飛躍的に増大するのである。つまり照葉樹林よりも落葉広葉樹林の方が食料資源が豊富であるばかりか、縄文人の環境への関与によって、落葉広葉樹林では生産性がより高まることから、人口も高めることができて、大規模集落の発達も促進できたのである。

さらに、もう一つ忘れてならないことは、照葉樹林を構成するカシやシイ、クスノキなどは、いずれも材質が堅く、かつ粘りがあって強度も強い。そのために、石製の道具しかもたない縄文人にとって、照葉樹林は、なかなか厄介な代物だったのである。

このように、東日本と西日本では、縄文人が集落を営む環境に大きな違いがある。そして、集落をつくる環境に恵まれていた東日本では、集落の拡大、つまり人口を急速に拡大していったのに対して、西日本では、環境に見合った緩やかではあるが、堅実に人口を増やしていくという、異なる発展を指向した。こうした異なる指向は、土器などの生活用具にも現れ、たとえば豪華で爛熟的な亀ヶ岡式土器と質素で実用的な黒色磨研土器《こくしょくまけん》という、東西日本の晩期土器の違いを生んだのである。しかし、東日本が環境に恵まれていたとはいえ、そこには基本的な限界があった。それは遺跡数や集落規模を拡大すればするほど、その反動が激しかったことは、遺跡の増加率がもっとも高い長野県ほど、その減少率もまた激しかったということからもわかる。

第103問　縄文社会の矛盾とは何か

縄文中期の関東・中部地方を中心とした東日本の遺跡の増加は、文化の繁栄による人口の増加を意味する一方で、縄文社会がもつ矛盾をしだいに増大させることになった。それは人口増加による食料資源の枯渇という問題であるが、そのあたりのことを中部高地を代表する遺跡群の一つである八ヶ岳西南麓を事例に、もう少し詳しくみていこう。

八ヶ岳は、日本列島を代表する成層火山の一つで、その西南麓には広大な裾野と大小無数の河川があって、そこに図111のように縄文時代の遺跡が濃密に分布している。その八ヶ岳西南麓の土器型式別にみた遺跡・集落・住居数が図112である（早期と晩期は数が少ないので、前半期と後半期の二時期とする）。この図をみて明らかなように、八ヶ岳西南麓で本格的に集落が営まれるようになるのは、前期に入ってからのことである。とくに関山《せきやま》式土器に並行する時期には、長野県諏訪郡原村の阿久《あきゅう》遺跡や富士見町の坂平《さかだいら》遺跡で大型の環状集落が形成されるが、この時期こそは、完新世でもっとも温暖であったことから、気候最適期（ヒプシサーマル期）と呼ばれるなかでも、その最盛期にあたる。

その後、前期末の諸磯《もろいそ》c式期になると、遺跡数がめだって増加するが、その分布も八ヶ岳西南麓の広大な裾野に広く展開する。また、遺跡の規模こそまだ大きくはないが、中期の集落と重複して残される例が多くなる。そして、籠畑《かごはた》式期をはさんで、中期初頭の九兵衛尾根《きゅうべえおね》式期に入ると、爆発的と形容されるほど集落数を増加させるだけでなく、それら集落が山麓の各尾根にいっせいに拡大するのである。そして、爆発的に集落数を増加させた中期でも、とくに曽利《そり》II式期は、その集落数と住居数が絶頂期にあ

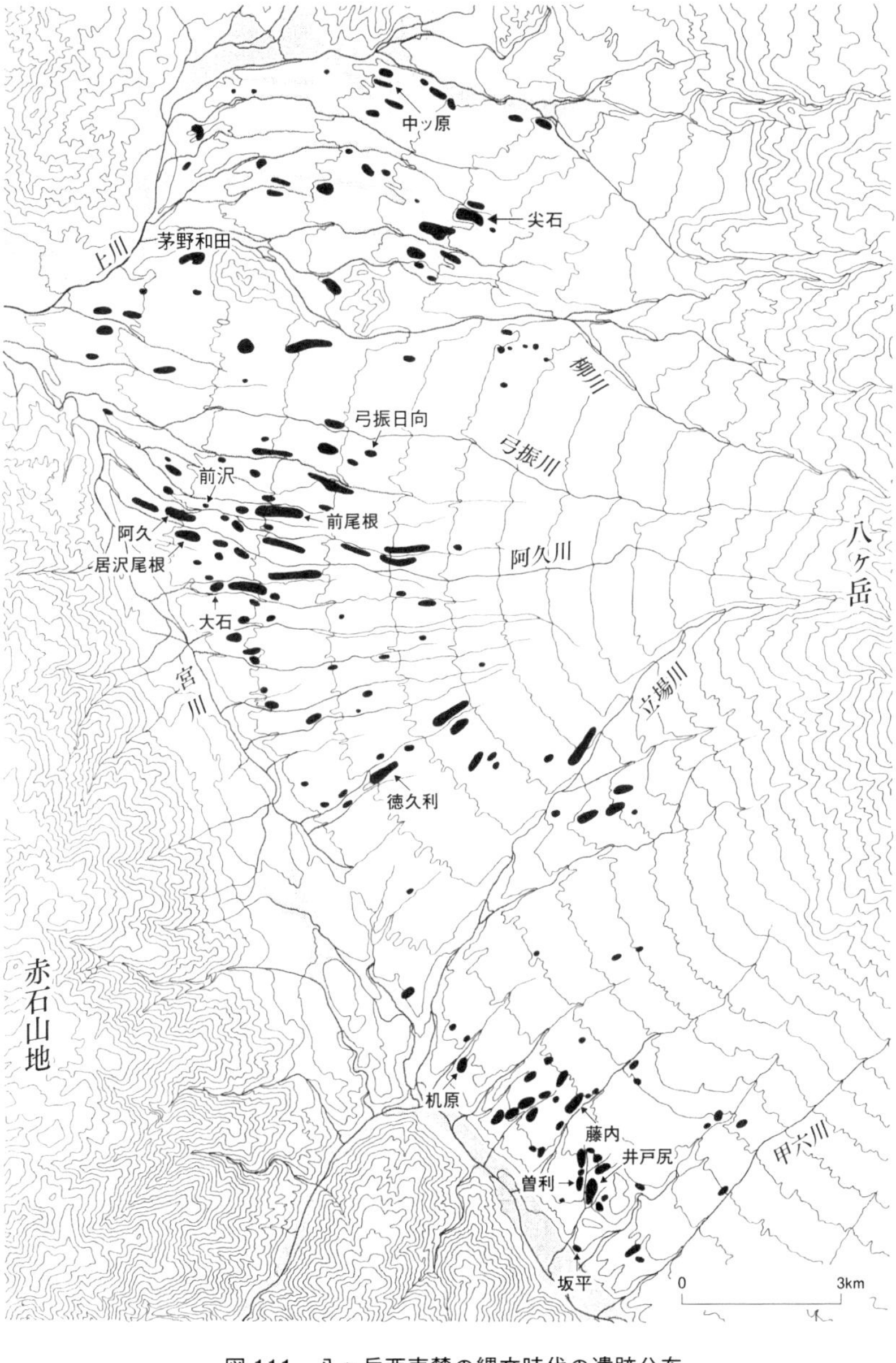

図 111　八ヶ岳西南麓の縄文時代の遺跡分布

たっている。ということは、八ヶ岳西南麓では、この曽利II式期に人口が飽和状態に達していたことを雄弁に物語っている。

このことは、八ヶ岳西南麓では、食料資源の枯渇が深刻な問題となってきていたはずであるが、さらに悪条件が重なってしまったのである。というのは、縄文中期後半になると、日本列島の少なくとも東半分は、気候が冷涼で湿潤な環境に悪化したことが、花粉分析などで明らかにされている。冷涼で湿潤な環境は、自然の再生産にも大きな影響をあたえたことは想像に難くない。ということは、人口増による食料資源の枯渇に、さらに環境の悪化が追い討ちをかける結果となってしまったわけであるが、とりわけ八ヶ岳西南麓の事例でみたように、爆発的に遺跡が増加した関東地方の内陸部から中部地方にかけては、その矛盾がいっぺんに頂点に達して、壊滅的といえる打撃となってしまったのである。それが図110にみる長野県と東京都の遺跡数の激減ということに、端的にあらわれているのである。

このように、縄文時代は、総体的には豊かで安定していたとはいえ、その安定は、あくまでも自然物の増殖率の範囲内

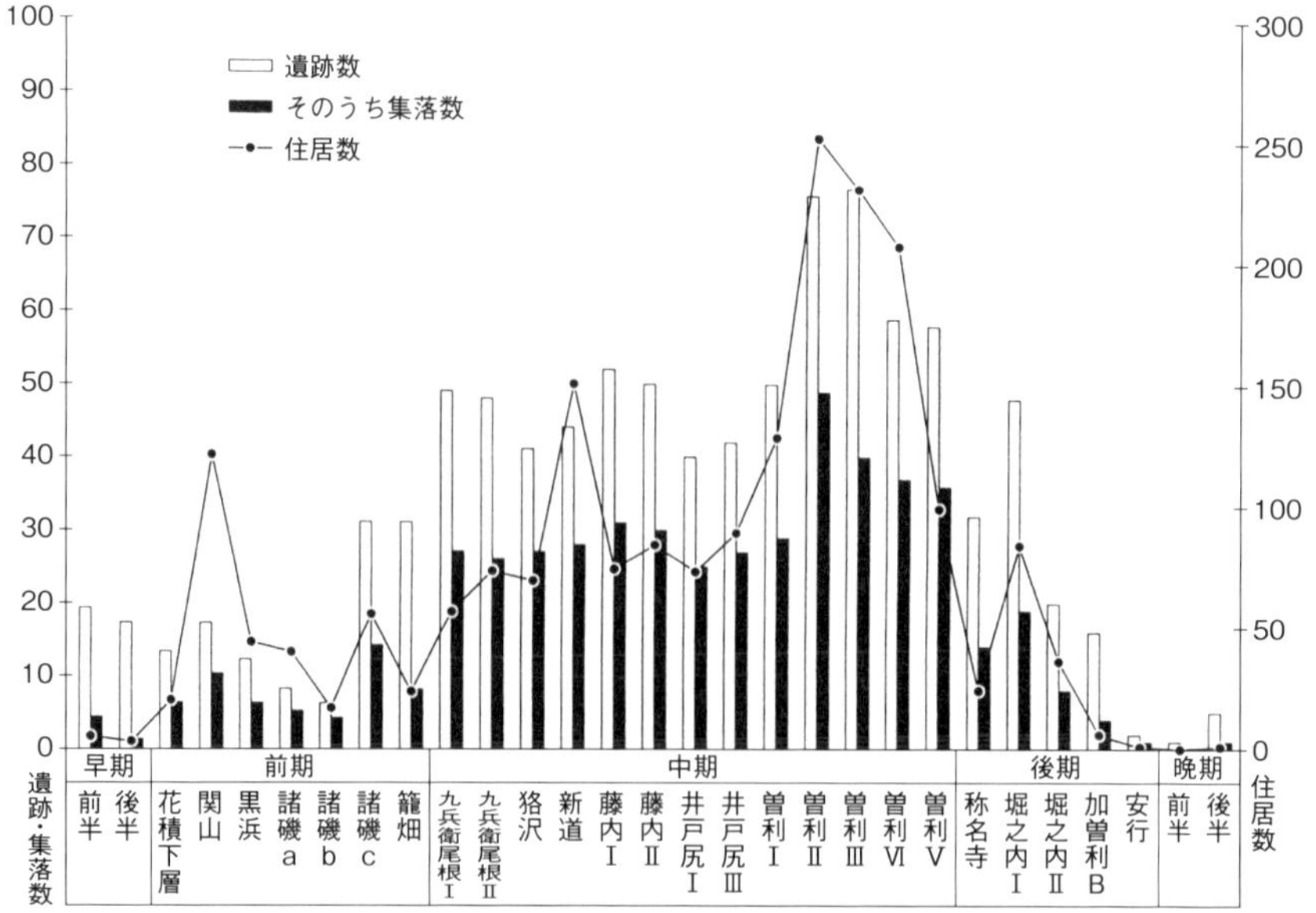

図112　八ヶ岳西南麓の土器型式別にみた遺跡・集落・住居数

に限定されていたのである。つまり縄文時代社会の安定というのは、つねに不安定を内包するものであった。というのも、縄文時代は、栽培植物を利用していたとはいえ、そのほとんどを自然物に頼り、植物採集・狩猟・漁労活動を主な生業とする採集経済社会であった。そうした自然物に頼る社会では、自然物の増殖率の範囲内であれば人口増加による食料の確保も可能であるが、ひとたび増殖率を超える人口増があると、自然物が枯渇して食料の不足に見舞われることは必至となる。縄文社会は、生産の発達にともなう人口の増加→自然物のとりすぎによる資源の枯渇→人口の減少（ほかの地域への移動）を、時期や地域によって一様ではないものの何回か繰り返すことになるが、それは生産用具などの獲得手段や技術の発明・改良を加えても、どうしてものりこえることができない矛盾であった。

縄文社会がもっていた基本的な弱点は、まさに人間と自然との間におこる対立関係であった。縄文中期の関東・中部地方の爆発的と形容されるほどの遺跡の増加は、文化の高揚による人口の増加を意味する一方で、縄文社会がもつ矛盾をいっぺんに増大させることになった。しかも、八ヶ岳西南麓を事例としたように、その高揚が著しければ著しいほど、それはちょっとした環境の変化などが加わっただけで、もろくも凋落するような脆弱さをあわせもっていたのである。

しかし、こうした現象は、縄文社会が「崩壊」したというのではなく、実際には規模を縮小させることによって、文化を「継承」させていったのである。長野県下の黒曜石原産地では後・晩期にも黒曜石の採掘を継続させたことや、茅野市の御社宮司《みしゃぐうじ》遺跡出土のアワとキビの栽培を示す種子圧痕や多量の石《せき》鏃《ぞく》、松本市のエリ穴《あな》遺跡出土の二五三四点という全国屈指の耳飾り、八ヶ岳南麓の山梨県北杜市の金生《きんせい》遺跡の大規模な配石遺構を残す（図96の3）などは、その現れといえる。それは遺跡の激減などの現象では、決してとらえることができない縄文文化のしたたかさといってもよい。

第104問 縄文時代に余剰はあったか

縄文時代にも余剰が生じていたことは、貯蔵穴に食料が蓄えられていたことからもわかる。この貯蔵穴での食料の蓄えが、たとえ季節的に食料が不足するときの保存食料だったとしても、日々の食料がかつかつの生活では、蓄えが生じる余地がないわけで、これも余剰の一つであることは間違いない。それ以上に、縄文時代でも硬玉（翡翠《ひすい》）や塩などの生産物のように、特定の集団による労働が蓄えられたものが、ほかの集団に広範囲に供給されていったという事実こそは、余剰があったことのなによりの証明になる（設問79と設問96を参照）。しかし、縄文時代は、生産そのものが自然に頼る社会であったために、豊凶は完全に自然の手中にゆだねられていた。そうした採集経済社会の生産の基本的な性質から、そこでの余剰は一時的・偶発的なものとならざるをえない。そして、この一時的・偶発的な余剰を拡大再生産に振りむけたとすれば、それでなくても不安定をかかえた生活をいっそう不安定にし、ひいては自然の再生産そのものを破壊することになり、結果として集団の経済基盤そのものが危うくなるし、縄文社会で実際におこってもいた（設問103を参照）。そこでの余剰の累積的な増大は望むべくもなく、余剰が拡大再生産に振りむけられることは、きわめて限定せざるをえなかったのである。

一方、弥生時代の水稲農耕は、自然の大地を耕地につくり替えることで、自然に頼らないで余剰を生みだすことができたので、余剰を拡大再生産に振りむけられたのとは決定的に違う。たとえばテスタール（Alain Testart）の『新不平等起源論―狩猟＝採集民の民族学―』（山内昶訳、法政大学出版局、一九九五年）は、世界の民族誌を再検討し、農耕を知らない狩猟採集民、とりわけ多くの漁労民社会のなかに、農耕社会と類似の特性である社会的成層化と経済的不平等が存在していたことを明らかにして、従来の定説である狩猟・採集／農耕・牧畜からではなく、遊動・非備蓄システム／定住・備蓄システムという新たな視点から、人類史の再構築を試みた。そこでテスタールは、狩猟採集民社会と農耕民社会における余剰の質的な違いについて、「農業経済と狩猟＝採集経済の相違は、前者がはるかに大きな備蓄システムの確立能力をもっているところにある」として、農耕経済（生産経済）が拡大再生産という大きな備蓄システムを確立できる能力をもつのに対して、狩猟採集経済は、自然があたえてくれる食料資源の量によって制約されるので、拡大再生産という大きな備蓄システムを確立する能力をもてないと端的に述べている。だからこそ、狩猟採集民社会では、不平等が生じても階級対立までは発展しない、つまり国家を形成するまでにはいたらないと、その本質を明らかにしている。

こうした縄文社会の発展そのものがもつ矛盾を回避するために、縄文人は余剰が生じても、それを拡大再生産に振りむけることをできるだけ避けて、直接生産に結びつかない労働、あるいは共同体での生活を円滑にするための活動へと振りむけていった。縄文土器にみられる実用的な用途から遊離した装飾文様、精巧な櫛や耳飾りなどの装身具、土偶や石棒などの呪術的な遺物、あるいは漆器などの製品が、時期をおって豊かになってくることが、そのことを雄弁に物語っている。また、古くは秋田県鹿角市の大湯《おおゆ》遺跡で発見された巨大な配石遺構（図96の1）、近年では青森市の三内丸山《さんないまるやま》遺跡を有名にした巨大な木柱遺構（図113）などは、共同体の記念物として構築されたのである。

図113　三内丸山遺跡の巨大な木柱遺構

第105問　縄文時代にも社会的弱者のケアがあったか

縄文人骨は、骨折例が多いことで知られている。その頻度は五パーセント前後と高く、男女比では、男性の方が五倍前後と圧倒的に高い。これは男性の方が狩猟などの体力を使う激しい活動が多かったことを示している。その骨折例で注目されることはその多くが自然治癒をしていることで、なかには後期の岡山県倉敷市の涼松《すずみまつ》貝塚から出土した熟年男性のように、大腿骨を骨折した後で添え木をあてて患部を固定するという、いわば整復的な措置がとられた例すらある。こうした骨折をした人は、それが自然治癒するまでは、当然、激しい労働などはできなかったはずなので、縄文社会は、そうした弱者をケアしていたことは間違いない（鈴木隆雄『骨から見た日本人─古病理学が語る歴史─』講談社、一九九八年）。

社会的弱者のケアといえば、後期の北海道虻田郡洞爺湖町の入江《いりえ》貝塚九号人骨が注目される（本章扉の図）。この人骨は、幼児期にポリオと思われる病気にかかり、四肢のすべてが麻痺して、ほとんど寝たきりの状態であったと考えられている。推定年齢は、二〇歳前後ということなので、ほぼ寝たきりの状態であったにもかかわらず、成人に達するまでの長い間を生きてこられたことになる。また、ポリオの症例の疑いがある縄文人骨は、栃木県宇都宮市の大谷寺《おおやじ》洞穴《どうけつ》遺跡で前期の事例が報告されている。古病理学の鈴木隆雄は、このポリオで手足がなえた縄文人骨こそは、「原始社会とみなされている縄文時代にあって、障害者とその介護にたいする精神世界と社会構造を知る」貴重な証人と指摘している。

こうした社会的弱者のケアをおこなえたのも、縄文時代が定住社会であったことと、こうした人びとを養えるだけの余剰があったからである。

第106問　縄文人は自然災害にどのように対処したか

大陸プレートであるユーラシアプレートと北米プレート、それに海洋プレートであるフィリピン海プレートと太平洋プレートという四つのプレートがせめぎあう日本列島は、世界でも有数の火山噴火と地震の多発地帯であり、当然、自然災害のリスクも非常に高い。それは縄文時代においても、例外ではない。日本列島の活火山は、現在一一一カ所が選定されている（図114）。活火山とは「概ね過去一万年以内に噴火した火山及び現在活発な噴気活動のある火山」であるので、その多くが縄文時代にも活動していたことになる。とくにカルデラを形成するようなVEI（Volcanic Explosivity Index 火山爆発指数）が六を超える巨大な火山噴火は、九州（鬼界《きかい》、姶良《あいら》、阿蘇）と北東北から北海道（十和田、洞爺《とうや》、支笏《しこつ》、屈《くっ》斜路《しゃろ》）に集中するが、これらの火山では、過去一五万年間に一回以上の巨大噴火が発生し、全体で約一万年に一回の頻度で繰り返しているという。その直近は約七三〇〇年前、縄文時代早期末に鹿児島県大隅半島の南方で発生した鬼界アカホヤ噴火で、これは完新世における地球上で最大の噴火でもある（前野深「カルデラとは何か：鬼界大噴火を例に」『科学』八四巻一号、二〇一四年）。

この鬼界アカホヤ噴火で噴出した大規模な火砕流（幸屋《こうや》火砕流）と大量の火山灰は、南九州の広大な地域をおおいつくし、当該地域の縄文社会に壊滅的な被害をもたらした（図114）。破壊された森林の回復は、火砕流が直接およんだ地域とそれ以外で違いがあるが、少なくとも一〇〇から三〇〇年ほどはかかったといわれている。それでも九州各地で生き残った縄文人は、まず草原化した環境で狩猟活動を再開し、森林の回復とともに定住化をはかるというプロセスで、南九州の縄文社会を再建していった（桒畑光博『超巨大噴火が人類に与えた影響―西南日本で起こった鬼界アカホヤ噴火を中心として―』雄山閣、二〇一六年）。また、鬼界アカホヤ火山灰は、偏西風にのって東北地方まで到達し、たとえば三河湾の漁労活動に壊滅的な打撃を与えるというように、その影響は中部日本にまでおよんだ（山下勝年「東海地方西部におけるアカホヤ火山灰降下の影響とその時期」『知多古文化研究』三、一九八七年）。

富士山や浅間山、十和田などでも、縄文時代をとおして噴火がくりかえしておこり、そのたびに火砕流が麓を襲い、火山灰が広い範囲に降下した。たとえば山梨県富士吉田市の上中丸《かみなかまる》遺跡では、中期後半の曽利《そり》Ⅳ式期に富士山の噴火にともなう融雪洪水と土石流で罹災をしたが、十数年後の曽利Ⅴ式期に再定住がはかられるというように、富士山とその周辺で縄文人との関係史が明らかにされてきている（富士山考古学研究会編『富士山噴火の考古学―火山と人類の共生史―』吉

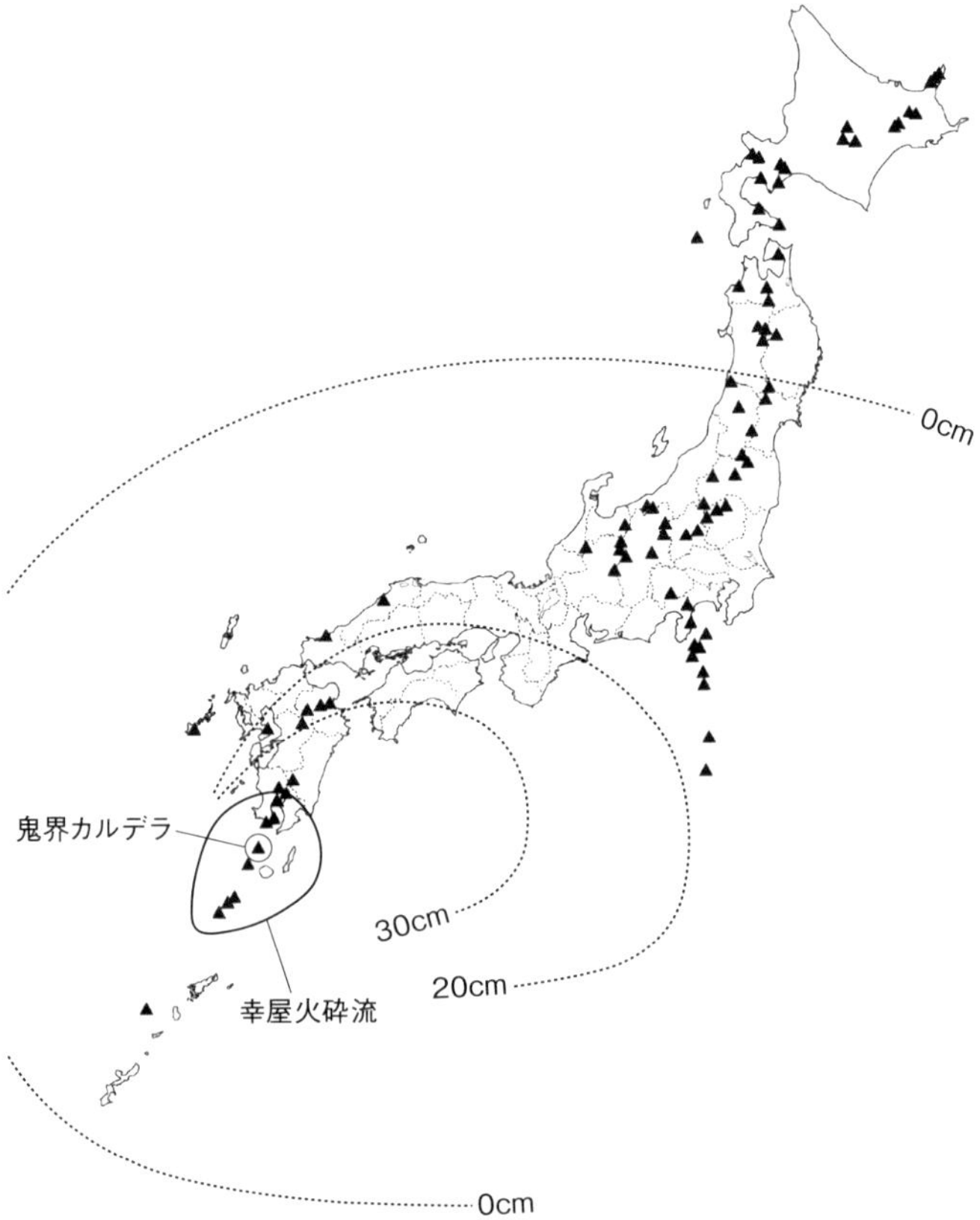

図 114　日本列島の活火山と鬼界アカホヤ火山灰の分布

川弘文館、二〇二〇年)。

一方の地震はというと、二〇一一年三月一一日に発生した東日本大震災は、いまだ記憶に新しい。東日本大震災は、M（Magnitude）九クラスの超巨大地震で五〇〇年に一回程度だが、一九二三年の関東大震災級のM八を超える巨大地震は、五〇から一〇〇年に一回と頻発している。

地震による災害には、家屋の倒壊などの直接的な災害（一次災害）と、津波や火災などの二次災害がある。縄文時代の集落は、台地や丘陵などの比較的安定している高台に営まれている。また、住居も竪《たて》穴《あな》という伏屋根が基本であるので、地震による地割れが竪穴住居を直接に襲った神奈川県足柄上郡大井町の矢頭《やがしら》A遺跡一号住居跡などの事例を除けば、住居の倒壊など一次災害の危険は、それほど高くはない。そのために巨大地震に襲われても、集落を放棄するような被害は起きなかったと思われる。たとえば福島県相馬市の段ノ原《だんのはら》B遺跡の前期前葉の集落跡では、幅二から六メートルの地割れの跡が長さ九二メートにわたって確認されたが、その地割れ跡では、被災した建物の部材を燃やしたり、破損して使用不能になった土器などを捨てるといった被災直後の跡片づけがおこなわれて、集落の営みは継続されている（吉田秀享「地震災害　福島県相馬市段ノ原B遺跡の地割れ痕跡」『月刊文化財』六〇七号、二〇一四年）。

津波は、地震による二次災害であるが、ひとたび津波に襲われると、その被害は甚大である。東日本大震災を機におこなわれた津波堆積物の調査では、縄文時代、それも中期以降に少なくとも六回の巨大津波が三陸海岸（宮城県を含む、以下同じ）を襲ったことが明らかとなったが、縄文時代の遺跡、それも貝塚遺跡でも、その大半が津波の被害にあっていないことがわかった（相原淳一「縄文時代における津波痕跡と文化財保護に関する問題」『考古学研究』五八巻四号、二〇一二年）。三陸海岸には、貝塚が多数残されているように、漁労活動が盛んな地域である。それでも海から離れた高台に集落が営まれたのには理由がある。それは縄文人が漁労だけでなく、植物採集や狩猟などの活動のために、さまざまな環境を利用していたことから、海と山の幸のどちらにも利用しやすい高台に集落を営んだからである。ところが、弥生時代より後になると、農耕を中心とする生活が始まり、水田などの耕作適地に集中的に労働力などを投下する必要が生じたために、特定の環境に生産と生活の場を構えることになる。そこで、生産の効率は上がり、人口も増えたかわりに、津波に襲われると、生産と生活の場を一気に失うという、甚大な災害を被ることになる。

縄文時代と弥生時代以降の自然とのつきあい方の違いが、津波の被害の違いを生じさせたが、それだけが要因であろうか。実は三陸海岸以外でも、縄文時代の集落が高台に営まれていて、津波だけでなく、土砂崩れなどの自然災害にも強いことが注目されている。それは縄文人が自然とのつきあいのなかでえた知識を親から子、子から孫へと語り継ぐなかで、津波や土砂崩れなどの災害の知識も引き継がれた結果、高台を居住の場とする知恵を発揮したものと考える。

東日本大震災で壊滅的な被害をうけた岩手県陸前高田市では、広田湾を望む国史跡の中沢浜《なかざわはま》貝塚が津波の被害をうけなかったことから、防災機能をもった「豊かな海と共に住み続けてきた歴史を後世に伝える」歴史防災公園として整備した(二〇一七年三月竣工)。その中沢浜貝塚歴史防災公園の北側には、昭和三陸地震津波(一九三三年三月三日)の翌年に建てられた石碑があるが、そこには「低いところに住家を建てるな/地震があつたら津浪の用心/津浪と聞いたら欲捨て逃げろ/それ津浪機敏に高所へ　廣田村」(昭和九年三月三日建之)の文字が刻まれている。縄文人もまた「低いところに住家を建てるな」を教訓としていたとすれば、ここにも自然と共生していた縄文人の知恵がはたらいていたことがわかる。

第107問　縄文時代に身分階層はあったか

縄文時代が複雑で高度に組織化された社会であることから、その社会を指揮する首長層ないし貴族層などの身分階層が、縄文時代にもあったとの主張がある。たとえば小林達雄は、漁労を主たる生業としたアメリカ北西海岸の先住民の社会に奴隷がいたことを参考にして、福岡県遠賀郡芦屋町の山鹿《やまが》貝塚で二〇枚を超える貝輪をはめた女性をはじめとして、文様を彫刻した鹿角製の腰飾りをつけた男性など、副葬品をともなう埋葬例がみられる（設問94を参照）ことから、縄文社会にも身分階層があって、奴隷層までいた可能性さえあると述べている（『縄文人の世界』朝日新聞社、一九九六年）。また、新進化主義学説をリードしたサーヴィス（Elman Rogers Service）が社会進化の諸段階として、バンド社会、部族社会、首長制社会、国家社会、産業社会という五段階説を唱えたが（松園万亀雄訳『未開の社会組織―進化論的考察―』弘文堂、一九七九年）、そのうちの首長制社会の存在を縄文時代に想定する研究者が増えてきている。

サーヴィスの首長制社会とは、バンド社会と部族社会という性や年齢にもとづくもののほかは経済的な分化などがみられない平等主義的な氏族制社会から、いきなり階級的な政治社会である国家が成立するのではなく、氏族制社会と国家社会の間に、それらとは質的に異なる社会進化の段階として、世界の民族誌の実例をもとに設定されたものである。その特徴は、一般成員と区別される首長ないし貴族層が、社会内の経済、政治、宗教活動などを統括する機能をはたしており、そうした首長や貴族層は、特定の出自集団が世襲しているというものである。社会の経済基盤として、部族社会よりも高い生産力と、それにともなう余剰が存在するということと、そうした余剰が首長のもとにいったん貢納された後に、公共事業や祭祀への参加、首長たちへの奉仕の見返りなどという形で、一般成員に再分配される。この再分配の行為によって、首長たちの威信と一般成員からの支持が期待でき、それにより部族社会よりも高次の社会統合と組織化が可能となるが、国家のような政治機関はもたない社会と説明している。

こうした首長制社会などの身分階層が縄文時代にあったかどうかを考察する前に、その前提となる平等と不平等について、まず考えてみたい。不平等には、ルソー（Jean-Jacques Rousseau）が的確に指摘しているように、自然的または身体的不平等（以下、自然的不平等とする）と社会的あるいは政治的不平等（以下、社会的不平等とする）の二つがある（本田喜代治・平岡昇訳『人間不平等起源論』岩波書店、一九七二年）。自然的不平等は、年齢、健康、体力、精神の差で、これは身体に規定される個人的な資質の差であって、決して無くすことはできないので、ルソーは、人類の不平等を論ずるにあたって、社会的不平等のことを問題としたのである。だからこそ、ルソーは、人類とは「本来相互に平等」であって、「自然が人々との間に設けた平等と人々が打ち立てた不平等」とを『人間不平等起源論』で考察したのである。

ところで、自然的不平等とは、人類だけでなく、植物であれ、動物であれ、生き物の世界では多寡は別とすれば、共通に存在するものである。しかし、生物の世界に自然的不平等があったとしても、人類を除く生物一般を不平等な社会だとはいわない。それは人類を除いては、社会的不平等というものが存在しないからである。では、人類だけに社会的不平等が、なぜ存在するかというと、実は人類だけが明確に血縁を識別することができ、特定の地位や財産などを世襲することができるようになるからであって、その意味で社会的不平等というのは、きわめて歴史的な所産だということである。

ここでルソーの古典を引用して、自然的不平等と社会的不平等の違いを明確にしたかったのは、縄文時代に身分階層があったとか、縄文社会が階層化社会であったと主張する論者の多くが、こうした自然的不平等と社会的不平等の違いを認識せずに、あたかも不平等の存在は、人類社会に普遍的にみられる現象と考えてしまい、結果として、平等と不平等の本質を見誤ってしまっているからである。

では、縄文時代に身分階層があったかといえば、「なかった」というのが私の答えである。

縄文時代に身分階層があったとする主な論拠は、墓から出土する装身具や副葬品に格差があるということである。たしかに設問94で解説しているように、すでに早期から装身具や副葬品をまったくもたない多数の墓のなかにあって、特定の墓だけに装身具や副葬品をともなう風習はあったし、縄文時代を代表する装身具である耳飾りですら、一つの墓地で一〇パーセント以下の遺体にしかともなっていない。

このように、墓から出土する装身具や副葬品を量的にみると、縄文時代にも身分階層があったと想像したくなる。しかし、肝心なことは、これら装身具や副葬品をもった墓といえども、共同墓地の一画を占めているだけで、ほかと区別されるような特別な墓を築いてはいないことである。たとえば北海道の周堤墓《しゅうていぼ》をみてみよう。周堤墓とは、縄文後期後半の道央から道東にかけてつくられた墓地で、円形に竪穴を掘り、その廃土を周囲に土堤状に積み上げて墓域としたものである。図115の恵庭市の柏木《かしわぎ》B遺跡第1号周堤墓は、竪穴のなかに二一、土堤の上に一八、土堤の裾に五、計四四基の土坑墓が発掘されている。それらの墓は、土坑の大きさは大人と子どもの違い以外はなく、装身具や副葬品の種類や数もバラバラである。しかも、墓の位置も、竪穴の中央の一一〇五号土坑墓で石鏃一つなのに、土堤上の一〇〇八号土坑墓では石棒二、尖頭器三、石斧一、半月形ナイフ一、大型剥片一というように、装身具や副葬品をともなうからといって特定の場所を占めることはない（木村英明編著『北海道恵庭市柏木B遺跡発掘調査報告書』柏木B遺跡発掘調査会、一九八一年）。このように、縄文社会でもっとも厚葬の習俗をもつといわれる北海道の周堤墓ですら、装身具や副葬品の量的な違い以外には、何らの規格性や統一性をもっていないという

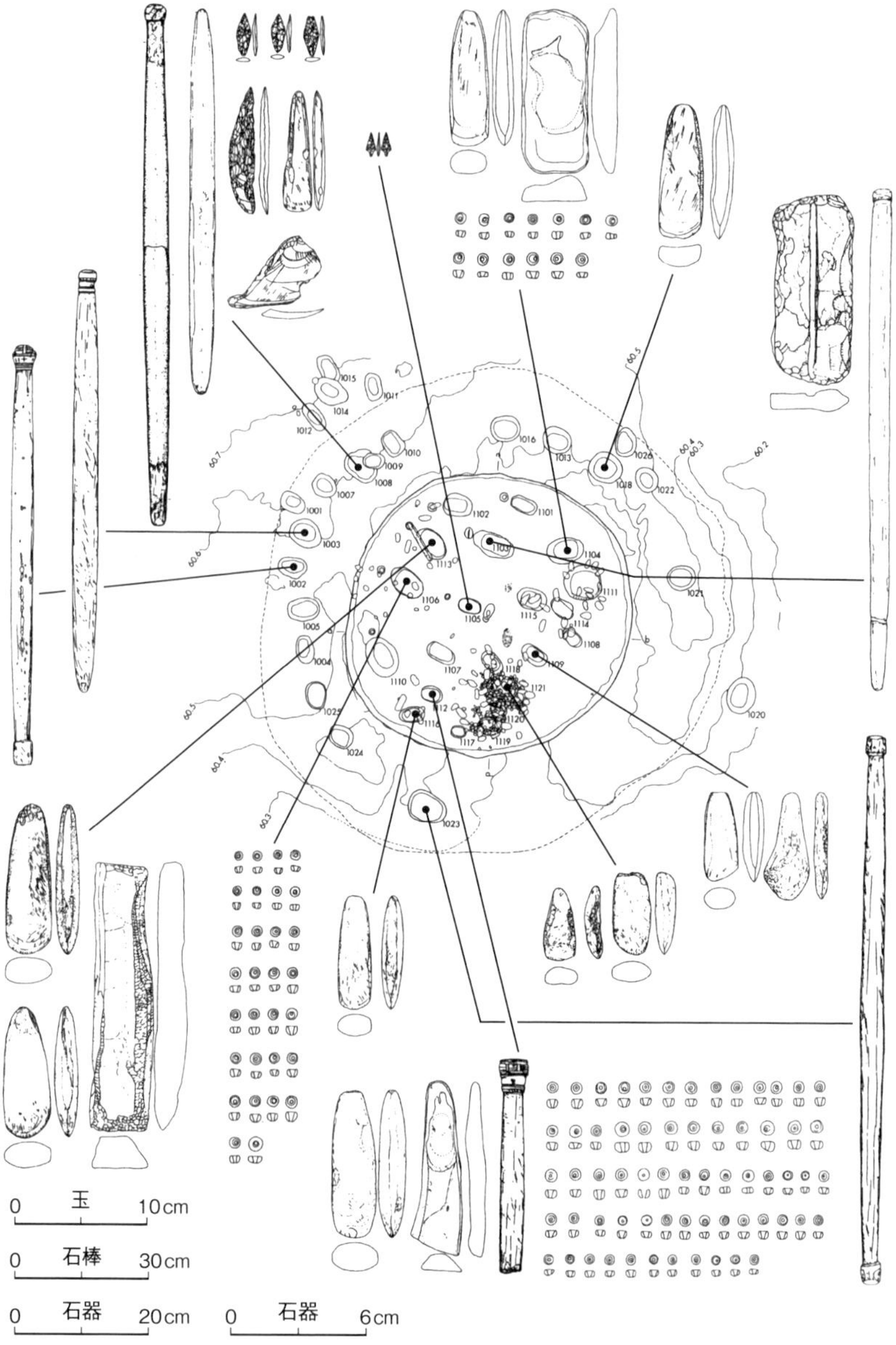

図 115　柏木 B 遺跡の第 1 号周堤墓と副葬品

ことは、特定の身分や階層が制度として存在していなかったことを意味している。

では、縄文時代の共同墓地のなかに、なぜ特別に装身具や副葬品をともなう墓があるのか。それは縄文社会といえども、安定した生活を営むためには、豊かな経験と知識をもったリーダーが必要で、厳しい自然環境に立ち向かうためには、原始的なアニミズムがあったことは間違いない。しかし、誰でもが、リーダーや霊能などの資質をもっているわけではない。当然、個人的な資質の差、つまり自然的不平等はあるわけで、リーダーとしての素質があったり、霊能にたけていたり、あるいは狩猟や漁労などの技能に優れているなど、それぞれの能力に応じた役割をはたしていた。そうしたなかに、生前に集団の維持・発展に貢献した人物がいれば、それを敬う意味で、その貢献度にみあう装身具や副葬品を墓に納めたということである。つまり個人に対する「栄誉」以外のなにものでもなく、まして、首長や貴族層が世襲化するといった社会的不平等は、墓はもとより、ほかの考古資料からもみいだすことはできない。

そして、興味深いことに、縄文時代でも、時期をおって厚葬の例は増えてくるし、北海道や東北地方など冬の寒さが厳しい地方ほど厚葬の例は多くなる。それは縄文時代といえども、時期を追うごとに社会は複雑化してくるので、それだけリーダーがはたす役割は大きくなる。また、冬の寒さが厳しい北日本ほど、秋までに冬の食料を大量に備蓄する必要があるだけでなく、とくに重要な保存食料となったサケなどは漁期が限られ、しかも、短期間に保存処理をしなければならないこともあって、リーダーには、それだけ高い能力や強い統率力が求められることになり、必然的に厚葬の事例は多くなるということである。ただし、こうした人物も共同墓地の一角に葬られただけで、約九〇〇〇年もつづいた縄文時代にあって、決して傑出した墓を築くようなことはなかったということからも、これらの人物が身分階層として固定した階層から生まれたものでないことは明らかである。

第108問 縄文時代に戦争はあったか

縄文時代が階層社会であったかどうかを考える、もう一つの重要な論点が戦争の問題である。首長制社会では、首長が威信を高め、一般成員への影響力を強めるために、しばしば戦争をおこなうという。当然、勝利集団は、敗者集団より優位に立つだけでなく、彼らを奴隷にすることすらあるということで、戦争が階層化を促進させ、奴隷という極端な不平等をも生むことになるのである。

戦争とは、武力による集団間の争いのことである。そして、戦争は、弓矢や剣などから鉄砲、機関銃、長距離砲が生まれ、やがて戦車や飛行機、さらにはロケット砲や原子爆弾というように、武器を極限なく発達させるとともに、それにあわせて防具・防御施設をも発達させるという特質をもっている。もう一つは、戦争は、前述したように、階層化を促進させるだけでなく、特定の階級が兵力（軍事力）を世襲・独占することで、支配する者と支配される者という階級関係を固定化させる役割を担うことになる（近藤義郎「人類の進歩と核兵器」『戦争と平和と考古学—人類史の未来のために—』一九八八年）。

集団間の争いということでは、主に縄張りの確保という、いわば生存のための防衛行動として、動物の世界でも一般的にみられる現象である。とくに人類にもっとも近いチンパンジーでは、縄張りをめぐって集団間が争い、敵対する集団のメンバーを殺害するだけでなく、それを消滅させる事例すらあるという（京都大学霊長類研究所編著『新しい霊長類学—人を深く知るための一〇〇問一〇〇答—』講談社、二〇〇九年）。集団間の争いで、相手が死ぬまで攻撃する行為は、ほかの哺乳類ではみられないことから、これを「戦争」と呼ぶ霊長類研究者もいる（山本真也「チンパンジー・ボノボからみる戦争と協力の進化」『科学』八八巻一一号、二〇一八年)。しかし、チンパンジーは、集団間で争うことはあっても、決して武器を使うことはないので、争いが人類の戦争のように際限なく発達することはない。また、チンパンジーで殺害されるのは雄だけで、消滅された集団の雌が相手方に移っても、その雌の地位が固定化されたり、ましてや子どもに影響をおよぼすようなことはないので、戦争が階層化を促進させ、階級関係を固定させる役割を担う人類のそれとは、本質がまったく違うということである。

ところで、日本列島の戦争については、佐原真《まこと》が人を殺傷するための武器や防御的集落、武器を埋葬する戦士の墓、大量虐殺を物語る大量の人骨、武器の崇拝を示す造形などから、弥生時代を起源と提唱して以来、いわば定説化してきている(「農業の開始と階級社会の形成」『岩波講座　日本歴史』一巻、一九七五年)。その佐原の弥生戦争起源論に対して、前述した縄文階層社会論の立場から、縄文時代にも「戦争」があったと強固に主張するのが小林達雄である。また、戦争とはいわないまでも、殺傷人骨の詳細な検討をもとに、鈴木隆雄は古病理学、内野那奈は考古学の立場から、縄文時代にも明確な殺意をもった戦闘がおこなわれていたと主張している(内野那奈「受傷人骨からみた縄文の争い」『立命館文学』六三三号、二〇一三年。鈴木隆雄「本当になかったのか　縄文時代の集団的戦い」『最新　縄文学の世界』朝日新聞社、一九九九年)。

表８　殺傷痕のある縄文人骨

No.	所在地	遺跡名	人骨記号	性別	時期	殺傷具	特徴
1	北海道	栄磯岩陰		熟年女性		石斧？	右頭頂骨、即死
2	岩手県	宮野貝塚	101号	熟年男性	中期	石鏃	右腸骨後端部、治癒
3	福島県	三貫地貝塚	22号	熟年男性	晩期	石鏃	右腸骨前端部、治癒
4	千葉県	高根木戸遺跡	5号	成人男性	中期	石鏃？	右上腕骨、治癒
5		加曽利南貝塚	6号	成人男性	後期	石鏃？	頭蓋骨の２カ所に円形孔
6	静岡県	蜆塚貝塚	1号	若年女性		石鏃？	頭蓋骨、楕円形小孔、即死？
7			12号	成人男性		石鏃？	頭蓋骨、楕円形小孔、即死？
8	愛知県	伊川津貝塚	16号	熟年女性	晩期	石斧？	左側頭骨、即死
9			20号	成人男性		石鏃	右尺骨後面、治癒
10		保美貝塚	7号	老年男性	晩期	石斧？	頭蓋骨、複数カ所、即死
11			20号	成年男性		石斧？	頭蓋骨、２カ所に打撃痕、即死
12	岡山県	粒江貝塚	103号	老年女性	中期	石鏃	第三胸椎、即死
13	広島県	太田貝塚		熟年男性		石斧？	左側頭骨、即死
14	長崎県	深堀貝塚		成人男性	晩期	石鏃？	頭蓋骨、治癒
15		宮下貝塚		成人男性		石槍？	右脛骨遠位端、治癒

縄文時代に戦争や殺意をもった戦闘行為があったとする根拠は、縄文人骨に弓矢や斧と思われる殺傷痕があることである（表8）。しかし、約六〇〇〇体ともいわれる縄文人骨のうち、殺傷痕があるのは、わずかに一五体ほどでしかない。そのうち骨格内の石鏃《せきぞく》の遺存から殺傷具が弓矢だと確定できるものが四体、傷などの状況から弓矢と推定できるものが六体（内野那奈によれば、宮下《みやした》貝塚例は石槍《せきそう》の可能性もあるという）、そのほかは斧や棍棒状のものと想定されている。いずれにしても、縄文時代の殺傷具は、弓矢と斧というように、縄文人のもっとも身近にある道具類が凶器に転用されたものである。しかも、弓矢による殺傷人骨は、中期に遡るものが岩手県大船渡市の宮野《みやの》貝塚や岡山県倉敷市の粒江《つぶえ》貝塚（船元貝塚）で発見されているが、その後の約三〇〇〇年間にわたって、弓矢が対人用の武器として発達をしないばかりか、そのほかの武器はもとより、防具や防御施設をまったくつくった形跡がみられない。このことからいえることは、縄文人は、人を殺傷する目的をもった武器というものをつくらなかったし、当然、武力による集団間の争いである戦争もおこなわなかったということである。

縄文時代にも、集落での日常の生活領域や村落の共同領域を侵されるようなことがあれば、当然、防衛のための争いはおこる。とくに生業活動中などで突発的に遭遇した場合には、手にもっていた弓矢や斧が争いの道具に使われ、逃げる相手に矢を射かけることもあったことは、わずか一五体とはいえ殺傷人骨が発見されていることからわかる。しかし、こうした突発的な争いというものが、約九〇〇〇年もつづいた縄文時代に、ついに武力による集団間の争いである戦争にまで発展しなかったということは、その社会が首長制社会のような階層社会でなかったことを雄弁に物語っている。

第109問　縄文時代に何を学ぶか

面積が約五四九〇万平方キロ、約四七億の人びとが生活をする世界最大の大陸、ユーラシア大陸の東端に、南北に弧状をなして大小の島々が連なっている。ちょうどユーラシア大陸という名の海岸に打ちよせた太平洋の荒波が、白い水しぶきをあげているかのようにみえる日本列島は、別に花綵《かさい》列島とも呼ばれる。それは弧状をなす大小の島々が、細紐で花を結んでつくった花飾り、つまり「花綵《はなづな》」に似ていることから名づけられたものである。

この美しい別称をもつ日本列島に開花した縄文文化の時代は、九〇〇〇年近くもつづくというように、世界史でも類をみないほど安定した社会を築いてきた。しかも、縄文土器や木製容器、装身具、それらを彩った漆工技術などは、原始工芸の極致と呼ばれるほどの高い技術を示し、その内容も先史文化、それも採集経済の段階では類をみないほど豊かな社会であったといわれている。そして、ここが重要なことなのだが、縄文社会の豊かさを指し示す遺物や遺構というのは、特定の個人や集団とは結びつかない、生活の道具であり、共同体の記念物であるという特徴をもっているということである。

縄文時代は、植物採集・狩猟・漁労活動を主たる生業とする採集経済社会であるが、その採集経済という観点は、あくまでも人類側からみたものである。自然の側からみれば、一方的な搾取にほかならない。それでも縄文時代が九〇〇〇年間という長期にわたって安定した社会、今日的課題となっている言葉でいえば「持続可能な社会」を築けたのには、大きな理由がある。その一つは、縄文時代の生業の特色である多種多様な資源を食料として利用したことで、小林達雄が「縄文姿勢方針――多種多様な食利用」として示したものである（『縄文人の世界』朝日新聞社、一九九六年）。というのも、食料が特定の種類に偏ると、それが天候不順などで被害にあったときに、たちまち自分たちの生存そのものが危うくなる。それを防ぐためには、多種多様な資源を食料として利用する必要がある。しかも、集落で安定した生活を維持するためには、周辺の食料資源を多角的に利用することが不可欠だということである。

こうした縄文人の食料利用を可能としたのは、何といっても日本列島の多彩で豊かな自然環境の賜物である。生活の本拠となる集落の周辺に多様な環境があって、しかも、一年の季節の変化が春、夏、秋、冬とはっきりとしている日本列島は、潜在的に食料資源に恵まれている。この日本列島の自然環境と縄文人の生業の特色を年間の行動スケジュールとして、誰にでもわかるように図示したのが小林達雄の「縄文カレンダー」である（図116）。

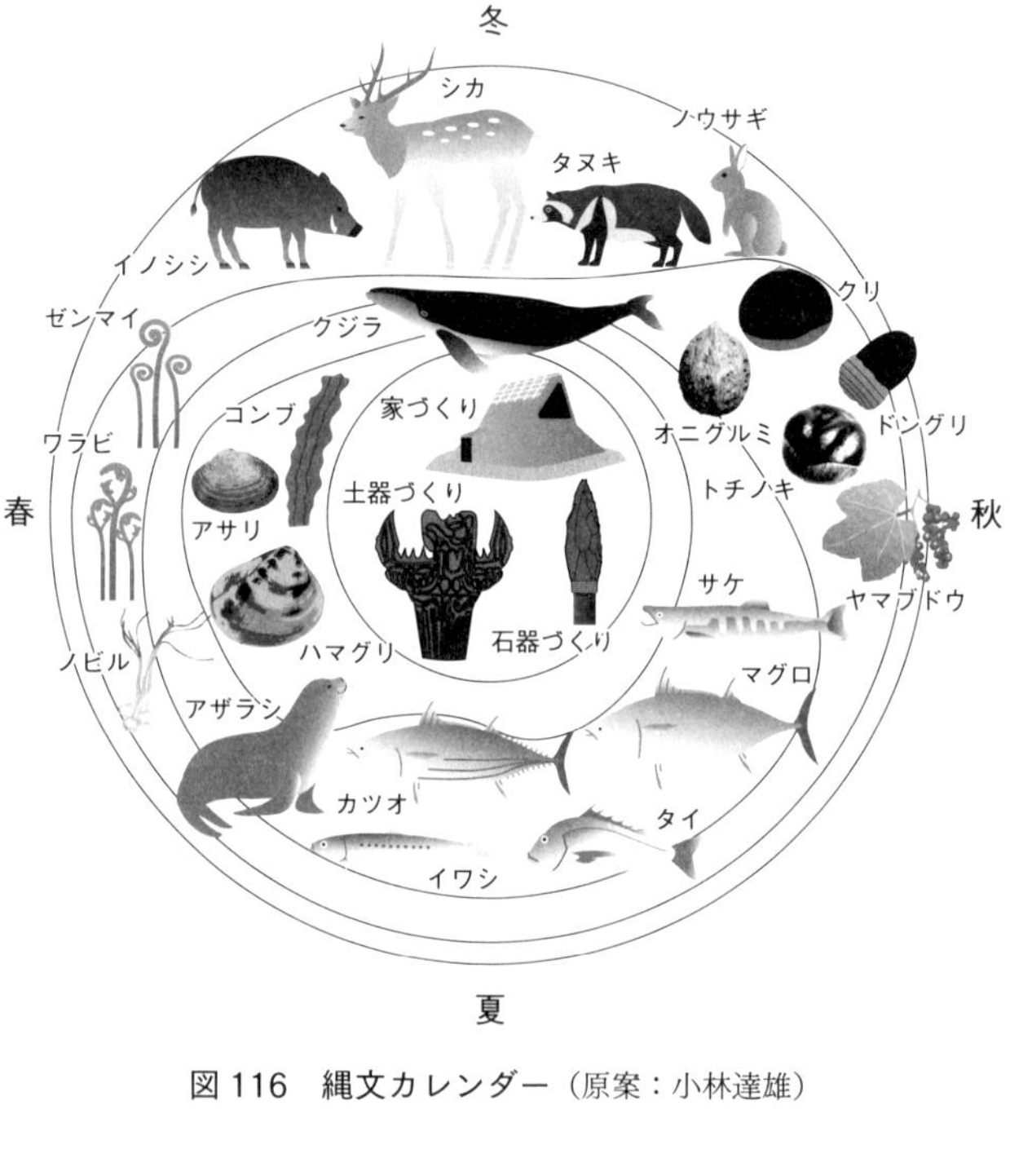

図116　縄文カレンダー（原案：小林達雄）

もう一つは、多種多様な資源を食料として利用するということは、自ずと縄文人による自然の搾取というものが、自然の再生産を妨げないように抑えるということにもつながった。というのも、縄文時代にも余剰が生まれるが、縄文人は、余剰となった時間や労働力を、拡大再生産に振りむけないように、自然とできるだけ折り合いをつけ、自然と共生する道を選んだのである。

そして、縄文人は、余った時間や労働力を、直接生産に結びつかない労働、あるいは共同体での生活を円滑にするための活動へと振りむけていった。縄文土器にみられる実用的な用途から遊離した装飾文様、精巧な櫛や耳飾りなどの装身具、土偶や石棒などの呪術的な遺物、あるいは漆器などの製品が時期をおって豊かになってくることが、そのことを雄弁に物語っている。古くは秋田県鹿角市の大湯《おおゆ》遺跡で発見された巨大な配石遺構（図96の1）、近年では青森市の三内丸山《さんないまるやま》遺跡を有名にした巨大な木柱遺構（図113）、あるいは北海道の周堤墓《しゅうていぼ》（図115）などは、共同体の記念物として構築されていたのである。

縄文社会の豊かさを指し示す遺構や遺物は、実は縄文人が地球の資源が有限であることを経験的に自覚して、その再生産のなかに生活をゆだねる、今でいうスローライフを選択するという、縄文人の生活感覚から生まれた産物なのである。そして、縄文人がスローなライフスタイルを選択したからこそ、弥生時代以降のように、個人や集団が富みを独占するというような、極端な不平等もおこらなかったし、武力による集団間の争いもおこさなかったのである。しかし、その縄文人ですら、時には、自然の再生産をこえるような人口の増加を引き起し、自然から手痛いしっぺ返しをうけていたことは、設問103で解説したとおりである。

二〇世紀の人類社会に高度成長をもたらした大量生産・大量消費型の生活様式は、世界的な天然資源の枯渇や地球温暖化に象徴される世界規模の環境破壊をもたらした。そのため、二一世紀の社会のあり方として、スローなライフスタイルを基調に、環境と共生した持続型の社会が求められてきている。二一世紀が「環境の世紀」といわれる所以であるが、そうした今世紀だからこそ、自然と共生し、スローライフを選択した縄文時代に学ぶことは多いのではないか。

第110問　縄文時代は原始共同体社会か

人類の歴史を体系的に理解するためには、歴史を各時代の特質によって区分する、つまり時代区分が不可欠である。時代区分の試みは、後に「古代」とされた時代からおこなわれたが、現在、もっとも広く用いられている古代（英語でAncient、独語でAltertum）、中世（Medieval, Mittelalter）、近代（Modern, Modern）の三区分法は、ヨーロッパのルネサンス期に成立した。近代は、彼らが生きた時代であるルネサンス期を、古代は、彼らが復興しようとしたギリシア・ローマ文化の時代を、中世は、その中間に位置するキリスト教的束縛の暗黒の時代を意味した（大島康正『時代区分の成立根拠』理想社、一九六七年。ジャック・ル＝ゴフ〈菅沼潤訳〉『時代区分は本当に必要か？―連続性と不連続性を再考する―』藤原書店、二〇一六年）。

その後、エジプトやメソポタミアなどで古代文明が発見され、古代の年代は遡ったが、それでもたかだか三五〇〇年前ほどにすぎなかった。ところが一八三八年にペルト（Jacques Boucher de Perthes）が北フランスで「ノアの洪水以前の斧」を発見し、それが一八五九年に英国学士院で洪積世（今日の第四紀更新世）の人工遺物であると公認されると、人類の起源を数百万年前まで拡張しなければならなくなった（コリン・レンフルー〈小林朋則訳・溝口孝司監訳〉『先史時代と心の進化』ランダムハウス講談社、二〇〇八年）。そこで、古代であるAncientの前にPrimitiveが追加され、その後に現代を加えて、原始、古代、中世、近代、現代の五区分法が普及し、ヨーロッパ史の標準的な区分法として定着した。なお、日本史では、中世を中世と近世に細別し、原始、古代、中世、近世、近代、現代の六区分法をとることが一般的である。

一方、一九世紀後半にマルクス（Karl Marx）とエンゲルス（Friedrich Engels）は、生産力と生産関係という経済構造の発展から、原始を原始共産制、古代を奴隷制、中世を封建制、近代を資本制の社会と位置づけた。マルクスらの時代区分は、ヨーロッパ中心史観とか、発展史観などと批判されるが、今日でも有効であって、とくに原始と古代の区分、それと資本制（主義）の史的分析では、他の追随を許さない（マルクス〈資本論翻訳委員会訳・社会科学研究所監修〉『資本論』全一三冊、新日本出版社、一九八二年）。マルクスらは、古代を国家成立期ととらえ、その指標として、①地縁による住民の組織、②公権力としての軍事組織、③公権力を維持するための租税、④公権力と徴税権を把握する官吏の出現の四つをあげる。そして、国家の成立以前の原始社会は、どこにおいても家族や親族などの血縁を帰属原理とする平等主義社会が存在していたが、国家の成立によって、そうした平等主義社会が崩壊し、社会が経済的に支配する階級と被支配階級とに分裂し、そこでは支配階級が公権力を独占したことを明らかにした（エンゲルス〈戸原四郎訳〉『家族・私有財産・国家の起源』岩波書店、一九六五年）。ただし、当時、考古学が独自の方法論を確立していなかったこともあって、マルクスらは、原始社会の理解に民族誌を頼ったことから、古代の文明段階に対して、原始社会を野蛮・未開段階としたが、そこには当時の未開社会に対する「劣った」とか、「遅れた」という意味の偏見を色濃く残したことは否めない（L・H・モルガン〈青山道夫訳〉『古代社会』上・下巻、岩波書店、一九五八・一九六一年）。

ところで、一九八〇年代以降、新自由主義の風潮のなかで、史的唯物論を彷彿とさせることからか、「原始」という用語に、「野蛮・未開な状態という意味をもつ」というレッテルを張って、これを忌避し、「先史」を使おうとの主張が一部でおこなわれている（藤尾慎一郎・松木武彦編『ここが変わる！　日本の考古学―先史・古代史研究の最前線―』吉川弘文館、二〇一九年）。しかし、「先史」とは、文献資料の存在する「歴史」に対する、文献資料の存在しない時代を意味する用語である。文献資料の存在しない時代を先史、あるいは先史時代と呼び、その時代の文化を先史文化、その時代を研究することを先史学と呼ぶことは、当然、問題はない。しかし、日本史の六区分法に「原始」に替えて「先史」を使うというのは、これは明らかに間違っている。「原始」とは、英語のPrimitiveの訳語で、「始《はじ》めを原《たず》ねる」が原義、つまり物事の始まり、あるいは物事の起こりという意味であるので、六区分法の最初の時代の用語としては、先史よりも的確であることはいうまでもない。

共同体社会とは、英語のCommunity、独語のGemeinschaftのことで、地縁や血縁などで深く結びついた自然発生的な集団のことである。そして、古代国家の成立に先立つ原始の時代は、家族や親族などの血縁を帰属原理として、土地や道具などの生産手段を共有し、共同で労働することで、社会的不平等などを生じさせない、平等主義社会が存在していたとして、それをマルクスらは原始共産制による原始共同体社会と規定したのである。

では、縄文時代の社会は、どうであろうか。縄文時代は、社会的不平等が存在しない、平等主義社会であったことは、設問107で解説したとおりである。また、生まれつきもった個人的な資質の差、つまり年齢、健康、精神などの個人差は、当然あって、これを社会的不平等に対して、自然的不平等と呼んだが、これはあくまでも平等と不平等の本質を理解するために用いたものであって、生まれつきもった個人的な資質の差とは、別の言葉で言い換えれば、個性ということである。そして、縄文時代は、生まれつきもった個人的な資質の差があっても、それが社会的不平等に結びつかなかったということは、それぞれの個性が生産や生活のなかで十全に発揮された社会だといえる。たとえば豊かな経験と知識をもち、かつ集団をまとめていく能力がある人はその集団のリーダーの役割を、狩猟や漁労などの技能に優れた人はそれぞれの生業での成果があがるように活動を導くだけでなく、彼らがもつ技能を次の世代に継承していく役割をも担った。また、狩猟などの活動で骨折し、重労働を担えなくなった人でも、その豊かな経験や知識などが集団のなかで活かされたからこそ、社会の一員として暮らしていけたのである。幼児期にポリオにかかり、四肢骨のすべてが麻痺した人でも、何らかのマジカルをもった存在としての意義があったからこそ、ほとんど寝たきりの状態でも、成人まで生きることができたのである。

縄文時代は、社会的不平等が存在しない、それぞれが生まれもった個性を十全に発揮して、平等主義を基本とする原始共同体社会であった。

では、縄文時代は、ユートピアな社会だったかというと、決してそうではない。たとえば縄文人の平均寿命は、一〇歳代前半ぐらいだと推定されている（設問101を参照）。それは医療が発達していなかったからで、出産時の妊婦や嬰児の死亡率は高く、現在の私たちにはささいな病気やケガでも死にいたることも多かったのである。日本人の平均寿命は、現在八〇歳を超えているが、平均寿命をみただけでも、縄文時代をユートピアな社会とはみなせない。また、共同生活を営み、それを維持していくためには、組織としての規則や規制に縛られることが多く、決して自由な社会とはいえない。しかし、共同体の構成員間には、支配階級と被支配階級という階級的対立はなく、社会的には「平等」であって、自然と共生したスローなライフスタイルは、私たちが見習うべき魅力があって、その点はユートピアな社会といってもいいと思う。

さて、現在の資本主義、とりわけ一九八〇年代からの新自由主義の社会は、上位一パーセントの富裕層が残る九九パーセントの富を独占する社会である（国際ＮＧＯのオックスファムによる二〇一八年版報告書“Reward Work, Not Wealth”）。世界の人口の約二三パーセントに相当する約一三億人の人びとが貧困のなかで暮らし、その約八五パーセントがアフリカと南アジアで占めている。世界全体からみれば裕福な社会といえる日本でも、非正規労働者の割合は、一九八五年の一六・四パーセントから二〇一九年に三八・四パーセントまで上昇するなど、今や七人に一人が貧困にあえぎ、母と子の一人親世帯では半数以上が貧困に苦しんでいるという。また、資本主義のもとでの大量生産・大量消費型の生活様式は、世界的な天然資源の枯渇や地球温暖化に象徴される世界規模の環境破壊をもたらし、人類は、存亡の危機に立たされている。つまり人類史のなかで、今日ほど「野蛮」という用語が似つかわしい時代はないということである。

こうした「野蛮」な資本主義と対峙するためのキーワードとして、今やコモン（Common 社会的に共有・管理される富のこと）やコミュニズム（Communism コモンを共同で管理・運営する社会のこと）が注目されている（ビニ・アダムザック〈橋本紘樹・斎藤幸平訳〉『みんなのコミュニズム―この世界どう変わるの？ちょっとしたおはなし』堀之内出版、二〇二〇年。斎藤幸平『人新世の「資本論」』集英社、二〇二〇年）。そうしたコモンやコミュニズムは、人類の原始、それも人類史の大半を占めている社会にあったとすれば、「野蛮」な資本主義を克服するためには、原始共同体社会である縄文時代の知恵に学ぶことは多いし、これこそが歴史を学ぶ意義である。

おわりに

深山の奥には
今も野獣たちの歩む人知れぬ路がある。ただひたすらに高きへ高きへとそれは人々の知らぬけわしい路である。私の考古学の仕事はちょうどそうしたかもしかみちにも似ている。

これは在野の考古学者として知られた藤森栄一の『かもしかみち』（初版：葦牙書房、一九四六年）の冒頭にでてくる言葉である。

私と同世代か、それより上の少年期に考古学に夢中となった、いわゆる〝考古ボーイ〟のなかには、この藤森の言葉にあこがれ、その後の進路を決めた人も多いと聞く。私もその一人であるが、実は考古ボーイなどではなく、『かもしかみち』に出会ったのは一九七〇年、二四歳で、学生社の復刻版（一九六七年刊）であった。

私が生まれ育ったのは東京都小金井市貫井で、近くにはハケと呼ばれる国分寺崖線とその崖線下の湧水を集めた野川があった。この野川流域は、縄文時代の遺跡が集中する地域の一つで、私が通った小金井市立第四小学校は、関東地方では古くから縄文中期の集落遺跡と知られた貫井遺跡の上にあった。花壇を掘れば縄文土器や打製石斧が顔を出して、小学生だった私たちを驚かせ、夏には、近くの東京学芸大学の学生たちが校庭の一角を発掘して、竪穴住居跡を掘り出すのを興味深く見学し、そのうちの一つの竪穴住居跡にはヒューム管が被せられて、炉跡が上から覗けるようにもなっていた。

このように身近に考古学に親しむ条件はあったが、私は縄文土器などに興味をわくことはなく、当然、考古ボーイになることもなかった。

家は貧しく、勉強嫌いであった私は、一九六二年四月、中学を卒業すると大手の電機会社に就職した。高度経済成長が始まった当時、中卒者は「金の卵」と称され、会社も三年間は訓練生として、社会的な基礎知識と職業訓練を施し、「金を生む卵」として育ててくれた。しかし、敗戦後の大争議を経験していた会社は、従順な工場労働者を育成すべく、訓練生に徹底した反共教育をおこなっていた。中卒で社会のことを何も分かっていない私は、それが反共教育だと理解するのは後のことであるが、それでも何かモヤモヤとする感情が抑えきれなくなって、生まれてはじめて無性に勉強がしたくなった。

そこで、三年間の職業訓練が終わり、配属先が正式に決まったのを機に、私立昭和第一工業高校定時制を経て、半年後に都立三鷹高校定時制に編入学した。昼間は工場で汗まみれになって働き、毎日一五分ほど遅刻しながらの学校生活であった。

三鷹高校での勉強は新鮮であった。たとえば世界史の授業では、一年の大半をフランス革命に費やした。今だったら教育委員会の処分ものだが、わくわくする授業だった。古文の先生は、授業時間が足らないからと、自宅を開放してくれたし、数学の教師は「おれは数学の職人だ」が口癖で、どんな難問でも易しく解いて教えてくれた。教頭先生は、二〇歳以上は社会人だからと、職員室の一角に喫煙場所を用意してくれた。ただし、登下校時に路上などで喫煙することは二〇歳以上でも厳禁で、その点でけじめをはっきりとつける教育であった。登校するのが楽しくて、勉強嫌いが嘘のように、自分なりによく勉強もした。そして、担任の勧めもあって、公務員試験を受験し、定時制高校を卒業すると東京都の職員となった。

東京都では当時、大学卒業の年齢に達すると、高卒者でも大学卒能力認定試験をうけて合格すれば、大卒者の資格がえられた。私もダメ元と受験したら、運が良く合格した。それでも何か目標を見つけられない自分に苛立ち、なんとなくイライラとした日々を送っていた時に一冊の本に出会った。それが藤森栄一の『かもしかみち』であった。

この本をどのような方法で手にしたかはまったく覚えていない。当時唯一の趣味が登山であったので、立ち寄った書店で『かもしかみち』という題名と表紙を飾っていた八ヶ岳の裾野を歩く藤森の写真に興味がそそられて、おそらく買ったのだと思う。だから、藤森栄一の名も、彼が考古学者であることも、この本を読んではじめて知ったのである。この藤森の青春時代を中心としたエッセイをまとめた本で、私は考古学という学問を知り、その人間臭さのなかにあるロマンチシズムを感じた。しかも、『かもしかみち』の世界が、自分が通った小学校の校庭の世界と同じであることに気づくと、今度は無性に考古学が勉強したくなったのである。

定時制高校を卒業してから三年、どうにか生活も安定し、五月には結婚するというあわただしい時期に、明治大学のⅡ部で考古学を学ぶことになった。そこで、もう一つの運命的な出会いがあった。藤森の愛弟子で、当時刊行したばかりの藤森の『考古学とともに』

(講談社、一九七〇年)の「TONちゃんの上京」に登場する、TONちゃんその人であった。その時、一も二もなくTONちゃんこと、戸沢充則に師事することを決めたのである。

このように、二五歳になってから、生活の糧を公務員の仕事でえながら、夜のわずかな時間と休日、それと二〇日の有給休暇を使っての「日曜考古学者」よろしく、考古学の勉強を始めたのである。だから、私の勉強は、一つの遺跡や遺物にじっくりと取り組むという考古学本来の勉強は望むべくもなく、論文や報告書を読み解く文献を中心とせざるをえなかった。その点で、大学の考古学研究室の図書室は、私にとって大学を卒業してからも学びの場となった。インターネットなどなかった時代、出先である私の職場から本庁である都庁へは、週一回は出張があった。半日も時間がとられる出張は、みんな嫌がったので、私が引き受けた。それは午後からの出張だと直帰できたので、帰りに大学の研究室に寄れたからである。

そんな私に、戸沢先生は、何かとアドバイスをしてくれただけでなく、仕事の機会を与えてくれた。また、大学の管理も今ほど厳しくはなかったことから、先生方は、時には鍵を貸してくれて、大学の門が閉じる夜一〇時まで図書室にこもることを許してくれた。最初の拙著『日本考古学史―年表と解説―』(東京大学出版会、一九八八年)などは、そうした環境のなかで刊行できたものである。

戸沢先生には、遺跡の発掘調査にもよく声を掛けていただいた。一九七六年の市民参加の発掘で知られる東大和市の多摩湖遺跡群の調査に始まって、七〇年代後半の東久留米市の新山遺跡や下里本邑遺跡、八〇年代の長野県長和町の鷹山遺跡群や南牧村の矢出川遺跡群、茨城県美浦村の陸平貝塚、九〇年代の東村山市の下宅部遺跡などである。戸沢先生は「遺跡こそが最高の教室」とする立場を貫いた研究者であるが、それは遺跡の発掘調査そのものやその学問的な成果だけにとどまらず、自治体や市民をまきこんだ遺跡の保存や活用にも取り組んで、少なからぬ成果を上げてきた。私が文化財保存運動に深く関わったのも、戸沢先生の研究者としての姿勢に学んだからである。

こうして、考古学を学ぶようになってから、今年で五〇年になる。恩師の戸沢充則先生に師事してから五〇年。そして、妻の保江と結婚してから五〇年、世でいう金婚式を迎えるまで考古学の勉強が続けられたのは、多くの先生、先輩、同僚、後輩に恵まれたからである。お名前は省かせていただくが、ここに感謝を申し上げる。

本書の刊行までには、いつもながら多くの方々や関係機関のお力添えをいただいた。とくに文献の収集や図版の作成などで協力をいただいた茅野市尖石縄文考古館、長和町黒耀石体験ミュージアム、東村山ふるさと歴史館、それに井口直司、鵜飼堅証、追川吉生、大竹幸恵、西野雅人、藤森英二、三上徹也、山科哲、また編集の労をおかけした新泉社の竹内将彦らの各氏に、心から感謝を申し上げる次第である。

二〇二一年初秋　新型コロナウイルス感染症の大流行のなかで

勅使河原　彰

●写真借用（所蔵）

〈口絵1〉尖石石器時代遺跡：茅野市尖石縄文考古館／大湯環状列石：大湯ストーンサークル館／三内丸山遺跡：三内丸山遺跡センター／加曽利貝塚：千葉市立加曽利貝塚博物館

〈口絵2〉①貝殻文系土器（重要文化財）：鹿児島県立埋蔵文化財センター／②押型文系土器：奈良県立橿原考古学研究所附属博物館／③撚糸文系土器・④関山式土器：明治大学博物館／⑤北白川下層式土器：福井県立若狭歴史博物館／⑥大木9式土器：蔵王町教育委員会／⑦馬高式（火焔）土器：十日町市博物館／⑧曽利I式（水煙）土器：井戸尻考古館／⑨称名寺式土器・⑩加曽利B式土器：市原市教育委員会／⑪大石式（黒色磨研）土器：別府大学附属博物館／⑫亀ヶ岡式土器：八戸市埋蔵文化財センター是川縄文館

〈口絵3〉①縄文のビーナス・④仮面の女神：茅野市尖石縄文博物館／②縄文の女神：山形県立博物館／③中空大土偶：函館市／⑤合掌土偶：八戸市埋蔵文化財センター是川縄文館／⑥遮光器土偶：ColBase（https://colbase.nich.go.jp/）

〈口絵4〉①玦状耳飾り：京都大学総合博物館／②滑車型耳飾り：桐生市教育委員会／③鹿角製櫛：青森県埋蔵文化財調査センター／④木製櫛：桶川市歴史民俗資料館／⑤硬玉製胸飾り（大珠）：富山県教育委員会（個人蔵）／⑥鹿角製腰飾り：東北歴史博物館

〈口絵5〉①②彩塗土器：山形県立うきたむ風土記の丘考古資料館／③螺鈿状木胎漆器：野辺地立町歴史民俗資料館／④籃胎漆器：八戸市埋蔵文化財センター是川縄文館／⑤飾り弓：東村山ふるさと歴史館

〈本文〉井戸尻考古館：図6・89／津南町教育委員会：図23／福井県立若狭歴史博物館：第3章扉（竪櫛）・図53／青森県立郷土館：第4章扉（狩猟文土器）／胎内市教育委員会：第5章扉（木胎漆器）／石狩市教育委員会：図67／能登町教育委員会：図68／北海道立埋蔵文化財センター：図71・96（キウス周堤墓群第1号墓）／『縄文土器ガイドブック』（新泉社）：図74／東村山ふるさと歴史館：図75・80・83／北杜市教育委員会：第6章扉（顔面把手付土器）／茅野市尖石縄文考古館：図86・88（与助尾根遺跡復元住居）／御所野縄文博物館：図88（御所野遺跡復元住居）／鹿角市教育委員会：図96（万座環状列石）／北杜市教育委員会：図96（金生遺跡配石遺構）／黒耀石体験ミュージアム：図102／北区飛鳥山博物館：図103／東京都埋蔵文化財センター：図104／鈴木隆雄：第7章扉（ポリオの麻痺のある入江貝塚9号人骨）／三内丸山遺跡センター：図113

●図版・表資料および出典

・図版は判の大きさや新たな情報を加筆する必要などから改変、加筆、組み換えなどをおこなっている。
・著者関係の出版物によるものは出典を省略している。
・個々の遺構や遺物などを利用した発掘調査報告書は、紙面の都合で多くを割愛せざるをえなかったことをお詫びしたい。

〈図版〉図1・2：E. S. Morse, Shell Mounds of Omori, Memoirs of the Science Department, University of Tokio Japan, Volume 1, Part 1, 1879.／図5：江坂輝弥「生活の舞台」『日本の考古学』II、河出書房、1965年／

図89：井戸尻考古館提供／図9：木内石亭『雲根志』後編、１７７９年／図10：山﨑美成『耽奇漫録』第1集、１８２４年／図11：坪井正五郎「コロボックル風俗考」『風俗画報』95号、１８９５年／図12：八木奘三郎・下村三四吉「常陸国椎塚介墟発掘報告」『東京人類学会雑誌』87号、１８９３年／図14：浜田耕作「河内国府石器時代遺跡発掘報告」『京都帝国大学文科大学考古学研究報告』2冊、１９１８年／図15：山内清男「所謂亀ケ岡式土器の分布と縄紋式土器の終末」『考古学』1巻3号、１９３０年／図17：國學院大學デジタル・ミュージアム『柴田常恵写真資料目録1』／図18・19：宮坂光次・八幡一郎「下総姥山貝塚発掘調査予報」『人類学雑誌』42巻1号、１９２７年／図20：茅野市尖石縄文考古館提供／図22：津南町教育委員会提供／図25：工藤雄一郎『旧石器・縄文時代の環境文化史―高精度放射性炭素年代測定と考古学―』新泉社、２０１２年。谷口康浩『入門 縄文時代の考古学』同成社、２０１９年／図26：中山誠二編『日韓における穀物農耕の起源』（『山梨県立博物館調査・研究報告』9）山梨県立博物館、２０１４年／図27：L. R. Binford, Post-Pleistocene adaptations, in New Perspectives in Archaeology, Chicago, 1968.／図28：吉川昌伸・鈴木茂・辻誠一郎・後藤香奈子・村田泰輔「三内丸山遺跡の植生史と人の活動」『植生史研究』特別2号、２００６年／図29：谷口康浩『入門 縄文時代の考古学』（前掲）／図31：小杉康「遥かなる黒耀石の山やま」『縄文人の時代』新泉社、１９９５年／図32：海部陽介『日本人はどこから来たのか？』文芸春秋、２０１６年／図35：甲野勇『縄文土器のはなし』世界社、１９５３年／図54：設楽博己「呪具と装身具」『図解・日本の人類遺跡』東京大学出版会、１９９２年／図69：井口直司（原画）／図70：霧ヶ丘遺跡調査団『霧ヶ丘』武蔵野美術大学考古学研究会、１９７３年／図72：高根木戸遺跡調査団『高根木戸―縄文時代中期集落址調査報告書―』船橋市教育委員会、１９７１年。宮城県教育委員会『北小松遺跡―田尻西部地区ほ場整備事業に係る平成21年度発掘調査報告書―』（『宮城県文化財調査報告書』２３４集）２０１４年。千葉県文化財センター『小見川町白井大宮台貝塚確認調査報告書』４（『千葉県文化財センター調査報告』２２０集）１９９２年／図76：K. P. Oakley, Man the tool-maker, Trustees of the British Museum, 1961.／図77：神明山南遺跡発掘調査団『神明山南遺跡』（『東久留米市埋蔵文化財調査報告』19集）１９９４年／図78：神奈川県教育委員会『尾崎遺跡―酒匂川総合開発事業にともなう調査―』（『神奈川県埋蔵文化財調査報告』13）１９７７年／図79：北相木村教育委員会『栃原岩陰遺跡発掘調査報告書―第1次～第15次調査（１９６５―１９７８）―』２０１９年／図80：東村山市教育委員会提供／図81：佐々木由香「編組製品の技法と素材植物」『さらにわかった！ 縄文人の植物利用』新泉社、２０１７年／図84：後藤祥夫（原画）／図87：新潟県埋蔵文化財調査事業団『青田遺跡』（『新潟県埋蔵文化財調査報告書』１３３集）２００４年／図88：茅野市教育委員会『尖石遺跡整備報告書（１）―与助尾根地区環境整備事業報告書―』２００５年。高田和徳「縄文集落の復原事例―岩手県御所野遺跡の整備から―」『日本考古学』15号、２００３年／図90：阿部芳郎「縄文時代後晩期における大形竪穴建物址の機能と遺跡群」『貝塚博物館紀要』28号、２００１年／図91：富士見町教育委員会『唐渡宮―八ヶ岳南麓における曾利文化期の遺跡群発掘報告―』１９８８年。塩尻市教育委員会『爼原―縄文時代中期の環状集落址―』１９８６年／図92：塩尻市教育委員会『爼原―縄文時代中期の環状集落址―』前掲。茅野市教育委員会『棚畑―八ヶ岳西山麓における縄文時代中期の集落遺跡―』１９９０年／図94：長野県文化振興事業団『北村遺跡』（『長野県埋蔵文化財センター発掘調査報告書』14、１９９８年。西尾市教育委員会『枯木宮貝塚』I、１９８１年。刈谷市市編さん編集委員会編『刈谷市史 資料（自然・考古）』5巻、刈谷市、１９８９年。青森県埋

蔵文化財調査センター『水上(2)遺跡Ⅲ―津軽ダム建設事業に伴う遺跡発掘調査報告―』(『青森県埋蔵文化財調査報告書』575集)2017年。高根町教育委員会『海道前遺跡 青木遺跡―県営ほ場整備事業に伴う埋蔵文化財発掘調査報告書―』(『高根町埋蔵文化財』12集)1998年。倉石村教育委員会『薬師前遺跡―縄文時代後期集合改葬土器棺墓調査―』(『倉石村埋蔵文化財調査報告書』1集)1996年。取手市教育委員会『中妻貝塚発掘調査報告書』1995年/図95:岩手県教育委員会『東北新幹線関係埋蔵文化財調査報告書Ⅶ(西田遺跡)』(『岩手県文化財調査報告書』51集)1980年/図96:鹿角市教育委員会『特別史跡大湯環状列石環境整備事業報告書』2003年。千歳市史編さん委員会編『新千歳市史 通史編』上巻、千歳市、2010年。山梨県埋蔵文化財センター『金生遺跡Ⅱ(縄文時代編)』(『山梨県埋蔵文化財センター調査報告書』41集)1989年/図97:南茅部町埋蔵文化財調査団『垣ノ島B遺跡―一般国道278号線南茅部町尾札部道路改良工事に伴う埋蔵文化財発掘調査報告書―』2002年。秋田県埋蔵文化財センター『池内遺跡―国道103号道路改良事業に係る埋蔵文化財調査報告書Ⅷ―』(『秋田県文化財調査報告書』268集、1997年。あわら市教育委員会『桑野遺跡』(『あわら市埋蔵文化財調査報告』3集)2019年。坪井上遺跡発掘調査会『坪井上遺跡―大宮ショッピングセンター建設に伴う埋蔵文化財発掘調査報告書―』大宮町教育委員会、1999年/図98:九州大学医学部解剖学教室編『山鹿貝塚―福岡県遠賀郡蘆屋町山鹿貝塚の調査―』(『蘆屋町埋蔵文化財調査報告書』2集)1972年。上屋眞一・木村英明『国指定史跡カリンバ遺跡と柏木B遺跡―縄文時代の後期 石棒集団から赤い漆塗り帯集団へ―』同成社、2016年/図99:春成秀爾「抜歯の意義(1)」『考古学研究』20巻2号、1973年/図101:米沢市教育委員会『一ノ坂遺跡発掘調査報告書』(『米沢市埋蔵文化財調査報告書』53集、1996年/図106 福岡市教育委員会『板付周辺遺跡発掘調査報告書』5(『福岡市埋蔵文化財調査報告書』49集)1979年/図107:唐津市教育委員会『菜畑―佐賀県唐津市における初期稲作遺跡の調査―』(『唐津市文化財調査報告』5集)1982年/図114:気象庁『活火山総覧 第4版』Web掲載版。町田洋・新井房夫『新編火山灰アトラス―日本列島とその周辺―』東京大学出版会、2003年/図115:木村英明編著『北海道恵庭市柏木B遺跡発掘調査報告書』柏木B遺跡発掘調査会、1981年/図116:戸辺千裕作成

〈表〉表1:大川清・鈴木公雄・工楽善通編『日本土器事典』雄山閣、1996年。小林達雄編『総覧 縄文土器』アム・プロモーション、2008年。戸沢充則編『縄文時代研究事典』東京堂出版、1994年/表2:山内清男「縄紋土器型式の細別と大別」『先史考古学』1巻1号、1937年/表8:内野那奈「受傷人骨からみた縄文の争い」『立命館文学』633号、2013年

人名索引

ア行

カ行

サ行

タ行

ナ行

ハ行

マ行

ヤ・ワ行

サ行

タ行

遺跡索引

（遺跡および原産地を含む）

ア行

カ行

ラ・ワ行

欧文

マ行

ヤ行

ナ行

ハ行

タ行

サ行

項目索引

（太字は見出し語）

ア行

カ行

著者紹介

勅使河原 彰（てしがわら・あきら）

1946年、東京都生まれ。

1975年、明治大学文学部卒業。

文化財保存全国協議会常任委員。

「第2回尖石縄文文化賞」「第13回藤森栄一賞」受賞。

主な著書 『縄文時代史』（新泉社、2016年）、『考古学研究法』（新泉社、2013年）『シリーズ遺跡を学ぶ 別冊03 ビジュアル版 縄文時代ガイドブック』（新泉社、2013年）、『シリーズ遺跡を学ぶ004 原始集落を掘る 尖石遺跡』（新泉社、2004年）、『武蔵野の遺跡を歩く 都心編・郊外編』（共著、新泉社、2002年）、『増補 縄文人の時代』（共著、新泉社、2002年）、『日本列島 石器時代史への挑戦』（共著、新日本出版社、2011年）、『歴史教科書は古代をどう描いてきたか』（新日本出版社、2005年）、『縄文の素顔』（白鳥舎、2003年）、『埋もれた歴史を掘る』（編著、白鳥舎、1999年）、『縄文文化』（新日本新書、1998年）、『日本考古学の歩み』（名著出版、1995年）、『日本考古学史』（東京大学出版会、1988年）、『縄文人は生きている』（共著、有斐閣、1985年）

縄文時代を知るための110問題

2021年 11月 20日　第1版第1刷発行

著　者＝勅使河原 彰

発　行＝新 泉 社
東京都文京区湯島1－2－5　聖堂前ビル
TEL 03（5296）9620 ／ FAX 03（5296）9621
印刷・製本／萩原印刷株式会社　組版／汀線社

ISBN978－4－7877－2114－3　C1021

新泉社の本

…

縄文時代史

勅使河原彰著　四六判上製三三六頁／二八〇〇円＋税

考古学研究法　遺跡・遺構・遺物の見方から歴史叙述まで

勅使河原彰著　B５判二〇八頁／三五〇〇円＋税

シリーズ「遺跡を学ぶ」別冊03

ビジュアル版　縄文時代ガイドブック

勅使河原彰著　A５判九六頁／一五〇〇円＋税

シリーズ「遺跡を学ぶ」4

原始集落を掘る　尖石遺跡

勅使河原彰著　A５判九六頁／一五〇〇円＋税